北京大學《儒藏》編纂與研究中心 編

《儒藏》精華編選刊

〔東漢〕趙岐 注
（題）〔北宋〕孫奭 疏
劉豐 校點

圖書在版編目(CIP)數據

孟子注疏 /（東漢）趙岐注；（北宋）孫奭疏；北京大學《儒藏》編纂與研究中心編. —北京：北京大學出版社，2023.9
（《儒藏》精華編選刊）
ISBN 978-7-301-34007-3

Ⅰ.①孟… Ⅱ.①趙…②孫…③北… Ⅲ.①《孟子》-注釋 Ⅳ.①B222.52

中國國家版本館CIP數據核字（2023）第090292號

書　　　名	孟子注疏 MENGZI ZHUSHU
著作責任者	〔東漢〕趙岐 注　（題）〔北宋〕孫奭 疏 劉豐 校點 北京大學《儒藏》編纂與研究中心 編
策劃統籌	馬辛民
責任編輯	魏奕元
標準書號	ISBN 978-7-301-34007-3
出版發行	北京大學出版社
地　　　址	北京市海淀區成府路205號　100871
網　　　址	http://www.pup.cn　　新浪微博：@北京大學出版社
電子郵箱	編輯部 dj@pup.cn　總編室 zpup@pup.cn
電　　　話	郵購部 010-62752015　發行部 010-62750672 編輯部 010-62756449
印 刷 者	三河市北燕印裝有限公司
經 銷 者	新華書店 650毫米×980毫米　16開本　37印張　440千字 2023年9月第1版　2023年9月第1次印刷
定　　　價	148.00元

未經許可，不得以任何方式複製或抄襲本書之部分或全部內容。
版權所有，侵權必究
舉報電話: 010-62752024　電子郵箱: fd@pup.cn
圖書如有印裝質量問題，請與出版部聯繫，電話: 010-62756370

目録

校點説明	一
孟子正義序	一
孟子注疏題辭解	一
孟子注疏解經卷第一上	一五
梁惠王章句上	一五
孟子注疏解經卷第一下	三五
梁惠王章句上	三五
孟子注疏解經卷第二上	五二
梁惠王章句下	五二
孟子注疏解經卷第二下	七九
梁惠王章句下	七九
孟子注疏解經卷第三上	一〇二
公孫丑章句上	一〇二
孟子注疏解經卷第三下	一三〇
公孫丑章句上	一三〇
孟子注疏解經卷第四上	一四七
公孫丑章句下	一四七
孟子注疏解經卷第四下	一六五
公孫丑章句下	一六五
孟子注疏解經卷第五上	一八三
滕文公章句上	一八三
孟子注疏解經卷第五下	二〇四
滕文公章句上	二〇四
孟子注疏解經卷第六上	二二三
滕文公章句下	二二三
孟子注疏解經卷第六下	二四三
滕文公章句下	二四三
孟子注疏解經卷第七上	二五七

離婁章句上	二五七
孟子注疏解經卷第七下	二七六
離婁章句下	二七六
孟子注疏解經卷第八上	二九七
離婁章句下	二九七
孟子注疏解經卷第八下	三二〇
萬章章句上	三二〇
孟子注疏解經卷第九上	三三八
萬章章句上	三三八
孟子注疏解經卷第九下	三五六
萬章章句上	三五六
孟子注疏解經卷第十上	三七二
萬章章句下	三七二
孟子注疏解經卷第十下	三八九
萬章章句下	三八九
孟子注疏解經卷第十一上	四一〇
告子章句上	四一〇
孟子注疏解經卷第十一下	四二七
告子章句上	四二七
孟子注疏解經卷第十二上	四四六
告子章句下	四四六
孟子注疏解經卷第十二下	四六六
告子章句下	四六六
孟子注疏解經卷第十三上	四八七
盡心章句上	四八七
孟子注疏解經卷第十三下	五一〇
盡心章句上	五一〇
孟子注疏解經卷第十四上	五三二
盡心章句下	五三二
孟子注疏解經卷第十四下	五五七
盡心章句下	五五七

校點説明

《孟子注疏》，十四卷，東漢趙岐注，題宋孫奭疏。

趙岐（一〇八—二〇一）字邠卿，東漢京兆長陵人。初名嘉，字臺卿。後避難，自改名及字。曾遭黨錮十餘歲。中平元年（一八四）徵拜議郎，舉敦煌太守，後遷太僕，終太常。儒家惟有《孟子》閎遠微妙，緼奧難見，宜在條理之科。（《後漢書》本傳）趙岐自稱：「惟六籍之學，先覺之士釋而辯之者既已詳矣。於是乃述己所聞，證以經傳，爲之章句，具載本文，章别其旨，分爲上、下，凡十四卷。」（趙岐《孟子題辭》）漢代注釋《孟子》的學者有程曾、鄭玄、高誘、劉熙和趙岐，其中完全保存至今的惟有趙岐《孟子章句》十四卷。清代學者焦循指出：「趙氏於《孟子》，既分其章，又依句敷衍而發明之，所謂『章句』也。章有其恉，則總括於每章之末，是爲『章指』也。疊詁訓於語句之中，繪本義於錯綜之内，於當時諸家，實爲精密而條暢。」（《孟子正義》卷一）《四庫全書總目》評價趙岐之學曰：「其説雖不及後來之精密，而開闢荒蕪，俾後來得循途而深造，其功要不可泯也。」清阮元也説：「趙岐之學以較馬、鄭、許、服諸儒稍爲固陋，然屬書、離辭、指事、類情，於詁訓無所戾。七篇之微言大義藉是

可推,且章別爲指,令學者可分章尋求,於漢傳注別開一例,功亦勤矣。」(《孟子注疏校勘記序》)這些評價是公允恰當的。

《孟子注疏》亦稱《孟子正義》,相傳係北宋孫奭爲趙岐《孟子章句》所作的疏。這是見於著錄的宋代第一部《孟子》疏,也是最早列於學官的《孟子》疏。

孫奭(九六二——一〇三三)字宗古,北宋初年博州博平(今山東茌平)人。太宗端拱年間九經及第,爲莒縣主簿,遷大理評事,爲國子監直講。真宗時判太常禮院、國子監、司農寺,累遷工部郎中,擢龍圖閣待制。仁宗時召爲翰林侍講學士,知審官院,判國子監,修《真宗實錄》。後兼判太常寺及禮院,三遷兵部侍郎,龍圖閣學士。以太子少傅致仕。卒後贈左僕射,諡曰宣。(《宋史・儒林傳一・孫奭傳》)

據《宋史》記載,孫奭曾撰《經典徽言》五十卷,又撰《崇祀錄》《樂記圖》《五經節解》《服制度》。嘗奉詔與邢昺、杜鎬校定諸經正義及《莊子》《爾雅》釋文,考正《尚書》《論語》《孝經》《爾雅》謬誤及律音義。此外,孫奭還奉宋真宗之命,仿陸德明《經典釋文》的形式,與他人合作《孟子音義》二卷。

前人指出,《孟子注疏》是假託孫奭之名的僞作。朱熹明確說:「《孟子疏》乃邵武士人假作。蔡季通識其人。」(《朱子語類》卷十九)《四庫全書總目》也說:「今考《宋史・邢昺

傳》,稱『昺於咸平二年受詔與杜鎬、舒雅、孫奭、李慕清、崔偓佺等校定《周禮》、《儀禮》、公羊、穀梁《春秋傳》、《孝經》、《論語》、《爾雅》義疏』,不云有《孟子正義》。《涑水紀聞》載奭所定著有《論語》《孝經》《爾雅》正義,亦不云有《孟子正義》。其不出奭手確然可信。」但是,朱熹和《四庫全書總目》並未提出進一步的論據和說明。因此,對於《孟子注疏》是假託孫奭之名的問題,由於史料不足,暫且存疑。

前人還指出,《孟子注疏》不僅是假託孫奭之名的一部偽作,而且內容俚鄙,不是上乘之作。《四庫全書總目》云:「其疏皆敷衍語氣,如鄉塾講章,故《朱子語錄》謂其全不似疏體,不曾解出名物制度,只繞纏趙岐之說。至岐注好用古事為比,疏多不得其根據。」《四庫全書總目》還舉出一些具體的例證:「如注謂『非禮之禮,若陳質娶妻而長拜之』,非義之義,若藉交報讐』,此誠不得其出典。至於單豹養其內而虎食其外,事出《莊子》,亦不能舉,則弇陋太甚。朱彝尊《經義考》摘其欲見西施者人輸金錢一文事詭稱《史記》,今考注以尾生為不虞之譽,以陳不瞻為求全之毀,疏亦並稱《史記》。尾生事實見《莊子》,陳不瞻事實見《說苑》,皆《史記》所無。如斯之類,益影撰無稽矣。」書中類似的引文錯誤還有一些。此外,此書在釋義方面也有一些錯誤。清馮登府《論孟子疏書》指出:「又如蓂稭則指為禾中之茇草;莊嶽則失證齊國之街名,以杞妻為姜女,時代相懸;以羊棗為貳棘,物類未晰;二

女之果爲實,不取《説文》;「四肢」之字通「技」未申趙訓。此皆淺陋違理之甚者。」因此,無論從體例還是從內容來看,《孟子注疏》都不是質量上乘的注本。但是,由於此書在南宋時就已立於學官,在歷史上影響很大。有學者指出,雖然《孟子注疏》有一些缺陷,但也不像前輩學者批評的那樣淺陋不堪。「如果換個角度,把此書當作《孟子》的通俗講疏,還是有些可取之處的。至少此書對《孟子》文義做了較爲通俗的解説,儘管這些解説沒有什麼精到見解,但大體上看還是較爲平正通達,清楚明白的。」(董洪利:《孟子研究》,江蘇古籍出版社,一九九七年,第二一六頁)總之,此書在體例、內容和歷史影響等方面有其不可代替的價值。

最早的儒家經籍版本,經、注、疏各自單行,有所謂單經本、單注本、單疏本。至南宋始有經、注、疏合刻本。南宋紹興及紹熙、嘉泰間,兩浙東路茶鹽司先後刊刻《易》《書》《周禮》《毛詩》《禮記》以及《論語》《孟子》等注疏合刻本。這些書行款版式一致,均爲半頁八行,世稱「八行本」。又因兩浙東路茶鹽司治所在紹興,古稱越州,又稱爲「越州本」。八行本是最早的注疏合刻本。今臺北故宮博物院所藏《孟子注疏解經》,著錄爲宋嘉泰間兩浙東路茶鹽司刊元明遞修本,就是此八行本的元明遞修本。這是已知現存最早的《孟子注疏》全本。

另外,國家圖書館、北京大學圖書館還各藏殘本四卷,南京博物館藏殘本十卷。

南宋福建建陽地區坊間還有一種將經、注、疏及陸德明《經典釋文》合刻的本子,因其行款爲

半頁十行,世稱「十行本」。這就是後來通行《十三經注疏》本的源頭。元代曾加以翻刻,明代多次刊刻《十三經注疏》也是依據元代翻刻十行本,如嘉靖李元陽所刻「閩本」,萬曆北京國子監所刻「監本」,崇禎常熟汲古閣毛氏所刻「毛本」。清代阮元刊刻《十三經注疏》,號稱是「重刊宋本」,但實際上現在學界認爲,除少數幾經外,阮元所依據的底本就是元代翻刻十行本。

此次校點《孟子注疏》,以臺北故宮博物院影印宋刻元明遞修本《孟子注疏解經》爲底本,以嘉慶二十一年(一八一六)阮元於南昌府學重刊十三經注疏《孟子注疏》(簡稱「阮本」)爲校本,參校了《續古逸叢書》影印宋槧大字本《孟子》(簡稱「宋槧大字本」)及臺灣商務印書館影印文淵閣《四庫全書》本《孟子注疏》(簡稱「四庫本」)。阮本的優點在於搜羅各種版本,並做了詳細的校勘。他所用的單經本有石經殘本,經注本有北宋蜀大字本、岳本、宋本、廖本、韓本、孔本、足利本和日本古本,注疏本有宋十行本、閩本、監本和毛本。但是底本整體上優於阮本,在校勘中阮校中有價值者依《儒藏》體例予以吸收。他校諸書,《史記》《漢書》等「二十四史」皆採用中華書局校點本,《周禮》《左傳》等經書採用中華書局影印世界書局縮印阮元校刻《十三經注疏》本,其他文獻則於校記首見處注明版本。

校點者 劉 豐

孟子正義序

朝散大夫尚書兵部郎中充龍圖閣待
制知通進銀臺司兼門下封駁事兼判
國子監上護軍賜紫金魚袋臣孫奭撰

夫總群聖之道者，莫大乎六經；紹六經之教者，莫尚乎《孟子》。自昔仲尼既没，戰國初興，至化陵遲，異端並作，儀、衍肆其詭辯，楊、墨飾其淫辭。遂致王公納其謀，以紛亂於上；學者循其踵，以蔽惑於下。猶洚水懷山，時盡昏墊，繁蕪塞路，孰可芟夷？惟孟子挺名世之才，秉先覺之志，拔邪樹正，高行厲辭。導王化之源，以救時弊；開聖人之道，以斷群疑。其言精而贍，其旨淵而通，致仲尼之教，獨尊於千古，非聖賢之倫，安能至於此乎？其書由炎漢之後，盛傳於世，為之注者，則有趙岐、陸善經❶為之音者，則有張鎰、丁公著。自陸善經已降，其所訓説，雖小有異同，而共宗趙氏。今既奉勅校定，仍據趙注為本。❷惟是音釋，

❶「歧」，原作「歧」，據阮本改。
❷「今既」至「為本」，阮本無此十二字。

宜在討論。臣今詳二家撰録，❶俱未精當，張氏則徒分章句，❷漏略頗多，丁氏則稍識指歸，譌謬時有。若非刊正，❸詎可通行？謹與尚書虞部員外郎同判國子監臣王旭、諸王府侍講太常博士國子監直講臣馬龜符、鎮寧軍節度推官國子學說書臣吳易直、前江陰軍江陰縣尉國子學說書臣馮元等，推究本文，參考舊注，采諸儒之善，削異說之煩，證以字書，質諸經訓，疏其疑滯，備其闕遺，集成《音義》二卷。❹雖仰測至言，莫窮於奧妙，而廣傳博識，更俟於發揮。謹上。

❶「宜在討論臣今詳」，阮本無此七字。
❷「徒」，原作「從」，據阮本改。
❸「刊正」上，阮本有「再加」二字。
❹「謹與」至「二卷」，阮本作「臣奭前奉勅與同判國子監王旭、國子監直講馬龜符、國子學說書吳易直、馮元等作《音義》二卷，已經進呈。今輒罄淺聞，隨趙氏所說，仰効先儒釋經，爲之正義。凡理有所滯，事有所遺，質諸經訓，與之增明」。

孟子注疏題辭解

朝散大夫尚書兵部郎中充龍圖閣待制
知通進銀臺司兼門下封駁事兼判國子
監上護軍賜紫金魚袋臣孫奭撰進

題辭解

疏 正義曰：案《史記》云：「孟軻受業子思門人，道既通，所干者不合，退與萬章之徒序《詩》《書》，述仲尼之意，作《孟子》七篇。」至嬴秦焚書坑儒，孟子之徒黨自是盡矣。其七篇書號爲諸子，故篇籍得不泯絶。漢興，高皇未遑庠序之事，孝惠雖除挾書之律，然而公卿皆武力功臣，亦莫以爲意。及孝文皇帝廣遊學之路，天下衆書往往稍出，由是《論語》《孟子》《孝經》《爾雅》皆置博士，當時乃有劉歆九種《孟子》，凡十一篇。炎漢之後，盛傳於世，爲之注者，西京趙岐出焉。至于李唐又有陸善經出焉。自陸善經已降，其所訓説雖小有異同，而咸歸宗於趙氏。《隋志》云：趙岐注《孟子》十四卷。又有鄭亢注《孟子》七卷。❶在梁時又有綦毋

❶ 「亢」，據《隋書·經籍志》，應作「玄」。

遂《孟子》九卷。《唐書·藝文志》又云：《孟子》注凡四家，有三十五卷。至于皇朝《崇文總目》，《孟子》獨存趙岐注十四卷，唐陸善經注《孟子》七卷，凡二家二十一卷。今校定仍據趙注爲本。今以爲主題辭者，趙岐謂此書孟子之所作，所以題號《孟子》之書，其題辭爲《孟子》而作，故曰《孟子題辭》。

《孟子題辭》者，所以題號《孟子》之書本末、指義、文辭之表也。疏「孟子」至「表也」。正義曰：此敘《孟子題辭》爲《孟子》書之序也。張鎰釋云：《孟子題辭》即序也，趙注尚異，故不謂之序而謂之題辭。**孟，姓也。**疏正義曰：此敘孟氏之所自也。案魯史桓公之後，桓公適子莊公爲君，庶子公子慶父、公子叔牙、公子季友。仲孫是慶父之後，叔孫是叔牙之後，季孫是季友之後。其後子孫皆以仲、叔、季爲氏。至仲孫氏後世，改仲曰孟。又云：孟，庶長之稱也。言己是庶，不敢與莊公爲伯、仲、叔、季之次，故取庶長爲始也。又定公六年有仲孫何忌如晉，《左傳》即曰「孟懿子往」。是孟氏爲仲孫氏之後改孟也。**子者，男子之通稱也。**疏正義曰：此敘凡稱子之例也。案經傳凡敵者相謂皆言吾子，或直言子，稱師亦曰子。《公羊傳》云「子沈子曰」，何休云：「沈子稱子，冠氏上者，著其爲師也。」不但言子曰者，辟孔子也。」然則後人稱先師則以子冠氏上，所以明其爲師也。如子公羊子、子沈子之類是也。孟軻有德，亦足以師範來世，宜凡書傳直言「子曰」者，皆指孔子，以其師範來世，人盡知之，故不必言氏也。其以氏冠子，使後人知之，非獨云有孔子，又有孟子稱爲子焉。**此書孟子之所作也，故總謂之《孟**

子》。㊟正義曰：此敘孟子所作此書，故總名號爲《孟子》也。唐林慎思《續孟子書》二卷，以謂「《孟子》七篇，非軻自著，乃弟子共記其言」。韓愈亦云：「孟軻之書，非軻自著。軻既没，其徒萬章、公孫丑相與記軻所言焉。」今趙氏爲孟子之所作，故總謂之《孟子》者，蓋亦有由爾。**其篇目，則各自有名。**㊟正義曰：此敘《孟子》七篇各有名目也。故《梁惠王》《公孫丑》《滕文公》《離婁》《萬章》《告子》《盡心》是也。**孟子，鄒人也，名軻，字則未聞也。又言鄒爲楚所并，非魯也。今鄒縣是也。鄒本春秋邾子之國，至孟子時改曰鄒矣。國近魯，後爲魯所并。**㊟正義曰：此敘孟子姓字及所居之國也。案《史記》列傳云：「孟軻，鄒人也。」不紀其字，故趙氏云「字則未聞焉」。後世或云字子輿。云「鄒本春秋邾子之國」至「是也」者，案《春秋》隱公元年書「公及邾儀父盟于蔑」，杜注云：「邾，今魯國鄒縣是也。」儀父事齊桓以獎王室，王命以爲附子。《説文》云：「鄒，魯附庸之國。」一云：「鄒，孔子鄉也。」一云：「國近魯」者，案：《左傳》哀公七年「公伐邾」，及范門，猶聞鍾聲」。又曰：「魯擊柝，聞於邾。」杜注云：「范門，邾郭門也。」是爲邾所并。云「魯頃公二十四年，❶楚考烈王伐滅魯。」是又爲楚所并。**或曰：孟子，魯公族孟孫之後。故孟子仕於齊，喪母而歸葬於魯也。三桓子孫既以衰微，分適他國。**

---

❶ 「頃」，原作「傾」，據阮本改。下「魯頃公」同。

「他國」。 正義曰：此敘孟子爲魯公族孟孫之後也。其說在「孟姓」之段。云「仕於齊，葬於魯」者，《公孫丑》篇之文也。《春秋》定公六年，季孫斯、仲孫何忌如晉。十年，叔孫仇如齊。哀公二十七年，公患三桓之後，欲以諸侯去之。杜預云：欲求諸侯以逐三桓後。至魯頃公時，魯遂絕祀。由是三桓子孫衰微。**孟子生有淑質，夙喪其父，幼被慈母三遷之教，長師孔子之孫子思，治儒術之道，通五經，尤長於《詩》《書》。**〔疏〕「孟子」至「《詩》《書》」。 正義曰：此敘孟子自幼至長之事也。案史《列女傳》云：「孟軻母，其舍近墓，孟子少嬉遊爲墓間之事，孟母曰：此非吾所以處子也。復徙舍學宮之傍，其嬉戲乃設俎豆揖遜進退。孟母曰：此真可以居吾子矣。遂居焉。及孟子既學而歸，孟母問學所至，孟子自若也。孟母以刀斷機，曰：子廢學，若吾斷機。孟子懼，旦夕勤學不息，師子思，遂成名儒。」又案《史記》云：「孟軻受業於子思之門人，道既通，所干不合，退與萬章之徒序《詩》《書》。」故趙氏云「尤長於《詩》《書》」。**周衰之末，戰國縱橫，用兵爭強，以相侵奪。當世取士，務先權謀以爲上賢。先王大道陵遲隳廢，異端並起，若楊朱、墨翟放蕩之言，以干時惑衆者非一。孟子閔悼堯、舜、湯、文、周、孔之業將遂湮微，正塗壅底，仁義荒怠，佞僞馳騁，紅紫亂朱。**〔疏〕「周衰之末」至「亂朱」。 正義曰：此敘周衰戰國縱橫之時，大道陵遲也。案太史公曰：「秦紀至犬戎敗幽王，周東遷洛邑，秦襄公始封爲諸侯，作西畤，用事上帝，於是僭端見矣。自後陪臣執政，大夫世祿，六卿分晉，及田常弑簡公而相齊國，諸侯晏然不討，海内爭於戰攻，於是六國盛焉。其務在

強兵并敵，謀詐用而縱橫長短之說起。」故秦用商君富國強兵，楚、魏用吳起戰勝弱敵，齊威宣王用孫子、田忌之徒而諸侯東面朝齊。天下於是方務於合縱連橫，以攻伐爲賢，而楊朱、墨翟以兼愛自爲，以害仁義。孟軻乃述唐虞三代之德，退序《詩》、《書》，述孔子之意。當此之時，念非孟子有哀憫之心，則堯、舜、湯、文、周、孔子之業將遂沉小，而正道鬱塞，仁義荒怠，佞偽並行，紅紫亂朱矣。楊雄云：「古者楊、墨塞路，孟子辭而闢之。」云「湮微」者，湮，沉也；微，小也。云「雍底」者，言正道鬱塞而不明也。云「仁義荒蕪」者，《釋名》曰：「仁，忍也，好生惡殺，善惡含忍也。」「義，宜也，裁制事物使合宜也。」《莊子》云：「愛人利物之謂仁。」云「紅紫亂朱」者，《論語》云「惡紫之奪朱也」，孔注云：「朱，正色；紫，間色。」《說文》云：「迷亂曰荒。怠，懈怠也。」云「佞偽馳騁」者，《論語》云「仁而不佞」，孔云：「佞，口辭捷給，爲人所憎惡者。」《尚書》云「無怠無荒」，孔注云：「青、赤、黃、白、黑，五方正色也。不正謂五方間色，綠、紅、碧、紫、騮黃是也。」青是東方正，綠是東方間，東爲木本，色青。木尅土；土色黃，黃是中央正，騮黃是中央間，中央土，土色黃，土尅水，水色黑，水尅火，火色赤，故紫色，赤、黑也。白是西方正，碧是西方間，西爲金，金色白，金尅木，故碧色，青、白也。朱是南方正，紅是南方間，南爲火，火色赤，火尅金，金色白，故紅色，赤、白也。黑是北方正，紫是北方間，北方水，水色黑，水尅火，火色赤，故紫色，赤、黑也。

---

❶「尅」，原作「刻」，據阮本改。

孟子注疏題辭解

五

色黑，故駰黃色，黃、黑也。是正間然。**於是則慕仲尼，周流憂世，遂以儒道遊於諸侯，**[1]**思濟斯民。然由不肯枉尺直尋，時君咸謂之迂闊於事，終莫能聽納其說。**〇正義曰：此敘孟子周流聘世，時君不聽納其說也。言孟子心慕孔子，徧憂其世，遂以儒家仁義之道歷遊諸侯之國，思欲救濟天下之民。然而諸侯不能尊敬之者，孟子亦且不見也，雖召之而不往，以其不肯枉尺以直尋。十寸曰尺，八尺曰尋。《史記》云：「孟子道既通，遊事齊，齊宣王不能用。適梁，梁惠王不果所言。」是皆以爲迂遠而闊於事情，而莫有能聽納其說者。**孟子亦自知遭蒼姬之訖錄，值炎劉之未奮。進不得佐興唐虞雍熙之和，退不能信三代之餘風，恥沒世而無聞焉，是故垂憲言以詒後人。仲尼有云：「我欲託之空言，不如載之行事之深切著明也。」**〇「孟子」至「著明也」。正義曰：此敘孟子自知道不行於世，恥沒世無名聞，故慕仲尼託之空言而載之行事也。言孟子生於六國之時，當衰周之末，又遇漢之未興，上不得輔起唐虞二世之治，下不能伸夏商周三代之風化，自愧沒一世而無名聞，所以垂法言以貽後人。故託慕仲尼，周流憂世，既不遇，乃退而與萬章之徒敘《詩》《書》而作此七篇也。趙氏意其然，乃引孔子之言而明孟子載七篇之意也。云「蒼姬」者，周以木德王，故號爲蒼姬，姬，周姓也。云「炎劉」者，漢以火德王，故號爲炎劉，劉，高祖之姓氏也。**於是退而論集所與高弟弟子公孫丑、萬章之**

❶「儒」，原作「懦」，據阮本改。

徒難疑答問，又自撰其法度之言，著書七篇，二百六十一章，三萬四千六百八十五字。包羅天地，揆敘萬類，仁義道德，性命禍福，粲然靡所不載。疏「於是」至「不載」。正義曰：此敘孟子退而著述篇章之數也。《史記》云：「孟子所干者不合，退而與萬章之徒序《詩》《書》，述仲尼之意，作《孟子》七篇。」云二百六十一章者，合七篇之章數言也。據趙氏分章，則《梁惠王》篇凡二十有三章，《公孫丑》篇凡二十有三章，《滕文公》篇凡十有五章，《離婁》篇凡六十一章，《萬章》篇凡十有八章，《告子》篇凡三十有六章，《盡心》篇凡八十有四章，總而計之，是二百六十一章也。云三萬四千六百八十五字者，合七篇而言也。今計《梁惠王》篇凡五千三百三十三字，《公孫丑》篇凡五千一百二十字，《滕文公》篇凡四千五百三十五字，《離婁》篇凡四千二百八十五字，《萬章》篇凡五千四百七十四字，《告子》篇凡五千五百三十五字，《盡心》篇凡四千一百五十九字，總而計之，是三萬四千六百八十五字也。云「包羅天地」至「靡所不載」者，言此七篇之書，大而至於天地，微而至於昆蟲草木，又次而至於性命禍福，無有不載者也。然而篇所以七者，蓋天以七紀，璇璣運度，七政分離，聖以布曜，❶故法之也。章所以二百六十一者，三時之日數也，不敢比《易》當期之數，故取於三時。三時者，成歲之要時，故法之也。帝王公侯遵之，則可以致隆平，頌清廟。卿、大夫、士蹈之，則紀，故法五七之數而不敢盈也已。

❶ 「曜」，原作「躍」，據阮本改。

可以尊君父，立忠信。守志厲操者儀之，則可以崇高節，抗浮雲。㾿「帝王」至「浮雲」。正義曰：此叙《孟子》七篇之書爲要者也。言上而帝王遵循之，則可以興升平之治，次而公侯遵循之，則可以頌清廟。云「頌清廟」者，言公侯可以此助祭于天子之廟也。《詩》有《清廟》之篇以祀文王，注云：「天德清明，文王象焉，故祭而歌此詩也。」箋云：「諸侯有光明著見之德者，來助祭也。」卿、大夫、士蹈之，則可以尊欽君父，主其忠信。守志厲操者儀而法之，則可以崇其高節而抗富貴如浮雲。云帝王、公侯、卿、大夫、士者，蓋帝以德言，王以業言，卿有諸侯之卿，有大夫之卿，所謂公、侯、伯、子、男，凡有五等是也。自帝王以下言之，則有公侯；自公侯以下，則有卿；自卿以下，則有大夫；自大夫以下，則止於有士也。公侯是周之爵，所謂公、侯、伯、子、男，凡有五等是也。

有風人之託物，二雅之正言，可謂直而不倨，曲而不屈，命世亞聖之大才者也。㾿「有風」至「者也」。正義曰：此叙《孟子》七篇有風人、二雅之言，爲亞聖者也。如對惠王欲以與民同樂，故以文王靈臺、靈沼爲言；對宣王欲以好貨色與百姓同之，故以太王厥妃爲言。論仁則託以穀爲喻，論性則託以牛山之木爲喻。是皆有風人之託物言也。云「二雅之正言」者，如引「他人有心，予忖度之」，「乃積乃倉」，「古公亶父，來朝走馬」，「不失其馳，舍矢如破」，凡此之類，是皆有二雅之正言也。故可謂直其辭而且不失之倨傲，曲其辭而且不失之屈枉，而孟子誠爲間世亞聖之大才者也。言孟子之才比於上聖人之才，但相亞次而已，❶故謂亞

❶「亞次」，阮本作「王天」。

聖大才。**孔子自衛反魯，然後樂正，雅、頌各得其所。乃刪《詩》、定《書》、繫《周易》、作《春秋》。**疏「孔子」至「春秋」。正義曰：此敘引孔子退而著述之意也。案定公十四年，孔子去魯，應聘諸國。哀公十一年，自衛反魯，是時道衰樂廢，孔子來還乃正之。又哀公十一年《左傳》云：「冬，衛孔文子將攻太叔，訪於仲尼。仲尼曰：『胡簋之事則嘗學之，甲兵之事未之聞也。』退，命駕而行，曰：『鳥則擇木，木豈能擇鳥？』文子遽止之，曰：『圉豈敢度其私？訪衛國之難也。』將止，魯人以幣召之，乃歸。」杜預曰：「於是自衛反魯，然後樂正，雅、頌各得其所。」是也。云「乃刪《詩》、定《書》、繫《周易》、作《春秋》」者，案《世家》云：「魯定公五年，季氏僭公室，陪臣執國命，是以魯大夫以下皆潛離於正道。故孔子不仕，退而修《詩》《書》《禮》《樂》，弟子彌衆，至自遠方，莫不受業焉。至哀十一年自衛反魯，乃上采契、后稷，中述商、周之盛，至幽、厲之缺，凡三百五篇，孔子皆弦歌之，以求合《韶》《武》，雅、頌之音，禮、樂自此可得而述，以備王道，成六藝。孔子晚喜《易》；序《彖》《繫》《象》《說卦》。曰：『吾道窮矣。』乃因史記作《春秋》，上至隱公，下訖哀十四年，十二公。據魯，親周，故商，運之三代，約其文辭而指博。故曰：『後世知丘者其惟《春秋》，罪丘者亦惟《春秋》。』」**孟子退自齊梁，述堯舜之道而著作焉，此大賢擬聖而作者也。**疏「孟子」至「者也」。正義曰：此敘孟子退而擬孔子之聖而著述焉。案馬遷作《列傳》云：「孟子遊仕齊宣王，宣王不能用。適梁，梁惠王不果所言。是以退而序《詩》《書》，述仲尼之意，而作《孟子七篇也。」**七十子之疇，會集夫子所言以爲**

《論語》。《論語》者，五經之錧鎋，六藝之喉衿也。〈疏〉「七十子」至「衿也」。正義曰：此敘引孔子弟子記諸善言而爲《論語》也。案《漢書·藝文志》云：「《論語》者，孔子應答弟子、時人，及弟子相與言而接聞於夫子之語也。當時弟子各有所記，夫子既卒，門人相與集而論纂，故謂之《論語》。」鄭注云：「仲弓、子游、子夏等撰述。論者，綸也，以此書可以經綸世務，故曰論也。」語者，鄭注云：「答述曰語。」此書所載，皆仲尼答弟子及時人之辭，故曰「語」。而在「論」字下。錧鎋者，鄭注《周禮》云：「車轄也。」❶ 車軸頭鐵也。❷《説文》云：「車鍵也。」喉衿者，《説文》云：「喉，咽也。」「衿，衣領也。」言《論語》爲五經六藝之要，如此錧鎋與夫喉衿也。

孟子之書則而象之。〈疏〉正義曰：此敘孟子作此七篇之書而儀象《論語》之書，是亦錧鎋喉衿予」。魯臧倉毀鬲孟子，孟子曰「臧氏之子焉能使予不遇哉」。旨意合同，若此者衆。〈疏〉「衛孔子，孔子答以俎豆。梁惠王問利國，孟子對以仁義。宋桓魋欲害孔子，孔子稱「天生德於靈公」至「遇哉」。正義曰：此敘孟子作七篇則象《論語》之旨意也。衛靈公問陳於孔子事，此《論語》之文也。案《左傳》哀公十一年云云，在「孔子自衛反魯」段。云俎豆者，案《明堂位》云：「俎，有虞氏以梡，夏后氏以嶡，商以椇，周以房俎。」鄭注云：「梡，斷木爲四足而已。嶡之言蹶也，謂中足爲橫距

---

❶「錧」，原作「錧」，據阮本改。下「錧鎋」同。
❷「鐵」，原作「錢」，據阮本改。

之象，《周禮》謂之距。棊之言根棊也，謂曲橈之也。上下兩間有似於堂房。《魯頌》曰『籩豆大房』。」又曰：「夏氏以楬豆，商以豆。❶周獻豆。」鄭注云：「楬，無異物之飾也。獻，疏刻之。齊人謂無髮爲禿楬。」其委曲制度，備在《禮圖》。梁惠王問利國，孟子對以仁義，說在《梁惠王》篇。宋桓魋欲害孔子，孔子稱「天生德於予」，是亦《論語》之文也。案《世家》：孔子適宋，與弟子習禮大樹下，宋司馬桓魋欲殺孔子，拔其樹，孔子去。弟子曰「可速矣」，故孔子發此語。言「天生德於予」者，言孔子謂天報我以德性，❷德合天地，吉無不利，桓魋必不能害我，故曰「其如予何」。云「魯藏倉毀鬲孟子，孟子曰：臧氏之子焉能使予不遇哉」者，說在《惠王》下篇。凡此者，是皆旨意合同，若此類者甚眾，故不特止此而已。又有《外書》四篇，《性善》《辯文》《說孝經》《爲正》，其文不能弘深，不與内篇相似，似非《孟子》本真，後世依放而託之者也。疏正義曰：凡此《外書》四篇，趙岐不尚，以故非之。

孟子既沒之後，大道遂絀。逮至亡秦，焚滅經術，坑戮儒生，孟子徒黨盡矣。其書號爲諸子，故篇籍得不泯絕。疏「孟子」至「泯絕」。正義曰：此敘《孟子》之書得其傳也。蓋孟子生於六國之時，憫道之不行，遂著述，作七篇之書。既沒之後，先王之大道遂絀而不明于世。至嬴秦并六國，號

---

❶「以」，阮本作「玉」。
❷「报」，阮本作「授」。

為秦始皇帝，因李斯之言，遂焚書坑儒，自是孟子徒黨盡矣。《秦紀》云：「秦皇三十四年，丞相李斯曰：五帝不相復，三代不相襲。今陛下創大業，是萬世之功，固非愚儒所知。且越言三代之事，臣請史官非秦紀皆燒之，非博士官所職，天下敢有藏《詩》、《書》、百家語者，悉詣守、尉雜燒之。所不去者，惟有醫、卜、種藝之書。」故《孟》之書號爲諸子，以故篇籍不亡而得傳於世。**學之路，《論語》《孝經》《孟子》《爾雅》皆置博士。後罷傳記博士，獨立五經而已。訖今諸經通義得引《孟子》以明事，謂之博文。** 〔疏〕「漢興」至「博文」。○正義曰：此敘孟子之書自漢而行也。案《漢書》云：高皇帝誅項羽，引兵圍魯，魯中諸儒尚講習禮，弦歌之音不絕，豈非聖人遺化好學之國哉。於是喟然興於學。然尚有干戈，平定四海，亦未遑庠序之事。至孝惠乃除挾書之律，然公卿皆以武力功臣，莫以爲意。至孝文始使掌故晁錯❶從伏生受《尚書》。❶《尚書》出于屋壁，《詩》始萌芽，天下衆書往往頗出，猶廣立於學官，爲置博士。由是《論語》《孟子》《孝經》《爾雅》皆置博士。及後罷傳記博士。以至于後漢，惟有五經博士。博士，秦官，掌通古今，秩比六百石，員多至數十人。宣帝黃龍九年，增員二十人。自是之後，五經獨有博士。訖于西京趙岐之際，凡諸經通義，皆得引《孟子》以明事，故謂之博文也。**孟子長於譬喻，辭不迫切而意以獨至，其言曰：「説《詩》者不以文害辭，不以辭害志，以意逆志，爲得之矣。」**斯言殆欲使後人深求其意以解其文，不但施於説《詩》也。今諸

❶「晁」，原作「是」，據阮本改。

解者往往摭取而說之，其說又多乖異不同。疏正義曰：此敘孟子作七篇之書長於譬喻，其文辭不至迫切❶，而趙岐遂引孟子說《詩》之旨，亦欲使後人知之，但深求其意義，其旨不特止於說《詩》也。然今之解者摭取而說之，其說又多乖異而不同矣。孟子以來五百餘載，傳之者亦已衆多。疏正義曰：此言《孟子》七篇之書，自孟子既沒之後，至西京趙岐已五百有餘年。傳七篇之書解者，亦甚衆多也。余生西京，世尋丕祚，有自來矣。少蒙義方，訓涉典文。知命之際，嬰戚于天，遘屯離蹇，詭姓遯身，經營八紘之内，十有餘年，心勤形瘵，何勤如焉！嘗息肩弛擔於濟、岱之間，或有溫故知新，雅德君子，矜我劬瘁，睠我皓首，訪論稽古，慰以大道。余困吝之中，精神遐漂，靡所濟集，聊欲係志於翰墨，得以亂思遺老也。惟六籍之學，先覺之士釋而辯之者既已詳矣。儒家惟有《孟子》閎遠微妙，縕奧難見，宜在條理之科。具載本文，章别其旨，分爲上、下，凡十四卷。究而言之，不敢以當達者，施於新學，可以寤疑辯惑。愚亦未能審於是非，後之明者見其違闕，儻改而正諸，不亦宜乎！疏「余生」至「不亦宜乎」。正義曰：此是趙岐自敘己意而爲《孟子》解也。言我生自西漢之京，若以世代根尋其祚，其

---

❶「迫」，原作「廹」，據阮本改。

孟子注疏題辭解

一三

先與秦共祖，皆顓帝之裔孫也。其後子孫造父，爲穆王攻徐偃王，大破之，以功封趙城，後因氏焉。故其來端有自矣。在幼少蒙義方，教訓之以先王典籍。及五十之歲間，乃零丁要戚于天，是其時遇迍邅之險難，遂詭詐其姓氏，逃遁其身，經營治身於八紘之內，至十餘年，心神形色莫不焦瘁疲瘵，謂何勤如此之甚。曾因息肩弛負檐於濟岱之地，或有溫故君子有雅德者，憐我勤苦焦瘁，見我頭白，遂訪我談論，以稽考古人，仍慰我以大道。然於困匎之中，其精神亦且返漂，未有歸定，聊欲係志於筆墨，以亂思遺我老也。思其六經皆得先覺之賢士釋而辯論之，亦已甚詳，於儒家獨有《孟子》七篇之書，其理蘊奧，深妙難造，宜在於聖智條理之科。於是乃申述己之聞見，驗以六經之傳，斷爲章句，具載本文，章章別爲意旨，分七篇作上、下篇，爲十四卷。究極而言，雖不敢當於達士，然於初學者資之，亦可以曉晤其疑惑。其有是非得失，愚亦未敢審實，後之有明哲者，如見其違理疑闕者，改而正之，是其宜也。」云「爲之章句，分爲上下，凡十四卷」者，各於卷下有說，此更不言。 丁公著案《漢書·趙岐本傳》云：「趙岐字邠卿，京兆長陵人也。嘗遇疾甚，誡其子曰：『吾死之後，置一圓石安墓前，刻曰：漢有逸人，姓趙名岐，有志無時。後疾瘳。仕至太僕卿。嘗仕州郡，以廉直疾惡見憚焉。」

孟子注疏解經卷第一上

孫奭疏

梁惠王章句上 凡有七章

趙氏注 梁惠王者，魏惠王也。魏，國名。惠，謚也。王，號也。時天下有七王，皆僭號者，猶春秋之時，吳、楚之君稱王也。魏惠王居於大梁，故號曰梁王。聖人及大賢有道德者，王公侯伯及卿大夫咸願以爲師。孔子時，諸侯問疑質禮，若弟子之問師也。魯、衛之君，皆專事焉，❶故《論語》或以弟子名篇，而有《衛靈公》《季氏》之篇。孟子亦以大儒爲諸侯師，是以《梁惠》《滕文公》題篇，與《公孫丑》等而爲之，一例者也。

疏「梁惠王章句上」。 正義曰：自此至《盡心》，是《孟子》七篇之目及次第也。總而言之，則《孟子》

---

❶「專」，按阮校：「宋本、孔本、韓本、《考文》古本作『尊』。按『尊』是也。」

為此書之大名,「梁惠」以下爲當篇之小目。其次第蓋以聖王之盛,唯有堯舜,堯舜之道,仁義爲首,故以梁惠王問利國,對以仁義爲七篇之首也。此篇凡二十三章,趙氏分爲上下卷。此上卷只有七章。一章言治國以仁義爲名。二章言聖王之德,與民共樂,恩及鳥獸。三章言王化之本,在於使民養生喪死之用足備。四章言王者爲政之道,生民爲首。五章言百里行仁,天下歸之。六章言定天下者一道而已,不貪殺人,人則歸之。七章言典籍攸載,帝王之道,無傳霸之事。其餘十六章分在下卷,各有言説,大抵皆是君國之要務,故述爲篇章之先。凡此二十三章,既以梁惠王問利國爲章首,遂以《梁惠王》爲篇名。《公孫丑》以下諸篇所以次,當篇之下各有所説。云「章句」者,章,文之成也,句者,辭之絶也。又言章者,明也,總義包體,所以明情者也。句必聯字而言,句者,局也,聯字分疆,所以局言者也。

注云「梁惠」至「例者也」。 正義曰:案《史記》世家云:「魏之先,畢公高之後也。武王伐紂,而高封於畢,是爲畢姓。其後絶封,爲庶人,或在夷狄,其裔曰畢萬,事晉獻公。獻公十六年,以魏封畢萬,爲大夫。卜偃曰:『畢萬之後必大矣。萬,滿數也。魏,大名也。』畢萬封十一年,獻公卒。畢萬之世彌大,從其國名爲魏氏。生武子,武子生悼,悼生嬴,嬴生魏獻子,子生侈,侈之孫曰魏桓子,桓子孫曰文侯。文侯卒,子擊立,爲武侯。武侯卒,子罃立,爲惠王。惠王二十一年,❶齊、趙共伐我邑,於是徙都大梁。」然則梁惠成王是武侯之子,名罃,謚曰惠。《謚法》云:「愛人與曰惠。」《汲冢紀年》云:「梁惠成王九年四月甲寅,徙都大梁。」《字林》云:「王者,天地人一貫三爲王,天下

❶「二十一年」,據《史記·魏世家》,當爲「三十一年」。

所法也。」時天下有七王者，❶魏、趙、韓、秦、齊、楚、燕七雄之王也。云「《論語》或以弟子名篇，而有《衞靈》《季氏》之篇」者，如《顏淵》《子路》《子張》，是弟子名篇也，趙岐所以引而爲例。

孟子見梁惠王。孟子適梁，魏惠王禮請孟子見之。王曰：「叟，不遠千里而來，亦將有以利吾國乎？」曰，辭也。叟，長老之稱也，猶父也。❷亦將有以爲寡人興利除害者乎？來此，亦將有以爲寡人興利除害者乎？孟子對曰：「王何必曰利，亦有仁義而已矣。孟子知王欲以富國強兵爲利，故曰：王何以利爲名乎？❸亦有仁義之道可以爲名。以利爲名，則有不利之患矣。因爲王陳之。王曰：「何以利吾國？」大夫曰：「何以利吾家？」士、庶人曰：「何以利吾身？」上下交征利，而國危矣。征，取也。從王至庶人，故言上下交爭，各欲利其身，必至於簒弑，則國危亡矣。《論語》曰：「放於利而行，多怨。」故不欲使王以利爲名也。又言交爲俱也。萬乘之國，弒其君者必千乘之家。萬乘，兵車萬乘，謂天子也。千乘，謂諸侯也。夷羿之弒夏后，是以千乘取其萬乘也。千乘之國，弒其君者必百乘之家。天子建國，諸侯立家。百乘之家，謂大國之卿，食菜邑有兵車百乘之賦者

---

❶「時」上，原空一格，阮本作「是」字。
❷「此」上，按阮校：「宋本、孔本、韓本、《考文》古本有『至』字。」
❸「何」下，按阮校：「孔本、韓本、《考文》古本有『必』字。」

也，若齊崔、衛甯、晉六卿等，是以其終亦皆弒君，此以百乘取千乘也。上下乘當言國而言家者，❶諸侯以國爲家，亦以避萬乘稱，故稱家。君臣上下之辭。萬取千焉，千取百焉，不爲不多矣。苟，誠也。周制：君十卿祿。誠令大臣皆後君食萬鍾，臣食千鍾，亦多矣。❷不爲不多矣。苟爲後義而先利，不奪不饜。仁義而先自利，則不篡奪君位，不足自饜飽其欲矣。未有仁而遺棄其親，行義而忽後其君者。仁者親親，義者尊尊。人無行仁而遺棄其親，行義而忽後其君者。❸王亦曰仁義而已矣，何必曰利！」孟子復申此者，重歎其禍也。❹

疏「孟子見梁惠王」至「何必曰利」。正義曰：此章言治國之道，當以仁義爲名也。「孟子見梁惠王」者，是孟子自齊至梁見惠王也。「王曰：叟，不遠千里而來，亦將有以利吾國乎」者，王，號也，以業爲言也。曰，發語詞也。叟，尊老之稱也，言惠王尊老孟子也。惠王尊孟子，曰：叟，不遠千里之路而至此，相將亦有以利益我國乎？云「亦」與「乎」者，凡外物不可必，❺又非可止於一事

❶「下」，按阮校：「孔本、韓本、《考文》古本作『千』，是也。」
❷「矣」，阮本作「故」，屬下讀。
❸「行」上，阮本有「無」字。「者」，閩、監、毛、阮本作「長」。
❹「重歎其禍」，按阮校：「宋本、孔本、韓本、《考文》古本作『重嗟歎其禍』。《音義》出『重嗟』，則亦有『嗟』字。」
❺「凡」，阮本作「況」。

耳，故云「亦」「乎」，與《論語》云「不亦説乎」「不亦樂乎」同。「孟子對曰：王何必曰利，亦有仁義而已矣」者，是孟子答惠王也。言王何必特止曰財利，我亦有仁義之道以利益而言，下利以利益爲言。「王曰：何以利吾國？大夫曰：何以利吾家？士、庶人曰：何以利吾身？上下交征利，而國危矣」者，是孟子託言也。言惠王今問我曰何以利益我國，則爲王之大夫必問我曰何以利益我家，爲大夫既欲利益其家，則爲王之士、庶人亦必問我曰何以利益我身。假使上自下交於士、庶人，皆且取其利益，而國必危亂喪亡矣。王以國爲問，大夫以家問，士、庶人以身爲問者，王稱國，故以國問；大夫稱家，故以家問；士、庶人無稱，故以身問而已。「萬乘之國，弑其君者必千乘之家。❶千乘之國，弑其君者必百乘之家。❷萬取千焉，千取百焉，不爲不多」者，孟子言：凡欲天子之萬乘者，且於其内取千乘，而爲天子之諸侯，欲諸侯之千乘者，且於其内但取百乘而爲之大夫，是亦不爲少矣，何必交相爭奪，❸慕多爲勝邪？「苟爲後義而先利，不奪不饜」者，孟子言：且令臣庶皆後去其仁義，而先且以自利，則不交相殺奪，故不足自飽饜。言必殺奪，如千乘奪取萬乘，百乘奪取千乘，然後爲飽足也。「未有仁而遺其親者也，

❶「問」，原作「聞」，據阮本改。
❷「減」，疑爲「滅」字之訛。阮本作「弑」。
❸「争」，原作「征」，據阮本、四庫本改。

卷第一上　梁惠王章句上

一九

未有義而後其君者也」者，孟子言：未有心存乎仁而遺棄其親者，亦未有存義而後去其君者也。「王亦曰仁義而已矣，何必曰利」者，孟子重嗟歎其禍，故曰：王今亦當曰亦有仁義而已矣，何必特止言其利。一說云：是惠王悟孟子之言爲是，而以己言爲非，故亦應之曰：仁義而已矣，何必言利。

注「曰，辭也」至「之魏」。

正義曰：案《魏世家》云「惠王三十五年，惠王以厚幣招賢者，鄒衍、淳于髠、孟子皆至梁」是也。劉熙曰：「叟，長老之稱，依皓首之言」是也。

注云「孟子」至「見之」。

正義曰：詞也，從口乙聲，亦象口氣出也。

云「去齊之魏」者，案《史記》列傳云「孟子事齊宣王，宣王不能用，乃適梁」是也。

正義曰：征，正也。蓋言君子至於利也，非釋之而弗取也，特不可交征而正取之爾，猶季氏聚斂以弱魯，趙孟資之傾晉之類故也。引《論語》曰：放於利而行，多怨」者，證其上下交征利而國危亡之意也。

孔曰：「放，依也。每事依利而行，取怨之道也。」云「交，俱也」，蓋云「俱」也。

注「萬乘」至「萬乘也」。

正義曰：案《司馬法》云：「六尺爲步，步百爲畝，畝百爲夫，夫三爲屋，屋三爲井，井十爲通，通十爲成，成方十里，成十爲終，終十爲同，同方百里，同十爲封，封十爲畿，畿方千里。有稅有賦，稅以足食，賦以足兵。」一同百里，提封萬井，定出賦六千四百井，戎馬四百匹，兵車百乘，此卿大夫采地之大者也，是謂百乘之家。一封三百一十六里，提封十萬井，定出賦六萬四千井，戎馬四千匹，兵車千乘，此諸侯之大者也，是謂千乘之國。天子畿方千里，提封百萬井，定出賦六十四萬井，戎馬四萬匹，兵車萬乘，故稱萬乘之主。」案魯襄四年《左傳》曰：「昔有夏之方衰也，后羿自鉏遷於窮石，因夏民以代夏政。」杜預曰：「禹孫太康淫放失國，夏人立其弟仲康，仲康亦微弱。仲康卒，子相立。羿云「夷羿弑夏后」者，引之以證千乘取萬乘也。

孟子見梁惠王。王立於沼上，顧鴻鴈麋鹿，曰：「賢者亦樂此乎？」沼，池也。王好廣苑囿，大池沼，與孟子遊觀，顧視禽獸之衆多，心以爲娛樂，誇咤孟子曰：賢者亦樂此乎？孟子對曰：「賢者而後樂此。不賢者雖有此，不樂也。惟有賢者然後乃得樂此耳。謂修堯舜之道，國家安寧，故得有此以

❶「注」，阮本作「語」，當是。下文「崔子弑齊君」見《論語》。

遂代相，號曰有窮，後爲少康所滅。」注云夷羿者，《左傳》襄四年杜注云「夷，氏也」，故云夷羿。 注云「齊崔，衛甯，晉六卿等」。 正義曰：此引之以證百乘取千乘也。衛甯，甯喜也，爲衛大夫。《史記》世家「衛獻公十八年，甯惠子與孫文子逐獻公，獻公奔齊，齊置獻公於聚邑，孫、甯共立定公弟秋爲衛君，是爲殤公。殤公十二年，爲晉平公所執，獻公復入衛。後元年誅甯喜。」又襄二十六年書「甯喜弑其君剽」是也。六卿，魏獻子與韓宣子、趙簡子、知文子、范獻子、中行文子、智氏六人是也。《史記》世表云「昭公二十八年，六卿誅公族，分其邑，各使其子爲大夫」故也。 注「周制」至「不多矣」。 正義曰：周制蓋言周之所制也，《王制》云「君十卿禄」是也。 云「鍾」量名也，晏子曰「齊舊四量：豆、區、釜、鍾，四升爲豆，四豆爲區，四區爲釜，釜十爲鍾」是也。 注「苟」至「飽欲」。 正義曰：《語》云「苟子之不欲」之「苟」同。云「饜」者，《說文》云「饜，飽也」，字從厭從食，如飽則厭食矣。此一章遂爲七篇之首章。

爲樂也。不賢之人，亡國破家，雖有此，亦爲人所奪，故不得以爲樂也。《詩》云：「經始靈臺，經之營之。庶民攻之，不日成之。《詩》，《大雅·靈臺》之篇也。言文王始經營規度此臺，❶衆民並來治作之，不與期日，❷自來成之也。經始勿亟，庶民子來。言文王不督促使之。亟，疾也。衆民自來趨之，❸若子來爲父使之也。王在靈囿，麀鹿攸伏。麀鹿濯濯，白鳥鶴鶴。麀鹿，牝鹿也。言文王在囿中，麀鹿懷妊，安其所而伏。獸肥飽則濯濯，鳥肥飽則鶴鶴而澤好而已。王在靈沼，於牣魚躍。』文王以民力爲臺爲沼，而民歡樂之，謂其臺曰靈臺，謂其沼曰靈沼，樂其有麋鹿魚鱉。孟子爲王誦此詩，因曰：文王雖以民力築臺鑿池，民由歡樂之，謂其臺、沼若神靈之所爲，欲使其多禽獸以養文王者也。❹與民同樂，故能得其樂。古之人與民偕樂，故能樂也。偕，俱也。言古賢之君，與民同樂，故能樂也。《湯誓》曰：『時日害喪，予及女皆亡！』《湯誓》，《尚書》篇名也。言桀爲無道，百姓皆欲與湯共伐之，湯臨士衆誓，言是日桀當大喪亡，我與女俱往亡之。害，大也。言桀爲無道，百姓皆欲與湯共伐之，湯臨士衆誓，言是日桀當大喪亡，我與女俱往亡之。日，乙卯日也。害，大也。言桀爲無道，百姓皆欲與湯共伐之，湯臨士衆誓，言是日桀當大喪亡時，是也。❹與民同樂，故能得其樂。民欲與之皆亡，雖有臺池鳥獸，豈能獨樂哉？」孟子説《詩》《書》之義，以感喻王，

- ❶ 「始」下，阮本有「初」字。
- ❷ 「不與期日」，阮本作「而不與之相期日限」。
- ❸ 「趨之」，阮本作「赴」。
- ❹ 「賢之」，按阮校：「廖本、孔本、韓本、足利本作『之賢』。」

言民欲與湯共亡桀，雖有臺池禽獸，何能獨樂之哉。

惠王」至「豈能獨樂哉」。

正義曰：此章言聖王之德，與民共樂，恩及鳥獸也。「孟子見梁惠王。王立於沼上，顧鴻鴈麋鹿」者，是孟子在梁時，見惠王立於沼之上，而顧眄鴻鴈麋鹿之狀也。❶「曰賢者亦樂此乎」者，是惠王稱譽孟子爲賢者，問孟子亦樂此池沼之上而顧眄鴻鴈麋鹿乎？云「乎」，意恐孟子樂與不樂，所以云「乎」而作疑之之辭也。「孟子對曰：賢者而後樂此。不賢者雖有此，不樂也」者，是孟子答惠王。言唯有德之賢者爲君，然後得樂於此。「如君之不賢，雖有此鴻鴈麋鹿之顧，亦不得其樂也。「《詩》云：經始靈臺，經之營之。庶民攻之，不日成之。經始勿亟，庶民子來」者至「魚躍」，是孟子爲王誦此《靈臺》之詩，以證賢者而後樂此也。言文王規度，始於靈臺，而經營之際，衆民皆作治之，故臺不期日而有成。言其成之速也。「王在靈囿，麀鹿攸伏，麀鹿濯濯，白鳥鶴鶴」者，言文王在靈囿之時，麀鹿皆安其所而伏卧以懷其妊，又且鶴鶴然而肥澤也。麀鹿，牝鹿也。「王在靈沼，於牣魚躍」者，言文王在靈沼之時，則魚盈滿乎沼中，又且跳躍喜樂如也。「文王以民力爲臺爲沼，而民歡樂之，謂其臺曰靈臺，謂其沼曰靈沼，樂其有麋鹿魚鼈」者，是孟子至此又自言文王作臺、沼之意，而感喻于惠王也。文王雖以民力爲其臺、沼，然而民皆喜樂而爲之，如謂其臺、

成之速，文王未嘗亟疾使民成之用如此之速也，是衆民自然若子來如爲父之使耳，故如此之速也。言其成之速也。既特不驚動，又且濯濯然而肥飽，非特麀鹿之肥飽，其於白鳥，又且鶴鶴然而肥澤也。言其魚之微物，亦且得其所也。

❶ 「眄」，阮本作「盼」。下一「眄」字同。

卷第一上　梁惠王章句上

二三

沼，則曰靈臺、靈沼也。以靈臺、靈沼云者，謂其文王之德化，亦樂其有之行如神靈之所至，故謂其臺、沼必曰爲靈臺、靈沼。凡此者無他焉，是衆民感文王之德化，亦樂其有魚鼈禽獸之多以奉養文王也。云「古之人與民偕樂，故能樂也」者，言古之賢君如此，文王與民同其樂，故能得此臺池之樂也。「《湯誓》曰：時日害喪，予及女皆亡」者，是孟子引《商書》。謂桀於是時無道，暴虐百姓，故百姓皆欲與湯王共伐之。「民欲與之皆亡，雖有臺池鳥獸，豈能獨樂哉」者，是孟子首對惠王曰「不賢者雖有此，不樂也」，故引此桀而證其言也。言桀爲不賢之君，民亦欲與湯共伐之，雖有臺池、鳥獸，豈能得獨享其此樂哉！言不能得樂也。注云「詩大雅」至「成之也」。正義曰：《周詩·大雅》篇名，曰《靈臺》，注云：「天子有靈臺者，所以觀祲象，察氣之妖祥也。神之精明者稱曰靈，四方而高曰臺。文王受命于周，作邑于豐，立靈臺。」又案《春秋傳》曰：「公既視朔，遂登觀臺以望，而書雲物爲備。」注「言文王」至「使也」。正義曰：《靈臺》之詩，箋云：「經始靈臺之基，衆民各以子成父事而來攻之」。注云「麀鹿」至「澤好」。正義曰：案《靈臺》之詩，箋云：「麀鹿，牝鹿也。囿，所以域養禽獸也。天子百里，諸侯四十里。」箋云：「攸，所也，言所遊伏。」毛注云：「濯濯，娛遊也。鶴鶴，肥澤也。」注「文王」至「魚鼈」。正義曰：《詩》注云：「沼，池也。牣，滿也。」箋云：「靈沼之魚，盈滿其中，皆跳躍，亦言得其所。」注云「湯誓」至「亡之」。正義曰：《湯誓》，《商書》之篇名也。案《史記》云「是日何時喪？予與女皆亡」，馴注曰：「《尚書大傳》云：桀云天之有日，猶吾之有民，日有亡哉？日亡

則吾亦亡矣。」《尚書》孔安國注云「比桀於日，曰是日何時喪，我與女皆亡，欲殺身以喪桀」是也。《檀弓》云「子卯不樂」，鄭注云：「紂以甲子死，桀以乙卯亡也。」

梁惠王曰：「寡人之於國也，盡心焉耳矣。王侯自稱孤寡，言寡人於治國之政，盡心欲利百姓焉耳者，懇至之辭。河內凶，則移其民於河東，移其粟於河內。河東凶亦然。言凶年以此救民也。魏舊在河東，後為強國，兼得河內也。察鄰國之政，無如寡人之用心者。言鄰國之君用心憂民，無如己也。鄰國之民不加少，寡人之民不加多，何也？」王自怪為政有此惠，而民人不增多於鄰國者，何也？孟子對曰：「王好戰，請以戰喻。因王好戰，故以戰事喻解王意。填然鼓之，兵刃既接，棄甲曳兵而走，或百步而後止，或五十步而後止。以五十步笑百步，則何如？」填，鼓音也。兵以鼓進，以金退。孟子問王曰：今有戰者，兵刃已交，其負者棄甲曳兵而走，五十步而止，足以笑百步者否？曰：「不可，直不百步耳，是亦走也。」王曰：「不足以相笑。是人俱走，直爭不百步耳。曰：「王如知此，則無望民之多於鄰國也。孟子曰：王如知此不足以相笑，王之政猶此也，王雖有移民轉粟之善政，其好戰殘民與鄰國同，而獨望民之多，何異於五十步笑百步者乎？不違農時，穀不可勝食也。使民得三時務農，不違奪其要時，則五穀饒穰，不可勝食。數罟不入洿池，魚鼈不可勝食也。數罟，密網也。密細之網，所以捕小魚鼈也，故禁之不得用。魚不滿尺不得

食。斧斤以時入山林，材木不可勝用也。時，謂草木零落之時，使材木茂暢，故有餘。穀與魚鼈不可勝食，材木不可勝用，是使民養生喪死無憾。憾，恨也。民所用者足，故無恨。養生喪死無憾，王道之始也。王道先得民心，民心無恨，故言王道之始。五畝之宅，樹之以桑，五十者可以衣帛矣。廬井、邑居各二畝半以爲宅，各入保城二畝半，言孕字不失時也。故爲五畝也。❶故爲五畝之始。雞豚狗彘之畜，無失其時，七十者可以食肉矣。言孕字不失時也。百畝之田，勿奪其時，數口之家，可以無饑矣。❷七十不食肉不飽。百畝之田，不可以徭役奪其時功，則家給人足。農夫上中下所食多少各有差，故總言數口之家也。謹庠序之教，申之以孝悌之義，頒白者不負戴於道路矣。庠序者，教化之宮也。殷曰序，周曰庠。謹脩教化，申重孝悌之義。頒者，班也，頭半白班班者也。❸

❶〔各〕，按阮校：「宋本、孔本、韓本作『冬』，是。按據《公羊傳》宣十四年注及《漢·地理志》，則作『冬』是也。」

❷〔饑〕，按阮校：「宋本、岳本、咸淳衢州本、孔本、韓本、閩本作『飢』。」按『飢饑』之字，當作『飢』。『饑』乃『饑饉』字。此經當以『飢』爲正。」後文飢、饑混用者多見，不再出校。

❸〔頭半白班班者也〕，按阮校：「宋本『白』下有『曰』字。岳本、廖本、韓本『者』上並有『然』字。孔本作『頭半白曰頒斑斑者也』。」按以『班』爲『斑』，古字假借，毛本、孔本、韓本『班』作『斑』，非也。足利本作『頭半白曰頒斑班然者也』，山井鼎云『曰』當作『日』，是。」

壯者代老，心各安之，故頒白者不負戴也。❶七十者衣帛食肉，黎民不饑不寒，然而不王者，未之有也。言百姓老老稚溫飽，禮義脩行，積之可以致王也。孟子欲以風王何不行此，可以王天下，有率土之民，何但望民多於鄰國？狗彘食人食而不知檢，塗有餓莩而不知發。言人君但養犬彘，使食人食，不知以法度檢斂也。塗，道也。餓死者曰莩。《詩》曰：「莩有梅。」莩，零落也。道路之旁有餓死者，不知發倉廩以用賑救之也。❷人死，則曰：『非我也，歲也。』是何異於刺人而殺之，曰：『非我也，兵也。』人死，謂餓疫死者也。王政使然，而曰非我殺之，歲殺之也，此何以異於用兵殺人，而曰非我也，兵自殺也。王無罪歲，斯天下之民至焉。」戒王無歸罪於歲，責己而改行，則天下之民皆可致也。

疏

「梁惠王曰」至「民至焉」。正義曰：此章言王化之本，在於使民養生喪死之用足備也。王侯自稱曰寡人。惠王與孟子曰：寡人之於國，盡其心而爲民耳矣。「耳矣」者，言至極也。言河內凶荒，我則移徙民於河東之地，河東粟多，我則移之於河內；河東之地凶荒，我則又如此而移民，故曰「亦然」也。「察鄰國之政，無如寡人之用心」者，察，詳視也，言詳視鄰國之君，無有似寡人如此之用心者，然而鄰國之人民不加損，寡人之民不加益其多，是如之何？故曰：「鄰國之民不加少，寡人之民不加多，何也？」遂以此而問孟子。「孟子

❶「故頒白者不負戴也」，按阮校：「孔本、足利本『故』下有『曰』字，『戴』下有『於道路』三字。韓本與孔本同，無『曰』字。」

❷「賑」按阮校：「宋本、孔本、韓本作『振』。按『振』即古之『賑』字，作『賑』者非。」

對曰：王好戰，請以戰喻」，是孟子答惠王。言惠王心好征戰，故孟子請以戰事比喻而解王意。「填然鼓之，兵刃既接，棄甲曳兵而走，或百步而後止，或五十步而後止，以五十步笑百步，則何如」者，是孟子言戰事之語也。填，塞也，又滿也。趙氏云「鼓音」，蓋言鼓音之充塞洋洋而盈滿也。言鼓音既充塞盈滿於戰陣之際，則兵刃刀鎗既以交接，兵刃既交接，乃棄去其甲、曳散其兵而反走者，或百步之間而止，或有止於百步，言其自棄甲曳兵而反走者，是雖止於五十步，不至於百步，然皆走也。雖有走，或只止於五十步，或有止於百步，言笑走至百步而止者，則不可棄去其甲、曳散其兵而相笑走也。王答孟子，言凡征戰之際，鼓音既填然，則笑走至百步而止者，則不可棄去其甲、曳散其兵而相笑走也。故曰「直不百步耳，是亦走也」。「曰：王如知此，則無望民之多於鄰國」者，是孟子答惠王。言惠王如能知此不可以五十步笑百步，則王無更望其國民加多於鄰國也。意謂王既好征戰而殘民，而以轉粟移民為盡心，欲望民加多於鄰國，是亦五十步笑百步之走者也。「不違農時，穀不可勝食」至「不王未之有也」者，是皆孟子又為王陳其王道也。言使民無違奪其春耕、夏耘、秋收三時之要，則五穀豐盛饒穰，雖勝食之多，亦不可盡也。密細之網不入於洿池，則魚鼈不可勝食。斧斤以草木零落之時入山林，不以草木生長之時入之，則材木不可勝用也。穀與魚鼈既不可勝食，材木既不可勝用，是使民得以養生喪死無怨恨於不足也。五畝之宅，栽牆下以桑，則年至五十之老，可以着其絹帛。雞豚狗彘不失其養字之時，則年至七十之老，可以食其肉。百畝之田，不奪其耕耨之時，則七八口之家，可以無飢。凡云「可」者，但得過而已，未至於富足有餘也。謹庠序教化之宮，以申舉孝悌之義，而富以教之，則頭班班然而半白者不自負戴於道塗之間

矣。無他，人皆知孝悌之義，爲之壯者必代之爾，故曰「班白者不負戴於道路矣」。是則五十之老足以衣帛，七十之老足以食肉，而黎庶之民故不飢不寒，然而君上能如此而民不歸往而王之者，必無也。故曰「未之有也」。「狗彘食人食而不知檢，塗有餓莩而不知發，人死，則曰非我也，歲也，是何異於刺人而殺之，曰非我也，兵也」者，是孟子以此風惠王也。❶ 言人君但養其狗彘，而食人之所食，歲也，是何異於執其兵器而刺殺人，而王不知發倉廩以救賑之，見其人死，則推之曰非我之罪，是歲之罪也。「王無罪於歲，則天下之民莫不歸往而至焉」者，是歲之凶荒而疫死之也，道塗之間有餓死者，而王不知發倉廩以救賑之，而曰非我殺也，是何異於執其兵器而刺殺人，而曰非我也，兵也。言王儻人餓死不歸罪於歲，但責己而改行，則天下之民莫不歸往而至焉耳。爲惠王好征戰以麋爛其民，故以此諷之。 注云「王侯自稱孤寡」。 正義曰：《禮》云：「諸侯與民言，自稱曰寡人，在凶服曰孤。」老聃云：「王侯自稱孤、寡、不穀。」是也。 注云「戰事」。 正義曰：莊公十一年《左傳》曰：「皆陣曰戰。」❷ 杜預云：「堅而有備，各得其所，成敗決於志力者也。」 注「填，鼓音，兵以鼓進，以金退」。 正義曰：《地里》云：「魏地，觜觿、參之分野。其界自高陵以東，盡河東、河內。」「河東本殷之舊都，周既滅殷，分其地，畿內爲三國，《詩·風》邶、鄘、衛是也。」 注云「魏舊在河東」至「河內」。 正義曰：案《周禮》云：「兵以鼓進，以金退」者，案《周禮》云：「車馬駢填。」史云：「色容填填。」云「填，塞也。滿也」。 賈逵云：「填，鼓音，兵以鼓進，以金退」。 正義

❶「風」，阮本作「諷」。

❷「皆」，原作「背」，阮本及《春秋左傳正義》作「皆」。按阮校：「閩本作『背』，監、毛本作『皆』。」今據改。

官‧大司馬》：「辨鼓、鐸、鐲、鐃數之用，以教坐作、進退、疾徐、疏數之節」云「鼓人三鼓，司馬振鐸，群吏作旗，車、徒皆行，鳴鐲，車、徒皆行，鳴鐃且卻」是也。　注「使民得三時務農，不違奪其要時」。　正義曰：《王制》云：「用民之力，歲不過三日。」《周禮‧內人》職云：❶「凡均力政，以歲上下，豐年則公旬用三日焉，中年則公旬用二日焉，無年則公旬用一日焉。」《語》云：「使民以時。」包注曰：「作使民必以其時，不妨奪農務。」荀卿曰：「春耕夏耘，秋收冬藏，四者不失時，故五穀不絕而百姓有餘食。」是五穀不可勝食也。　注「數罟」至「不得食」。　正義曰：釋云：數，密也。罟，網也。《荀子》曰：「網罟毒藥不入澤，洿池淵沼謹其時禁，故魚鼈優多而百姓有餘用。」注云：「食足之外，可貨易也。」　注「廬井」至「衣帛矣」。❷　正義曰：案《周禮》云：「乃經土地，而井牧其田野。九夫爲井，四井爲邑。」《遂人》：「掌邦之野，辨其野之土地。上地，夫一廛，田百畝，❸萊五十畝，餘夫亦如之。中地，夫一廛，田百畝，萊百畝，餘夫亦如之。下地，夫一廛，田二百畝，餘夫亦如之。」鄭玄云：「廛，城邑之居。」《漢志》云：「户計一夫一婦而賦之田，其一户有數口者，餘夫亦受此田也。」廛，居也。萊謂休不耕者。

---

❶「內人」，《周禮》作「均人」。
❷「廬井」，原誤倒，據上注文及阮本改。
❸「畝」，原作「里」，據阮本改。

「六尺為步,步百為畝,畝百為夫,夫三為井,井方一里,是為九夫。八家共之,各受私田百畝,公田十畝,是為八百八十畝,餘為廬舍。里有序,而鄉有庠。序以明教,庠以行禮,而視化焉。其有秀異者,移鄉,學于庠序;庠序之異者,移國,學于小學,小學之異者,移於大學,命曰造士。行同能偶,則別之以射,然後爵命焉。此先王制土處居、❶富而教之之大略也。」《王制》云:「五十異粻始衰,六十非肉不飽,七十非帛不煖,八十非人不煖,九十雖得人不煖。」是古者五十乃衣帛矣。

《詩》曰:『莩有梅。』莩,零落也」者,案《毛詩》而言也。《毛詩》云「莩,落也」,箋云「梅實尚餘而未落」,是其解也。

梁惠王曰:「寡人願安承教。」願安意承受孟子之教令。

孟子對曰:「殺人以梃與刃,有以異乎?」梃,杖也。

曰:「無以異也。」王曰:梃刃殺人,無以異也。

「以刃與政,有以異乎?」孟子欲以政喻王。

曰:「無以異也。」王復曰:梃刃殺人與政殺人無以異也。

曰:「庖有肥肉,廄有肥馬,民有飢色,野有餓莩,此率獸而食人也。獸相食,且人惡之,為民父母,行政不免於率獸而食人,惡在其為民父母也?虎狼食禽獸,人猶尚惡視之。牧民為政,乃率禽獸食人,安在其為民父母之道也。仲尼曰:『始作俑者,其無後乎?』為其象人而用之也。

---

❶ 「土」,阮本作「士」。

卷第一上 梁惠王章句上

三一

如之何其使斯民飢而死也。」俑，偶人也，用之送死。仲尼重人類，謂秦穆公時以三良殉葬，本由有作俑者也，惡其始造，故曰：「此人其無後嗣乎？如之何其使斯民飢而死也。」

「梁惠王曰」至「死也」。正義曰：此一段宜與前段合爲一章，趙氏分別之。蓋言王者爲政之道，在生民爲首也。「梁惠王曰：寡人願安承教」者，是惠王願安意承受孟子之教令也。「孟子對曰：殺人以梃與刃，有以異乎」者，是孟子答惠王，故託此而問惠王，言殺人以杖與刃，有以各異乎？云「乎」者，是又孟子未知惠王以爲如何，故疑之也。「曰：無以異」者，是惠王答孟子之問，言以杖殺人與刃殺人無以各異，是皆能殺人也。「以刃與政，有以異乎」者，孟子復問以刃與政之殺人，亦無以異也。「曰：無以異也」者，惠王復曰政之殺人與刃之殺人則一也。「曰：庖有肥肉，厩有肥馬，民有飢色，野有餓莩，此率獸而食人也」者，此乃孟子之諷惠王也。言庖厨之間有肥肉，棧厩之中有肥馬，而民皆有飢餓之顏色，郊野之間又有餓而死者，是王率獸而食人也。「獸相食，且人惡之。爲民父母，行政不免於率獸而食人，惡在其爲民父母也」者，孟子言：獸畜自相食，如虎狼食牛羊，且人猶尚惡見之，況爲民之父母也？言行政如此，不足爲民之父母也。「仲尼曰：始作俑者，其無後乎」，是孟子引仲尼之言也。言仲尼有云：始初作俑偶人者，其無後嗣乎？無他焉，是爲其象人而用之也。故後有秦穆公以生人從葬，故曰其無後嗣也。

注「梃，杖也」。正義曰：《釋文》云：「梃，木片也。」注「俑，偶人也」。正義曰：《記》云：「孔子謂爲俑者不仁。」《埤蒼》云：「木人送葬，設關而能踊跳，故名之曰俑。」魯文公六年，秦穆公卒，以子車氏之三子奄息、仲行、鍼虎爲殉。杜預曰：「以人從葬曰殉。」《詩》有《黃

鳥》之篇以哀三良是也。孟子諷之,故曰:如之何使斯民飢餓而死。

梁惠王曰:「晉國,天下莫強焉,叟之所知也。韓、魏、趙本晉六卿,當此時,號三晉,故惠王言晉國天下之強焉。及寡人之身,東敗於齊,長子死焉,西喪地於秦七百里,南辱於楚。寡人恥之,願比死者壹洒之,如之何則可?」王念有此三恥,求策謀於孟子。孟子對曰:「地方百里而可以王。言古聖人以百里之地以致王天下,謂文王也。王如施仁政於民,省刑罰,薄稅斂,深耕易耨,壯者以暇日修其孝悌忠信,入以事其父兄,出以事其長上,可使制梃以撻秦、楚之堅甲利兵矣。易耨,芸苗令簡易也。制,作也。王如行此政,可使國人作杖以撻敵國堅甲利兵,何患恥之不雪也。彼奪其民時,使不得耕耨以養其父母。父母凍餓,兄弟妻子離散。彼陷溺其民,王往而征之,夫誰與王敵?彼,謂齊、秦、楚也。彼困其民,願王往征之也。故曰:仁者無敵,王請勿疑。」鄰國暴虐,已修仁政,則無敵矣。王請行之,勿有疑也。⊙疏「梁惠王」至「勿疑」。正義曰:此章言百里行仁,則天下歸之也。「梁惠王曰:晉國,天下莫強焉,叟之所知」者,是梁惠王欲問孟子之謀策也。言晉國為天下之最強,叟必知之。「及寡人之身,東敗於齊,長子死焉,西喪地於秦七百里,南辱於楚。寡人恥之,願比死者壹洒之,如之何則可」者,是惠王言晉國逮及寡人之身,東則見敗於齊而殺死其長子,西又喪去其地於秦七百里,南又常受辱於楚。寡人心甚愧

恥之，今願近死不惜命者一洗除之，當如之何謀則可以洗除此恥？」「孟子對曰：地方百里而可以王」者，是孟子答惠王。言古之聖君，其地但止於百里，❶尚可以王天下也。「王如施仁政於民，省刑罰，薄稅斂，深耕易耨，壯者以暇日修其孝悌忠信，入以事其父兄，出以事其長上，可使制梃以撻秦、楚之堅甲利兵矣」者，是孟子言王自今能施仁政以及民，又省去其刑罰，輕其稅斂，使民皆得深耕易耨，壯者以閑暇日修其孝悌忠信，入閨門之内以奉事其父兄，出鄉黨之間以奉事其長上。凡能如此，雖作一梃，亦可以鞭撻秦、楚之堅甲利兵矣。然以秦、楚有堅甲利兵，而以一梃可鞭撻者，蓋秦、楚常違奪其農時，使不得耕耨以養父母」。又云「父母凍餓，兄弟妻子離散，彼陷溺其民，王往而征之，夫誰與王敵」，言民既不得耕耨以奉養父母，則爲父母者被寒凍飢餓，兄弟者與妻子者皆陷溺背散亡。彼秦、楚陷溺其人民如此，而王往正正其罪，夫更誰敢禦王之師而爲王之敵者。「故曰：仁者無敵，王請勿疑」者，是孟子請惠王行此仁政，而往正其罪而無敵，如所謂仁者無敵是也。前所謂閑暇日者，蓋言民於耕耨田地之外，有休息閑暇之日也。 注「韓、趙、魏」至「強也」。 正義曰：案《史記·年表》云：「定王十六年，魏桓子與韓康子、趙襄子三人敗知伯于晉陽，乃三分其地，故號爲三晉，是爲強國。」云「東敗於齊而喪長子」者，案《史記·世家》「惠王三十年，魏伐趙，趙告急於齊。齊宣王用孫子計救趙，魏遂大興師，太子申自將攻齊，遂與齊人戰，敗於馬陵。」是也。云「西喪地於秦」者，案《史記·年表》云「周顯王十五年，秦與魏戰元里，斬首七千，取少梁。」南則常辱於楚。馬陵者，案徐廣云：「地在於元城。」

---

❶ 「地」，原作「他」，據阮本改。

孟子注疏解經卷第一下

趙氏注　孫奭疏

梁惠王章句上

孟子見梁襄王。出，語人曰：「望之不似人君，襄，諡也。魏之嗣王也，❶望之無儼然之威儀也。就之而不見所畏焉。就與之言，無人君操秉之威，知其不足畏。卒然問事，不由其次也。問天下安所定？言誰能定之。吾對曰：『定于一。』孟子謂仁政爲一也。『孰能一之？』言孰能一之者。對曰：『不嗜殺人者能一之。』嗜猶甘也。言令諸侯有不甘樂殺人者則能一之。『孰能與之？』王言誰能與不嗜殺人者乎。對曰：『天下莫不與也。王知夫苗乎？七、八月之間旱，則苗槁矣。天油然作雲，沛然下雨，則苗浡然興之矣。其如是，孰能禦之？』以苗生喻人歸也。周七、八月，夏之五、六月也。油然，興雲

❶「魏」，按阮校：「廖本、孔本、韓本、足利本作『梁』。」

孟子見梁襄王，出，語人曰：「望之不似人君，就之而不見所畏焉。卒然問曰：『天下惡乎定？』吾對曰：『定于一。』『孰能一之？』對曰：『不嗜殺人者能一之。』『孰能與之？』對曰：『天下莫不與也。王知夫苗乎？七、八月之間旱，則苗槁矣。天油然作雲，沛然下雨，則苗浡然興之矣。其如是，孰能禦之？今夫天下之人牧，未有不嗜殺人者也。如有不嗜殺人者，則天下之民皆引領而望之矣。誠如是也，民歸之，由水之就下，沛然誰能禦之？』」

今天下牧民之君，誠能行此仁政，民皆延頸望，欲歸之，如水就下，沛然而來，誰能止之？

疏 「孟子見梁襄王」至「誰能禦之」。

正義曰：此章言定天下者一道而已，❶不貪殺人，人則歸之也。「孟子見梁襄王，出，語人曰：望之不似人君，就之而不見所畏」者，是孟子在梁見襄王，而語於人曰：遠望之襄王而不似人君，言無人君之威儀也。就而近之而不見所畏焉，言無人君操柄之威也。「卒然問曰：天下惡乎定」者，言襄王卒暴而問我，曰天下誰能定？「吾對曰：定于一」者，言我對之曰：定天下者，在乎仁政爲一者也。「孰能一之」，是孟子言襄王又問誰能仁政爲一者也。「孰能與之」者，言襄王又問誰能與之不好殺人者。「對曰：天下莫不與也」，言我對曰，天下之人無有不與之也。「王知夫苗乎？七、八月之時，則乾旱而無水，苗於是枯槁。上天油然而起雲，沛然而降雨，則枯槁之苗又浡然興起而茂。其不嗜殺人者能一之，有如此苗而興茂，誰能止之也。又言如有行仁，而天下莫不與之，誰

❶ 「一道」，按阮校：「韓本、足利本作『仁政』，孔本作『一道仁政而已』。」
❷ 「興」，原作「與」，據阮本改。

能止之而不與也。「今夫天下之人牧，未有不嗜殺人者也」至「誰能禦之」者，是孟子因比喻苗而解王之意，又以此復詳明之，欲使襄王即曉之也。言今天下爲牧養人民之君，未有不好殺人也。若有不好殺人者，則天下之人民皆延頸而望王以歸之矣。誠如此上言之者，則民皆歸之，亦若水之流，自上而下，其勢沛然而來，誰能止之？言無人能止之也。

注「襄，諡也」至「儀」。正義曰：案《世家》云：「惠王在位三十六年卒，子赫立，是爲襄王。襄王在位六年卒，❷諡曰襄。」《諡法》云：「因事有功曰襄。」又曰：「辟土有德曰襄。」是知周之七、八月，蓋以子之月爲正。夏之時，建寅之月爲正。是知周之七、八月，即夏之五、六月也。

齊宣王問曰：「齊桓、晉文之事，可得聞乎？」宣，諡也。宣王問孟子，欲庶幾齊桓公小白、晉文公重耳。孟子冀得行道，故仕於齊。齊不用，乃適梁。建篇先梁者，欲以仁義爲首篇，因言魏事，章次相從，然後道齊之事。孟子對曰：「仲尼之徒，無道桓、文之事者，是以後世無傳焉。臣未之聞也。❸是以儒家後世無欲傳道之者，孔子之門徒，頌述宓義以來至文、武、周公之法制耳，雖及五霸，必賤薄之，

❶「儀」上，按阮校：「監、毛本有『威』字。」據全書體例，當有「威」字。
❷「六年」，據《史記·魏世家》，襄王在位十六年。
❸「必」，阮本作「心」。

卷第一下　梁惠王章句上

三七

故曰「臣未之聞也」。無以，則王乎？既不論三皇、五帝，殊無所問，則尚當問王道耳，不欲使王問霸者之事。曰：「德何如，則可以王矣？」王曰：「德行當何如而可得以王乎？」曰：「保民而王，莫之能禦也。」保，安也。禦，止也。言安民則惠，而黎民懷之，若此以王，無能止也。曰：「若寡人者，可以保民乎哉？」王自恐德不足以安民，故問之。曰：「可。」孟子以爲如王之性，可以安民也。曰：「何由知吾可也？」王問孟子何以知吾可以保民。曰：「臣聞之胡齕曰：王坐於堂上，有牽牛而過堂下者，王見之，曰：『牛何之？』對曰：『將以釁鐘。』王曰：『舍之，吾不忍其觳觫，若無罪而就死地。』對曰：『然則廢釁鐘與？』曰：『何可廢也，以羊易之。』』不識有諸？」胡齕，王左右近臣也。觳觫，牛當到死地處恐貌。新鑄鐘，殺牲以血塗其釁郤，因以祭之，曰釁。《周禮·大祝》曰：「隋釁，逆牲逆尸，令鐘鼓。」《天府》：「上春，釁寶鐘及寶器。」孟子曰：「臣受胡齕言王嘗有此仁，不知誠有之否？」曰：「有之。」曰：「是心足以王矣。百姓皆以王爲愛也，臣固知王之不忍也。」曰：「然，誠有百姓者。齊國雖褊小，吾何愛一牛？即不忍其觳觫，若無罪而就死地，故以羊易之也。」孟子曰：王推是仁心，足以至於王道。然百姓皆謂王嗇愛其財，臣知王見牛恐懼不欲趨死，不忍，故易之。王曰：「亦誠有百姓所言者矣。吾國雖小，豈愛惜一牛之財費哉！即見其牛哀之，釁鍾又不可廢，故易之以羊耳。曰：「王無異於百姓之以王爲愛也，以小易大，彼惡知之？王若隱其無罪而就死地，則牛、羊何擇焉？」異，怪也。隱，痛也。孟子言無怪百姓謂王愛財

也,見王以小易大故也。王如痛其無罪,羊亦無罪,何爲獨釋牛而取羊。王笑曰:「是誠何心哉?我非愛其財而易之以羊也,宜乎百姓之謂我愛也。」王自笑心不然,而不能自免爲百姓所非,乃責己之以小易大,故曰宜乎其罪我也。曰:「無傷也,是乃仁術也,見牛未見羊也。」孟子解王自責之心,曰無傷於仁,是乃王爲仁之道也。時未見羊,羊之爲牲次於牛,故用之耳。是以君子遠庖廚也。君子之於禽獸也,見其生,不忍見其死;聞其聲,不忍食其肉。是以君子遠庖廚也,不欲見其生食其肉也。王說,曰:「《詩》云:『他人有心,予忖度之。』夫子之謂也。夫我乃行之,反而求之,不得吾心。夫子言之,於我心有戚戚焉。此心之所以合於王者,何也?」《詩》,《小雅·巧言》之篇也。王喜悅,因稱是《詩》以嗟歎孟子忖度知己心,戚戚然心有動也。寡人雖有是心,何能足以合於王也?曰:「有復於王者,曰:『吾力足以舉百鈞,而不足以舉一羽;明足以察秋毫之末,而不見輿薪。』則王許之乎?」復,白也。許,信也。人有白王如此,王信之乎?曰:「否。」王曰:「我不信也。」「今恩足以及禽獸,而功不至於百姓者,獨何與?然則一羽之不舉,爲不用力焉;輿薪之不見,爲不用明焉;百姓之不見保,爲不用恩焉。故王之不王,不爲也,非不能也。」孟子言王恩及禽獸,而不安百姓,若不用力,不用明者也。不爲耳,非不能也。曰:「不爲者與不能者之形何以異?」王問其狀何以異也。曰:「挾太山以超北海,語人曰『我不能』,是誠不能也。爲長者折枝,語人曰『我不能』,是不爲也,非不能也。故王之不王,非挾太山以超北海之類

也，王之不王，是折枝之類也。孟子爲王陳爲與不爲之形若是，王則不折枝之類也。折枝，按摩折手節解罷枝也。少者恥見役，故不爲耳，非不能也。太山、北海皆近齊，故以爲喻也。老吾老，以及人之老；幼吾幼，以及人之幼，天下可運於掌。老，猶敬也。幼，猶愛也。敬我之老，亦敬人之老；愛我之幼，亦愛人之幼。推此心以惠民，天下可轉之掌上。言其易也。《詩》云：『刑于寡妻，至于兄弟，以御于家邦。』言舉斯心加諸彼而已。《詩》《大雅·思齊》之篇也。刑，正也。寡，少也。言文王正己適妻，則八妾從。以及兄弟。御，享也。享天下國家之福，但舉己心加於人而已。故推恩足以保四海，不推恩無以保妻子。古之人所以大過人者，無他焉，善推其所爲而已矣。大過人者，大有爲之君也。善推其心所好惡，以安四海也。今恩足以及禽獸，而功不至於百姓者，獨何與？復申此，言非王不能，不爲之耳。權，然後知輕重；度，然後知長短。物皆然，心爲甚，王請度之。權，銓衡也。可以稱輕重。度，丈尺也，可以量長短。凡物皆當稱度乃可知，心當行之乃爲仁。心比於物，尤當爲之甚者也。欲使王度心如度物也。抑王興甲兵，危士臣，構怨於諸侯，然後快於心與？抑，辭也。孟子問王抑亦如是乃快邪？王曰：『否。吾何快於是？將以求吾所大欲也。』王言：不然，我不快是也，將以求吾心所大欲者耳。曰：『王之所大欲，可得聞與？』孟子雖心知王意而故問者，欲令王自道，遂因而陳之。❶ 王笑而

---

❶「因而」，按阮校：「宋本、廖本、孔本、韓本、《考文》古本作『緣以』。」

不言。王意大，而不敢正言。曰：「爲肥甘不足於口與？輕煖不足於體與？抑爲采色不足視於目與？聲音不足聽於耳與？便嬖不足使令於前與？王之諸臣，皆足以供之，而王豈爲是哉？」孟子復問此五者，欲以致王所欲也，故發異端以問之也。曰：「否，吾不爲是也。」王言我不爲是也。曰：「然則王之所大欲可知已。欲辟土地，朝秦、楚，莅中國而撫四夷也。」若，莅也。言王意欲庶幾王者，臨莅中國而安四夷者也。以若所爲，求若所欲，猶緣木而求魚也。」若，順也。順嚮者所爲，謂構兵諸侯之事，求順今之所欲莅中國之願，其不可得，如緣木而求生魚也。王曰：「若是其甚與？」王謂比之緣木求魚爲大甚。曰：「殆有甚焉。緣木求魚，雖不得魚，無後災。以若所爲，求若所欲，盡心力而爲之，後必有災。」孟子言盡心戰鬭，必有殘民破國之災，故曰：殆有甚於緣木求魚者也。曰：「可得聞與？」王欲知其害也。曰：「鄒人與楚人戰，則王以爲孰勝？」曰：「楚人勝。」王曰楚人勝也。曰：「然則小固不可以敵大，寡固不可以敵衆，弱固不可以敵强。海內之地，方千里者九，齊集有其一。以一服八，何以異於鄒敵楚哉？固，辭也。言小弱固不可以敵强大。❶ 集會齊地，可方千里，譬一州耳，今欲以一州服八州，猶鄒欲敵楚也。蓋亦反其本矣。王欲服之之道，蓋當反王道之本耳。今王發政施仁，使天下仕者皆欲立於王之

❶「固不可以敵强大」，按阮校：「宋本、孔本、韓本、《考文》古本、足利本作『固不如强大』。」

朝，耕者皆欲耕於王之野，商賈皆欲藏於王之市，行旅皆欲出於王之塗，天下之欲疾其君者皆欲赴愬於王。其若是，孰能禦之？」反本道，行仁政，若此則天下歸之，誰能止之也。「吾惽，不能進於是矣。願夫子輔吾志，明以教我。我雖不敏，請嘗試之。」王言我情思惽亂，不能進行此仁政，不知所當施行也。欲使孟子明言其道，以教訓之。我雖不敏，願嘗使少行之也。曰：「無恒產而有恒心者，惟士爲能。若民無恒產，因無恒心。孟子爲王陳其法也。恒，常也。產，生也。恒產，則民常可以生之業也。恒心，人常有善心也。惟有學士之心者，雖窮不失道，不求苟得耳。凡民迫於飢寒，則不能守其常善之心也。苟無恒心，放辟邪侈，無不爲已。及陷於罪，然後從而刑之，是罔民也。民誠無恒心，放溢辟邪，侈於姦利；犯罪觸刑，無所不爲，乃就等刑，是由張羅罔以罔民者也。焉有仁人在位，罔民而可爲也？安有仁人爲君，罔陷其民，是政何可爲也？是故明君制民之產，必使仰足以事父母，俯足以畜妻子，樂歲終身飽，凶年免於死亡。然後驅而之善，故民之從之也輕。言衣食足，知榮辱，故民從之，教化輕易也。今也制民之產，仰不足以事父母，俯不足以畜妻子，樂歲終身苦，凶年不免於死亡，此惟救死而恐不贍，奚暇治禮義哉？言今民困窮，救死恐凍餓而不給，何暇修禮行義乎？王欲行之，則盍反其本矣。五畝之宅，樹之以桑，五十者可以衣帛矣。雞豚狗彘之畜，無失其時，七十者可以食肉矣。百畝之田，勿奪其時，八口之家可以無飢矣。謹庠序之教，申之以孝悌之義，頒白者不負戴於道路矣。老者衣帛食肉，黎民

不飢不寒，然而不王者，未之有也。」其説與上同。孟子所以重言此者，乃王政之本，常生之道，❶故爲齊、梁之君各具陳之。當章究義，不嫌其重也。

疏「齊宣王」至「未之有也」。

正義曰：此章言典籍攸載帝王之道，無傳霸者之事也。「齊宣王問曰：齊桓、晉文之事，可得聞乎」者，齊宣是齊威王之子辟彊是也，謚爲宣。言齊宣王問孟子曰：齊桓公小白，❷晉文公重耳二霸之事，可得而聞乎？「孟子對曰：仲尼之徒，無有道及桓、文二霸者事，是以後世無傳焉，故臣于今未之曾聞知也。云「臣」者，是孟子對王而言，故自稱己爲臣也。「無以，則王乎」者，孟子言：無以問及豢犧以來至文、武、周公之法，尚當以王者之道爲問耳。「曰：德何如，則可以王矣」者，齊宣王又問孟子，言德當何如則可以爲王。「曰：保民而王，莫之能禦也」者，孟子言：當安民而爲之王，則天下之民莫之能止禦之也。「曰：若寡人者，可以保民乎哉」者，宣王又自問只如寡人之德，可以安民乎？王恐德不足以安民，故問之也。「曰可」者，孟子言如王之德，可以安民也。「曰：何由知吾可也」者，宣王又問孟子何緣而知吾之德可以安民。「曰：臣聞之胡齕曰：王坐於堂上，有牽牛而過堂下，王見之曰：牛何之」至「以羊易之」者，是孟子因胡齕之言而答宣王之問也。言嘗聞胡齕曰：王坐於廟堂之上，有牽牛自堂下而過者，王見之，而問牽牛者曰：其

---

❶「常」，原作「當」，據阮本改。
❷「桓」，原作「威」，避宋欽宗趙桓諱，今回改。下同，不再出校。

卷第一下　梁惠王章句上

四三

牛牽去何所？牽牛者對之曰：相將以爲釁鍾也。王對牽牛者曰：舍去之，我不忍其牛之恐慄，若無罪之人而就於所死之地者也。牽牛者又對曰：如若王之所不忍，則廢去釁鍾之禮與？王復與牽牛者曰：塗釁祭鍾之禮，何可得而廢？以羊更易之而已。「不識有諸」。「曰有之」者，宣王答孟子，以爲是有此言也。「不識有諸」者，是孟子又未知齊宣王還是有此言，故問宣王曰「不識有諸」。「曰有之」者，宣王答孟子，以爲是有此言也。「是心足以王矣」者，是孟子於此言知王有此不忍之心，故足以爲王矣。「百姓皆以王爲愛也，臣固知王之不忍也」者，孟子言然，百姓盡以王爲愛財也，臣素知王有不忍之心，故如此也。「王曰然」者，宣王復亦自謂百姓是有此疑也。「誠有百姓者，齊國雖褊小，吾何愛一牛？即不忍其觳觫，若無罪而就死地，故以羊易之」者，宣王言誠有百姓以我爲愛財者，齊國雖曰褊小狹隘，我亦何獨愛其一牛？即是不忍其牛之恐慄，如無罪而就於所死之地，又爲釁鍾不可廢，故以羊更易之。宣王必以羊易牛者，以其羊之爲牲，次於牛也，故以羊易之。「曰：王無異於百姓之以王爲愛也，以小易大，彼惡知之？王若隱其無罪而就死地，則牛、羊何擇焉」者，孟子對宣王，言王無怪百姓皆謂我爲愛財也，以羊之小而易牛之大，彼百姓之人安知王以爲不忍見其恐慄，又爲釁鍾不可廢，故以羊易之之意也。彼必曰王若隱痛，不忍見牛若無罪而就所死之地，則牛與羊何擇焉？言羊之與牛，是皆若無罪而就死也，何獨擇取其牛而以羊就死也。「王笑曰：是誠何心哉！我非愛其財而易之以羊也，宜乎百姓之謂我愛也」者，是宣王自笑以其己之心不如是，故笑之也。笑而言曰：儻如此者，是何心哉！然我非愛其財，故以羊易牛也。「曰：無傷也，是乃仁術也，見牛未見羊也。君子之於禽獸也，見其生，不忍見其死，聞其聲，不忍

食其肉。是以君子遠庖廚也」者，孟子復解王之自責之意也。言如此亦無傷害於爲王也，此亦爲仁之一術耳。無他，是見其牛之觳觫，未見其羊之觳觫也。凡君子之於禽獸，見其生貌，則不忍見其就死；聞其鳴聲，則不忍食其肉。是以君子之人，凡於庖廚烹炙之事所以遠去之也。「王悅，曰：《詩》云：『他人有心，予忖度之。』夫子之謂也」者，是宣王見孟子解其己意，故喜悅之，而引《詩》之文而言也。「他人有心，予忖度之」二句，是《小雅·巧言》之詩也。宣王引之，而爲如夫子之所謂也。云「夫子」者，宣王尊孟子爲夫子也。「夫我乃行之，反而求之，不得吾心。夫子言之，於我心有戚戚焉」者，宣王言我既行之於己而不得其心之所之，自今夫子言之於我，心中戚戚然有動也。「此心之所以合於王者，何也」者，宣王言雖有是心，其所以得契合於王者，是如之何也？「曰：有復於王者，曰吾力足以舉百鈞，而不足以舉一羽；明足以察秋毫之末，而不見輿薪，則王許之乎」者，是孟子欲以此比喻而解王也。言今有人復白於王曰：我力能舉得三千斤之重，而不能舉一羽毛之輕；目之明能觀視其秋毫之末銳，而不能見一大車之薪木，則王信乎否乎？「曰否」者，是宣王答之，曰凡如此云者，我不信也。「今恩足以及禽獸，而功不至於百姓者，獨何與」者，孟子復以此諷之也。言今王有恩德足以及其禽獸，而其功績不至於百姓者，王獨以爲何如？「然則一羽之不舉，爲不用力焉；輿薪之不見，爲不用明焉；百姓之不見保，爲不用恩焉。故王之不王，不爲也，非不能也」者，孟子又言，苟如是，一羽之輕所以不能舉者，爲其不用力也；一車薪之大所以不見者，爲其不用明也；今百姓所以不見安者，爲其不用恩也。故王之所以不爲王，是王之不爲也，非不能也。「曰：不爲者與不能者之形何以異」者，是宣王問孟子。言不爲與不能二狀，何以爲異也？「曰：挾太山以超北海，語

人曰我不能,是誠不能也。爲長者折枝,語人曰我不能,是不爲也,非不能也。故王之不王,非挾太山以超北海之類也,是折枝之類也」者,爲孟子又以此比喻而解王問不能之異狀也。言今有人云挾太山而超過北海,而語人曰我不能挾太山超北海,此眞不能也。如爲長者按摩手節,是恥見役使,但不爲耳,非不能也。今王之所以不王,非是挾太山超北海之類也,是不爲耳,以其不爲之耳。「老吾老,以及人之老。天下可運於掌」者,是孟子欲以此教宣王也。言敬吾之所敬,以及他人之所敬者;愛吾之所愛,以及他人之所愛者,凡能推此而惠民,則治天下之大,止如運轉於掌上之易也。《詩》云:「刑于寡妻,至于兄弟,以御于家邦」者,是孟子引《大雅·思齊》之詩文也。言文王自正于寡妻,以至正于兄弟,自正于兄弟以至臨御于家邦。言凡此是能舉此心而加諸彼耳。「故推恩足以保四海,不推恩無以保妻子。古之人所以大過人者,無他焉,善推其所爲而已矣」者,孟子言:爲君者但能推其恩惠,故足以安四海,苟不推恩惠,雖妻子亦不能安之。古之人君所以大過強於人者,無他事焉,獨能推其所爲恩惠耳。蓋所謂老吾老以及人之老,幼吾幼以及人之幼。又如《詩》云文王「刑于寡妻,至于兄弟,以御于家邦」是其善推其所爲之意旨故也。「今恩足以及禽獸,而功不至於百姓者,獨何與」者,孟子復言非王不能,但不爲耳。故復云然。「權,然後知輕重;度,然後知長短。物皆然,心爲甚,王請度之」者,孟子又託物而諷王也。言爲之權與度,然能知其輕重長短,其權度之爲物也然尚皆然,而人心又甚於權度,故請王自忖度之耳。「抑王興甲兵,危士臣,構怨於諸侯,然後快於心與」者,抑,辭也,與《語》曰「抑爲之不厭」之「抑」同。孟子又以此數事而測王之意也。言抑是王欲興起甲兵以伐人,危士臣以

即戎,不以爲危事,外結怨於諸侯,如此且然後快樂其心與?「王曰否」者,宣王答之,以爲不如是也,言我何肯快心於此數事,我但將以求吾所大欲耳。「王之所大欲,可得聞與」者,是孟子欲知王之所大欲,故問之,曰:「王之所大欲,可得聞而聞之乎?「王笑而不言」,宣王知己之所欲甚大,但笑而不言也。「曰:爲肥甘不足於口與,輕煖不足於體與」至「不足使令於前與」者,是孟子又以此四事而測王所大欲。言王之所大欲,是爲其肥甘之味不足以供於口與?抑是其聲音之樂不足供聽於王之耳與?便嬖之幸不足使令於王之前與?采色之飾不足供視於王之目與?然此數事,而爲王之諸臣者皆足以供奉王矣,而王豈用爲此者與?故繼之曰:「王之諸臣,皆足以供之,而王豈爲是哉?」又曰「否,吾不爲是」者,宣王答之曰:「我不爲是四者之事也。「王曰若是其甚與」者,宣王亦謂已之大欲若此求魚之甚與?「曰:殆有甚焉。「王如若此欲開闢其土地而求其廣,又欲朝秦、楚之諸侯,以臨蒞其中國而撫安四夷,爲所大欲也。「以若所爲,求若所欲,猶緣木而求魚也」者,孟子言:王如若此所欲,假使盡心力而爲之,後必有災難所及也。緣木而求魚,雖不得魚,又且無後災難所及;而王如若以所欲,盡心力而爲之,後必有災。「以若所爲,求若所欲,盡心力而爲之,後必有災」者,孟子言:王如此大欲,始有甚於緣木求魚也。緣喬木之上而求其魚也。「王曰:若是其甚與」者,宣王亦謂己之大欲若此求魚之甚與?「曰:可得聞與」者,是宣王又問孟子,欲求知其大災難也。「曰:鄒人與楚人戰,則王以爲孰勝」者,孟子以此比喻而解王也。言鄒之小國,與楚之大國戰鬥,則王以爲誰國勝之?「曰:楚人勝」者,宣王答孟子,以爲楚之大國人勝之也。「曰:然則小固不可以敵大,寡固不可以敵衆,弱固不可以

敵強」者，孟子言：如是則小國固不可敵大國，人之寡少固不可以敵人之衆多，劣弱固不可以敵強悍也。「海内之地，方千里者九，齊集有其一，以一服八，何以異於鄒敵楚哉」者，孟子又言：今海内之地，方千里者有九，而齊國但集而有一，且以一服八，是何以異於鄒國之小而敵楚國之大哉？言與此無異也。王如欲服之，蓋當反行王道之本耳，故云「蓋亦反其本矣」。「今王發政施仁」至「孰能禦之」者，孟子於此教宣王王道之本也。言今王發政而施仁，使天下爲之仕者皆欲立於王之朝廷，耕者皆欲耕作於王之郊野，商賈皆欲藏於王之市，行旅皆欲出於王之道塗，凡天下欲疾惡其君者又皆欲奔赴王而告愬之，其如此，天下皆歸之，誰能止禦之也。商賈，《漢書》云：「通財鬻貨曰商。」《白虎通》云：「賣曰賈。」❶行旅者，師旅也。《説文》云：「軍，五百人也。」「王曰：吾惛，不能進於是矣。願夫子輔吾志，明以教我。我雖不敏，請嘗試之」者，宣王欲孟子明其王道而教之也，故曰我之惛亂，不能進於此仁政，願夫子輔我志，以明白教我也。我雖不能敏疾而行之，但請嘗試教之如何耳。「曰：無恒産而有恒心者，惟士爲能。若民則無恒産，因無恒心。苟無恒心，放辟邪侈，無不爲已」至「未之有也」者，是孟子爲宣王陳王道之本而教之者也。言士人窮則獨善其身，不求苟得，故能有常心也。若民則迫於窮困，不能守其常心。苟無常生之業，遂因之而無常善之心者，惟士人爲能有之。苟無常生之業，則放辟邪侈之事，無有不爲。及其陷溺於罪，然後又從而誅戮之，是若張羅網而罔民也。安有仁人之君在位，而以罔民而可爲之也？故明哲之君制別民之生

❶「賣」，《四部叢刊》影印元覆宋監本《白虎通義》作「止」。

產，必使其民仰而上之則足以奉事父母，俯而下之則足以畜妻子，豐樂之歲終身飽足，凶荒之年又免其死亡，然後驅率而從善教，故其民從其善教亦輕易也。自今之君制民之產，仰則不足以奉養父母，俯則不足以畜養妻子，雖豐樂之歲終身又且勞苦，而凶荒之年又不得免其死亡。如此，則民惟獨於救死尚恐其不足，何有閒暇而修治禮義哉。「王欲行之，則盍反其本矣」者，言王欲行之，則何不反其王道之本。「五畝之宅」至「未之有也」，是又孟子為宣王陳王道之本，其說已在前，此更不解。注「宣，謚也」至「齊也」。

正義曰：周顯王二十七年，《史記》云「齊威王卒，子辟彊立，是為齊宣王。在位十九年，卒，謚曰宣」。《諡法》云：「善問周達曰宣。」云「齊桓公小白」者，莊公八年《左傳》云：「齊僖公母弟曰夷仲年，生公孫無知，有寵於僖公。九年春，弒無知，莊公納子糾。桓公小白自莒入，於是立，為桓公元年。」《史記》云：「桓公小白元年春，齊殺無知。五年，與魯人會柯。七年始霸，會諸侯於鄄。」云「晉文公重耳」者，《史記》云：「周襄王十六年，晉文公重耳立，是為元年。」又云：「晉獻公五年，伐驪戎，得驪姬，歸，生奚齊，其娣生卓子，驪姬嬖，欲立其子。重耳者，乃獻公娶於戎，得二女，大戎狐姬之所生也。」❶十二年，居重耳於蒲城。二十六年，獻公卒，立奚齊，里克殺之及卓子，又立小戎所生夷吾者，為晉惠公。七年，重耳聞管仲死，自狄之齊。十四年，惠公夷吾卒，遂立重耳為晉文公。九年，在位卒。」云「孟子不得行道，故仕於齊不用，乃適梁」者，案《史記》列傳已說在梁王段。

❶「大」，原作「犬」，據阮本改。

卷第一下　梁惠王章句上

四九

即伏犧氏也。五霸者，即齊桓、晉文、秦繆、宋襄、楚莊是也。崔李云：夏昆吾、殷大彭、豕韋、周齊桓、晉文是也。謂之霸者，把也，把持諸侯之權也。案《國語》亦然。《荀子》云：「仲尼之門人，五尺之豎子，言羞稱乎五霸。」是「仲尼之徒無道桓文之事者」之證也。注云「穀觫，牛於倒死地處恐貌」。正義曰：案《廣雅》有云「穀觫，死貌」是也。云《周禮·大祝》墮釁逆牲逆尸，令鍾鼓」者，鄭司農云「墮釁謂薦血也。凡血祭曰釁，既墮釁後，言逆牲容逆鼎」是也。云《天府》云上春，釁寶鍾及寶器」者，寶鍾、寶器、玉瑞、玉器之美。釁鍾之釁謂之釁，亦治亂謂之亂之類也。蓋古者器成而釁以血，所以厭變怪、禦妖釁。釁鍾之法，其來有自矣，周之所釁，又非止此而已。如大司馬於邦器，小人於龜器，雞人於雞，大祝逆牲，小祝祈號，皆在所釁也。注「愛，嗇也」。正義曰：《釋文》云：「嗇，愛澀也。」字法從「來」「向」。來，麥也。❶ 來者向而藏之，故田夫謂之嗇夫。向音廩。《書》云「嗇夫馳」是也。 注「百鈞，三千斤也」。正義曰：《律厤志》云：「銖、兩、斤、鈞、石，本起於黃鍾之重，一龠容千二百黍，重十二銖。二十四銖爲兩，十六兩爲斤，三十斤爲鈞，重一千五百二十銖，四鈞爲石，重百二十斤。」以此推之，則百鈞是三十斤也。❷ 注「太山、北海近齊」。正義曰：案《地理志》云「齊地南有太山、城陽、北有千乘、清河」是也。 注「權，銓衡」至「度物也」。正義曰：權重衡平，衡所以任權而均物，平輕重也。

❶ 「麥」，原作「麦」，據《四部叢刊》影印宋本《重修廣韻》改。
❷ 「三十」，依文意，當作「三千」。

《釋文》云:「銓,平木器。」又曰:「銓,衡也。」「權,秤鍾也。」「度者,分、寸、尺、丈、引也,所以度長短也。本起於黃鍾之長,以子穀巨黍中者。子穀,穀子,在地即黑黍。❶中者,不大不小,言黑黍穀子大小中者,率為分寸。一黍之廣,度之九十分。黃鍾之長為十分,十分為寸,十寸為尺,十尺為丈,十丈為引。❷法用銅,高一寸,廣二寸,長一丈,而分、寸、尺、丈存焉。」注「八口之家次上農夫」。正義曰:《王制》:「制:農田百畝,百畝之分,上農夫食九人,其次食八人。」《孟子》云「一夫百畝,百畝之糞,上農夫食九人,上次食八人」是也。此云八口之家,所以特指次上農夫者而已,斯亦舉其次而見上下之意耳。

❶ 「在地即黑黍」,不辭。《漢書‧律曆志》顏師古注作「秬即黑黍」。
❷ 「為引」,原作「引為」,據阮本及《漢書‧律曆志》改。

孟子注疏解經卷第二上

赵氏注　孫奭疏

梁惠王章句下凡十六章

疏　正義曰：此卷趙氏分別爲第二卷也，故云《梁惠王章句》下。今據此卷「章指」，凡十六章。一章言人君田獵以時，鍾鼓有節，與民同樂。二章譏王廣囿專利，以嚴刑陷民。三章言聖人樂天事小❶以勇安天下。四章言與天下同憂樂者，不爲慢遊恣溢之行。五章言齊王好色好貨，孟子推以公劉、太王好貨色與民同之。六章言君臣上下，各勤其任，無墮其職。七章言人君進賢退惡。八章言孟子云紂以崇惡，失其尊名。九章言任賢使能，不遺其學。十章言征伐之道，在順民心。十一章言伐惡養善，無貪其富，以小王大。十二章言上恤其下，下赴其難，惡出於己，害及其身。十三章言事無禮之國，不若得民心，與之守死善道。十四章言君子之道，正己在天，强暴之來，非己所召，獨善其身而已。十五章言太王居邠，權也；効死弗去，義

❶「天」，阮本作「大」。

也。十六章言讒構賢，賢者歸於天，不尤人也。凡十六章，合上卷七章，是《梁惠王》篇有二十三章矣。故各於卷首總列其章目，而分別其指焉。

莊暴見孟子，曰：「暴見於王，王語暴以好樂，暴未有以對也。」曰：「好樂何如？」莊暴，齊臣也。不能決知之，故無以對。而問曰：王好樂何如。孟子曰：「王之好樂甚，則齊國其庶幾乎！」王誠能大好古之樂，齊國其庶幾治乎。他日，見於王，曰：「王嘗語莊子以好樂，有諸？」孟子問王有是語否。王變乎色，曰：「寡人非能好先王之樂也，直好世俗之樂耳。」變乎色，慍恚莊子道其好樂也。王言我不能好先聖王之樂，直好世俗之樂，謂鄭聲也。曰：「王之好樂甚，則齊其庶幾乎！今之樂，猶古之樂也。」甚，大也。謂大要與民同樂，古今何異也。曰：「可得聞與？」王問古今同樂之意，寧可得聞乎？曰：「獨樂樂，與人樂樂，孰樂？」孟子復問王獨自作樂邪？與人共聽其樂為樂邪？曰：「不若與人。」王曰：獨聽樂，不如與眾共聽之為樂也。曰：「與少樂樂，與眾樂樂，孰樂？」孟子復問王與少人共聽樂樂邪？眾人共聽樂樂狀。曰：「不若與眾。」王言不若與眾人共聽樂樂。「臣請為王言樂。孟子欲為王陳獨樂與眾人樂樂狀。今王鼓樂於此，百姓聞王鍾鼓之聲、管籥之音，舉疾首蹙頞而相告曰：『吾王之好鼓樂，夫何使我至於此極也？父子不相見，兄弟妻子離散。』鼓樂者，樂以鼓為節也。管，笙。籥，簫。或曰：籥若笛短而有三孔。《詩》云「左手

執篇〕以節衆也。疾首，頭痛也。蹙頞，愁貌。言王擊鼓作樂，發賦徭役皆出於民，而德不加之，故使民愁也。今王田獵於此，百姓聞王車馬之音，見羽旄之美，舉疾首蹙頞而相告曰：『吾王之好田獵，夫何使我至於此極也？父子不相見，兄弟妻子離散。』此無他，不與民同樂也。田獵無節，以非時取牲也。羽旄之美，但飾羽旄，使之美好也。發民驅獸，供給役使，不得休息，故民窮極而離散奔走也。今王鼓樂於此，百姓聞王鍾鼓之聲、管籥之音，舉欣欣然有喜色而相告曰：『吾王庶幾無疾病與？何以能鼓樂也？』百姓欲令王康强而鼓樂也。今王田獵於此，百姓聞王車馬之音，見羽旄之美，舉欣欣然有喜色而相告曰：『吾王庶幾無疾病與？何以能田獵也？』此無他，與民同樂也。今王與百姓同樂，則王矣。」王以農隙而田，不妨民時，有憫民之心。今無賦斂於民，而有惠益，故欣欣然而喜也。

〔疏〕「莊暴見孟子」至「則王矣」。正義曰：此章言人君田獵以時，鍾鼓有節，與民同樂也。「莊暴見孟子，曰：暴見於王，王語暴以好樂，暴未有以對也」者，莊暴，齊臣也。莊，姓也，暴，名也。言莊暴見孟子，謂暴朝見於齊王，王語暴以好樂之事，暴是時未有言以對答之。「曰：好樂何如」者，故莊暴問孟子，以謂王之所以好樂，是如之何？「孟子曰：王之好樂甚，則齊國其庶幾乎」者，孟子答莊之問也。言齊王之好樂至甚，則齊國庶幾其治安乎。「他日，見於王，曰：王嘗語莊子以好樂，有諸」者，是孟子自見莊暴言好樂之後，他一日見之齊王而問之，曰：王曾與莊子語

以好樂之事，還有此言否乎？孟子稱莊子，不稱曰暴者，是孟子尊王之臣，故不欲稱其名也。「王變乎色，曰：寡人非能好先王之樂也，直好世俗之樂耳」者，是齊王自孟子問之後，變其常容而有憤怒之色，蓋憤莊暴言己之好樂於孟子也，故答孟子曰：寡人不能好古聖王之樂。古聖王之樂，如黃帝之《咸池》，堯之《大章》，舜禹之《韶》，夏商周之《濩》《武》是也。但能直好世俗樂耳，如鄭、衛之聲是也。孟子言「齊國其庶幾乎」以對莊子，齊其庶幾乎」者，孟子復對王而言也，言王之好樂至甚，則齊幾乎治安。孟子言「齊國其庶幾乎」以對莊子，對之齊王則止曰「齊其庶幾乎」者，蓋對莊子則稱其國，及對齊王故不必稱國焉耳。「今之樂猶古之樂」者，是孟子見齊王言不能好先王之樂，直好世俗之樂，故以此言今之樂亦若古之聖王樂也，但其要在能與民同聽樂爲樂耳，遂以此問之。「曰：可得聞與」者，是齊王問孟子，言古今之樂一同，寧可得而聞知之與？「曰：獨樂樂，與人樂樂，孰樂」者，是孟子欲以此問王，使王知與民同樂爲樂也，故問之曰：王獨作樂爲樂邪？與人同樂爲樂？「曰：不若與人」者，是齊王答孟子，亦以爲獨樂樂不若與人同樂爲樂也。「曰：與少樂樂，與衆樂樂，孰樂」者，是孟子復問王與少人同樂爲樂，與衆人同樂爲樂邪？「曰：不若與衆」者，是齊王亦復答孟子，以爲不若與衆人同樂爲樂也。「臣請爲王言樂」，孟子於此知齊王亦識與衆同樂之意，乃爲王陳其獨樂與衆同樂之効，故不待王問而自請言之也。「今王鼓樂於此」至「與民同樂也」者，皆孟子陳獨樂與衆樂樂之文也。言今王鼓作其樂於此國也，百姓之人聞王鍾鼓之聲與管籥之音，舉皆疾痛其頭，又蹙頞愁悶，而交相告曰：我王之好作爲樂，發賦徭役，使我至於此之極也，父子不得以相見，兄弟妻子又皆離散之。以其如此，故百姓所以頭痛蹙頞愁悶也。又言今王田獵於此國，百姓之人聞王車馬之音，見羽旄

之美好，舉皆蹙頞愁悶，疾痛其首，而交相告曰：我王之好田獵禽獸，如何使我供給役使，不得休息，而至於如此之極，父子不得以相見，兄弟妻子皆離散之。然則王之鼓樂田獵，而百姓皆如此者，無他事焉，是王之不與民同其樂也。言今王鼓樂於此國，百姓聞王鍾鼓之聲、管籥之音，舉皆欣欣然有喜色。然則王之鼓樂田獵，不特止於庶幾無疾病也。言令王田獵禽獸於此國，百姓之人聞王車馬之音，見羽旄之美好，則王亦何以能鼓樂於此？又言令王田獵禽獸於此國，百姓之人聞王車馬之音，見羽旄之美好，舉皆欣欣然有喜色，而交相告曰：我王即庶幾近於無疾病，又何以能田獵也？此言又欲王之康強，不特止於庶幾無疾病也。然則王之鼓樂田獵，百姓皆如此欲王之康強者，無他事焉，是王能與民同其樂也。言之王能與民同樂爲樂，則爲王者矣。云「鼓樂」者，蓋鍾以止爲體，鼓以作爲用，故凡作樂所以謂之鼓樂也。云「音」與「聲」者，蓋升車則馬動，馬動則鸞鳴，鸞鳴則和應故也。聲之與音，合而言之，則聲、音則一也；別而言之，則單出爲聲，雜比爲音。《詩》云「嘒嘒管聲」，此言管籥之音，是聲音之通論也。

正義曰：《論語》云「鄭聲淫」，以其能惑人心也。孔傳云：「鄭聲惑人心，不與雅樂同也。」注「鄭聲樂」至「百姓愁」。

正義曰：《周禮·鼓人》：「掌教六鼓，以節聲樂。」《鍾師》「掌金奏」，注云：「以鍾鼓奏數百人；喜鄒忌鼓琴，卒授之國政。是知安與衆樂樂邪？此孟子所以陳其與民同樂之意也。

《九夏》。夏，大也。樂之大歌有九。」《王夏》《肆夏》《昭夏》《納夏》《章夏》《齊夏》《族夏》《祴夏》《驁夏》，凡《九夏》是也，故附于此。云「管，笙。籥，簫。或曰：籥若笛而有三孔」者，案《禮圖》

云：「笙長四尺，諸管參差，亦如鳥翼。」《爾雅》曰：「大笙謂之巢，小者謂之和。」郭璞《爾雅》云：「二十三管為簫。」《風俗通》云：「舜作竹簫，以象鳳翼。」《周禮·笙師》「掌教吹簫」，後鄭云「簫如笛，有三孔。」釋《詩》云「左手執籥」，蓋《邶詩·簡兮》之篇文也，注云：「簫六孔，言碩人多才藝，又能簫舞，言文武備也。」釋云：首，頭也。頒，鼻莖也。言齊王擊鼓作樂，其使民徭役苦楚，皆蹙其鼻莖而愁悶也。

正義曰：釋云：蒐，田也，蒐、狩、苗、獮是也。」杜預曰：「蒐，索，擇取不孕者。苗，為苗除害也。獮，殺也，以殺為名，順秋氣也。狩，圍守也，冬物畢成，獲則取之，無所擇也。」羽旄者，案《左傳》魯襄公十四年，范宣子假羽旄於齊。定公四年，晉人假羽旄於鄭。杜預曰：「以析羽為旌，為王者旂車之所建也。」又案《司常》九旗之數，又有全羽、析羽。釋云：「全羽、析羽，直有羽而無帛也。」❶云「天時不如地利，地利不如人和」蓋《公孫丑》篇文也。

齊宣王問曰：「文王之囿方七十里，有諸？」於傳文有是言。曰：「若是其大乎？」王怪其大。曰：「於傳有之。」孟子對曰：「寡人之囿方四十里，民猶以為大，何也？」王以為文王在岐山之時，❷雖為之民尚以為小也。曰：「民猶以為小也。」言文王

---

❶ 「帛」，原漫漶，據阮本補。
❷ 「岐山之時」，按阮校：「廖本、《考文》古本『山』作『豐』，宋本、孔本、韓本作『岐豐時』。」

西伯,土地尚狹,而囿已大矣。今我地方千里而囿小之,民以寡人之囿爲大,何故也?曰:「文王之囿方七十里,芻蕘者往焉,雉兔者往焉,與民同之。民以爲小,不亦宜乎?芻蕘者,取芻薪之賤人也。雉兔,獵人取雉兔者。言文王聽民往取禽獸,刈其芻薪,民苦其小,是其宜也。臣始至於境,問國之大禁,然後敢入。言王之政嚴,刑重也。臣聞郊關之內,有囿方四十里,殺其麋鹿者如殺人之罪,郊關,齊四境之郊皆有關。則是方四十里爲阱於國中。民以爲大,不亦宜乎?」設陷阱者不過丈尺之間耳。今王陷阱乃方四十里,民言其大,❶不亦宜乎?

疏「齊宣王」至「不亦宜乎」。正義曰:此章譏王廣囿專利,嚴刑陷陷民也。「齊宣王問曰:文王之囿方七十里,有諸」者,是宣王嘗聞文王有囿方七十里,❷故見孟子,問之還是有之否?「孟子對曰:於傳有之」者,孟子答之,以爲書傳之文有言也。「曰:寡人之囿方四十里,民猶以爲大,何也」者,宣王又問孟子,言寡人之囿但方闊四十里,而民猶尚以爲大,是如之何其差也。「曰:文王之囿方闊七十里,而採蕘草薪木之賤人與獵雉鳥兔獸者皆得往其中而有所取之,是其與民同共之,故民以爲小,不亦宜乎

❶ 「言」,按阮校:「宋本、廖本、孔本、韓本、《考文》古本作『苦』。」
❷ 「七」,原作「四」,據阮本改。
❸ 「大」上,阮本有「闊」字。

也。「臣始至於境,問國之大禁,然後敢入」者,孟子對王稱臣,言自臣始初至於王之郊境,問其王國禁令,然後乃敢入其國中也。「臣聞郊關之內,有囿方四十里,殺其麋鹿者如殺人之罪,則是方四十里爲阱於國中,民以爲大,不亦宜乎」者,孟子言:自臣入王郊關之內,乃聞王有苑囿方四十里之廣,其有於中殺其麋鹿者,如殺其人之罪,而科之如此,則是王爲阱陷方四十里之廣於國中,以陷其民也。故民以爲大,不亦宜乎。凡此是皆孟子譏王之專利而不與民同也。傳云:「天子之囿方百里,大國四十里,次國三十里,小國二十里。」文王之國,百里之國,或者以謂有七十之里爲苑囿,是如之何其差殊?不知文王百里之國是其始封之時制也,七十里之囿乃文王作西伯之時有也。周制:上公封四百里,其食者三之一,豈七十里之國特止山川不可食之地與? 彼有子虛者以謂楚地方千里,而囿居其九,是可食之地亦鞠爲遊畋之地耶,是安知周制之法與? 注云「文王在岐山之時,雖爲西伯,土地尚狹,而囿以大」者。 正義曰:案鄭玄《詩譜》云:「周之先公曰太王者,避狄難,自豳始遷焉。商王帝乙之初,命其子王季爲西伯。至紂,又命文王典治南國江漢汝墳之諸侯。」是文王繼父之素爲西伯也。❶ 商之州長曰伯,謂爲雍州伯也。子夏云:王季以九命作伯於西,文王因之,亦爲西伯焉。《論語》云:「三分天下有其二,以服事殷。」是時宜七十里之囿而民猶以爲小也。 注「郊關」至「西伯」者。 正義曰:《周官‧囿師》:「掌國中及四郊之人民。」《載師》:「掌任土之法,以宅田、

---

❶「素」,阮本作「業」。

卷第二上　梁惠王章句下

曰:「王國百里爲郊,二百里爲州,三百里爲野,四百里爲縣,五百里爲都。」《司馬法》

五九

土田、賈田任近郊之地。❶以官田、牛田、賞田、牧田任遠郊之地。」杜子春云：「五十里爲近郊，百里爲遠郊。」云「四境郊皆有關」者，蓋四郊之門也。

齊宣王問曰：「交鄰國有道乎？」問與鄰國交接之道。孟子對曰：「有。欲爲王陳古聖王之比也。惟仁者爲能以大事小，是故湯事葛，文王事昆夷。❷葛伯放而不祀，湯先助之祀。《詩》云：「昆夷兌矣，惟其喙矣。」謂文王也。是則聖人行仁政，能以大事小者也。惟智者爲能以小事大，故大王事獯鬻，勾踐事吳。獯鬻，北狄強者，今匈奴也。大王去邠，避獯鬻。越王勾踐退於會稽，身自臣事吳王夫差。是則智者用智，是故以小事大而全其國也。樂天者保天下，畏天者保其國。《詩》云：『畏天之威，于時保之。』」聖人樂天行道，如天無不蓋也，故保天下，湯、文是也。智者量時畏天，故保其國，大王、勾踐是也。《詩》，《周頌·我將》之篇。言成王尚畏天之威，於是時故能安其太平之道也。王曰：「大哉言矣！寡人有疾，寡人好勇。」王謂孟子之言大，不合於其意。答之云寡人有疾，在於好勇，不能行聖賢之所履也。對曰：「王請無好小勇。

❶「土田」，《周禮》作「士田」。
❷「昆夷」，按阮校：「《音義》，石經、廖本、孔本、韓本作『混夷』。按《詩·緜》『混夷兌矣』，《皇矣》箋『患夷即混夷』，與此經正合。作『昆』非也。」

夫撫劍疾視,曰:「彼惡敢當我哉!」此匹夫之勇,敵一人者也。疾視,惡視也。撫劍瞋目曰:人安敢當我哉!此一匹夫之勇,❶足以當一人之敵者也。王請大之。《詩》云:『王赫斯怒,爰整其旅,以遏徂莒,以篤周祜,以對于天下。』此文王之勇也。文王一怒而安天下之民。《詩》,《大雅・皇矣》之篇也。言文王赫然斯怒,於是整其師旅,以遏止往伐莒者,以篤周家之福,以揚名於天下。文王一怒而安民,願王慕其大勇,無論匹夫之小勇而已。❷《書》曰:『天降下民,作之君,作之師。惟曰其助上帝寵之。四方有罪無罪惟我在,天下曷敢有越厥志?』《書》,《尚書》逸篇也。言天下民,爲作君,爲作師,以助天光寵之也。四方善惡皆在己,所謂在予一人,天下何敢有越其志者也。一人衡行於天下,武王恥之。此武王之勇也。衡,横也。武王恥天下一人有横行不順天道者,故伐紂也。而武王亦一怒而安天下之民。今王亦一怒而安天下之民,民惟恐王之不好勇也。孟子言武王好勇,亦則文王一怒而安天下之民。今王好勇,亦則武王一怒而安天下之民耳,王何爲欲小勇而自謂有疾也。 疏 自「齊宣王」至「惟恐王之不好勇也」。正義曰:此章言聖人樂天,賢者知時,仁者必有勇也。「齊宣王問曰:交鄰國有道乎」者,是宣王問孟子,以交接鄰國其有道乎?「孟子對曰

❶ 「匹」,按阮校:「宋本、廖本、孔本、韓本、《考文》古本無『匹』字。按以『一夫』釋匹夫,不得云『一匹』。」
❷ 「而已」,按阮校:「宋本、廖本、孔本、韓本、《考文》古本無此二字。無者是。」

有」者，孟子欲陳古之聖王而比之，故答之曰：有道也。「惟仁者爲能以大事小，是故湯事葛，文王事昆夷」至「于時保之」者，是皆孟子陳古之聖王而比之之文也。❶言惟有仁者之君乃能以大而奉事其小，是故葛國之伯不祭祀，而湯且遺之牛羊而助之，是湯事葛也。文王西有昆夷之患，而以采薇薄伐，肆不殄厥慍，是文王事昆夷也。昆夷，西戎之國也。惟智者乃能以小奉事其大，是故太王去邠避狄，始事之以皮幣、珠玉、犬馬而不免。❷是太王事獯鬻也。勾踐退會稽，身自官事吳王夫差，❸是勾踐事吳也。故樂天者如湯、文，遂能安天下；畏天者如太王、勾踐，遂能安其國。故《詩》之《周頌・我將》之篇有云「畏天之威，于時保之」，蓋言成王能欽畏上天之威，故能安持盈守，成太平之道也。此孟子所以引之而證其言。「王曰：大哉言矣，寡人有疾，寡人好勇」者，宣王謂孟子之言大，不合己意，故答之曰「大哉言矣」，以言其寡人有疾，而疾在於好勇也。「對曰：王請無好小勇。夫撫劍疾視，曰：彼惡敢當我哉，此匹夫之勇，敵一人者也」者，是孟子又答宣王，言宣王也今請之無好其小勇也。夫按劍瞋目，疾視而號於衆，曰彼安敢當敵我哉，此則一匹夫之小勇，只可以抵敵於一人者也。故曰「王請無大之」也。「《詩》云：王赫斯怒，爰整其旅，以遏徂莒，以篤周祜，以對于天下」者，此《詩・大雅・皇矣》之篇文也。孟子所以引此者，蓋欲言文王之勇而陳于王也，故曰「此文王之勇也」。

❶「之」字，按阮校：「閩、監、毛三本『之文』作『湯文』，是也。」下「之」，據阮本改。

❷「珠」，原作「殊」，據阮本改。

❸「官」，四庫本作「臣」。下「身自官事吳王夫差」同。

其《詩》蓋言文王赫然大怒，以整其師旅，以止往伐莒，以篤厚周家之福，以揚天下之名也。言「文王亦一怒而安天下之民」者，謂文王亦以此一怒而安天下之民也。「《書》曰：天降下民，作之君，作之師。惟曰其助上帝，寵之四方。有罪無罪惟我在，天下曷敢有越厥志」者，此《周書》之文也。蓋又欲言武王之勇而陳于王也。言天生下民，而立之君師以治，以教之，惟曰其在助相上帝，寵安四方，有善有惡皆在我，天下安有敢違越其志者也。「一人衡行於天下，武王恥之，此武王之勇也」者，一人指紂而言之也。言紂一人縱橫逆行其道而不順其天，故武王心愧恥之，於是伐紂也。「今王亦一怒而安天下之民，民惟恐王之不好勇也」者，孟子言：今王若能如文王、武王一怒而安天下之民，則天下之民惟恐王之不好勇也。　正義曰：《書》云：「葛伯不祀，湯始征之。」孔安國云：「葛，國也。」《詩》云：「昆夷，夷狄國也。」見文王之使者將士衆，過己國，則惶怖驚走奔突，入柞棫之中而逃，甚困劇也。」又云：「駾，突也。喙，困也。」趙注引此而證，以解作文王事昆夷，大與《詩》注不合。今孟子乃曰文王事昆夷者，昆夷，西戎之國也，《詩》之《采薇》云「文王之時，西有昆夷之患」是文王未嘗事之也。今據《詩》之箋云乃曰伐昆夷，與孟子不合者，蓋文王始初事之，卒不免，故伐之也。注云「昆夷，西戎也」是也。　注「獯鬻」至「其國也」。正義曰：趙注引「昆夷兌矣，惟其喙矣」，蓋失之矣。

案《匈奴傳》云：「唐虞以上有山戎、獫狁、獯鬻居于北邊。夏道衰，公劉變于西戎，邑于豳。其後三百餘❶，戎狄攻大王亶父，亶父走于岐山。後至六國，遂爲匈奴。」是也。案《史記》世家云：「吴王闔廬十五年伐越，至吴王夫差元年，悉以精兵伐越，敗之。越王勾踐乃以甲兵五千人棲於會稽，請委國爲臣妾。」是也。賈逵曰：「會稽，山名也。」注「《周頌・我將》之篇」至「太平之道」。正義曰：箋云：「于時，於是也。」言成王畏天之威，於是得安文王之道，是其解也。注「疾視」至「敵也」。正義曰：莊書云：「蓬頭突鬢，瞋目而語，此庶人之劍，無異於鬭雞，一旦命已絶矣。」是與此同意。注「大雅」至「小勇」。正義曰：案《大雅・皇矣》之篇，其文乃曰「以遏徂莒」者，密之近地。《詩》言「密之衆」，今孟子乃曰「以遏徂莒」，則莒者，密之近地。又案《春秋》魯隱公二年書「莒子盟于密」，則莒者，密之近地。注「《尚書》逸篇」。正義曰：案《周書・泰誓》篇，今有云「天佑下民，作之君，作之師，惟其克相上帝，寵綏四方，有罪無罪，予曷敢有越厥志」，孔安國云：「寵綏四方，言當能助寵安天下。越，遠也。言己志欲爲民除惡，是與否不敢遠其志。」趙注乃以「其助上帝寵之」而斷其句，以「四方」爲下文，則其意俱通，故二解皆録焉。注「衡，横也」至「伐紂也」。正義曰：《周書・泰誓》篇云「惟十有一年，武王伐紂」是也。《釋文》云：「衡，横也。」

❶ 「百餘」，按阮校：「毛本作『百有餘歲』。」

齊宣王見孟子於雪宮。王曰：「賢者亦有此樂乎？」雪宮，離宮之名也。宮中有苑囿臺池之飾，禽獸之饒，王自多有此樂，故問曰：賢者亦有此樂乎？孟子對曰：「有人不得則非其上矣。不得而非其上者，非也。爲民上而不與民同樂者，亦非也。人君適情從欲，獨樂其身，而不與民同樂，亦非在上不驕之義也。樂民之樂者，民亦樂其樂。憂民之憂者，民亦憂其憂。言民之所樂，君與之同，故民亦樂使其君有樂也。民之所憂者，君亦助之憂，故民亦能憂君之憂，爲之赴難也。樂以天下，憂以天下，然而不王者，未之有也。言古賢君樂則以己之樂與天下同之，憂則以天下之憂與己共之，如是未有不王者。孟子以是答王者，言雖有此樂，未能與人共之。昔者齊景公問於晏子曰：『吾欲觀於轉附、朝儛，遵海而南，放於琅邪，吾何脩而可以比於先王觀也？』」孟子言往者齊景公嘗問其相晏子若此也。轉附、朝儛，皆山名也。又言朝，水名也。遵，循也。放，至也。循海而南，至於琅邪。琅邪，齊東境上邑也。❶ 先王，先聖之王也。當何修治，可以比先王之觀遊乎？❷ 晏子對曰：『善哉問也！天子適諸侯曰巡狩。巡狩者，巡所守也。諸侯朝於天子曰述職。述職者，述所職也。無非事者，春省耕

━━━
❶ 「東」下，按阮校：「廖本、孔本、韓本有『南』字。」按疏引『境』作『南』字，朱子注同，是此注有脫也。」
❷ 「觀遊」，按阮校：「廖本、孔本、韓本作『遊觀』。」

卷第二上　梁惠王章句下
六五

而補不足，秋省斂而助不給。言天子、諸侯出，必因王事，有所補助於民，無非事而空行者也。春省耕，補未耜之不足。秋省斂，助其力不給也。夏諺曰：吾王不遊，吾何以休？吾王不豫，吾何以助？一遊一豫，爲諸侯度。晏子道夏禹之世民之諺語也。《春秋傳》曰：「魯季氏有嘉樹，晉范宣子豫焉。」吾王不遊，言王者巡狩觀民，其行從容，若遊若豫。吾王不豫，豫亦遊也，行恩布德，應法而出，可以爲諸侯之法度也。今也不然，師行而糧食，飢者弗食，勞者弗息。睊睊胥讒，民乃作慝。今也者，晏子言今時天下之民，人君興師行軍❶，皆遠轉糧食而食之，有飢不得飽食者，勞者致重，亦不得休息。在位在職者又睊睊側目相視，更相讒惡，民由是化之而作其慝惡也。方命虐民，飲食若流。流連荒亡，爲諸侯憂。方，猶逆也。❷逆先王之命，❸但爲虐民之政，恣意飲食，若水流之無窮極也。言王道虧，諸侯行霸，由當相匡正，故爲諸侯憂也。謂沈湎于酒，熊蹯不熟，怒而殺人之類也。流連荒亡，皆驕君之溢行也。從流下而忘反謂之流，從流上而忘反謂之連，從獸無厭謂之荒，樂酒無厭謂之亡。先王無流連之樂，荒亡之行，惟君所

❶「興師行軍」，閩、監、毛、阮本作「行師興軍」。

❷「逆」，按阮校：「廖本、孔本、韓本、《考文》古本作『放』。」

❸「逆先王之命」，按阮校：「宋本『先王』上有『不用』二字，廖本『逆』作『放棄』」，孔本、韓本、《考文》古本作『放棄不用先王之命』。」

行也。」言驕君放遊，無所不爲。或浮水而下，樂而忘反謂之流，若齊桓與蔡姬乘舟於囿之類也。連，引也。使人徒引舟船上行而忘反以爲樂，故謂之連。《書》曰「罔水行舟」，丹朱慢遊，是好無水而行舟，豈不引舟於水上而行乎？此其類也。從獸無厭，若羿之好田獵，無有厭極，以亡其身，故謂之荒亂也。樂酒無厭，若紂以酒喪國也，故謂之亡。言聖人之行無此四者，惟君所欲行也。晏子之意，不欲使景公空遊於琅邪而無益於民也。景公説，大戒於國，出舍於郊。於是始興發，補不足。言景公説晏子之言也。戒，備也。大修戒備於國。出舍於郊，示憂民困。始興惠政，發倉廩以振貧困不足者也。❷召大師，曰：『爲我作君臣相説之樂。』蓋《徵招》《角招》是也。」其《詩》，樂詩也。大師，樂師也。《徵招》《角招》，其所作樂章名也。❶何尤者，無過也。其《詩》曰：『畜君何尤？』畜君者，好君也。」言臣説君，謂之好。正義曰：此章言與天下同憂者，不爲慢遊之樂，不循四溢之行也，中間有池囿。言宣王在雪宮之中，而見孟子來至也。「王曰：賢者亦樂此乎」者，是宣王稱孟子爲賢者，問之孟子亦嘗有此雪宮之樂也？云「乎」者，亦未知孟子可否何，所以云「乎」而疑之之辭也，亦梁惠王在沼上而問孟子「賢者亦樂此乎」同意。「孟子對曰：有人不得則非其上矣」至「然而不王者，未之有也」者，孟

- ❶「好」下，按阮校：「宋本、岳本、孔本、韓本有『君』字。」
- ❷「若」，閩、監、毛、韓、阮本作「苦」。

卷第二上　梁惠王章句下

六七

子答宣王之言，而欲宣王有此雪宫之樂在與民同其樂也。故言有爲人下者，不得此樂則必非謗其上矣。爲人下者，既不得此樂，而以非謗其上，非也，以其不可也。爲民之上者，既有此樂，而不與下民同其樂，亦非也，以其亦不可也。無他，是不知義而失之於驕也。蓋爲之君，在民之上，凡有所樂，皆出於民之賦役而成之也，豈可驕之哉！故曰亦非也。苟爲君能以民之所樂而爲己之樂，則在下之民，見君之所樂亦樂之，而不敢非謗也。以民之所憂而己亦爲憂之，則在己有所憂，而在下之民亦憂之矣。凡此皆君、民憂樂施報之効也，故曰在上爲君者，凡有所樂，與天下之民同其樂；凡有所憂，天下之民同其憂。❶ 然而天下不歸往而爲之王者，未之有也。言其無也。「昔者齊景公問於晏子曰：吾欲觀於轉附、朝儛，遵海而南，放於琅邪，吾何脩而可比於先王觀也」至「好君也」者，是皆孟子引景公問晏子、晏子告景公之言而誨齊宣王也。昔，往也。齊景公，齊莊公之後，景公杵曰是也。魯襄公二十六年立，在位五十八年薨。轉附、朝儛，皆山名也。又云：朝，水也。言往者齊景公嘗問於晏子曰：我欲遊觀於轉附、朝儛，循海而南，至於琅邪，我何以修治而可比於先聖王之遊觀也？晏子，齊景公之相，齊大夫也，姓晏名嬰者。晏子答曰善哉王之問也，乃言天子往於諸侯謂之巡狩，諸侯朝覲於天子謂之述職。巡狩者，謂諸侯爲天子所守土也，如歲二月東巡狩，五月南巡狩，八月西巡狩，十一月北巡狩是也。述職者，謂述己之所守職，如春朝以圖天下之事，夏宗以陳天下之謨，秋覲以比邦國之功，冬遇以協諸侯之慮是也。然此皆無非事而已，春

❶ 「天」上，按阮校：「閩、監、毛三本有『與』字，是也。」

則省察民之耕，而食不足者則補之，如《周禮·旅師》春頒其粟是也；秋則省察民之收，而有力不足者則助之，如《遂師》巡其稼穡而移用其民，以救時事是也。此先聖王所以一遊一豫而爲諸侯之法度也。統而言之，則遊與豫皆巡行也；別而言之，則遊者有所縱至於適也，豫者有所適而至於樂也。故於遊則不止於遊也。今也景公則不如此，其興師行軍，皆遠轉糧食而食之，有飢之民而不得飽食，有勞乏之民則不得休息。在位者皆睊睊然側目相視而非其上，而下民又皆作爲邪慝也，故「方命虐民，飲食若流，流連荒亡，爲諸侯憂」。方，逆也。凡物圓則行，方則止，行則順，止則逆。所謂「方命虐民」者，是逆先王之命，而下則暴虐民人也。凡遊豫補助，皆先王之命也。今則方命而虐民，又飲食無窮極而若水之流。蓋流、連、荒、亡四行，皆爲諸侯之所憂也，以其皆能喪亡其身而已。故流者是從下而忘反之謂也，如齊桓與蔡姬乘舟於囿是也；連者從流上而忘反之謂也，如羿之好田獵無有厭極，以亡其身是也；荒者從獸無有厭之謂也，如殷紂以酒喪國是也。言無厭之謂也，如殷紂以酒喪國是也。言「從流下而忘反謂之流，從流上而忘反謂之連，從獸無厭謂之荒，樂酒無厭謂之亡」，以其晏子自解之耳。故曰「先王無流連之樂，荒亡之行」者，謂古之先王無此流連之樂、荒亡之溢行，惟獨有君所行也。君者指景公而言也。景公自知己小有流連之樂，大有荒亡之行，從流上而忘反謂之連，從獸無厭謂之荒，樂酒無厭謂之亡」，以其晏子自解之耳。惟君所行也。景公所以說者，以其能悟而改過也。乃大戒勑於國，而不敢慢其事，出舍於郊，而不敢寧其居，於是能興發倉廩而補贍其不足者。又召樂師之官曰：爲我作君臣相說之樂。以作《徵招》《角招》是也。必作其《徵招》《角招》之

者，蓋徵以爲事，角以爲民，皆以「招」名之，曰亦舜作歌以康庶事，鼓琴歌南風以阜民財之意也，此所以謂之《徵招》《角招》矣。又引樂詩曰「畜君何尤」，畜君者，好君也。言説君所以好君，何有其過也，故又曰畜君者是好君也。凡此皆晏子所言，是其畜君者也。

注「轉附、朝儛」至「邑也」。

正義曰：云「轉附、朝儛皆山名」者，今案諸經並未詳，據梁時顧野王釋云：「灑，水名，出南陽。」恐誤灑爲儛，他並未詳。云「琅邪爲齊東南上邑」者，案《地理志》云：「齊地東有琅邪。」《南越志》云「琅邪，邑名」是也。

注「沈湎于酒，熊蹯不熟，怒而殺人」者。

正義曰：《書》云：「羲和湎淫，胤往征之。」孔安國云：「羲和氏世掌天地四時之官，自唐虞至三代，世職不絶承。太康之後，沈湎于酒，過差非度。」又曰：「紂沈湎冒亂，敢行暴虐。」孔安國傳云：「沈湎嗜酒。」《春秋》魯宣公二年：「晉靈公不君，厚斂以彫牆，從臺上彈人，而觀其避丸也。宰夫胹熊蹯不熟，殺之，寘諸畚，使婦人載以過朝。」釋云：「胹，爇也。畚，草器也。」

注「齊桓與蔡姬乘舟於囿」。

正義曰：案魯僖公三年《左傳》云：「齊侯與蔡姬乘舟于囿，蕩公。公怒。」杜預曰：「蔡姬，齊侯夫人。蕩，搖也。囿，苑也。蓋魚池在苑中耳。」

注《書》云罔水行舟，若丹朱慢遊」者。

正義曰：案《書·益稷》篇云：「無若丹朱傲，惟慢遊是好，傲虐是作。罔晝夜頟頟，罔水行舟，朋淫于家，用殄厥世。」孔安國云：「丹朱，堯之子。傲戲而爲虐，無晝夜，常頟頟，肆惡無休息，習於無水陸地行舟，言無度，群淫於家，妻妾亂用，是絶其世不得似。」

注「羿之好田獵無有厭極，以亡其身」。

正義曰：案《書》：「太康尸位，以逸豫滅厥德，黎民咸貳，乃盤遊無度，畋于有洛之表。十旬弗反，有窮后羿因民弗忍，距于河。」孔注曰：「有窮，國名。羿，諸侯名。距太康於河，不得入，遂廢之。」魯襄公四年《左傳》

云，事録在《梁惠王》首章。賈逵曰：「羿之先祖，世爲射官，故帝嚳賜羿弓矢，使司射。」《淮南子》云：「堯十日並出，堯使羿射九日而落之。」《歸藏易》云：「羿彈十日。」凡此其説羿爲諸侯名，皆難取信。欲言帝嚳時有羿，堯時亦有羿，則羿是善射之號，非爲人名。信如是，則不知言以羿爲窮國君號，爲諸侯者何也。注「殷紂以酒喪國」。正義曰：案《史記》云：「殷王紂樂戲於沙丘，以酒爲池，以肉爲林，使男女裸相逐其間，爲長夜之飲。百姓怨望而諸侯有畔，於是有炮烙之法❶後爲武王所伐。」是也。注「《徵招》《角招》，樂章也」。正義曰：凡宮、商、角、徵、羽，蓋樂之五聲也。❷君之象也。臣之象也。❸其人怨也。❹其事則也。❺

宮，土音，數有八十一，爲聲之始，屬土者，以其最清者也❷。君之象也。商，金音，三分徵益一以生，其數七十二，屬金者，以其清濁次宮，臣之象也。角，木音，三分羽益一以生，其數六十四，屬木者，以其清濁中，人之象也。亂則憂，❸其事則也。徵，火音，三分宮去一以生，其數五十四，屬火者，以其徵清，事之象也。亂則危，❻其人怨也。羽，水音，三分商去一以生，其數四十八，屬水者，以其最清，物之象也。

❶「烙」，原作「格」，據阮本改。
❷「清」，《晉書·律曆志》作「濁」。
❸「亂」上，《晉書·律曆志》有「角」字。
❹「亂」上，《晉書·律曆志》有「徵」字。
❺「則」，閩、監、毛、阮本作「隳」，《晉書·律曆志》作「勤」。
❻「亂」上，《晉書·律曆志》有「羽」字。

財匱也。」凡此乃爲樂章之名也。然則景公所以作《角》《徵》樂，以其爲民、爲事也。
畋也」。　正義曰：注云此者，蓋引《周書‧無逸》之篇文也。孔注云文王不敢盤于遊畋者，是不敢樂於遊逸、田獵者也，故錄此焉。

齊宣王問曰：「人皆謂我毀明堂，毀諸？已乎？」謂泰山下明堂，本周天子東巡狩朝諸侯之處也，齊侵地而得有之。人勸齊宣王，諸侯不用明堂，可毀壞，故疑而問於孟子當毀之乎？已，止也。孟子對曰：「夫明堂者，王者之堂也。王欲行王政，則勿毀之矣。」言王能行王道者，則可無毀也。王曰：「王政可得聞與？」王言王政當何施，其法寧可得聞。對曰：「昔者文王之治岐也，耕者九一，仕者世祿，關市譏而不征，澤梁無禁，罪人不孥。言往者文王爲西伯時，始行王政，使岐民修井田，八家耕八百畝，其百畝者以爲公田及廬井，故曰九一也。紂時稅重，文王復行古法也。仕者世祿，賢者子孫必有土地。關以譏難非常，不征稅也。陂池魚梁不設禁，與民共之也。孥，妻子也。《詩》云：『樂爾妻孥。』罪人不孥，惡惡止其身，不及妻子也。老而無妻曰鰥，老而無夫曰寡，老而無子曰獨，幼而無父曰孤。此四者，天下之窮民而無告者。文王發政施仁，必先斯四者。言此四者皆天下之窮民，而文王常恤鰥寡，存孤獨也。《詩》云：『哿矣富人，哀此煢獨。』」《詩》，《小雅‧正月》之篇。哿，可也。詩人言居今之世，可矣富人，但憐憫此煢獨羸弱者耳。文王行政如此也。王曰：「善哉言乎！」善

此王政之言。曰：「王如善之，則何爲不行？」王曰：「寡人有疾，寡人好貨。」王言我有疾，疾於好貨，故不能行。對曰：「昔者公劉好貨，《詩》云：『乃積乃倉，乃裹餱糧，于橐于囊，思戢用光。弓矢斯張，干戈戚揚，爰方啟行。』故居者有積倉，行者有裹囊也，然後可以爰方啟行。王如好貨，與百姓同之，於王何有？」《詩》《大雅·公劉》之篇也。乃積穀於倉，乃裹盛乾食之糧於橐囊也。思安民，故用有寵光也。戚，斧。揚，鉞也。又以武備之，曰方啟行道路。孟子言公劉好貨若此，王若則之，於王何有不可也。

王曰：「寡人有疾，疾於好色，不能行也。」對曰：「昔者大王好色，愛厥妃。《詩》云：『古公亶父，來朝走馬，率西水滸，至于岐下。爰及姜女，聿來胥宇。』當是時也，內無怨女，外無曠夫。王如好色，與百姓同之，於王何有？」《詩》《大雅·緜》之篇也。亶父，大王名也，號稱古公。來朝走馬，遠避狄難，去惡疾也。率，循也。滸，水涯也。循西方水滸，來至岐山下也。姜女，大王妃也。於是與姜女俱來相土居也。言大王亦好色，非但與姜女俱行而已，普使一國男女無有怨曠。王如則之，與百姓同欲，皆使無過時之思，則於王之政何有不可乎。

「齊宣問曰」至「於王何有」。

正義曰：此章言齊王好貨色，孟子推以公劉、大王好貨色，責難於君也。

❶「齊宣問曰：❶人皆謂我毀明堂，毀諸？已乎」者，是齊王問孟子，以爲

❶「宣」下，按阮校：「閩、監、毛三本有『王』字，是也。」

卷第二上　梁惠王章句下

七三

在國之人皆謂勸我毀壞其明堂。今毀壞之？已而勿毀壞乎？魯太山下有明堂，後爲齊侵其地，故齊有明堂。齊宣王尚疑之，所以問也。「孟子對曰：夫明堂者，王之堂也。王欲行王政，則勿毀之矣」者，孟子欲使宣王行王政，所以勸之勿毀耳。「王曰：王政可得聞與」者，是宣王問孟子，以謂王政之法寧可得而聞之歟？「對曰：昔者文王之治岐也，耕者九一，仕者世禄，關市譏而不征，澤梁無禁，罪人不孥」至「必先斯四者」，是孟子對答宣王爲王政之法也。言往者文王爲西伯行政，自岐邑耕者，皆以井田之法制之，一夫受私田百畝，八夫家計受私田八百畝，井田中百畝是爲公田，以其九分抽一分爲公，以抵其賦税也。仕者不特身受其禄，而至子孫之世亦與土地禄焉。❶關市，司關，司市之所，但譏問之，不令姦人出入，而不征取其税。川澤魚梁之所，但與民共之，而不設禁止之法。罪人但誅辱止其一身，而不誅辱其妻子。孥，妻子也。老而無妻曰鰥，老而無夫曰寡，老而無子曰獨，幼而無父曰孤。凡此鰥、寡、孤、獨四者，❷是皆天下之民窮而無告者也。文王發政施仁，必先及此四者焉。無告者，以其鰥、寡、孤、獨單隻，上下無所告者之人也。是皆孟子言文王在岐邑之時，爲王政之法如此而已。《詩》云：「哿矣富人，哀此煢獨」者，哿，可也，蓋《詩》之《小雅·正月》之篇文也。其意蓋言當今之世，可矣富人，但先哀憫此煢獨羸弱者耳。孟子所以引之，謂其文王行政是如此也，故援之以答宣王。「王曰：善哉言乎」者，是宣王問，孟子答之以文王行王政之法，而善其言

❶「焉」，原作「爲」，據阮本改。
❷「孤」，原作「狐」，據阮本改。下「孤」字同。

也，故曰「善哉言乎」。「曰：王如善之，則何爲不行」者，孟子言：王如善此王政之言，則何爲不行此也。「王曰：寡人有疾，寡人好貨」者，宣王言我有疾，疾在於好貨財也。「昔者公劉好貨」至「於王何有」者，孟子引公劉好貨，故《詩》有《大雅·公劉》之篇文，而答于宣王也。言往者公劉好貨財，其《詩》蓋謂乃積穀于倉，乃裹乾食之糧於橐囊之中，其思在於輯和其民以光顯于時。張其弓矢，執其干戈斧鉞，告其士卒曰：爲女方開道路而行。如此，故居者有穀積于倉，行者有糧裹于囊，然後可以曰方開道路而行。王如能好貨，與民人同之，亦若公劉之如此，則於王也何有不可。云「橐囊」者，大曰囊，小曰橐也。爰，曰也。「王曰：寡人有疾，寡人好色」者，是宣王又言我有疾，疾在於好色也。「對曰：昔者大王好色，愛厥妃，《詩》云」至「何有」者，❷是孟子又引大王好色，故《詩》蓋謂古公亶父，來朝走馬，而避惡且早又疾急，循西水涯而至于岐山之下，曰與姜女自來相土居如此。故當是之時，王如能好色，與百姓同之，亦若大王之如此，則於王也，又何有不可。女生向內，故云內。男生向外，故云外。皆男女嫁娶過時者，謂之怨女、曠夫也。姜女，大姜也，是大王之妃也。 注「謂太山下明堂」至「已」止也」。 正義曰：案《地理志》云：「齊南有太山。」《史記·封禪書》云：「舜二月東巡狩，至于岱宗。岱宗，太山也。遂覲東后。」又云：「此山黃

❶ 「愛」，原作「爱」，據上經文及阮本改。
❷ 「者」，原作「曰」，據毛本、阮本改。

卷第二上　梁惠王章句下

七五

帝之所常遊，自古受命帝王，未有睹符瑞見而不臻乎太山也」云「太山下明堂，本周天子東巡狩朝諸侯之地」案《禮記·明堂位》云：「明堂者，明諸侯之尊卑。昔殷紂亂天下，脯鬼侯以享諸侯，是以周公相武伐紂。武王崩，成王幼弱，周公踐天子之位。六年，朝諸侯於明堂。七年，執政於成王。❶成王封周公於曲阜，令魯世世祀周公以天子之禮樂。」然則太山下明堂即周公朝諸侯之處。蓋魯封內有太山，後嘗爲齊所伐，故齊南有太山。《文中子》云云：「如有用我者，當處於太山矣。可以立明堂之制焉。」《禮器》云：「魯人將有事於上帝，必先有事於配林。」則太山在齊明矣。案周制明堂云：「周人明堂，度九尺之筵，東西九筵，南北七筵，堂崇一筵，五室，凡室二筵。」賈釋云：「明堂者，明政教之堂。」又夏度以步，殷度以尋，周度以筵，是王者明政也。周堂高九尺，殷三尺，以一相參之數而卑宮室，則夏堂高一尺矣。又上注云堂上爲五室，象五行，以宗廟制如明堂、明堂中有五天帝、五人神之座，皆法五行，以五行先起於東方，故東北之堂爲木，其實兼水矣；東南火室矣，兼木；西南金室，兼火；西北水室，兼金。以中央太室有四堂，四角之室亦皆有堂，乃知義然也。四角之堂，皆於太室外接四角爲之，則五室南北止有二筵，東西各二筵有六尺，乃得其度。若聽朔皆於時之堂，不於木火等室居。若閏月則闔門左扉，立其中月」下義云「明堂、路寢及宗廟皆有五室十二堂門」是也。

❶「執」，四庫本及《禮記》作「致」。
❷「郊」，按盧宣旬補阮校：「明監、毛本並從《禮記》作『類』。」

而聽朔焉。

注「往者文王爲西伯」至「妻子也」。

正義曰：《史記》云：「古公亶父爲獯鬻、戎、狄所攻，遂去邠，踰梁山，止於岐下。古公少子季歷生昌，有聖瑞，立季歷以傳昌。昌立，是爲西伯。西伯陰行善，諸侯皆來。」徐廣曰：「文王九十七乃崩。」云修井田八家八百畝以爲公田者，亦依孟子云「方里而井，井九百畝」是也。小司徒佐大司徒，當都鄙三等之采地而爲井田，經云「九夫爲井，四井爲邑，四邑爲丘，四丘爲甸，四甸爲縣，四縣爲都」，以任役萬民，使營地事而貢軍賦，出車徒。又采地之中，每一井之田，出一夫之稅以入於官也，故曰九一也。云「紂時稅重」者，《史記》云：「紂爲人資辨捷疾，聞見甚敏，材力過人，手格猛獸。智足以拒諫，言足以飾非。好酒淫樂，嬖於婦人。愛妲己，於是厚賦稅以實鹿臺之錢，盈距橋之粟。」是紂時稅重也。「關譏不征稅，魚梁不設禁」者，《周禮·司關》「國凶札，則無關門之征，猶譏」，《司市》「國凶荒，則市無征而作布」，《澤虞》「掌國澤之政令，爲之厲禁」，《川衡》「以時舍其守，犯禁者，執而罰之」，《司厲》「男子入于罪隸，女子入于舂藁」。此而推之，則關市非無征也，澤梁非無禁也，罪人非不孥也，而文王必皆無者，蓋亦見文王權一時之宜，不得不然耳。故孟子於宣王之一時，亦以此引之以救弊矣。

注《詩》《小雅·正月》之篇」者。

正義曰：注云：「哿，可也。獨，單也。」箋云：「此言王政如是，富人已可，惸獨將困也。」

注「《詩》《大雅·公劉》之篇也」至「不可也」。

正義曰：注云：「公劉居於邠而遭夏人亂，迫逐公劉，公劉乃辟中國之難，遂平西戎，而遷其民，邑於邠焉。『乃積乃倉』，言民事時和，國有積倉也。『乃裹餱糧』，言民相與和睦，以顯於時也。」箋云：「公劉乃有積倉，積委及倉也。安安而能遷，積而能散，爲『思輯用光』，言民相與和睦，以顯於時也。」言民相與和睦，以顯於時也。夏人迫逐已之故，不忍鬭其民，乃裹糧食於橐囊之中，棄其餘而去，思在和其人民，用光其道，爲今子孫之

基。」又毛注云:「戚,斧也。揚,鉞也。張其弓矢,秉其干戈戚揚,以方開道路去之。蓋諸侯之從者,十有八國焉。」箋云:「干,盾也。戈,句孑戟也。爰,曰也。公劉之去邠,整其師,設其兵器,告其士卒曰:爲女方開道而行。明己之遷非爲迫逐之故,乃欲全民也。」注《詩》《大雅·緜》之篇也」至「不可乎」。正義曰:《緜》詩,興也,緜緜,不絕貌也。毛注云:「古公,亶公也。古,言久也。亶父,字。或殷以名言❶,質也。古公處豳,狄人侵之,事之以皮幣,不得免焉;事之以犬馬,不得免焉;事之以珠玉,不得免焉。乃屬其耆老而告之曰:狄之所欲者吾土地,吾聞君子不以所養人者害人。於是踰梁山,邑于岐山之下居焉。率,循也。滸,水涯也。姜女,大姜也。胥,相也。宇,居也。」箋云:「來朝走馬,言其辟惡早且疾也。循西水涯,沮,漆水側也。爰,於也。及,與也。聿,自也。於是與其妃大姜自來相可居者。著大姜之賢知也。」

❶「殷」,原作「因」,今據《毛詩正義》改。

孟子注疏解經卷第二下

趙氏注　孫奭疏

梁惠王章句下

孟子謂齊宣王曰：「王之臣有託其妻子於其友而之楚遊者，假此言以爲喻。比其反也，則凍餒其妻子，則如之何？」言無友道，當如之何。王曰：「棄之。」言當棄之，絕友道也。曰：「士師不能治士，則如之何？」士師，獄官吏也。不能治獄，當如之何。王曰：「已之。」已之者，去之也。曰：「四境之內不治，則如之何？」境內之事，王所當理，不勝其任，當如之何。孟子以此動王心，令戒懼也。王顧左右而言他。王慚而左右顧視，道他事，無以答此言也。

〇疏「孟子」至「言他」。〇正義曰：此章言君臣上下，各勤其任，無墮厥職，乃安其身也。「孟子謂齊宣王曰：王之臣有託其妻子於其友而之楚遊」者，是孟子欲以此比喻而諷之也。言王之臣下有寄託妻子於交友，而往楚國遊戲者。「比其反也，則凍餒其妻子，則如之何」者，言寄妻子於交友而往楚國，在近則反歸，而妻子在交友之所皆寒凍其膚，飢餒其腹，則爲交友之道，當如之何。凍者，寒之過之謂也。餒者，飢之過之謂也。「王曰：棄之」者，是宣王答孟

子，以爲交友之道既如此，當棄去之，而不必與爲友也。「曰：士師不能治士，則爲如之何」者，孟子因循又問宣王，言爲之獄吏者，而不能主治其士，則爲士師者當如之何而與爲士師也。「曰：四境之內不治，則如之何」者，孟子因循問至於此，乃欲諷諫之，故問之曰：自一國四境之內，皆亂而不治，則爲之君，當如之何處之。「王顧左右而言他」者，宣王知罪在諸己，乃自慚羞之，而顧視左右，道其他事，無以答此言也。 注「士師，獄吏也」。 正義曰：士師即周司寇之屬，有士師、鄉士❶皆以士爲官。鄭玄云：「士，察也。主察獄訟之事。」是士師爲獄官之吏者也。

孟子見齊宣王曰：「所謂故國者，非謂有喬木之謂也，有世臣之謂也。故者，舊也。喬，高也。人所謂是舊國也者，非但見其有高大樹木也，當有累世修德之臣，常能輔其君以道，乃爲舊國，可法則也。王無親臣矣。今王無可親任之臣。昔者所進，今日不知其亡也。」言王取臣不詳審，往日之所知，今日爲惡當誅亡，王無以知也。 王曰：「吾何以識其不才而舍之？」王言：我當何以先知其不才而舍之不用也。 曰：「國君進賢，如不得已，將使卑踰尊，疏踰戚，可不慎與！言國君欲進用人，

---

❶「鄉」，原作「卿」，據阮本改。

左右皆曰賢，未可也；諸大夫皆曰賢，未可也；國人皆曰賢，然後察之。見賢焉，然後用之。左右皆曰不可，勿聽；諸大夫皆曰不可，勿聽；國人皆曰不可，然後察之。見不可焉，然後去之。左右皆曰可殺，勿聽；諸大夫皆曰可殺，勿聽；國人皆曰可殺，然後察之。見可殺焉，然後殺之，故曰國人殺之也。如此，然後可以為民父母。」

當留意考擇，如使忽然不精心意而詳審之，❶如不得已而取備官，則將使尊卑疏戚相踰，❷豈可不慎歟！謂選大臣，防比周之譽，核其鄉原之徒，《論》曰：「眾好之，必察焉。」眾惡之，必察焉。惡直醜正，寔繁有徒，防其朋黨以毀忠正也。

與眾棄之。行此三慎之聽，乃可以子畜百姓也。言當慎行大辟之罪，五聽三宥。古者刑人於市，

疏「孟子見」至「為民父母」。○正義曰：此章言人君進賢退惡，翔而後集，有世賢臣，乃為舊可法則也。「孟子見齊宣王曰：所謂故國者，非謂有喬木之謂也」者，是孟子見齊宣王而問之，言人所謂舊國者，非謂有高大木而謂之舊國也，以其有世世修德之舊臣也，故曰有世臣之謂也。故，舊也。喬，高也。世臣，累世修德之舊臣也。「王無親臣矣，昔者所進，今日不知其亡也」者，孟子言：今王無有親任用之臣矣，往日所進者，今日為惡，而王又不知誅亡之。「王曰：吾何以識其不才而舍之」者，宣王言我何以知其臣之不才，而舍去之而不用也。「曰：國君進賢，如不得已，將使卑踰尊，疏踰戚，可不慎歟」者，孟子言：國君進用賢人，當留意揀擇，如使混

❶「而詳審之」，按阮校：「廖本、孔本、韓本、《考文》古本無此四字。」

❷「疏戚」，按阮校：「廖本、孔本、韓本、《考文》古本、足利本作『親疏』。」

然,不能精心揀擇,但如不得已而取備官職,則將使其卑踰尊,疏踰戚,而殽亂之矣。其如是,豈可不重慎之歟。「左右皆曰賢,未可也;諸大夫皆曰賢,未可也;國人皆曰賢,然後察之。見賢焉,然後可以爲民父母」者,此皆孟子教宣王進退賢不肖之言也。言於進用賢人之際,雖自王之左右臣者,皆曰此人賢當進用之,則王未可進而用之也。以至諸大夫皆曰此人之賢當進用之,則王又未可進而用之也。逮至一國之人,皆曰此人之賢當進用之,則王然後詳察,亦見其真足爲賢人,故然後進而用之也。以至諸大夫皆曰此人不賢,不可進用,當去之,則王亦當莫聽。迨至一國之人皆曰此人不賢,不可進用,當去之,則王然後審察之,見其真實不賢,故然後方可去之乃不進用也。如左右皆曰此人之罪可以殺之,則王然後詳察,亦見其人實有可殺之罪,故然後方可殺之也。無他,以其一國之人皆曰此人之罪可殺之也。夫如此,則王然後可以爲民父母,而子畜百姓矣。注「故,舊也」至「可法則也」。

正義曰:釋云:故,舊也。文從古,故也。《詩·伐木》之篇云:「出自幽谷,遷于喬木」,注云「喬,高也」,故知喬木爲高大之木。郭璞云:「喬,樹枝曲卷似鳥羽也。」《書》云:「圖任舊人共政。」周氏注曰:「所至『人惟求舊』,是故臣之謂也。」何晏云:「一曰鄉,向也,古字同。謂人不能剛毅,而見人之鄉,輒原其趣向,容媚而合之,言此所以賊德也。」故有三説焉。注「鄉原之徒」。正義曰:《語》云:「鄉原,德之賊也。」周氏注曰:「所至輒原其人情而爲意以待之,是賊亂其德也。」注「大辟之罪,五聽三宥」。正義曰:孔安國

傳云:「大辟,死刑也。」《周禮·大司寇》❶:「以五聲聽獄訟,求民情,一曰辭聽,二曰色聽,三曰氣聽,四曰耳聽,五曰目聽。」鄭注云:「辭聽,觀其出言不直則煩也。色聽,觀其顏色不直則赧然也。氣聽,觀其氣息不直則喘也。耳聽者,觀其聆不直則惑也。目聽者,觀其眸子視不直則眊然也。」凡此五聽是也。三宥者,「司刺掌三宥,一宥曰不識,再宥曰過失,三宥曰遺忘」。鄭玄云:「遺亡,若間帷薄忘有在焉,而以兵矢投射之。」鄭司農云:「不識,謂愚民無所識則宥之;過失,若今律過失殺人,不坐死。」鄭注云「行此三慎之聽」也,蓋指孟子言自「左右皆曰賢」至「國人殺之也」者,是爲之解也。

齊宣王問曰:「湯放桀,武王伐紂,有諸?」有之否乎? **孟子對曰:「於傳有之。」**於傳文有之矣。 **曰:「臣弑其君,可乎?」**王問臣何以得弑其君,豈可行乎? **曰:「賊仁者謂之賊,賊義者謂之殘,殘賊之人,謂之一夫。聞誅一夫紂矣,未聞弑君也。」**言殘賊仁義之道者,雖位在王公,必降爲匹夫,故謂之一夫也。但聞武王誅一夫紂耳,不聞弑君也,《書》云「獨夫紂」,此之謂也。

疏 「齊宣王問」至「未聞弑君也」。

正義曰:此章言孟子云紂崇惡,失其尊名,不得以君臣論之,欲以深窹宣王,垂戒于後也。「齊宣王問曰:湯放桀,武王伐紂,有諸」者,是宣王問孟子,言商之湯王放其夏王桀於南巢之地,

❶「大司寇」,據《周禮》當爲「小司寇」。

周武王伐商王紂於鹿臺之中，還是有此言也否乎。「孟子對曰：於傳有之」者，孟子答宣王，以爲傳文有是言也。故《書》云：「湯放桀於南巢，惟十有一年，武王伐紂。」又《史記》「武王伐紂，紂走，入登鹿臺，蒙衣其珠玉，自燔于火而死。武王以黃鉞斬紂頭，縣大白之旗」是也。「曰：臣弒其君可乎」者，宣王問孟子，如是則爲臣下者得以弒其君上，豈可乎？「曰：賊仁者謂之賊，賊義者謂之殘，殘賊之人，謂之一夫紂矣，未聞弒君」者，孟子答宣王，以謂賊害其仁者，名謂之賊；賊害其義者，名謂之殘。名謂殘賊者，皆謂之一匹夫也。我但聞誅亡其一匹夫紂矣，未嘗聞知有弒君者也，故《尚書》有云「獨夫紂」是其證也。

孟子謂齊宣王曰：「爲巨室則必使工師求大木。工師得大木則王喜，以爲能勝其任也。匠人斲而小之，則王怒，以爲不勝其任矣。巨室，大宮也。《爾雅》曰：「宮謂之室。」工師，主工匠之吏。匠人，工匠之人也。將以比喻之也。❶ 夫人幼而學之，壯而欲行之。王曰『姑舍女所學而從我』，則何如？姑，且也。謂人少學先王之道，壯大而仕，欲施行其道，而王止之曰：且舍置汝所學，而學而從我，此何如也。今有璞玉於此，雖萬鎰，必使玉人彫琢之。至於治國家，則曰『姑舍女所學而從我』，則何以異於教玉人彫琢玉哉？」二十兩爲鎰。❷ 彫琢，治飾玉也，《詩》云「追琢其章」。

❶「比」，按阮校：「廖本、孔本、韓本、《考文》古本作「此」」。
❷「二」原作「三」，據阮本改。

雖有萬鎰在此，言衆多也，必須玉人能治之耳。至於治國家而令從我，是爲教玉人治玉也。教人治玉，不得其道，則玉不得美好。教人治國，不以其道，則何由能治乎？

疏 「孟子謂齊宣王」至「玉人彫琢玉哉」。

正義曰：此章言任賢使能，不遺其學，則功成而不墮也。「孟子謂齊宣王曰：爲巨室則必使工師求大木，工師得大木，則王喜，以爲能勝其任也。匠人斲而小之，則王怒，以爲不勝其任矣」者，是孟子謂齊宣王，言爲大宮，則王必遣使工匠之吏求其大木，工匠之吏求得其大木則王喜，以爲不勝其任，工匠之吏能勝其所任用矣。則至匠人斲削而小之，則王怒，以爲匠人不勝其任矣。凡此皆將以比喻而言也，以其欲使宣王易曉其意也。巨室，大宮也。工師，主工匠之吏也。又言「夫人幼而學之，壯而欲行之。王曰姑舍女所學而從我，則何如」者，是孟子又言：夫人既以幼少而學先王之道，及壯大仕而欲施行其幼之所學之道，而王乃曰姑舍女所學之道而從我教命，則如之何也。「今有璞玉於此，雖萬鎰必使玉人彫琢之」，「至於治國家，則曰姑舍女所學，而從我教命，則何以有異於教玉人彫琢玉哉」者，是孟子又復以此而比喻于宣王也。言今假有素璞之玉於此，雖有萬鎰之多，然必使治玉之人彫琢而治飾玉哉！言其無以異也。至於治國家，則固當以先王之道治之，而曰且舍去女所學，而令從我教命，則何以有異於教玉人治飾玉哉！以其治國家當取學先王之道者，而曰且舍汝所學而從我教命，是何以異於此哉！蓋巨室則國家比也，用人猶制木，木今乃至於治國家，而曰且舍汝所學而從我教命，❶是何以異於此哉。意言治國家必用君子之道，施而後治，人君反小而用則君子之道比也，工師則人君比也。

❶ 上「而」字，阮本作「以」。按阮校：「毛本作『則』。毛本是也。」

之，未有能治國家者也。不特若此，又有以喻焉。璞玉則亦國家比也，玉人則亦君子比也，意謂璞玉，人之所寶也，然不敢自治飾之，必用使治玉人，然後得成美器也。若國家則人君之所寶也，然人君不能自治，必用君子治之，然後安也。今也君子不得施所學之道以治國家，反使從己所教以治之，此亦教玉人彫琢玉同也，固不足以成美器，適所以殘害之也，故孟子所以有此譬之。曰：《字林》云：「巨，大也。」《白虎通》曰：「黃帝始作宮室。」是知巨室則大宮也。《周禮·考工記》云：「審曲面埶，以飭五材，以辨民器，謂之工。凡攻木之工七，攻金之工六，攻皮之工五，設色之工五，刮摩之工五，摶埴之工二。」❶輪、輿、弓、廬、匠、車、梓，凡此者，是攻木之工也。餘工不敢煩述。所謂工師者，師也，教也，即掌教百工者，如《漢書》云「將作少府，秦官，掌理宮室」者是也。匠人即斲削之人也，《風俗通》云：「凡是於事，❷巫卜陶匠是也。」然則此言匠人者，即攻木之匠也。

齊人伐燕，勝之。宣王問曰：「或謂寡人勿取，或謂寡人取之。以萬乘之國伐萬乘之國，五旬而舉之，人力不至於此。不取必有天殃，取之何如？」萬乘，非諸侯之號，時燕國皆侵地

注「巨室，大宮也」至「喻之也」。正義云二十四兩為鎰，《禮》云「朝一鎰米」，注亦謂「二十四兩」，今注誤為二十兩。注云「二十兩為鎰」。正義曰：《國語》

❶ 「二」，原作「五」，據阮本及《周禮》改。
❷ 「是」，影印文淵閣《四庫全書》本《玉海》引《風俗通》作「氏」。

廣大，僭號稱王，故曰萬乘。五旬，五十日也。《書》曰：「暨三百有六旬。」言五旬未久而取之，非人力，乃天也。天與不取，懼有殃咎，取之何如？　孟子對曰：「取之而燕民悅，則取之。古之人有行之者，武王是也。武王伐紂而殷民喜悅，簞厥玄黃而來迎之，是以取之也。取之而燕民不悅，則勿取。古之人有行之者，文王是也。文王以三仁尚在，樂師未奔，取之懼殷民不悅，故未取之也。避水火也。如其所患益甚，則亦運行奔走而去矣。今王誠能使燕民免於水火，亦若武王伐紂，殷民喜悅之時，則可取之而已。」燕人所以持簞食壺漿來迎王師者，欲避水火難耳。

疏　「齊人伐燕勝之」至「亦運而已矣」。

正義曰：此章言征伐之道，當順民心也。「齊人伐燕，勝之。宣王問曰：或謂寡人勿取，或謂寡人取之」至「何如」者，言齊國之人伐燕之人，必強勝之。齊宣乃問孟子，以謂或有人教我勿取此燕國，或有人又教我取之。今以萬乘之國伐萬乘之國，但五十日足以興舉之，非人力所能至，此乃天也。天與之而勿取，必有天殃而禍之。今則取之，何如？故以此問孟子。「孟子對曰：取之而燕民悅，則取之。古之人有行之者，武王是也」者，是孟子答齊宣，以為今伐取燕國，而燕國之民悅樂，則可以伐取之也。《書》曰：「肆予東征，綏厥士女，惟其士女，篚厥玄黃，昭我周王。」是其武王伐紂之事耳。孟子所以引此答齊宣，蓋欲齊宣征伐順民心，亦若武王也。「取之而燕民不悅，則勿取。古之人有行

之者，文王是也」者，孟子又以此答齊宣，言今欲取燕國，❶苟燕國之民愁怨而不悅，則當勿取之。故古之人有欲行征伐之道若此者，如文王於紂是也。孔子有云「文王三分天下有其二，猶服事殷」，是文王於紂之事耳。孟子所以又引此答齊宣者，復欲齊宣如文王順民心而未取之耳。「以萬乘之國，伐萬乘之國，簞食壺漿，以迎王師」至「亦運而已矣」者，孟子言：今且托以萬乘之國伐取萬乘之國，其有以簞食壺漿而來迎王之兵師者，豈有他事哉，蓋欲避去水火之患難耳。如若水彌深，火彌熱，則民亦運行而奔走矣，豈來迎王之兵師哉？意謂今齊誠能使燕民得免水火之難，亦若武王伐紂，殷民皆悅樂之，則可以取燕也。如不然，則若文王之於紂，故未取之耳。云「萬乘」者，蓋六國之時爲諸侯者，皆僭王號，故皆曰「萬乘」。云「簞笥」者，案《曲禮》曰：「圓曰簞，方曰笥，飯器也。」《書》云「衣裳在笥」。則笥亦盛衣。云「壺漿」者，《禮圖》云：「壺，禮器，腹方口圓曰壺。」《釋名》曰：「漿，水也，飲也，或云漿，酒也。」又《公羊傳》云：「齊侯唁公于野井，國子執壺漿。」何休云：「酒壺一斛，口徑尺，足高二寸，徑尺。」上有蓋也。」

正義曰：孔安國傳云：「以筐篚盛其絲帛也。」注「筐厥玄黃」。

正義曰：「筐以竹爲之，長三尺，廣一尺，深六尺，足高三寸。」注「萬乘非諸侯之號」至「如何」。

正義曰：云萬乘非諸侯之號，時燕國皆侵地僭號稱王者，說在上卷首章。「《書》曰胥三百有六旬」者，案孔安國傳云：「匝四時曰朞，一歲十二月，月三十日，正三百六十日，除小月六日爲六日，是爲一歲有餘十二日，未盈三歲，足得一月，則置閏焉。」是其解也。

❶「答」下、「取」下，阮本皆有「之」字。

曰：《書》云：「惟十一年，武王伐紂。」《史記》云：「武王伐紂，紂發兵七十萬人距武王。紂師倒兵以開武王，武王馳之，紂兵崩叛。紂走，反入鹿臺，蒙衣其珠玉，自燔于火而死。武王以黃鉞斬紂，縣其頭於大白之旗。」是也。

注「文王以三仁尚在，樂師未奔」者。

正義曰：《語》云「殷有三仁焉」，蓋微子、箕子、比干是也。《呂氏春秋·仲冬紀》云：「紂之母生微子啓與仲衍，其時猶尚爲妾，改而爲妻，後生紂，紂之父欲立微子啓爲太子。太史曰：妻之有子，不可立妾之子。故立紂爲後。」微子名啓，世家曰開，孔安國曰：「微，圻内國名。子，爵。爲紂卿士。」箕子者，《莊子》云：「箕子名胥。」鄭玄云：「箕亦在圻内。」比干者，《家語》曰：「比干是紂之親，則諸父。」知比干乃紂之諸父也。《宋世家》云：「箕子乃紂之親戚也。」言爲親戚，又莫知其爲父爲兄也。鄭玄、王肅皆以箕子爲紂之諸父，杜預以爲紂之庶兄，皆以意言之耳。及西伯卒，武王東伐，至盟津，諸侯會者八百，皆曰紂可伐，武王猶曰：「爾未知天命。」紂愈淫亂不止，微子諫不聽，乃與大師謀，遂去。比干曰「爲人臣者不得不以死諫」，迺强諫紂。紂怒曰：「吾聞聖人心有七竅。」剖比干❶。觀其心。箕子懼，乃佯狂爲奴，紂又囚之，後因武王乃釋之耳。

齊人伐燕，取之。諸侯將謀救燕。宣王曰：「諸侯多謀伐寡人者，何以待之？」宣王貪燕

❶「剖」，阮本作「司」。按阮校：「閩、監、毛三本『司』作『刳』。」按『刳』字是。

而取之。諸侯不義其事，將謀救燕伐齊❶。宣王懼而問之。孟子對曰：「臣聞七十里爲政於天下者，湯是也。未聞以千里畏人者也。曰：『湯一征，自葛始。』天下信之。成湯修德，以七十里而得天下。今齊地方千里，何畏懼哉。《書》曰：『奚爲後我？』民望之，若大旱之望雲霓也。歸市者不止，耕者不變，誅其君而弔其民，若時雨降，民大悅。」《書》曰：『徯我后，后來其蘇。』此二篇皆《尚書》逸篇之文也。言湯初征自葛始，誅其君，恤其民，天下信湯之德。面者，向也。東向征，西夷怨者，去王城四千里，夷服之國也，故謂之四夷。言遠國思望聖化之甚也，故曰何爲後。霓，虹也。雨則虹見，故大旱而思見之。徯，待也。后，君也。待我君來，則我蘇息也。今燕虐其民，王往而征之，民以爲將拯己於水火之中也，簞食壺漿，以迎王師。若殺其父兄，係累其子弟，毀其宗廟，遷其重器，如之何其可也？拯，濟也。係累，猶縛結也。燕民所以悅喜迎王師者，謂濟救於水火之中耳，今又殘虐之若此，安可哉！天下固畏齊之彊也，今又倍地而不行仁政，是動天下之兵也。言天下諸侯素畏齊彊，今復并燕一倍之地。以是行暴，則多所危，是動天下之兵共謀齊也。王速出令，反其旄倪，止其重器，謀於燕衆，置君而後去之，則猶可及止也。」

❶「救燕伐齊」，按阮校：「廖本、孔本、韓本、《考文》古本、足利本作『伐齊救燕』。」

速，疾也。旄，老耄也。倪，弱小倪倪者也。❶孟子勸王急出令，先還其老小，止勿徙其寶重之器，與燕民謀置所欲立君而去之歸齊，天下之兵，猶可及其未發而止之也。「齊人伐燕取之」至「猶可及止也」。正義曰：此章言伐惡養善，無貪其富，以小王大，將何懼也。「齊人伐燕，取之，諸侯將謀救燕」者，齊宣伐燕國，而取其地，天下諸侯皆將謀度救燕國也。「宣王曰：諸侯多謀伐寡人者，何以待之」者，是齊宣見諸侯謀度救燕國，而共伐我，乃曰：天下多有謀度與燕共伐我者，則我當如之何以待他。故以此問孟子。「孟子對曰：臣聞七十里爲政於天下者，湯是也。未聞以千里畏人也」者，孟子答齊宣，以爲臣嘗聞有地但方闊七十里，而能爲王政於天下者，如商湯王是也。未嘗聞有地方闊千里，❷而猶畏人者也。蓋湯爲夏方伯之時，但有七十里而後爲天下商王。今天下方千里者有九，而得其一，是齊之有千里地也，所以云然。「《書》曰：湯一征，自葛始，天下信之，東面而征，西夷怨」至「民大悅」者，此皆《尚書》遺亡篇文也。今據《商書·仲虺之誥》篇，則云「乃葛伯仇餉，初征自葛，東征，西夷怨，南征，北狄怨，曰：奚爲後予」。大抵孟子引此者，蓋恐齊王爲己之臆說，故引此而證之，欲使齊宣信之也。故言《書》云湯一征，自葛國爲始，天下皆信湯王之德。後湯東向而征伐，則西夷之人思望，而怨不先自此而正君之罪，南向而征伐，則北狄之人又皆思望，而

❶「倪倪」，按阮校：「孔本、韓本作『繄倪』」。案《音義》出『繄』字，『旄倪』下云『詳注意倪謂繄倪，小兒也』，與今孔、韓本合。按依《説文》、《釋名》作『繄婗』，《禮記·雜記》注作『鷖彌』，此本作『倪倪』者誤也。」

❷「闊」，原作「間」，據阮本改。

卷第二下　梁惠王章句下

九一

怨以爲不先自此而正君之罪，乃曰：何爲後去其我，而先向他國而征之。故其民望湯之來，皆若於大旱而望雲霓如也。不特此也，又使歸市者皆不止，以其皆得貿易有無也。耕于郊野者又不變只其事，❶以言其常得耕作也。雖誅亡其君，又弔問而存恤其民，其如是時之旱而雨降，民皆悦樂之也。「《書》曰徯我后，后來其蘇」者，注云：自上文與此，皆逸篇之文也。今據《仲虺之篇》有云，大抵孟子引此而言者，又欲齊王知民如此之慕湯而則法湯也，蓋謂民皆喜曰：徯待我君來而蘇息我也。「今燕虐其民，而王往征之，民以爲將拯已於水火之中也」至「如之何其可也」者，是孟子又言：今燕國之暴虐其民，而王以兵往征伐之，民皆以爲王兵之來，將拯救己於水火之中如也，故以簞食壺漿迎其王師之來。今乃若以殺其民之父兄，繫縛其民之子弟，又毁壞其國中之宗廟，使民不得其祀，復遷徙其國中之寶器，復謀度於燕國之衆，爲置立其君而後去之而歸齊，則天下諸侯之兵，尚可得及止之也。「天下固畏齊之彊也，今又倍地而不行王政，是所以興動天下諸侯之兵而共伐之也。王今即速疾出其命令，還其老耄幼小，勿遷移其寶器，復謀度於燕國之衆，爲置立其君而後去之而歸齊，則天下諸侯之兵，尚可得及止之也。注云「去王城四千里夷服之國」至「蘇也」。❷ 正義曰：《周禮》九服，又案《禮圖》云自王畿千里至夷服，凡四千里是也。云「霓，虹也」《爾雅》云：「雲出天之正氣，霓出地之正氣，雄謂之虹，雌謂之霓。」則雲，陽物也，陰陽和而既

❶ 「只」，阮本作「易」。
❷ 「也」上，據上注文，當有「息」字。按阮校：「監、毛本『也』改『息』。」

雨，則雲散而霓見矣。 注「旄，老耄。倪，弱小倪倪者」。正義曰：釋云：「耄，齯。案《爾雅》云：「黃髮、倪齒，壽也。」然則趙注云「倪，弱小」，非止幼童之弱小，亦老之有弱小爾。

鄒與魯鬨，穆公問曰：「吾有司死者三十三人，而民莫之死也。誅之，則不可勝誅；不誅，則疾視其長上之死而不救，如之何則可也？」鬨，鬭聲也，猶構兵而鬭也。長上，軍帥也。鄒穆公忿其民不赴難，而問其罰當謂何則可也。❶ 孟子對曰：「凶年饑歲，君之民，老弱轉乎溝壑，壯者散而之四方者，幾千人矣，而君之倉廩實，府庫充，有司莫以告，是上慢而殘下也。言往者遭凶年之阨，民困如是。有司諸臣無告白於君有以賑救之，是上驕漫以殘賊其下也。曾子曰：『戒之戒之，出乎爾者，反乎爾者也。』曾子有言，上所出善惡之命，下終反之，不可不戒也。夫民今而後得反之也，君無尤焉。尤，過也。孟子言百姓乃今得反報諸臣不哀矜耳，君無過責之也。❷ 君行仁政，斯民親其上，死其長矣。」君行仁恩，憂民困窮，則民化而親其上，死其長矣。

疏 「鄒與魯鬨」至「死其長

❶ 「何則可也」，按阮校：「宋本、孔本、韓本、《考文》古本無『則可』二字。足利本無『則也』二字。」
❷ 「責」，原作「賣」，據阮本改。

卷第二下　梁惠王章句下

九三

矣」。　正義曰：此章言上恤其下，則下赴其難，惡出於己，❶則害及其身，如影響也。「鄒與魯鬨」者，言鄒國與魯國相鬨也。「穆公問曰：吾有司死者三十三人，而民莫之死也，誅之，則不可勝誅；不誅，則疾視其長上之死而不救，如之何則可也」者，是鄒穆公問孟子，言我國與魯國相鬨戰，而有司死者有三十三人，而民皆莫之死。我今欲誅亡其民，不可勝誅。不可勝誅者，是民衆之多，難以誅亡也。不誅其民，則我惡疾視其長上之死而不救之，故問孟子當何則可以誅亡也。「孟子對曰：凶年饑歲，君之民老弱轉乎溝壑」至「是上慢而殘下也」者，孟子答穆公，以爲凶荒之年而民皆饑餓，君之民人老嬴者轉落死於溝壑之中，強壯者又離散之於四方者，幾近千人矣。而君之倉廩盈實，府庫充塞，爲君之有司者，皆莫以告白其上，發倉廩以濟其食之不給，開府庫以佐其用之不足，如此則有司在民之上，而以驕慢殘害其下也。「曾子曰：戒之戒之，❷出乎爾者，反乎爾者」，孟子言：曾子有云在戒慎之，戒慎之，❸以其凡有善惡之命，苟出乎爾，則終亦以善反歸乎爾也；苟出乎爾以惡，則其終反歸爾亦以惡也。「夫民今而後得反之也，君無尤焉」者，孟子言：夫民今所以不救長上之死者，以其在凶荒饑饉之歲，君之有司不以告白其君發倉廩，開府庫以救賑之，所以於今視其死而不救以報之也。然非君之過也，是有司自取之爾，故曰「君無尤焉」。「君行仁政，斯民親其上，死其長矣」者，孟子言：君能行仁爲政，則在下之民皆親其上，樂其君，而輕其死以爲其長上矣。　注「鬨，

❶「惡」，原作「衆」，據阮本改。
❷「下」「戒」字，原作「慎」，據上經文及阮本改。
❸「慎」，原作「戒」，據上文「戒慎」及阮本改。

鬭聲」。釋云：鬩，鬭也，故曰「猶構兵而鬭也」。

滕文公問曰：「滕，小國也，間於齊楚，事齊乎？事楚乎？」文公言我居齊楚二國之間，非其所事，不能自保也。孟子對曰：「是謀非吾所能及也。無已，則有一焉。鑿斯池也，築斯城也，與民守之，效死而民弗去，則是可爲也。」孟子以二大國之君皆不由禮義，我不能知誰可事者也。不得已則有一謀焉，惟施德義以養民，與之堅守城池至死，使民不畔去，則是可以爲也。

正義曰：此章言事無禮義之國，不若得民心，與之守死善道也。「滕文公問曰：滕，小國也，間於齊楚，事齊乎，事楚乎」者，是滕文公問孟子，言我之滕國則小國也，今間厠在齊楚二國之間，而我今當奉事齊國乎？楚國乎？故以此問孟子。「孟子對曰：是謀非吾所能及也。無已，則有一焉，鑿斯池」至「是可爲也」者，是孟子答文公，以謂若此之謀，而指誰國可事，非我所能及知也。以其齊楚二國，皆是無禮義之國，孟子所以答曰是謀非吾所能及也。言不得已，則有一謀計焉，言但鑿此滕國之池，築此滕國之城，與人民堅守此滕國至死，使民不畔去，則是一謀可以爲也，其他非吾所及。

滕文公問曰：「齊人將築薛，吾甚恐。如之何則可？」齊人并得薛，築其城以偪於滕，故文公恐也。孟子對曰：「昔者大王居邠，狄人侵之，去之岐山之下居焉，非擇而取之，不得已也。

大王非好岐山之下，擇而居之焉，迫不得已，困於強暴，故避之。**苟爲善，後世子孫必有王者矣。**誠能爲善，雖失其地，後世乃有王者，若周家也。**君子創業垂統，爲可繼也。若夫成功，則天也。君如彼何哉，強爲善而已矣。**君子創業垂統，貴令後世可繼續而行耳，又何能必有成功，成功乃天助之也。君豈如彼齊何乎，但當自強爲善法，以遺後世而已矣。

〇疏 「滕文公」至「強爲善而已矣」。

正義曰：此章言君子之道正己在天，強暴之來，非己所招，謂窮則獨善其身也。「滕文公問曰：齊人將築薛，吾甚恐，如之何則可」者，言齊人并得薛地，將欲築其城於此，故滕文公恐其偪，乃問孟子，當如何則可免爲不見迫。「孟子對曰：昔者大王居邠，狄人侵之，去之岐山之下居焉，非擇而取之」，以謂往者大王居邠國，後爲戎狄之國所侵伐，遂去，之岐山下爲居焉。當此之時，非大王擇此岐山之下爲居焉，不得已而避狄所侵患，故之岐山下爲居耳。「苟爲善，後世子孫必有王者矣」者，孟子言：滕文公誠能爲善修德而布政於民，今雖失其薛地，至後世子孫必有王者興作矣。「君子創業垂統，爲可繼也。若夫成功，則天也。君如彼何哉，強爲善而已矣」者，孟子又言：君子在上，基創其業，垂統法於後世，蓋令後世可以繼續而承之耳。若夫其有成功，乃天助之也，於人又不可必其成功。君今豈奈彼齊之大國何？但勉強自爲善以遺法於後世也。

❶ 「取」，原作「處」，據上經文及阮本改。

滕文公問曰：「滕，小國也，竭力以事大國，則不得免焉，如之何則可？」問免難全國於孟子。

孟子對曰：「昔者大王居邠，狄人侵之。事之以皮幣，不得免焉；事之以犬馬，不得免焉；事之以珠玉，不得免焉。皮，狐貉之裘。幣，繒帛之貨也。乃屬其耆老而告之曰：『狄人之所欲者，吾土地也。吾聞之也，君子不以其所以養人者害人，二三子何患乎無君，我將去之。』去邠，踰梁山，邑于岐山之下居焉。土地生五穀，所以養人也。會長老，告之如此而去之矣。邠人曰：『仁人也，不可失也。』從之者如歸市。言樂隨大王，如歸趨於市，若將有得也。或曰：『世守也，非身之所能為也。效死勿去。』君請擇於斯二者。」

世世守之，非己身所能專為，至死不可去也。欲令文公擇此二者，惟所行也。

疏 「滕文公問曰」至「擇於斯二者」。

正義曰：此章言大王去邠，權也；效死守業，義也。「滕文公問曰：滕，小國也，竭力以事大國，則不得免焉。如之何則可」者，是滕文公問孟子，言我之滕國，小國也，今竭盡其力以奉事大國，則不得免其侵伐，當如何則可以免焉？「孟子對曰：昔者大王居邠，言我之滕國，狄人侵之」至「事之以珠玉，不得免焉」者，孟子答文公，以謂往大王所居邠國，後為戎狄所侵伐。是時也，大王事之以皮幣，且尚不免其侵伐，又事之以犬馬，又不得免其侵伐，復事以珠玉，又且猶不免其侵伐焉。「乃屬耆老而告之曰」至「邑于岐山居焉」，邠人曰：仁人也，不可失也，從之者如歸市」者，孟子言：大王以皮幣、犬馬、珠玉奉事戎狄，猶不免其侵伐，乃會耆老而告之曰：狄人所欲者在我之土地也，我聞君子不以所養人之土地而殘賊其民，汝二三子何憂患乎無君，我將

去之，以讓狄也。遂去邠國，踰梁山，而邑于岐山下居焉。乃曰：「仁人之君，不可失去也。故從之者如歸趨於市，若將有所得耳。「或曰：世守也，非身之所能爲也，劾死勿去」者，孟子又言：或人有云土地者，乃先人之所受也，非己身所能爲專也，乃世世守之也，當劾死而不可去也。故請文公擇斯二者而處之。二者，其一如大王去邠，其二如或云劾死勿去是也。

正義曰：蓋狐貉之皮爲裘也。釋云：狐貉，妖獸也，後人以其狐貉性多疑，故以皮爲之裘也。孔子曰「黃衣狐裘」，又曰「狐貉之厚以居」是也。《周禮·行人》職云：「合六幣：圭以馬，璋以皮，璧以帛，琮以錦，琥以繡，璜以黼。此六物以和諸侯之好。」鄭注云：「合，同也。六幣所以享也。」是幣即繒帛之貨也。云「屬，會也」《釋文》云：「會也，又曰付也。」

魯平公將出，嬖人臧倉者請曰：「他日君出，則必命有司所之。今乘輿已駕矣，有司未知所之，敢請。」平，謚也。嬖人，愛幸小人也。公曰：「將見孟子。」平公敬孟子有德，不敢請召，將往就見之。曰：「何哉，君所爲輕身以先於匹夫者，以爲賢乎？禮義由賢者出，而孟子之後喪踰前喪，君無見焉。」匹夫，一夫也。臧倉言君何爲輕千乘而先匹夫乎？以爲孟子賢故也，賢者當行禮義，而孟子前喪父約，後喪母奢。君無見也。公曰：「諾。」諾，止不出。樂正子入見，曰：「君奚爲不見孟軻也？」樂正，姓也。子，通稱。孟子弟子也，爲魯臣，問公何爲不便見孟軻也。曰：「孟子之後喪踰前喪。」是以不往見也。公言以此故也。曰：「何哉？君所謂踰者，前以

士，後以大夫。前以三鼎，而後以五鼎與？」樂正子曰：「非所謂踰也，貧富不同也。」曰：「否。謂棺椁衣衾之美也。」公曰：「此非薄父厚母，令母喪踰父也。喪父時爲士，喪母時爲大夫。大夫禄重於士，故使然，貧富不同也。」樂正子見孟子，曰：「克告於君，君爲來見也。嬖人有臧倉者沮君，君是以不果來也。」曰：「行或使之，止或尼之，行止非人所能也。吾之不遇魯侯，天也。臧氏之子焉能使予不遇哉？」

尼，止也。孟子之意，以爲魯侯欲行，天使之矣，及其欲止，天令嬖人止之耳。行止天意，非人所能爲也。如使吾見魯侯，冀得行道，天欲使濟斯民也，故曰吾之不遇魯侯，乃天所爲也。臧氏小子何能使我不遇哉？

疏「魯平公將出」至「焉能使予不遇哉」。正義曰：此章言讒邪構賢，賢者歸天，不尤人也。「魯平公將出，嬖人臧倉者請曰：他日君出，則必命有司所之，今乘輿已駕矣，有司未知所之，敢請」者，魯平公，魯國之君也，謚曰平。嬖人，平公愛幸之人也；倉，名也。言魯平公將欲出見孟子，有司皆未知，惟臧倉爲平公愛幸之人，乃請問之，曰：所往，他日君出，則必揮命有司同所往，今君乘車已駕行矣，有司之人皆未知君之所往，敢請問之，君何所往？

駕，行也。之，往也。

「公曰：將見孟子」者，魯平公答臧倉，言將欲出見孟子也。「曰：何哉，君所爲輕身以先於匹夫者，以爲賢乎？禮義由賢者出，而孟子之後喪踰前喪，君無見焉」者，臧倉者言：君今欲見孟子，以其爲何往哉？君

今所爲，自輕薄其身，以先往見於一匹之夫夫，以謂之爲賢乎？臧倉言此，謂孟子則一匹之賤夫，不足謂之爲賢也。故曰：禮義之道，皆由賢者所出，而孟子乃以後喪其母之喪事，奢過於前喪其父之喪事，請君無更往而見焉。倉謂孟子母喪用事豐備，父喪用事儉約。父母皆己之所親也，其喪用事有厚薄者，此孟子所以不知禮義也。故云禮義由賢者出，而孟子之後喪踰前喪，君無見焉。「公曰諾」者，平公許允，止而不出也。「樂正子入見，曰：君奚爲不見孟軻也」者，樂正子見平公乘輿既行而止之，遂入見平公，而問之曰：君何爲不往見於孟子也？樂正子爲平公之臣，亦是孟子之弟子也。姓樂正，名克。稱子者，蓋男子之通稱也。「曰：或告寡人曰：孟子之後喪踰前喪，是以不往見也」者，平公答樂正子，以謂或有臧倉者告我曰：孟子後有母喪，用事豐備，過於前父之喪事，我是以不見其如此，遂止其駕而不往見也。「曰：何哉？君所謂踰者，前以士，後以大夫。前以三鼎，而後以五鼎與」者，樂正子見平公爲此而不往見孟子，乃曰：君不往見，是爲其何哉？君今所謂孟子以後喪踰前喪者，蓋孟子前喪父之時，孟子止爲之士，故以士禮用之；後喪母之時，孟子以爲之大夫，故得以大夫禮用之。遂得以五鼎之禮祭之故也。「曰：非所謂踰也，所謂棺椁衣衾之美也」者，平公以謂否，不爲鼎數之有不同也，是爲大夫，遂得以五鼎之禮祭之故也。「曰：非所謂踰也，貧富不同也」者，樂正子謂非所謂孟子有過於前也爲其前後貧富之不同也，非薄其父厚其母也。「樂正子見孟子曰：克告於君，君爲來見也。嬖人有臧倉者

❶「夫夫」，按阮校：「下云『則一匹之賤夫』，此二『夫』字，上『夫』字當爲『賤』之譌。」

沮君，君是以不果來也」者，蓋平公先欲見孟子者，以其樂正子告之也。故樂正子自入見平公，所問君之不往意已畢，乃出而見於孟子，遂曰：克前告其君，嘗言孟子，君是以欲往來見之。平公愛幸之人有一姓臧名倉者，沮止其君，所以不能來也。「曰：行或使之，止或尼之，行止非人所能也。吾之不遇魯侯，天也，臧氏之子焉能使予不遇哉」者，孟子見樂正子告之以此意，遂曰：君所欲行，天使之行也，君所欲止，天使之止也。臧氏之子安能使我不遇魯侯哉！

注「平，謚也。嬖人，愛幸小人也」。

正義曰：《謚法》云：「法治而清省曰平。」《春秋左傳》『魯隱公』有云「嬖人之子」，杜預曰：「嬖，親幸也。」釋云：「賤而得幸曰嬖。」

注「樂正，姓也，爲魯臣，孟子弟子也」。

正義曰：自微子之後，宋戴公四世孫樂莒爲大司寇，又《左傳》宋上卿正考甫之後。是樂、正皆姓也。趙注樂正者爲姓，案《禮記》有樂正子春，是樂正之姓有自矣。云「孟子弟子」者，蓋嘗受教於孟子者，無非弟子也。爲魯臣者，蓋非魯平公之臣，何以克告於君？是以知爲魯臣明矣。

趙注詳其意，故云爲魯臣，如於他經書則未詳。

注「士祭三鼎，大夫祭五鼎」。

正義曰：如子路有列鼎之奉，主父在漢有五鼎之食，是其爵有差也。蓋士則爵卑而賤，大夫則爵尊而貴，孟子前以士，後以大夫，是其爵命貴賤之不同耳。經云「衣衾」者，蓋衾，今之被也。案《喪大記》：「小斂，君錦衾，大夫縞，士緇。凡衾皆五幅。」鄭注云：「衾，單被也。」

孟子注疏解經卷第三上

孫奭疏

公孫丑章句上 凡九章

趙氏注公孫丑者，公孫，姓；丑，名。孟子弟子也。丑有政事之才，問管晏之功，猶《論語》子路問政，故以題篇。

疏 正義曰：前篇章首論梁惠王問以利國，孟子答以仁義之事，故目「梁惠王」爲篇題，蓋謂君國當以仁義爲首也。既以仁義爲首，然後其政可得行之。是以此篇公孫丑有政事之才，而問管晏之功。如《論語》子路問政，遂以目爲篇題，不亦宜乎？故次《梁惠王》之篇，所以揭「公孫丑」爲此篇之題也。此篇凡二十有三章，自趙氏分之，遂爲上下卷。據此上卷有九章而已。一章言德流速於置郵，君子得時，大行其道，管晏爲曾西之所羞。二章言義以行勇，則不動心，養氣順道，無効揠苗，聖人量時，賢者道偏，孟子究言情理而歸學孔子。三章言王者任德，霸者兼力。四章言國必修政，君必行仁，禍福由己，不專在天，當防患於未亂。五

章言修古之道,鄰國之民以爲父母,命曰天吏。六章言人之行,當内求諸己,以演大四端,充擴其道,上以正君,下以榮身。七章言各治其術,術有善惡,禍福之來,隨行而作,恥爲人役,不若居仁,治術之忌,勿爲矢人。八章言大聖之君,猶取善於人。九章言伯夷、柳下惠,古之大賢,猶有所闕。其餘十四章,趙氏分在下卷,各有分説。

注「公孫,姓;丑,名。孟子弟子也」至「題篇」。

正義曰:自魯桓公之子慶父之後,有孟孫氏、叔孫氏、季孫氏同出三桓子孫,故孫氏多焉,又非特止於一族也。衛國有王孫賈出自周頃王之後,王孫賈之子自以去王室久,改爲賈孫氏,故孫氏之子稱衆仲,衆仲對曰:『天子建德,因生以賜姓。』公命以字爲展氏。」杜預曰:「諸侯之子稱公子,公子之子稱公孫,公孫之子以王父字爲氏也。」然則公孫氏皆自公子之後爲氏也。今公孫丑爲孟子弟子明矣,經曰「弟子之惑滋甚」是也。《論語》第十三篇:「子路問政,子曰:先之勞之。請益,曰:無倦。」集《論語》者來矣。案《史記·孟子列傳》云:「孟子退而與萬章、公孫丑之徒著述,作七篇。」則公孫丑有自來矣。案《史記·孟子列傳》云:「孟子退而與萬章、公孫丑之徒著述,作七篇。」則公孫丑有政事之才,而問管晏之功,亦以因其人而題其篇,而次之《梁惠王》也。因其問政,故以題篇。若此公孫丑有政事之才,而問管晏之功,亦以因其人而題其篇,而次之《梁惠王》也。

公孫丑問曰:「夫子當路於齊,管仲、晏子之功,可復許乎?」夫子,謂孟子。許,猶興也。如使夫子得當仕路於齊而可以行道,管夷吾、晏嬰之功,寧可復興乎? 孟子曰:「子誠齊人也,知管仲、晏子而已矣。 誠,實也。子實齊人也,但知二子而已,豈復知王者之佐乎? 或問乎曾西曰:『吾子與子路孰賢?』曾西蹵然曰:『吾先子之所畏也。』曾西,曾子之孫。蹵然,猶蹵踖也。先子,曾子

也。子路在四友，故曾子畏敬之，曾西不敢比。曰：『然則吾子與管仲孰賢？』曾西艴然不悅曰：『爾何曾比予於管仲？艴然，慍怒色也。何曾，猶何乃也。管仲得君如彼其專也，行乎國政如彼其久也，功烈如彼其卑也，爾何曾比予於是？』曾西答或人，言管仲得遇桓公，使之專國政如彼，行政於國其久如彼，功烈卑陋如彼，謂不帥齊桓公行王道而行霸道，故言卑也。重言何曾比我，恥見比之甚也。曰：『管仲，曾西之所不爲也，而子爲我願之乎？』孟子心狹曾西，曾西尚不欲爲管仲，而子爲我願之乎？非丑之言小也。曰：『管仲以其君霸，晏子以其君顯。管仲、晏子猶不足爲與？』丑曰：管仲輔桓公以霸道，晏子相景公以顯名，二子如此，尚不可爲邪？曰：『以齊王，由反手也。』孟子言以齊國之大而行王道，其易若反手耳，故譏管、晏不勉其君以王業也。曰：『若是則弟子之惑滋甚。且以文王之德，百年而後崩，猶未洽於天下。武王、周公繼之，然後大行。今言王若易然，則文王不足以爲法邪？』五曰：如是言，則弟子惑益甚也，文王尚不能及身而王，何謂若易然也。若是，則文王不足以爲法與？曰：『文王何可當也？由湯至於武丁，賢聖之君六七作，天下歸殷久矣，久則難變也。武丁朝諸侯，有天下，猶運之掌也。武丁，高宗也。孟子言文王之時難爲功，故言何可當也。從湯以下，賢聖之君六七興，謂太甲、太戊、盤庚等也。運之掌，言其易也。紂之去武丁未久也，其故家遺俗，流風善政，猶有存者。又有微子、微仲、王子比干、箕子、膠鬲，皆賢人也，相與輔相之，故久而後失之也。尺地莫非其有也，一民莫非其臣也，然而文王猶方百里起，

齊人有言曰：「雖有智慧，不如乘勢。雖有鎡基，不如待時。」今時則易然也。紂得高宗餘化，又多良臣，故久乃亡也。微仲、膠鬲，皆良臣也，但不在三仁中耳。文王當此時，故難也。乘勢，居富貴之勢。鎡基，田器，耒耜之屬。待時，三農時也。今時易以行王化者也。夏后殷周之盛，地未有過千里者也，而齊有其地矣。雞鳴狗吠相聞，而達乎四境，而齊有其民矣。地不改辟矣，民不改聚矣，行仁政而王，莫之能禦也。雞鳴狗犬相聞，❶言民室屋相望而眾多也。以此行仁而王，誰能止之也。且王者之不作，未有疏於此時者也。民之憔悴於虐政，未有甚於此時者也。飢者易為食，渴者易為飲，孔子曰：『德之流行，速於置郵而傳命。』言王政不興久矣，民患虐政甚矣。若飢者食易為美，渴者飲易為甘。德之流行，疾於置郵傳書命令也。當今之時，萬乘之國行仁政，民之悅之，猶解倒懸也，故事半古之人，功必倍之，惟此時為然。」倒懸，喻困苦也。

○ 言今行之易也。

疏「公孫丑問曰」至「惟此時為然」。

正義曰：此章言德流之速，過於置郵，君子得時，大行其道，管、晏雖勤，猶為曾西所羞也。「公孫丑問曰：夫子當路於齊，管仲、晏子之功，可復許乎」者，公孫丑問孟子，言夫子得當仕路於齊國，則管仲、晏子佐桓、景二霸之功，寧可復興之乎？管仲，管夷吾

❶「犬」，阮本作「吠」。

也。晏子，晏嬰也。夷吾佐桓公者也，晏嬰佐景公者也。「孟子曰：子誠齊人也，知管仲、晏子而已矣」者，孟子答公孫丑，以謂子實齊國之人也，然但能知此二子而止矣。「或問乎曾西曰：吾子與子路孰賢？」曾子之孫也，而曰：吾子與子路孰賢？曾西蹙然曰：吾先子之所畏也」至「爾何曾比予於是」者，孟子答之以此者，其意蓋謂丑豈能復知有王者之佐乎？「或問乎曾西曰：吾子與子路孰賢？曾西蹙然不悅曰：爾何曾比予於管仲」者，言或人又曰：如是則吾子與管仲孰爲賢？曾西乃艴然慍怒而不悅，曰：爾何乃比予於管仲爲也。「管仲得君如彼其專也，行乎國政如彼其久也，功烈如彼其卑也，爾何曾比予於是」者，曾西言管仲得齊桓立爲仲父，貴戚不敢爲之妒，與高國之位，大臣不敢爲之惡，内外政皆盡委之斷焉，言如此其專也。自立位相職至終四十餘年，執齊國之政，言其行政又如此其久也。其終也不過致君爲霸者而已，而其功烈只如此其卑也，爾故何乃比我於是之甚焉？功烈者，蓋致力以爲功，成業以爲烈，言管仲以力致齊桓，則止於爲霸功，以業成就齊桓，則亦止爲霸烈，故曰功烈如彼之卑也。故曰「管仲，曾西之所不爲也，而子以爲我願之乎」者，孟子言：管仲，曾西之所不爲也。「曰」者，指孫丑而云也。「曰：以齊王，猶反手也」者，孟子言：管仲以佐其君爲霸，晏子以佐其君爲顯名，管仲、晏子猶不足爲與？曰：以齊王，猶反手也」者，孟子言：管仲以佐其君爲霸，晏子以佐其君爲顯，管仲、晏子猶不足爲耳，言我能佐齊國之大而行王道，爲王其易則若反覆手掌也，故曰「以齊王，由反手也」。「曰若是則弟子之惑滋甚」者，公孫丑不曉孟子意在譏管、晏此，蓋譏管、晏二子不能致君行王道耳。

晏二子但爲霸者之久，❶故於孟子曰：如此之言，則弟子之蔽惑益甚也。弟子者，蓋公孫丑自稱爲孟子弟子也。「且以文王之德」，百年而後崩，猶未洽於天下。武王、周公繼續之，然後大行。今言王若易然，則文王不足法與」者，公孫丑言今且以文王之德化觀之，起自百里之微，加之百年之久而後崩喪，其尚不能及身而王，天下洽洽其德，及武王、周公繼續之，然後德化大行，爲王於天下。今言以齊王若反手之易，是則文王不足以爲之法與？「曰：文王何可當也」。由湯至於武丁，賢聖之君六七作，天下歸殷久矣，久則難變也。武丁朝諸侯，有天下，猶運之掌也」至「是以難也」者，孟子又言：文王安可當也，言自湯至於武丁，其間賢聖之君六七作，故天下德化被民也久，恩澤漸人也深，而天下之民歸心於殷，固以久而難變也，是以武丁朝諸侯而有天下，若反運手掌之易也。武丁，高宗也。云「六七作」若太甲、太戊、祖乙、盤庚等是也。「紂之去武丁未久也，其故家遺俗，流風善政，猶有存者」至「是以難也」者，孟子又言：自殷紂去武丁之時尚未久，故其世嗣續之，故家其民習尚之遺俗，上之化下，其流風之所被，善政之所行，尚有存者。不特此也，又有微子、微仲、王子比干、箕子、膠鬲數者，皆是賢人，相與同輔相其紂，故紂之失亡亦至久而後失也。雖一尺之地莫非紂之所有，一民莫非爲紂之臣，然而如此尚能自百里之地而興起爲王，是以難，而不若武丁之易也。「齊人有言曰：雖有智慧，不如乘勢，雖有鎡基，不如待時」者，孟子又言：齊國之人有言，云人雖有智慧之才，亦不如乘其富貴之勢。雖有田器，如耒耜之屬，亦不如乘三時農務之際也。蓋大而知之之謂智，小而察之之謂慧

---

❶ 「久」，阮本作「佐」。

卷第三上　　公孫丑章句上

鎡基，田器之利也。言人雖有智慧之才，然非乘富貴之勢，則智慧之才有所不運。比之齊國，則今時易以行王道者也。故曰「今時則易然也」。「夏后殷周之盛，地未有過千里者也，而齊有其地矣」至「莫之能禦也」者，孟子言：自夏后殷周三代之盛，治其封畿，皆方千里，未有過千里之地者也，而齊國今有其地亦得其千里，雞鳴狗吠相聞而廣達乎四境，是其齊國不特有千里之地而已，其間雞犬相聞而眾多也。如此，土地亦以足矣，故不待更廣辟其土地矣。人莫能禦止之也。「其王者不作，❶未有疏於此時者也。民人亦以足矣，又不待聚集其民人矣。飢者易爲食，渴者易爲飲，孔子曰：德之流行，速於置郵而傳命也。郵，《釋名》云「境上舍也」又云官名，「督郵，主諸縣罰負」。《說文》曰：「境上行書舍也。」「當今之時，萬乘之國行仁政，民之悅之，猶解倒懸也」者，孟子又言：當今齊國之時，爲萬乘之國，行仁政而及民，則民皆喜悅之，如得解其倒懸之索也。云「倒懸」者，喻其困苦之如此也。「故事半古之人，功必倍之，惟此時爲然」者，孟子又言：故於當此之時，其施恩惠之事，但半於古人，其成治功，亦必倍過於古人矣。故曰惟此當今齊國之時爲能如是也。

　　正義曰：管仲，齊之相也。案《左傳》魯莊

孟子注疏

❶「其」，據上經文當作「且」。按阮校：「『其』當作『且』，閩、監、毛三本不誤。」

一〇八

公八年：桓公殺公子糾，召忽死之，管仲不死，請囚。鮑叔受之，及堂阜而稅之，歸而以告曰：「管夷吾治於高傒，使相可也。」杜注云：「堂阜，齊地，西北有夷吾亭。或曰：鮑叔解夷吾縛於此。」又云：「高傒，齊卿高敬仲也。」言管仲治理政事，才多於高敬仲，遂使相之。晏嬰姓晏名嬰，齊大夫也。《語》云：「晏平仲善與人交。」周注云：「謚爲平。」《謚法》曰：「法治清省曰平。」案《左傳》文知之，是晏桓子之子也，相齊景公。注「曾西，曾子之孫」及「子路」。

正義曰：曾西爲曾子之孫者，經云：「曾西曰：吾先子之所畏也。」先子是曾子也，以祖稱之也，即知曾西乃曾子之孫也。其他經傳未詳。子路，孔子弟子，姓仲名由，字子路，卞國人也。案《史記·弟子傳》云：「少孔子九歲，性鄙好勇力，抗直，冠雄雞，佩豭豚，陵暴孔子。孔子設禮誘子路，子路後儒服委質，因門人請爲弟子。」云「蹵踖，猶蹵踖」者，《語》云：「踧踖如也。」馬注云：「踧踖，恭敬之貌。」注「艴然，慍怒色」。

正義曰：艴，不悦也。字從弗色，是知即慍怒之色也。

正義曰：孔安國傳云：「盤庚弟小乙子，名武丁。德高可尊，始號爲高宗。」云「從湯以下，賢聖之君六七作」者，案《史記》世表云：「自湯之後，湯太子早卒，故立次弟外丙。外丙即位三年，卒，立外丙弟仲壬。仲壬即位四年，卒，伊尹乃立太丁子太甲。太甲，成湯適長孫也。太甲立三年，不明，伊尹放之桐。三年悔過自責，反善，伊尹乃迎帝太甲，授之政。太甲修德，諸侯咸歸，百姓以寧，稱爲太宗。太宗崩，子沃丁立。丁崩，弟太庚立。庚崩，子小甲立。甲崩，弟雍己立。殷道衰，諸侯或不

❶「八」，四庫本作「九」，是。下文史事載《左傳》莊公九年。

卷第三上　公孫丑章句上

一〇九

至。己崩，弟太戊立，殷道復興，諸侯歸之，故稱中宗。中宗崩，子仲丁立，丁遷于囂❶。丁崩，弟外壬立。壬崩，弟河亶甲立，殷道復衰。甲崩，子帝祖乙立。乙立，殷道復興。乙崩，子祖辛立。辛崩，弟沃甲立。沃甲崩，兄祖辛之子祖丁立。丁崩，弟沃甲之子南庚立。庚崩，祖丁之子陽甲立。殷道復衰。辛崩，弟小乙立。乙崩，子武丁立。殷道復興，故號為高宗是也。　注云「鎡基，田器，耒耜之屬」。　正義曰：《釋名》云：「鎡基，大鋤也。」云「農時」者，《左傳》莊公二十九年云「凡土功，龍見而畢務」，注云「今九月，周十一月，龍星角、亢晨見東方，三務始畢」；「火見而致用」，注云「大火，心星，次角、亢見者，致築作之物」；「水昏正而栽」，注云「謂今十月，定星昏而中，於是樹板幹而作」；「日至而畢」，注云「日南至，微陽始動，故土功畢」。若其門戶道橋城郭牆塹有所損壞，則隨時修之，僖公二十年云「凡啓塞從時」是也。又案《七月》之詩云：「三之日于耜，四之日舉趾，同我婦子，饁彼南畝。」❷注云：「三之日，夏之正月也。四之日，周之四月。民無不舉足耕矣。」

公孫丑問曰：「**夫子加齊之卿相，得行道焉，雖由此霸王，不異矣。如此，則動心否乎？**」加，猶居也。丑問孟子：如使夫子得居齊卿相之位，行其道德，雖用此臣位，而輔君行之，亦不異於古

❶ 「囂」，原作「嚻」，據阮本改。
❷ 「饁」，原作「饐」，據阮本及《毛詩》改。

霸王之君矣。如是，寧動心畏難，自恐不能行否邪？丑以此為大道不易，人當畏懼之，不敢欲行也。孟子曰：「否。我四十不動心。」孟子言：禮，四十強而仕。我志氣已定，不妄動心有所畏也。曰：「若是，則夫子過孟賁遠矣。」丑曰：「若此，夫子意堅勇過孟賁。賁，勇士也。❶告子先我不動心。」孟子言是不難也，告子之勇，未四十而不動心矣。曰：「不動心有道乎？」丑問：不動心之道云何？曰：「有。孟子欲為言之。北宮黝之養勇也，不膚撓，不目逃，思以一豪挫於人，若撻之於市朝，不受於褐寬博，亦不受於萬乘之君。視刺萬乘之君若刺褐夫，無嚴諸侯，惡聲至，必反之。北宮，姓。黝，名也。人刺其肌膚，不為撓却，刺其目，目不轉精逃避之矣。❷人拔一毛，若見撻撻之於市朝之中矣。褐寬博，獨夫被褐者。嚴，尊也。無有尊嚴諸侯可敬者也。以惡聲加己，必惡聲報之。言所養育勇氣如是也。孟施舍之所養勇也，曰：『視不勝，猶勝也。量敵而後進，慮勝而後會，是畏三軍者也。舍豈能為必勝哉？能無懼而已矣。』孟，姓。舍，名。施，發音也。施舍自言其名，則但曰舍。舍豈能為必勝哉？要不恐懼而已也。以為量敵少而進，慮勝者足勝乃會。若此，畏三軍之衆者耳，非勇者也。孟施舍似曾子，北宮黝似子夏。夫二子之勇，未知其孰賢，然而

❶「勇」，原作「男」，據阮本改。
❷「精」，阮本作「睛」。

卷第三上　公孫丑章句上

一一

孟施舍守約也。孟子以爲曾子長於孝。孝，百行之本。子夏知道雖衆，不如曾子孝之大也。故以舍譬曾子，黝譬子夏，以施舍要之以不懼爲約要也。

昔者曾子謂子襄曰：『子好勇乎？吾嘗聞大勇於夫子矣。自反而不縮，雖褐寬博，吾不惴焉；自反而縮，雖千萬人，吾往矣。』孟施舍之守氣，又不如曾子之守約也。」曾子謂子襄，言孔子告我大勇之道，人加惡於己，己内自省，有不義不直之心，雖敵人被褐寬博，一夫不當輕，驚懼之也。自省有義，雖敵家千萬人，我直往突之，言義之強也。施舍雖守勇氣，不如曾子守義之爲約也。子襄，曾子弟子也。夫子，謂孔子也。縮，義也。惴，懼也。《詩》云：「惴惴其慄。」❶

「敢問夫子之不動心，與告子之不動心，可得聞與？」丑曰：不動心之勇，其意豈可得聞與？

曰：「告子曰：『不得於言，勿求於心；不得於心，勿求於氣。』不得於心，勿求於氣，可。不得於言，勿求於心，不可。不得者，不得人之善心善言也。求者，取也。告子知人之有惡心，雖以善辭情，人有不善之言加於己，不復取其心有善也，直怒之矣。孟子以爲是則可，言人當以心爲正也。告子以爲不可也。告子知人之有惡心，雖以善辭氣來加己，亦直怒之矣，孟子以爲是則可，言人當以心爲正也。告子非純賢，其不動心之事，一可用，一不可用也。

夫志，氣之帥也。氣，體之充也。志，心所念慮也。氣，所以充滿形體爲喜怒也。志帥氣而行之，度其可否也。

夫志至焉，氣次焉。志爲至要之本，氣爲其次焉。

故曰持其志，無暴其氣。」暴，亂

❶「慄」，按阮校：「孔本、韓本、《考文》古本作『栗』。」按《說文》無「慄」字，作「栗」是也。

也。言志所嚮，氣隨之。當正持其志，無亂其氣，妄以喜怒加人也。「既曰志至焉，氣次焉，又曰持其志，無暴其氣者，何也？」丑問暴亂其氣云何。曰：「志壹則動氣，氣壹則動志也。今夫蹶者趨者，是氣也，而反動其心。」孟子言壹者，志氣閉而爲壹也。志閉塞則氣不行，氣閉塞則志不通。蹶者相動，今夫行而蹶者，氣閉不能自持，故志氣顛倒。顛倒之閒，無不動心而恐矣，則志氣之相動也。「敢問夫子惡乎長？」丑問孟子才志所長何等。曰：「難言也。其爲氣也，至大至剛，以直養而無害，則塞于天地之閒。」言此至大至剛正直之氣知其情所趣，我能自養育我之所有浩然之大氣也。「敢問何謂浩然之氣？」丑問浩然之氣狀何如。曰：「我知言，我善養吾浩然之氣。」孟子云：我聞人言，能然而貫洞纖微，洽於神明，故言之難也。養之以義，不以邪事干害之，則可使滋蔓，塞滿天地之閒，布施德教，無窮極也。其爲氣也，配義與道。無是，餒也。重說是氣。言此氣與道義相配偶俱行。義謂仁義，可以立德之本也。道謂陰陽大道，無形而生有形，❶舒之彌六合，卷之不盈握，包落天地，稟授群生者也。言能養道氣而行義理，常以充滿五藏。若其無此，則腹腸飢虛，若人之餒餓也。是集義所生者，非義襲而取之也。集，雜也。密聲取敵曰襲。❷言此浩然之氣與義雜生，從內而出。人生受氣所自有者

---

❶ 下「形」字，原作「刑」，據閩、監、毛、阮本改。
❷ 「密」，原空一格，據阮本及下注之出文補。

卷第三上　公孫丑章句上

一一三

行有不慊於心，則餒矣。慊，快也。自省所行，仁義不備，干害浩氣，則心腹飢餒矣。我故曰：告子未嘗知義，以其外之也。孟子曰：仁義皆出於内，而告子嘗以爲仁内義外，故言其未嘗知義也。必有事焉而勿正，心勿忘，勿助長也。言人行仁義之事，必有福在其中，而勿正，但以爲福。故爲仁義也。但心勿忘其爲福，而亦勿汲汲助長其福也。汲汲則似宋人也。無若宋人然。宋人有閔其苗之不長而揠之者，芒芒然歸，謂其人曰：『今日病矣。予助苗長矣。』其子趨而往視之，苗則槁矣。趨，走也。槁，乾枯也。以喻人之情，邀福者必有害。若欲急苗，而反使之枯死也。天下之不助苗長者寡矣。以爲無益而舍之者，不耘苗者也；助之長者，揠苗者也，非徒無益，而又害之。」天下人行善者，皆欲速得其福，恬然者少也。以爲福祿在天，求之無益，舍置仁義，不求爲善，是由農夫任天，不復耘治其苗欲得之者，❶由此揠苗人也，非徒無益於苗，乃反害之。言告子外義，常恐其行義欲急得其福，故爲丑言，人之行當内治善，不當急欲求其福。❷「何謂知言？」孟子曰：人有險詖之言，引事以襃人，若其所蔽，淫辭知其所陷，邪辭知其所離，遁辭知其所窮。「詖辭知

❶ 「邀」，閩、監、毛、阮本作「遲」。
❷ 「福」下，閩、監、毛、阮本有「亦若此揠苗者矣」七字。

賓孟言雄雞自斷其尾之事，能知其欲以譽子朝蔽子猛也。有淫美不信之辭，若驪姬勸晉獻公與申生之事，

能知其欲以陷害之也。有邪辟不正之辭,若豎牛勸仲壬賜環之事,能知其欲行譖毁,以離之於叔孫也。有隱遁之辭,若秦客之廋辭於朝,能知其欲以窮晉諸大夫也。若此四者之類,我聞能知其所趨也。**生於其心,害於其政,發於其政,害於其事。聖人復起,必從吾言矣。**生於其心,譬若人君有好殘賊嚴酷之心,必妨害仁政不得行之也。發於其政者,若出令欲以非時田獵,築作宮室,必妨害民之農事,使百姓有飢寒之患也。吾見其端,欲防而止之。如使聖人復興,必從我言也。**宰我、子貢善為說辭,冉牛、閔子、顏淵善言德行,孔子兼之,曰:「我於辭命,則不能也。」**言人各有能,我於辭言命教❶則不能如二子。「**然則夫子既聖矣乎?**」丑見孟子但言不能辭命,不言不能德行,謂孟子欲自比孔子,故曰夫子既已聖矣乎。**曰:「惡,是何言也!昔者子貢問於孔子曰:『夫子聖矣乎!』孔子曰:『聖則吾不能,我學不厭而教不倦也。』子貢曰:『學不厭,智也。教不倦,仁也。仁且智,夫子既聖矣。』夫聖,孔子不居,是何言也?**」惡者,不安事之歎辭也。孟子答丑,言往者子貢,孔子相答如此,孔子尚不敢安居於聖,我何敢自謂為聖,故再言「是何言也」。「**昔者竊聞之:子夏、子游、子張皆有聖人之一體,冉牛、閔子、顏淵則具體而微。**」體者,四肢股肱也。孟子言昔日竊聞師言也,丑方問欲知孟子之德,故謙辭言竊聞也。一體者,得一肢也。具體者,四肢皆具。微,小也,比聖人之體微小耳。體

❶「命教」,閩、監、毛、阮本作「教命」。

卷第三上 公孫丑章句上

一一五

以喻德也。敢問所安？」丑問孟子所安比也。曰：「姑舍是。」姑，且也。孟子心可願比伯夷否？孟子曰：「且置是，我不願比伯夷之行，不與孔子、伊尹同道也。非其君不事，非其民不使，治則進，亂則退，伯夷也。何事非君，何使非民，治亦進，亂亦進，伊尹也。伊尹曰：事非其君者，何傷也？使非其民者，何傷也？要欲爲天理物，冀得行道而已矣。可以仕則仕，可以止則止，可以久則久，可以速則速，孔子也。止，處也。久，留也。速，疾去也。皆古聖人也，吾未能有行焉。乃所願，則學孔子也。」此皆古之聖人，我未能有所行若此。乃言我心之所庶幾，則願欲學孔子所履，進退無常，量時爲宜也。」曰：「伯夷、伊尹於孔子，若是班乎？」班，齊等之貌也。丑嫌伯夷、伊尹與孔子相比，從有生民以來，問此三人之德班然而等乎。曰：「否。自有生民以來，未有孔子也。」孟子曰：不等也。從有生民以來，非純聖人，則未有與孔子齊德也。「然則有同與？」丑曰：然則此三人有同者邪？曰：「有。得百里之地而君之，皆能以朝諸侯、有天下，行一不義，殺一不辜而得天下，皆不爲也。是則同。」孟子曰：此二人君國，❶皆能使鄰國諸侯尊敬其德而朝之，不以其義得之，皆不爲也，是則孔子同之矣。曰：「敢問其所以異。」丑問孔子與二人異謂何。

❶「二」，阮本作「三」。

曰：「宰我、子貢、有若，智足以知聖人，汙不至阿其所好。」孟子曰：宰我等三人之智，足以識聖人。汙，下也。言三人雖小汙不平，亦不至阿其所好以非其事，阿私所愛而空譽之，其言有可用者。欲爲丑陳三子之道孔子也。宰我曰：「以予觀於夫子，賢於堯舜遠矣。」予，宰我名也。以爲孔子賢於堯舜，以孔子但爲聖，不王天下，而能制作素王之道，故美之。如使當堯舜之處，❷賢之遠矣。子貢曰：「見其禮而知其政，聞其樂而知其德，由百世之後，等百世之王，莫之能違也。自生民以來，未有夫子也。」見其制作之禮，知其政之可以致太平也。聽聞其《雅》《頌》之樂，而知其德之可與文、武同也。從孔子後百世，上推等其德於前百世之聖王，無能違離孔子道者。自從生民以來，未有能備若孔子也。《春秋外傳》曰「五聲昭德」，言五音之聲可以明德也。有若曰：「豈惟民哉！麒麟之於走獸，鳳凰之於飛鳥，泰山之於丘垤，河海之於行潦，類也。聖人之於民，亦類也。出於其類，拔乎其萃，自生民以來，未有盛於孔子也。」垤，蟻封也。行潦，道傍流潦也。萃，聚也。有若以爲萬類之中，各有殊異。至於人類，卓絕未有盛美過於孔子者也。若三子之言孔子，則所以異於伯夷、伊尹也。夫聖人之道，同符合契，前聖後聖，其揆一也，不得相踰。云生民以來無有者，此三人皆孔子弟子，緣孔子聖德高美，而盛稱之也。孟子知其言大過，故貶，謂之汙下，但不以無爲有耳。因事則襃，辭在其中矣，亦以明師徒

❶「三」，原作「二」，據阮本改。
❷「處」，閩、監、毛、足利本、阮本作「世」，下有「觀於制度」四字。

之義得相襃揚也。

疏「公孫丑問曰：夫子加齊之卿相」至「未有盛於孔子也」。正義曰：此章言義以行勇，則不動心，養氣順道，無効宋人，聖人量時，賢者道偏。孟子究言情理歸學於孔子也。「公孫丑問曰：夫子加齊之卿相，得行道焉，雖由此霸王，不異矣。如此，則動心否乎」者，公孫丑問孟子，言以夫子之才，加之以齊國卿相之位，以得行其道，雖曰用此卿相之位而輔相其君而行之，亦不異於古之霸王矣。如此，則夫子寧動心畏懼其不能行乎否？不動心畏懼其不能行乎？「孟子曰：否，我四十不動心」者，孟子答公孫丑，以謂我年至四十之時，內有所定，故未嘗動心，有所畏懼也。「孟子言：我之有勇，過於孟賁，此不難也。言告子之勇已先我，於未四十之時而不動心矣。「曰不動心有道乎」者，丑問孟子，謂不動心寧有道乎？「曰有」，孟子欲爲公孫丑言其不動心之道，故答之曰有也。「北宮黝之養勇也，不膚撓，不目逃」至「孟施舍之養勇也」，曰：視不勝，猶勝也」以至「又不如曾子之守約也」者，此皆孟子答公孫丑而言養勇者也。北宮黝，北宮，姓，名黝。孟施舍，孟，姓，名舍。施，發言之音也。曾子，姓曾，名參，字子輿，子夏，姓卜，名商，字子夏：並爲孔門之徒弟也。言北宮黝之養勇，人刺其肌膚，不爲撓却；人刺其目，不以目轉精而逃避。思以一毫之毛而拔於人，若見捶撻於市朝之中矣。無嚴畏諸侯，有惡聲加己，己亦以惡聲反報之。此北宮黝養勇之如是也。孟施舍之養勇，嘗謂視敵之不勝猶勝也，若以量度其敵可以敵，然後
視刺萬乘之君，但若刺被褐者之獨夫，亦不受賜於萬乘之君，視刺萬乘之君，有惡聲加己，己亦以惡聲

進而敵之；謀慮其必能勝敵，然後方會其兵，此是畏三軍之士也，非勇者也，故自稱名曰舍，豈能爲必勝其敵哉？但能無所畏懼而已矣。此孟施舍養勇之如是也。孟施舍養勇，其迹近似於曾子，北宫黝養勇，其迹近似於子夏。以其孟施舍養勇，見於言而要約，如曾子以孝悌事親喻爲守身之本，聞夫子之道則喻爲一貫之要，故以此比之也。北宫黝養勇，見於行而多方，如子夏悦在於紛華爲己，有雜於小人之儒，教人以事於洒掃之末，故以此比之也。雖然，以二子之實，固不足比於曾子、子夏，但以粗迹比之耳。是二子之養勇，皆止於一偏，未如君子所養，得其大全而已。孟子所以言夫二子黝與舍之養勇，又未知誰以爲猶賢，然而能無懼而已者，近能知其本也，故曰「孟施舍守約也」。「昔者曾子謂子襄曰：子好勇乎？吾嘗聞大勇於夫子矣」至「守約也」，孟子言往者曾子謂子襄曰：子能好勇乎，言我嘗聞夫子有大勇之義告於我，以謂自反己之勇爲非義，則在人無可懼之威，故雖一褐寬博之獨夫，我且不以小恐惴之，而且亦大恐焉。自反己之勇爲義，則在人有可陵之辱，故雖千萬人之衆，我且直往其中，而不懼矣。如此，則孟施舍養勇在於守其氣勇，又不如曾子以義爲守之約也。言此，則黝不如子夏可知矣。以其養勇有本末之異，則言北宫黝之多方不若孟施舍之守約；以其守約有氣義之別，言又孟施舍之守其氣勇，不如曾子以義爲守而要也。「曰：敢問夫子之不動心，與告子之不動心，可得聞與」者，公孫丑又問孟子之不動心與告子之不動心，其道可得而聞知之與？「告子曰：不得於言，勿求於心，不得於心，勿求於氣」至「勿求於心，不可」者，孟子答孫丑，以謂告子言人有不善之言者，是其不得於言者也，故不復求其有善之告子意以謂人既言之不善，則心中亦必不善也，故云「不得於言，勿求於心」。人有不善之心者，是其不得於

心者也，故不復求其有善辭氣。告子意以謂人心既惡，則所出辭氣亦必不善也，故云「不得於心，勿求於氣」。孟子言之，以謂人有不善之心，故勿復求其有善辭氣，則如告子之言可也。如人但有不善之言，便更不復求其心之有善，則告子之言以爲不可也。無他，蓋以人之言雖有不善，而其心未必不善也；其心之不善，則所出辭氣必不善故也。以其告子之言此一可行，一不可行也。「夫志，氣之帥也。氣，體之充也」者，孟子言人之志，心之所之之謂志，所以帥氣而行之者也，氣但能充滿形體者也，故曰「志，氣之帥也。氣，體之充也」。以其人之辭氣有不善者，皆心志所帥而行之矣，氣者但惟志是從也，所以又言「志至焉，氣次焉」。蓋以氣由志之所發，志得氣而運之也。然則氣爲所適善惡之焉，豈非志至焉、氣次焉之意乎？至，言無以過之，以其足以制於氣，不爲氣之所制；次，言有以先之，以其從於志，而有以持於志也。故曰「持其志，無暴其氣」者，孟子言：氣惟志之是從，但持揭其志，則無暴亂其氣矣。「既曰志至焉、氣次焉，又曰持其志，無暴其氣者，何也」者，孫丑未曉孟子之言志、氣，故問之曰：「志壹則動氣，氣壹則動志也。今夫蹶者趨者，是氣也，而反動其心」者，孟子答孫丑，言志壹則不通矣，是謂志壹則動氣，氣壹則動志也。「夫子既已言志至焉、氣次焉，而又再言持其志，無暴其氣，是如之何也？」曰：志壹則動氣，氣壹則動志也。今夫蹶者趨者，是氣也，而反動其心焉，是乃反動其心焉，故曰「今夫蹶者趨者，是氣也，而反動其心」。蓋志則將帥譬也，氣則衆卒譬也，心則君譬也。君任將帥，將帥御衆，然則志壹則動氣，如將帥悖則動衆卒矣，氣壹則動志，如衆卒悖則動將帥，其上又有以動其君矣。由此論之，則既持其志，又不可不知無暴其氣矣。「敢問夫子惡乎長」者，公孫丑問孟子，曰：夫子之才志所長以何等，敢請問之。「曰：我知言，我善養吾

「浩然之氣」者，孟子答孫丑之問，以謂我之所長，是我能知人之言而識其人情之所嚮，我又善養我所有浩然之氣也。「敢問何謂浩然之大氣」者，公孫丑之言，敢問如何謂之浩然大氣。「曰：難言也，其爲氣也，至大至剛，以直養而無害，則塞乎天地之間」者，孟子答公孫丑，以爲浩然之大氣，難以言形也，蓋其爲氣至大而無所不在，至剛而無所不勝，養之在以直道，不以邪道干害之，則充塞于天地之間，無有窮極也。「其爲氣也，配義與道。無是，餒也」者，孟子又重言爲氣也與道義相配偶，常以充滿於人之五藏，若無此氣與道義配偶，則餒矣，若人之飢餓也。能合道義以養其氣，即至大至剛之氣也。蓋列敵度宜之謂義，❶故義之用則剛。萬物莫不由之謂道，故道之用則大。氣至充塞盈滿乎天地之間，是其剛足以配道，大足以配義矣。此浩然大氣之意也。「是集義所生者，非義之所密取，而在外入者也。「行有不慊於心，則餒矣」者，孟子又言是氣也，是與義雜生所自有者也，從內而出矣，非義之所密取，而在外入者也。「行有不慊於心，則餒矣」者，孟子又言，如有道義不足於心者，則飢餓者矣，以其有邪干害其浩然之氣者爲，孟子所以云：「我故曰：告子未嘗知義，以其外之也。」蓋以告子以仁內義外爲言，此孟子乃曰告子未嘗知義，是又不知是集義所生者，非義襲而取之之意也。「必有事焉而勿正，心勿忘，勿助長也」者，孟子又言：人之所行仁義之事，必有福在其中矣，而不可但正心於爲福，然後乃行仁義也，止在其不忘於福，不汲汲於助長其福矣。以其人生之初，善性固有，不但爲之然後有也，惟在常存行之耳，斯亦集義所生，非義襲而取之之意也，故曰「必有事焉而勿正，心勿忘，勿助長也」。

❶「列敵」，阮本作「裁制」。

又一說云：言人之所行，不可必待有事而後乃正其心而應之也，惟在其常存而不忘，又不在汲汲求助益之而已。斯則先事而慮謂之豫，豫則事優成，後事而慮謂之猶，猶則不立之意也。以其在常正心於事未然之前耳矣，故曰必有事焉而勿正心，其言勿忘、勿助長則同意。「無若宋人然。宋人有閔其苗之不長而揠之者」至「而又害之」者，此孟子引宋人揠苗而比喻之，以解其助長之意也。言人苟欲速得其福而助長之者，則宋人揠苗者也，故言「無若宋人然」。宋人，宋國之人也。宋國之人，有憐閔苗之不長茂而以揠拔欲亟其長者，芒芒然罷倦而回歸，謂其家中之人曰：今日我罷倦成病矣，我其爲助長其苗矣。其宋人之子父云助苗長而罷倦成病，乃趨走而往視其苗還助得其長否。及往至田所視之，其苗則皆枯槁而死矣。孟子又言：今天下之人，不若助苗長者少矣，言當時人皆欲速其福而助長之者，是忘其善也。不耘其苗者也。助長者，是若揠苗者也，非特無益其善，而又適所以殘害其善也。善者即仁義是也，仁義即善也。苗是種之義者，以譬則人之美質也，固非可以增減之耳。此亦脩其天爵，而人爵從之之意也。孟子所以云「我善養吾浩然之氣」。「何謂知言」者，公孫丑既得孟子言浩然之氣，又問孟子知言之意謂何。「曰：詖辭知其所蔽，淫辭知其所陷，邪辭知其所離，遁辭知其所窮」者，此孟子又答孫丑問知言之意也。詖辭，其言有偏詖不平也。孟子言人有偏詖不平之言，我則知其蔽於一曲而已；若告子言仁內義外是也，趙云「若賓孟言雄雞自斷其尾之事」也。淫辭，言過而不中也。孟子言人有過而不中之言，我則知其所陷而陷而又無所不蔽而已，如人墜於陷阱之陷，以其所不蔽也；若楊墨無父無君之言是也。趙云「若驪姬勸晉獻公與申生之事」也。邪辭，悖正道者也。孟子言

人有悖正道之言，我則知其言易以離畔矣，若陳賈謂周公未盡仁智而況於齊王之言是也，趙云「若豎牛勸仲壬賜環之事」也。遁辭，屈其理也。孟子言人有屈賈之理，我則知其言易以窮也，若夷子與孟子相勝以辨，卒以受教是也，趙云「若秦客之廋辭」也。「生於其心，害於其政，發於其政，害於其事」者，孟子又言：此上四事，皆非出於其心者，即皆出於異端之學者也。人君苟生此四者於心中，必妨害其仁政，既妨害其仁政，則又妨害其事。政則本，上之所施而正人者也；事則末，下之所行以治職者也。故事爲政之末，政爲事之本，如孔子問冉子之退朝何晏也，則謂之事，不謂之政，是知政、事有別矣。「聖人復起，必從吾言矣」者，孟子言：後之聖人有能復興起者，必從事吾此言而行之矣。「宰我、子貢善爲說辭，冉牛、閔子、顔淵善言德行，孔子兼之」者，孟子既言其詖、淫、邪、遁之辭爲非，故於此言其善爲說辭、善言德行爲是者也。蓋言宰我、子貢二人皆能爲說辭。說辭者，以辭説人者也。宰我、子貢皆得聖人所以言者也，故云善爲説辭。《論語》四科，二人所以列於言語之科也。冉牛、閔子、顔淵三人皆得聖人所以行者也，故云「善言德行」者，言之必可行，是善言也；行之必可言，是德行也。《論語》四科，三人所以列於德行科也。「孔子兼之」者，孔子天縱之將聖，故多能鄙事，則於説辭、德行兼而能焉。而曰「我於辭命則不能也」，孟子蓋以儒道遊於諸侯，而諸侯賓之，不敢臣，又爲國人所矜式，故於辭命又安用之哉。此所以曰「我於辭命則不能也」。然孟子於辭命，非誠不能也，但不爲之耳。以辭命人者，故謂之辭命，以其末也，非本也。不言不能德行，❶以其本也，非末也。孟子之意，蓋欲當時之人

---

❶ 「不言」上，阮本有「故」字。

卷第三上　公孫丑章句上

一二三

務本不務末耳。「然則夫子既聖矣乎」者，公孫丑見孟子但言不能辭命之末，不言不能德行之本，故謂孟子如是則夫子既已爲聖矣。以其宰我、子貢雖善爲説辭，然尚未得聖人所以言，冉牛、閔子、顏淵雖善言德行，然尚未得聖人所以行，故數子者俱爲孔子之高弟，惟顏淵三子於聖，但具體而微者，而亦未得其爲聖矣。公孫丑見孟子言之辭命則不能者，以知孟子之意蓋有在於此矣，所以於辭命則言不能也，故問之曰：然則夫子既聖矣乎？「曰：惡是何言也」者，孟子答公孫丑，爲不敢安居其聖，故曰「惡是何言也」。惡，歎辭，以其不敢居聖，故歎而言之也。又言「昔者子貢問於孔子曰：夫子聖矣乎」至「是何言也」者，孟子言：昔日子貢嘗問於孔子，❶而謂夫子聖矣乎，孔子答之曰：於聖則我不能爲也，我且學不厭飽，❷教人不倦息也。子貢曰：夫學道能不厭飽，是有智也，以其智足以有知，故能學道不厭也。仁而且智，是夫子既以聖矣，是何所言也，故再言「是何言也」。「昔者竊聞之子夏、子游、子張皆有聖人之一體，冉牛、閔子、顏淵則具體而微」者，孟子常自謙，故言我往日竊聞之，有子夏、子游、子張三人，皆有聖人之一體，亦未得其全才。冉牛、閔子、顏淵則具體而微小者也。孟子言此是宜孫丑於前有「夫子既聖矣乎」而問之也。「敢問所安」者，丑見孟子又言此子夏、子游、子張、冉牛、閔子、顏淵數者，意欲知孟子於此數者之中，何者爲比也。「曰：姑

---

❶ 「子貢」下，原衍「曰」字，據阮本刪。
❷ 「且」，阮本作「但」。

舍是」者，孟子言且置去，是我不願比者也。❶「曰：伯夷、伊尹何如」者，丑見孟子不比數者，又問之以伯夷、伊尹二者可比之何如。「曰：不同道」者，孟子答之，以爲伯夷之行，不與伊尹、孔子同道也。「非其君不事，非其民不使，治則進，亂則退，伯夷也」者，孟子言非己所好之君則不奉事之，非以正道得民者不命使之，天下有治道之時則進而仕之，天下無道則退藏其身，是伯夷之所行也。「何事非君，何使非民。治亦進，亂亦進，伊尹也」者，孟子言伊尹曰何所事之君爲非君，蓋所事者，即皆君也；何所使之民爲非民，蓋以所使皆是民也。天下治亦進而行其道，天下亂亦進而行其道，是伊尹之所行也。「可以仕則仕，可以止則止，可以久則久，可以速則速，孔子也」者，孟子言：可以進而爲仕則進而仕之，可以止而不仕則止之，可以久能有行爲，雖終身不仕，亦不爲之久，可以速則速，雖接淅而行亦不爲之速，是孔子之所行也。「皆古聖人也，吾未學，則孔子是學也。孟子之意，蓋謂孔子所行，於伯夷、伊尹二子皆兼而有之也。故可仕則仕，而不爲伯夷、伊尹於孔子，若是班乎」者，公孫丑見孟子言之伯夷、伊尹，又言之以孔子，乃曰「皆古聖人也」，故問之。以伯夷、伊尹、孔子如是，則齊等之乎？班，齊等也。「曰：否，自生民以來，未有孔子也」者，孟子答之以爲否，

❶「是」，阮本作「非」。「不」，阮本作「之」。
❷「但」，阮本作「俱」。

不齊等也，自其有生民以來，至今未有與孔子齊其等者也。「然則有同歟」者，公孫丑又問孟子，以謂如是則伯夷、伊尹、孔子三人有同者邪？「曰：有，得百里之地而君之」至「是則同」者，孟子答之，以謂此三人有所同也，蓋得百里之土地而爲君，三人能以朝諸侯有天下也。然行一事之不義，殺一人之無罪而得天下，則三人亦皆不爲之，如是則同。若其他事則所行又有不同焉，故曰「是則同」。「曰：敢問其所以異」者，公孫丑又問孟子曰：丑敢請問三人其所以有異者。「曰：宰我、子貢、有若，智足以知聖人，汙不至阿其所好」至「未有盛於孔子也」者，此皆孟子爲丑言此三人其所以有異者也。言宰我與子貢、有若三者，其有智皆足以知其聖人，然雖有小卑污不平處，蓋亦不至於阿私所好而空譽之，其言皆有可用者也。遂引宰我知聖人之事爲公孫丑言之，故言宰我有曰：以予觀於夫子，其賢過於堯舜遠矣。予，宰我名也。又謂堯舜治天下，但見効於當時，即一時之功也，孔子著述五經，載道於萬世，以其有萬世之功，故以難易爲言也。孔子制作之禮，推而等之百世之聖王者，無有能違逆其孔子之道也，是其自生民而來至于今，未有如夫子其孔子《雅》《頌》之樂音，而知孔子有德，與文、武同也。從孔子之後，而知孔子有政可以致天下之太平，聞孔子《雅》《頌》之樂音，而知孔子有德，與文、武同者也。凡此是子貢之知聖人有如此也。孟子又引有若曰：豈獨其民有類乎哉？言麒麟之於走獸，鳳凰之於飛鳥，太山之於丘垤，河海之於行潦，亦類也，聖人之於民亦類也。然而走獸之中以麒麟爲之長，飛鳥之中以鳳凰爲之王，丘垤之中以太山爲之尊，行潦之間以河海爲之大，人民之間以聖人爲人倫之至也。聖人之於民，類也，物亦類也，以其出乎民人之類，而超拔乎衆萃之中，自生民以來至于今，未有盛美過於孔子

者也。然則孔子於此三子言之，是所以異於伯夷、伊尹者也。故孟子所以願學，則學孔子也。注「四十強而仕」。正義曰：《曲禮》云：「人生十年曰幼，學；二十曰弱，冠；三十曰壯，有室；四十曰強，而仕；五十曰艾，服官政，六十曰指使，七十曰老，而傳；八十、九十曰耄。」注「孟賁，勇士也」。正義曰：案《帝王世說》云：❶「秦武王好多力之人，齊孟賁之徒並歸焉，孟賁生拔牛角。」是爲之勇士也。注云：「北宮黝，北宮，姓，黝，名也。」又云：「褐寬博，獨夫被褐者。」釋云：褐，編枲襪也。一曰短衣。北宮黝，其人未詳，於他經傳亦未之聞焉。孟施舍，亦未詳。云「縮，義也。惴，懼也」，蓋《記》《傳》曰「古之冠也縮縫，今之冠也衡縫」，則縮者理之直也，❷是知縮訓義也。《詩》云：「惴惴其慄。」注云：「恐也。」《記》「古之冠也縮縫，大恐縵縵」是也。注「密聲取敵曰襲」。正義曰：《左傳》云：「凡有鍾鼓曰伐，無鍾鼓曰襲。」杜預注云：「賓孟言雄雞自斷其尾」至「諸大夫也」。正義曰：案魯昭公二十二年《左傳》云：「王子朝、賓起有寵於景王，王與賓孟說之，欲立子朝。賓孟適郊，見雄雞自斷其尾。問之，侍者曰：『自憚其犧也。』遽歸告王，且曰：『雞其憚爲人用乎，人異於是。犧者實用人，人犧實難，已犧何害？』王弗應。」凡此是也。云「驪姬勸晉獻公與申生」者，案魯莊公二十八年云：「晉獻公娶于賈，無子。烝於齊姜，生秦穆夫人及太子申生。又娶二女於戎，大戎狐姬生重

---

❶「說」，按阮校：「案『說』當是『紀』之誤。」

❷「直」，原作「車」，據阮本改。

耳,小戎子生夷吾。晉伐驪戎,驪戎男女以驪姬歸,生奚齊,其娣生卓子。驪姬欲立其子,賂外嬖梁五與東關嬖五,使言於公曰:『曲沃,君之宗也;蒲與二屈,君之疆也,不可以無主。宗邑無主,則民不威,疆場無主,則啓戎心。若使太子主曲沃而重耳主蒲,夷吾主屈,則可以威民而懼戎,且旌君伐。』使俱曰:『狄之廣莫,於晉爲都。晉之啓土,不亦宜乎?』晉侯悅之。夏,使太子申生主曲沃,重耳居蒲,夷吾居屈。惟二姬之子在絳。」二五卒與驪姬譖羣公子而立奚齊,晉人謂之二五耦。」凡此是也。云「豎牛勸仲壬賜環之事」,案《左傳》昭公四年云:「初,穆子去叔孫氏,及庚宗,遇婦人,使私爲食而宿焉。問其行,告之故,哭而送之。適齊,娶於國氏,生孟丙、仲壬。夢天壓己,弗勝,顧而見人,黑而上僂,深目而豭喙,號之曰:『牛,助余!』乃勝之。旦,召其徒,無之。及,婦人獻雉。問其名,曰『牛』。遂使爲豎臣,有寵,長使爲政。豎牛欲亂其室。仲壬與公御萊書觀於公,公與之環,使牛入示之。入,不示。出,命佩之。牛謂叔孫:『見仲壬而何?』叔孫曰:『何爲?』曰:『不見,既自見矣,公與之環而佩之矣。』遂逐之,奔齊。叔孫疾急,命召仲壬,牛許而不召。昭公五年又曰:「昭子即位,朝其家衆,曰:『豎牛禍叔孫氏,使亂大從,殺適立庶。又披其邑,將以赦罪,罪莫大焉,必速殺之。』豎牛懼,奔齊。孟、仲之子殺諸塞外,投其首於寧風之棘上。」凡此是也。云「秦客廋辭」者,案《國語》:「晉文公時,范文子暮退於朝,武子曰:『何暮也?』對曰:『有秦客廋辭於朝,大夫莫之能對,吾知三焉。』武子怒曰:『大夫非不能也,讓父兄也。爾童子而三掩人於朝,吾不在,晉國無日矣。』擊之以杖,折委笄。」凡此者是也。大抵「廋辭」云者,如今呼筆爲管城子,紙爲楮先生,錢爲白水真

人,又爲阿堵物之類是也。注「予,宰我名也」。正義曰:案《史記·弟子傳》云:「宰予字子我。」鄭玄曰:「魯人也。」注「垤,蟻封。行潦,道傍流潦也。萃,聚也」。正義曰:釋云:垤,蟻冢也。潦,雨水盛也。經云行潦,是爲道傍流潦也;萃,亦云集也。

孟子注疏解經卷第三下

趙氏注　孫奭疏

公孫丑章句上

孟子曰：「以力假仁者霸，霸必有大國。以德行仁者王，王不待大。湯以七十里，文王以百里。言霸者以大國之力，假仁義之道，然後能霸，若齊桓、晉文等是也。以己之德，行仁政於民，小國則可以致王，若湯、文王是也。以力服人者，非心服也，力不贍也。以德服人者，中心悅而誠服也，如七十子之服孔子也。贍，足也。以力不足而往服從人，非心服者也。以己德不如彼而往服從之，誠心服者也。如顏淵、子貢等之服於仲尼，心服者也。《詩》云：『自西自東，自南自北，無思不服。』此之謂也。」《詩》，《大雅·文王有聲》之篇。言從四方來者，無思不服武王之德，此亦心服之謂也。

疏　「孟子曰」至「此之謂也」。○正義曰：此章言王者任德，霸者兼力，力服心服，優劣不同也。「孟子曰：以力假仁者霸」至「文王百里」者，孟子言：以大國之力，而假以仁義之道行之者，乃能為霸，以把握諸侯之權力也，故必有其大國。以德澤而行仁政者，乃能為之王，使天下皆歸往者也，故不待有大國而為之也。湯但以

七十里起而爲商之湯王，文王但以百里而天下歸，是其以德澤行仁政於天下，故不待有大國而爲之王，此湯、文二者是也。「以力服人者」至「服孔子也」者，孟子言：但以力而服人，人雖面從而服之，然亦非是心服之也。以德服人，人則中心悦樂而誠心服也，如七十子之服仲尼者也，是其以誠心服之也，非面從而服之者也。「《詩》云：自西自東，自南自北，無思不服，此之謂也」者，此蓋《詩·大雅·文王有聲》之篇文也。蓋孟子引此而證其誠服之意，故援之，曰自南而自北，自西而自東，而四方皆歸之，無有所思而不服，是亦此之謂與。　注「《大雅·文王有聲》之詩」。　正義曰：此篇蓋言文王繼伐，武王能廣文王之聲，卒其伐功也。箋云：自，由也，言武王於鎬京行辟雍之禮，自四方來觀者皆感化其德，而心無不服。

孟子曰：「仁則榮，不仁則辱。今惡辱而居不仁，是猶惡濕而居下也。行仁政則國昌而民安，得其榮樂。行不仁則國破民殘，蒙其恥辱。惡辱而不行仁，譬猶惡濕而居埤下近水泉之地也。如惡之，莫如貴德而尊士，賢者在位，能者在職，諸侯如惡辱之來，則當貴德以治身，尊士以敬人，使賢者居位，官得其人，能者居職，人任其事也。國家閒暇，及是時，明其政刑，雖大國必畏之矣。及無鄰國之虞，以是閒暇之時，明修其政教，審其刑罰，雖天下大國，必來畏服。《詩》云：『迨天之未陰雨，徹彼桑土，綢繆牖户。今此下民，或敢侮予。』孔子曰：『爲此詩者，其知道乎？能治其國家，誰敢侮之？』」《詩》，邠國《鴟鴞》之篇。迨，及。徹，取也。桑土，桑根也。言此鴟鴞小鳥，猶尚知及天未陰

雨而取桑根之皮，以纏綿牖户。人君能治其國家，誰敢侮之？刺邠君曾不如此鳥。孔子善之，故謂此詩知道也。**今國家閒暇，及是時，般樂怠敖，是自求禍也。**般，大也。孟子傷今時之君，國家適有閒暇，且以大作樂，怠惰敖遊，不脩政刑，是以見侵而不能距，皆自求禍者也。**《詩》云：「永言配命，自求多福。」**《詩》，《大雅·文王》之篇。永，長。言，我也。長我周家之命，配當善道，皆内自求責，故有多福也。**《太甲》曰：『天作孽，猶可違。自作孽，不可活。』此之謂也。」**殷王太甲言天之妖孽，尚可違避，譬若高宗雉雊，宋景守心之變，皆可以德消去也。自己作孽者，若帝乙慢神震死，是爲不可活也。

○疏「孟子曰」至「此之謂也」。正義曰：此章言國必修政，君必行仁，禍福由己，不專在天，當防患於未亂也。「孟子曰：仁則榮，不仁則辱。今惡辱而居不仁，是猶惡濕而居下也」者，孟子言：國君行仁，則國昌民安，享其榮樂。行不仁，則國破民殘，故己蒙其恥辱。今之國君，既能疾惡其有恥辱於己，而以居處於不仁之道，是若疾惡其濕污，而以居處其埤下近水泉之地也。「如惡之，莫如貴德而尊士，賢者在位，能者在職」者，言今之國君，如能疾惡其恥辱，莫若尚其有德之賢，而尊敬其有道之士也。既能貴德尊士，則賢者居其官位，能者任其官職也。所貴德者，爲其有德也；所尚士者，爲其事道也。得賢能在位在職，則國無不治也。能爲人之所能爲，能長於道藝者也。「今國家閒暇，及是時，明其政刑，雖大國必畏之矣」者，言今國家閒暇無事，以及此時，若能修明政教刑罰，雖強大之國，亦必畏服矣。「《詩》云：『迨天之未陰雨，徹彼桑土』至『誰敢侮之』者，自「迨天」至「或敢侮予」，蓋《詩》邠國《鴟鴞》之篇文也。言此鴟鴞小鳥，尚知天未陰雨之前，取彼桑根之皮土以纏綿牖

户。喻人君能於閒暇之時，治其國家，以明其刑政，則今此下民，誰敢侮慢我也。詩人蓋以天之未陰雨，國家閒暇之譬也。「徹彼桑土，綢繆牖户」，明其政刑之譬也。今此下民，或敢侮予，大國必畏之譬也。鴟鴞所以徹彼桑土於天未陰雨之前，以纏綿牖户，則風雨莫得以漂搖，人君所以明政刑於閒暇之時，以維持國家，則鄰國莫得以侵侮。此孔子所以曰作爲此詩者，是能知其治道者也。以其能治其國家，宜孔子善之，以謂爲此詩者，其知道乎？「今國家閒暇，及是時，般樂怠敖，是自求禍也。禍福無不自己求」者，孟子傷今之人君，於國家閒暇以及於此時乃大作樂，怠惰敖遊，而不修明刑政，是自求其禍。以其禍福無有不自於己求之矣，如所謂夫人必自畏然後人畏之，夫人必自侮然後人侮之，是其禍福無不自己求之意也。《詩》云：永言配命，自求多福也。蓋《詩·大雅·文王》之篇文也。永，長也。言，我也。蓋謂我長配天命而行，以自求多福。《太甲》曰：天作孽，猶可違。自作孽，不可活。此之謂也。《太甲》，殷王之名也，言太甲嘗謂上天作其災孽，尚可違避。如己自作其災孽，不可得而生活也。帝乙慢神震死，是自作孽，不可活也。凡此孟子所以引之者，是亦證其禍福無不自己求之之意也。

注「《詩》，邠國之篇」。

正義曰：《鴟鴞》之詩，蓋言周公救亂也。成王未知周公之志，公乃爲詩以遺王，名之曰《鴟鴞》焉。毛云：「鴟鴞，鸋鴂也。迨，及也。徹，剥也。桑土，桑根也。綢繆，猶纏綿也。」箋云：「鴟鴞自説作巢至苦矣，如是以喻諸臣之先臣，亦及文、武未定天下，積日累功，以固定此官位與土地。今女我巢下之民，寧有敢侮慢欲毁之者乎？意欲恚怒之，以喻諸臣之先臣固定此官位土地，亦不欲見其絶奪矣。」

注「《詩》，《大雅·文王》之篇」。

正義曰：此詩蓋言文王受命作周之詩

也。箋云：「長，猶常也。」

也。正義曰：案本紀云：「太甲，成湯適長孫也，太丁之子也。太甲既立三年，不明，暴虐，不遵湯法，亂德。於是伊尹放之於桐宮。三年，悔過自責，反善，伊尹迺迎太甲而授之政。太甲修德，諸侯咸歸，百姓以寧。伊尹嘉之，作《太甲訓》以褒太甲，號稱太宗。」云「高宗雊雉」者，案《史記》云武丁也，「武丁祭成湯，明日，有飛雉登鼎耳而雊。武丁懼，祖己曰：『王勿憂，先修政事。』武丁乃修政行德，天下咸驩。武丁崩，祖己嘉武丁之以祥雉爲德，立其廟爲高宗，遂作《高宗肜日》及《訓》」是也。云「宋景守心之變」者，案《史記》云「頭曼立二十七年，熒惑守心。心，宋之分野也。景公憂之，司星子韋曰：『可移於相，吾之股肱。』曰：『君者待民。』曰：『可移於歲。』景公曰：『歲飢民困，吾誰爲君？』子韋曰：『天高聽卑。君有君人之言三，熒惑宜有動。』於是候之，果徙三度。六十四年，景公卒」是也。云「帝乙慢神震死」者，案《史記》云「庚丁之子也。武乙立爲帝，無道，爲偶人，謂之天神。與之博，令人爲行。天神不勝，乃僇辱之。爲革囊，盛血，仰而射之，命曰射天。武乙獵於河渭之間，暴雷，武乙震死」是也。

孟子曰：「尊賢使能，俊傑在位，則天下之士皆悦，而願立於其朝矣。俊，美才出衆者也。萬人者稱傑。❶市廛而不征，法而不廛，則天下之商皆悦而願藏於其市矣。廛，市宅也。古者無

❶「萬」上，按阮校：「韓本、《考文》古本有『勝』字。」

征，衰世征之。《王制》曰：「市廛而不稅。」《周禮·載師》曰：「國宅無征。」法而不廛者，當以什一之法征其地耳，不當征其廛宅也。**關譏而不征，則天下之旅皆悅而願出於其路矣。**言古之設關，但譏禁異言、識異服耳，不征稅出入者也，故《王制》曰「古者關譏而不征」。《周禮·太宰》曰「九賦，七曰關市之賦」，《司關》曰「國凶札，則無關門之征，猶譏」。《王制》謂文王以前也，《周禮》有征者，謂周公以來。孟子欲令復古去征，使天下行旅悅之也。**耕者助而不稅，則天下之農皆悅而願耕於其野矣。**助者，井田什一，助佐公家治公田，不橫稅賦，若履畝之類。**廛無夫里之布，則天下之民皆悅而願爲之氓矣。**里，居也。夫，一夫也。《周禮·載師》曰：「宅不毛者有里布，田不耕者有屋粟。」凡民無職事者，出夫家之征。」孟子欲使寬獨夫去里布，則人皆樂爲之民矣。❶氓，民也。❷信能行此五者，則鄰國之民，仰之若父母矣。率其子弟，攻其父母，自有生民以來，未有能濟者也。今諸侯誠能行此五事，四鄰之民，仰望而愛之如父母矣。鄰國之君，欲將其民來伐之，譬若率勉人子弟，使自攻其父母。自生民以來，何能以此濟成其欲也。**如此，則無敵於天下。無敵於天下者，天吏也，然而不王者，未之有也。」**言諸侯所行能如此者，何敵之有，是爲天吏。天吏者，天使也。爲政當爲天所

❶「民」，閩、監、毛、阮本作「氓」。
❷「民」上，閩、監、毛、阮本有「者謂其」三字。

使，誅伐無道，故謂之天吏也。

疏 「孟子曰」至「未之有也」。正義曰：此章言修古之道，鄰國之民以爲父母。行今之政，自己之民不得而子。是故衆夫擾擾，非所常有，命曰天吏，明天所使者也。「孟子曰：尊賢使能，俊傑在位，則天下之士，皆悦而願立於其朝矣」者，孟子言：今之國君，能尊敬賢者，任使能者，俊傑大才在官位，則天下之士者皆悦樂，願立其朝廷矣。「市廛而不征，法而不廛，則天下之商皆悦而願藏於其市矣」者，言市廛宅而不征，取其税以什一之法，征其地而不征其廛宅，則天下之商賈者，皆喜悦而願藏貯於其市。「關譏而不征，則天下之旅皆悦而願出於其路矣」者，言關門之所，但譏察其異言，異服之人，而不出入者，則天下行旅之衆，皆悦樂而願出於其道路矣。「耕者助而不税，則天下之農皆悦而願耕作其郊野矣」者，言耕田者但以井田制之，使助佐公家治公田，不以横税取之，則天下之農者，皆悦而願耕作其郊野矣。「廛無夫里之布，則天下之民皆悦而願爲之氓矣」者，言一夫所受之宅，而不出夫家之征，一廛所居之地，而不取其里之布，則天下之民，皆悦樂而願爲之氓矣。「信能行此五者於天下，則鄰國之民仰之若父母矣。率其子弟，攻其父母，自有生民以來，未有能濟者也」者，言今之國君，誠能信行此上五者之事，則四鄰之國民，仰望之如父母而親之矣。鄰國雖欲勉率其民，如子弟攻其父母，言自有生民以來而至於今，未有能濟成其欲望之者也。「如此，則無敵於天下，無敵於天下者，天吏也。然而不王者，未之有也」者，言國君行此五者之事，而民仰望之，如此則是無敵於天下也。言天下之人，無與敢爲敵者也。既無敵於天下者，是名爲天吏者也。天所使者，是謂天吏也。然而爲天吏而不王者，必無也，故曰「未之有也」。廛者，一夫所受之宅也。里者，一廛所居之地也。野者氓者，案《周官》制地之

法，六鄉以教爲主，其主民有遂於外，故其地爲郊，而民故謂之氓，以其近主而有知者也。六遂以耕爲主，而其民有遂於外，故其地爲野，而民故謂之氓，以其遠主而無知者也。此孟子云「野」云「氓」之意也。蓋孟子或云貴德而尊士，賢者在位，能者在職；或曰尊賢使能，俊傑在位者，以其貴士之有德，尊士之有道者，爲其賢也，爲其能也。即其賢而授之職，所以尊其賢，即其能而授之職，所以使其能。若夫俊傑則行而敏速，立而絕衆，賢之豪者，非可使以職也，故曰「在位」而已。

正義曰：云《王制》曰古者關譏而不征「者，《禮記・王制》之篇有此文。案鄭注云：譏異服，識異言也。云《周禮・太宰》九賦，七曰關市之賦」者，太宰以九賦斂財賄：❶一曰邦中之賦，二曰四郊之賦，三曰郊甸之賦，四曰家削之賦，五曰邦縣之賦，六曰邦都之賦，七曰關市之賦，八曰山澤之賦，九曰幣餘之賦。鄭司農云：「幣餘，百工之餘。」《司關》曰：「國凶札，則無關門之征，猶譏。」鄭司農云：「凶謂凶年飢荒也。札謂疾疫死亡也。越人謂死爲札。《春秋傳》曰『札瘥夭昏』。無關門之征者，出入關門，無租稅，猶苛察不得令姦人出入也。」注《周禮・載師》曰：宅不毛者有里布，田不耕者有屋粟，凡民無職事者，出夫家之征」，鄭司農云：「宅不毛者，謂不樹桑麻也。里布者，布參印書，廣二寸，長二尺，以爲幣，貿易物。《詩》云

❶「者太宰以九賦斂財賄」，閩本、阮本無此九字。

『抱布貿絲』，抱此布也。或曰：布，泉也。《春秋傳》曰『貿之百兩一布』，又《廛人》職『掌斂市之次布、儳布、質布、罰布、廛布』。不知言『布參印書』者何，見舊時說也。」鄭玄謂：「宅不毛者罰以一里二十五家之泉，空田者罰以三家之稅粟，以共吉凶二服及喪器也。民雖有閒無職事者，猶出夫稅、家稅也。夫稅者，百畝之稅。家稅者，出士徒車輦，給徭役。」

孟子曰：「人皆有不忍人之心。言人人皆有不忍加惡於人之心也。先王有不忍人之心，斯有不忍人之政矣。以不忍人之心，行不忍人之政，治天下可運之掌上。先聖王推不忍害人之心，以行不忍傷民之政，以是治天下，易於轉丸於掌上也。所以謂人皆有不忍人之心者，今人乍見孺子將入於井，皆有怵惕惻隱之心，非所以內交於孺子之父母也，非所以要譽於鄉黨朋友也，非惡其聲而然也。乍，暫也。孺子，未有知之小子。所以言人皆有是心，凡人暫見小小❶孺子將入井，賢愚皆有驚駭之情，情發於中，非爲其人也，非惡有不仁之聲名，故怵惕也。由是觀之，無惻隱之心，非人也；無羞惡之心，非人也；無辭讓之心，非人也；無是非之心，非人也。言無此四者，當若禽獸，非人心耳。爲人則有之矣，凡人但不能演用爲行耳。惻隱之心，仁之端也；羞惡之心，義之端

---

❶ 「小小」，閩、監、毛、阮本不重文。

也；辭讓之心，禮之端也；是非之心，智之端也。端者，首也。人皆有仁義禮智之首，可引用之。人之有是四端也，猶其有四體也。有是四端，而自謂不能者，自賊者也。自謂不能爲善，自賊害其性，使不爲善也。謂其君不能者，賊其君者也。謂君不能爲善而不匡正者，賊其君使陷惡也。凡有四端於我者，知皆擴而充之矣。若火之始燃，泉之始達。苟能充之，足以保四海；苟不充之，不足以事父母。」擴，廓也。凡有四端在於我者，知皆廓而充大之，若火、泉之微小，廣大之則無所不至。以喻人之四端也，人誠能充大之，可保安四海之民，誠不充大之，内不足以事父母，言無仁義禮智，何以事父母也。

疏 「孟子曰」至「不足以事父母」。正義曰：此章言人之行當内求諸己也。「孟子曰：人皆有不忍人之心」者，孟子言：人之爲人，皆有不忍加惡於人之心也。「先王有不忍人之心，斯有不忍人之政」者，又言古先聖王有不忍加惡於人之心，斯有不忍傷民之政。既以不忍加惡於人之心，以行其不忍傷民之政，其治天下之易，若若轉運走丸於掌上之易者也。「所以謂人皆有不忍人之心者，今人乍見孺子將入井」至「然也」者，孟子又言：所以謂人之爲人皆有不忍加惡於人之心者，且以今人乍見孺子言之。孺子，無知之小子也。今人乍見無知之小子，相將匍匐，欲墜於井，但見之者皆有怵惕、惻隱、痛忍之心，又非所以欲有所以然者，非是内嘗結交於孺子之父母然後如此也，又非是所以欲要求美譽於鄉黨朋友也，又非所以惡其不仁之聲而然也。「由是觀之，無惻隱之心，非人也」至「無是非之心，❶非人也」者，孟子言：由此見孺子將

❶ 「無」，原作「於」，據上經文及阮本改。

入於井,人皆有怵惕、惻隱之心,觀察之,是無惻隱、羞惡、辭讓、是非四者之心,皆非是人也,乃若禽獸之類也。禽獸所以無惻隱不忍之心,又無羞惡慚恥之心,又無辭讓揖遜之心,又無是非好惡之心者也。言苟無此四者,所以謂之非人也,乃禽獸之類也。「惻隱之心」至「智之端也」者,孟子言:人有惻隱之心者,是仁之端本起於此也。有羞惡之心者,是義之端本起於此也。有辭讓、是非之心者,是禮、智之端本起於此也。以其仁者不過有不忍惻隱之心,此孟子所以言惻隱、羞惡、辭讓、是非四者之端本也。「人之有是四端也,猶其有四體也」者,孟子又言:人有是四端,而自謂己之不能爲善者,是自賊害其身也。以禮、智之四端,若其人之有四肢也。既有此四端,而自謂己之不能爲善者,是自賊害其身也。「賊其君者也」者,孟子又言:人有是四端,而自謂己之不能爲善者,是自賊害其身也。以之事君,如謂其君不能爲善,不匡正之者,是亦賊害其君,使陷於惡也。無他,以其人之爲人,皆有此四端也,但不推用而行之耳。如能推此四端行之,是爲仁、義、禮、智者矣。所謂仁、義、禮、智者,即善也。然則人人皆有善矣,故孟子所以言之以此。「凡有四端於我者,知皆廓而充之」至「不足以事父母」者,孟子又言:凡人所以有四端在於我己者,能皆廓而充大之,❶ 是若火之初燃,泉之始達,而終極乎燎原之熾,襄陵之蕩也。苟能充大之,雖四海之大,亦足保安之也。苟不能充大之,雖己之父母,亦不足以奉事之。故曰:「苟能充之,足以保四海;苟不充之,不足以事父母。」是亦推恩足以保四海,不推恩無以保妻子之意也。

❶「廓」,原作「郭」,據阮本改。

孟子曰：「矢人豈不仁於函人哉？矢人惟恐不傷人，函人惟恐傷人。巫匠亦然。故術不可不慎也。矢，箭也。函，鎧也。《周禮》曰：「函人爲甲。」作箭之人也，術非獨不仁於作鎧之人也，術使之然。巫欲祝活人。匠，梓匠，作棺欲其蚤售，利在於人死也。故治術當慎，修其善者也。孔子曰：『里仁爲美。擇不處仁，焉得智？』里，居也。仁，最其美者也。夫簡擇不處仁，爲不智。夫仁，天之尊爵也，人之安宅也，莫之禦而不仁，是不智也。爲仁則可以長天下，故曰天所以假人尊爵也。居之則安，無止之者，而人不能知入是仁道者，何得爲智乎？❶ 不仁不智，無禮無義，人役也。若此，爲人所役者也。人役而恥爲役，由弓人而恥爲弓，矢人而恥爲矢也。如其恥爲人役而恥爲役，仁則不爲役也。仁者如射，射者正己而後發，發而不中，不怨勝己者，反求諸己而已矣。❷」以射喻人爲仁，不得其報，當反責己仁恩之未至。

疏「孟子曰」至「反求諸己而已矣」。

正義曰：此章言各治其術，術有善惡，禍福之來，隨行而作。恥爲人役，不若居仁，治術之忌，勿爲矢人也。「矢人豈不仁於函人哉」至「故術不可不慎也」者，孟子言：作矢之人，其性豈不仁過於函人者，以其術使之然也。作矢之人，其心於所作箭之時，惟恐不利，

❶「何得爲智乎」閩、監、毛、阮本作「又安得爲之智乎」。
❷「至」下，閩、監、毛、阮本有「也不怨勝己者」六字。

卷第三下　公孫丑章句上

一四一

不能傷害人也。作函之人，其心於作函之時，惟恐不堅厚而有傷害於人也。不特此二者如此，雖作巫祝、梓匠之人亦如是也。以其巫人祝，在於活人。人亦不可不慎擇也。矢，箭也。函，鎧也。甲是也。「孔子曰：里仁為美。擇不處仁，焉得智」者，孟子言：孔子有曰所居以仁，最為美也。然而人所揀擇，不處於仁里，又安得謂之智也？以其智足以有知故也，不知擇處於仁，豈謂之智哉？「夫仁，天之尊爵也，人之安宅也」，莫之禦而不仁，是不智也。「以其智足以有知故也，不知擇處於仁，豈謂之智哉」者，言夫仁之為道，是天之尊爵也，人之安宅也。仁則立之自内，而萬物莫能使之賤，是尊爵也。安宅者，謂之尊爵者，蓋受之於人而彼得以賤之者，非尊爵也。能使之賤，是尊爵也。安宅者，蓋營於外而彼得以危之者，非安宅也。今夫天下之事有形格勢禁而不得有為者，為其有以禦之也。仁之為道，乃天之尊爵，而得之自是安宅也。人之安宅，而立之自我者，但欲仁則仁矣，誰其禦之而不為哉？今仁之為道，人莫禦之使不為，而自不為仁者，是亦不智者也。「不仁不智，無禮無義，人役也」至「莫如為仁」者，言人之不仁、不智者，是無禮、天者。人之安宅，而立之自我者，但欲仁則仁矣，誰其禦之而不為哉？無義，為人所役者也。既為人所役，而恥為人所役，是若弓矢之人不知擇術而恥為弓矢也。然則仁則榮，不仁則辱，亦所役，莫若為仁也。以其為人所役，雖欲役之，不可得已。然則仁則榮，不仁則辱，亦此之謂也。「仁者如射」至「反求諸己而已矣」者，孟子比之於仁者如射也，以其射者必待先正其身已不為仁者，是亦不智者也。「不仁不智，則禮義隨而有之矣，雖欲役之，不可得已。然則仁則榮，不仁則辱，亦而發矢射之也。既發矢而射之，不中其的，則又不怨恨其射勝於己者，但反責求諸己而已矣。蓋君子以仁存心，其愛人則人常愛之，猶之正己而後發也。有人於此待我以橫逆，猶之發而不中也，自反而不以責諸人，猶之不怨勝己者，反求諸己而已矣。此孟子所以比仁者如射，發而不中，不怨勝己者，反求諸己而已矣。

孟子曰：「子路，人告之以有過，則喜。禹聞善言，則拜。子路樂聞其過，過而能改也。《尚書》曰：「禹拜讜言。」大舜有大焉，善與人同，舍己從人，樂取於人以為善，大舜，虞帝也。❶孔子稱曰「巍巍」，故言大舜有大焉，能舍己從人，故為大也，於子路與禹同者也。自耕稼、陶、漁以至為帝，無非取於人者。取諸人以為善，是與人為善者也。故君子莫大乎與人為善。」舜從耕於歷山及其陶漁，皆取人之善謀而從之，故曰莫大乎與人為善。

疏「孟子曰」至「與人為善」。正義曰：此章言大聖之君，猶采善於人也。「孟子曰：子路，人告之以有過則喜。禹聞善言則拜」者，孟子言：子路之為人，人有告之以過事則喜，樂從人之言而改其過也。大禹之為人，聞有善言則拜而受之也。「大舜有大焉，善與人同，舍己從人，樂取於人以為善」者，孟子又言：大舜之為帝，有大巍巍之功焉，無他，以其善能與人之同，舍己從人，樂取於人以為善也。「自耕稼、陶、漁，亦猶己之善，人之善，亦猶己之善，是與人同善也。所以能如此者，亦以能舍己之所見，而從人之見，又樂取諸人以為善也。自「耕稼」至「與人為善」者，此孟子自引舜之事迹，而自解舜取人以為善，是亦與人為善者也。所謂「舜耕歷山，陶於河濱，漁雷澤」之時以至為帝，無非取人之善謀而從之也，取諸人以為善，是亦與人為善之事也。「故君子莫大乎與人為善」者，此孟子所以復言凡為善之君子，莫大乎與人為善也。

❶「虞帝」，阮本作「虞舜」。按阮校，閩、監、毛三本、孔本、韓本同阮本。廖本、《考文》古本作「虞也」。

注「大舜，虞帝」至「同者也」。

○正義曰：虞，舜之國號也。云「孔子稱曰巍巍」者，案《論語》有云：「巍巍乎其有成功。」孔注云：「功成化隆，高大巍也。」注「舜從歷山及其陶漁」者。● ○正義曰：此皆案《史記·帝紀》有云然也。

孟子曰：「伯夷，非其君不事，非其友不友，不立於惡人之朝，不與惡人言。立於惡人之朝，與惡人言，如以朝衣朝冠坐於塗炭。推惡惡之心，思與鄉人立，其冠不正，望望然去之，若將浼焉。

伯夷，孤竹君之長子，讓國而隱居者也。塗，泥也。炭，墨也。浼，污也。思，念也。與鄉人立，見其冠不正。望望然，慚愧之貌也。去之，恐其污己也。

是故諸侯雖有善其辭命而至者，不受也。不受也者，是亦不屑就已。

屑，絜也。《詩》云：「不我屑已」伯夷不絜諸侯之行，故不忍就見也。殷之末世，諸侯多不義，故不就之，後乃歸於西伯也。

故曰：『爾為爾，我為我，雖袒裼裸裎於我側，爾焉能浼我哉？』柳下惠，魯公族大夫也。姓展，名禽，字季，柳下是其號也。進不隱己之賢才，必欲行其道也。憫，懣

柳下惠，不羞污君，不卑小官，進不隱賢，必以其道。遺佚而不怨，阨窮而不憫。

故由由然與之偕而不自失焉，援而止之而止。援而止之

① 「從」下，閩、監、毛本有「耕」字。按上注文有「耕於」二字。

也。云善己而已，惡人何能污於我耶。

而止者，是亦不屑去已。」由由，浩浩之貌。不憚與惡人同朝並立。偕，俱也。與之儷行於朝何傷？但不失己之正心而已耳。援而止之，謂三黜不慚去也。伯夷隘，懼人之污來及己，故無所含容，言其大隘狹也。柳下惠輕忽時人，禽獸畜之，無欲彈正之心，言其大不恭敬也。聖人之道，不取於此，故曰君子不由也。**孟子曰：「伯夷隘，柳下惠不恭。隘與不恭，君子不由也。」**

疏「孟子曰：伯夷」至「君子不由也」。正義曰：此章言伯夷古之大賢，猶有所闕之行，孟子乃評之耳。

「孟子曰：伯夷非其君不事」至「是亦不屑就已」者，孟子言：伯夷非己所好之君則不奉事之，非與己同志之友則不與爲交友。不立於惡人之朝，是不事非其君也；不與惡人言，是不友其非友也。謂立於惡人之朝，與惡人言語，如以服其朝衣朝冠而坐於塗泥炭墨之中矣，以其有污於己也。推己惡惡之心，乃至於與鄉人立，其冠有不正，且望望然慚恥而遠去之，若相將有污於己也。故以不絜而不忍就見也。故曰不就爲絜也。

「至「是亦不屑去已」者，孟子又言：柳下惠不羞恥事其污君。污君，濫惡之君也。屑，絜也。「柳下惠不羞污君，不卑小官」雖居小官之位，而不卑辱，進而仕，則不隱己之賢才，必以欲行其道。雖遺佚於野，而不怨恨，雖阨窮之使窮困，而不哀憫，故曰爾爲爾，我爲之我，雖祖裼裸裎，襲其身體於我身側，爾又安能浼瀆於我哉。以其不殊於俗，一於和而已。如此，

❶ 「黜」，按阮校：「廖本、孔本、韓本作『絀』，是。《音義》出『絀』字。」

故由由然與人偕儷而行，❶但不失己之正心焉。牽援而止之而則止之，以其援而止之而止，是亦不潔而去已，故以不去爲潔也。「孟子曰：伯夷隘，柳下惠不恭。隘與不恭，君子不由也」者，此孟子所以復言伯夷之行失之太清而不能含容，故爲狹隘，柳下惠失之太和而輕忽時人，故爲不恭敬。然狹隘與不恭敬，是非先王所行之道，故君子不由用而行之也。注「伯夷，孤竹君之長子，讓國而隱居者也」。正義曰：案《春秋少陽篇》云：「伯夷姓墨名允，字公信，謚爲夷。」太史公云「伯夷、叔齊，孤竹君之二子」。注「伯夷叩馬而諫曰：『父死不葬，爰及干戈，可謂孝乎？以臣弑君，可謂仁乎？』左右欲兵之。太公曰：『此義人也。』扶而去之。武王平殷，天下宗周。伯夷、叔齊恥之，義不食周粟，隱於首陽山，采薇而食之，及餓死」者，是矣。《地理志》云：「遼西有孤竹城。」應劭曰「故伯夷國」是也。注「柳下惠，魯公族大夫，姓展，名禽，字季，柳下是其號也」。正義曰：案《史記》傳云：「柳下惠姓展，名禽，魯人也，爲魯典獄之官，任以直道。故孔子云：「柳下惠爲士師，三黜。」人曰：「子未可去乎？」曰：「直道而事人，焉往而不三黜？枉道而事人，何必去父母之邦？」孔注云：「士師，典獄之官。」鄭玄亦云然。

❶「然」下，阮本有「浩浩」二字。

孟子注疏解經卷第四上

趙氏注　孫奭疏

公孫丑章句下凡十四章

疏　正義曰：此卷趙氏分上篇爲此卷也。此卷凡十四章。一章言民和爲貴。二章言人君以尊德樂義爲賢，君子以守道不回爲志。三章言取與之道必得其禮。於其可，雖少不辭；義之無處，兼金不顧。四章言人臣以道事君，否則奉身以退。五章言執職者劣，藉道者優。六章言道不合者，不相與言。七章言孝必盡心，匪禮之踰。八章言誅不義者，必須聖賢。九章言聖人親親，不文其過，小人順非，以謟其上。十章言君子正身行道，道之不行，命也，不爲利回。十一章言惟賢能安賢，智能知微。十二章言大德洋洋，介士察察，賢者志其大者，不賢者志其小者。十三章言聖賢興作，與天消息，天非人不因，人非天不成。十四章言禄以食功，志以率事，無事而食其禄，君子不由也。此十四章合上篇卷，是《公孫丑》有二十三章矣。

孟子曰：「天時不如地利，地利不如人和。三里之城，七里之郭，環而攻之而不勝。夫

環而攻之，必有得天時者矣，然而不勝者，是天時不如地利也。天時，謂時日、支干、五行、旺相、孤虛之屬也。地利，險阻、城池之固也。人和，得民心之所和樂也。環城圍之，必有得天時之善處者，然而城有不下，是不如地利。城非不高也，池非不深也，兵革非不堅利也，米粟非不多也，委而去之，是地利不如人和也。有堅強如此，而破之走者，不得民心，民不爲守。衞懿公之民曰「君其使鶴戰」，若是之類也。❶ 故曰：域民不以封疆之界，固國不以山谿之險，威天下不以兵革之利。域民，居民也。不以封疆之界禁之，使民懷德也。不依險阻之固，恃仁惠也。不馮兵革之威，❷仗其道德而已矣。得道者多助，失道者寡助。寡助之至，親戚畔之。多助之至，天下順之。以天下之所順，攻親戚之所畔，故君子有不戰，戰必勝矣。得道之君，何嚮不平。君子之道，貴不戰耳。如其當戰，戰則勝矣。

疏 「孟子曰：天時」至「戰必勝矣」。

正義曰：此章言民和爲貴也。「孟子曰：天時不如地利，地利不如人和」至「是地利不如人和也」者，孟子言其用兵之要也，謂古之用兵者，莫不布策挾龜，迎日計月，望雲占風，觀星候氣，以察吉凶，以明利害，必有得天時者矣。然而內有三里之城，外有七里之郭，以爲之禦，雖環轉而攻之，則莫能勝焉。是天時不如地利也。鑿池深之使其不可踰，築城高之使其不可攻，又以

❶ 「若是之類也」，閩、監、毛、阮本作「余焉能戰是也」。
❷ 「馮」，阮本作「爲」。

甲兵之堅利，米粟之多積，是地利亦有得矣。然而上下異政，君民異心，不能効死以守，至皆委却而去之，是地利又不如人和也。孟子於前言天時不如地利，地利不如人和，乃設此文於後而解其旨也，❶故曰「三里之城，七里之郭，環而攻之而不勝。夫環而攻之，必有得天時者矣，然而不勝者，是天時不如地利也」至「是地利不如人和」而已矣。「故曰：域民不以封疆之界」至「戰必勝矣」者，此又孟子復言而詳說之也，故曰所居之民，不在以封疆之爲界；欲牢固其國，又不在以山谿之爲險；威震天下，又不在以兵甲之爲堅利。以其得道之君，則人多助之，失道之君，則人寡助之而已。孟子所以言此者，蓋謂但在得其道，不在於封疆、山谿、兵甲之爲助也，故復言人有寡助之至極者，則親戚敗績。有多助之至者，則天下皆順從之。以天下之所順從而攻伐其親戚所離畔者，故君子在有不戰而已，如戰則必勝。 注「天時，謂時日、支干、五行、旺相、孤虛之屬」。 正義曰：時日支干者，子、丑、寅、卯、辰、巳、午、未、申、酉、戌、亥是支。甲、乙、丙、丁、戊、己、庚、辛、壬、癸，是爲干。干支所以配時日而用之也。云「五行、旺相、孤虛之屬」者，五行：金、木、水、火、土是也。金旺在巳、午、未、申，木旺在亥、子、丑、寅、卯，水旺在申、酉、戌、亥，火旺在寅、卯、辰、巳、午，土旺在申、酉、戌、亥、子。孤虛者，蓋孤虛之法，以一畫爲孤，無畫爲虛，二畫爲實，以六十甲子日定東西南北四方，然後占其孤虛實，而向背之，即知吉凶矣。又如周武王犯歲星以伐商魏太祖以甲子日破慕容。凡用師之道，有太史以抱天時、太師之執同律之類是也。

❶ 「旨」，阮本作「言」。

君其使鶴戰」。正義曰：案《左傳》魯閔公二年云：「狄人伐衛，衛懿公好鶴，鶴有乘軒者。將戰，國人受甲者皆曰：『使鶴，鶴實有祿位，余焉能戰？』」是其文也。 注「得乎丘民而爲天子」。正義曰：此蓋經之文。

孟子將朝王，王使人來曰：「寡人如就見者也，有寒疾，不可以風，朝將視朝，不識可使寡人得見乎？」孟子雖仕齊，處師賓之位，以道見敬，或稱以病，未嘗趨朝而拜也。王欲見之，先朝使人往謂孟子云：寡人如就見者，若言就孟子之館相見也，有惡寒之疾，不可見風，儻可來朝，欲力疾臨視朝，因得見孟子也，不知可使寡人得相見否？對曰：「不幸而有疾，不能造朝。」孟子不悅王之欲使朝，故稱有疾。❶ 明日，出弔於東郭氏。公孫丑曰：「昔者辭以病，今日弔，或者不可乎？」東郭氏，齊大夫家也。昔者，昨日也。丑以爲不可。曰：「昔者疾，今日愈，如之何不弔？」孟子言我昨日病，今日愈，我何爲不可以弔。王使人問疾，醫來。王以孟子實病，遣人將醫來，且問疾也。孟仲子對曰：「昔者有王命，有采薪之憂，不能造朝。今病小愈，趨造於朝，我不識能至否乎？」孟仲子，孟子之從昆弟，學於孟子者也。❷ 權辭以對如此。憂，病也。《曲禮》云：「有負薪之憂。」使數人要於路曰：「請

❶「有疾」，閩、監、毛、阮本作「其有疾而拒之也」。
❷「學」上，閩、監、毛、阮本有「從」字。

必無歸而造於朝。」仲子使數人要告孟子，君命宜敬，當必造朝也。不得已而之景丑氏，宿焉。孟子迫於仲子之言，不得已，而心不欲至朝，因之其所知齊大夫景丑之家而宿焉，具以語景子耳❶。景子曰：「内則父子，外則君臣，人之大倫也。父子主恩，君臣主敬。丑見王之敬子也，未見所以敬王也。」景丑責孟子不敬，何義也。曰：「惡！是何言也！齊人無以仁義與王言者，豈以仁義爲不美也？其心曰『是何足與言仁義也』云爾，則不敬莫大乎是。曰惡者，深嗟歎。云景子之責我何言乎？今人皆謂王無知，不足與言仁義。云爾，絕語之辭也。人之不敬，無大於是者也。我非堯舜之道不敢以陳於王前，故齊人莫如我敬王也。」孟子言我每見王，常陳堯舜之道以勸勉王。齊人豈有如我敬王者也。❷景子曰：「否，非此之謂也。《禮》曰：『父召，無諾。』『君命召，不俟駕。』固將朝也，聞王命而遂不果，宜與夫《禮》若不相似然。」景子曰：非謂不陳堯舜之道，謂爲臣固自當朝也。今有王命而不果行。果，能也。《禮》「父召，無諾」，無諾而不至也。君命召，輩車就牧，不坐待駕。而夫子若是，事宜與夫《禮》若不相似然乎？愚竊惑焉。曰：「豈謂是與？曾子曰：『晉楚之富，不可及也。彼以其富，我以吾仁；彼以其爵，我以吾義。吾何慊乎哉？』夫豈不義而曾子言

❶ 「具以語景子耳」，阮本作「具以語景丑氏耳」。按阮校，閩、監、毛三本同阮本。孔本、韓本作「且以語景子耳」，足利本作「且以語景子耳」。

❷ 「豈」，阮本作「無」。

之？是或一道也。孟子答景丑云：我豈謂是君臣召呼之間乎？謂王不禮賢下士，故道曾子之言，自以不慊晉楚之君。慊，少也。曾子豈嘗言不義之事邪？是或者自得道之一義，欲以喻王猶晉楚、我猶曾子，我豈輕於上乎？❶天下有達尊三：爵一，齒一，德一。三者，天下之所通尊也。朝廷莫如爵，鄉黨莫如齒，輔世長民莫如德。惡得有其一以慢其二哉？言古之大聖大賢有所興爲之君，必就大賢臣而謀事，不敢召也。王者德樂道，不如是不足與有爲也。孟子謂賢者、長者有德有齒，人君無德但有爵耳，故云何得以一慢二乎？故將大有爲之君，必有所不召之臣，欲有謀焉，則就之，其尊德樂道，不如是不足與有爲也。故湯之於伊尹，學焉而後臣之，故不勞而王。言古之大聖大賢有所興爲之君，必就大賢臣而謀事，不敢召也。桓公之於管仲，學焉而後臣之，故不勞而霸。❷今天下地醜德齊，莫能相尚，無他，好臣其所教，而不好臣其所受教。醜，類也。言今天下之人君，土地相類，德教齊等，不能相絕者，無他，但好臣其所教勑役使之才可驕者耳，不能好臣大賢可從而受教者也。湯之於伊尹，桓公之於管仲，則不敢召。管仲且猶不可召，而況不爲管仲者

❶「豈」，原作「臣」，按阮校：「閩、監、毛三本、孔本、韓本、足利本作「豈」，按「豈是也。」據改。

❷「烈」上，按阮校：「廖本、孔本、韓本、《考文》古本有「功」字。」

乎？」孟子自謂不爲管仲，故非齊王之召己也，是以不往而朝見於齊王也。❶

【疏】「孟子將朝王」至「而況不爲管仲者乎」。正義曰：此章言人君以尊德樂義爲賢，君子以守道不回爲志者也。「孟子將朝王，王使人來曰：寡人如就見者也」至「得見乎」者，言孟子自將欲朝見王，未及行而齊王欲見之，乃先使人來曰：寡人如往而就孟子所館處相見，以其有惡寒之疾，不可見風，儻可以來朝見，而我將視其來朝，不知可使寡人因此而得見孟子否乎？此皆齊王使人而言也。「對曰：不幸而有疾，不能造朝」者，王之使人既以見孟子而導王之言，孟子乃答王之使人，亦曰：我之不幸而有其疾，不能趨造而朝見王。以其孟子不喜王欲使來朝，故云有疾以拒之也。「明日出弔於東郭氏，公孫丑曰：昔者辭以病，今日弔，或者不可乎」者，言孟子自辭王以爲疾，不能造朝之，明日乃出弔問於齊大夫東郭氏之家，其弟子公孫丑問孟子曰：昨日辭王之使，不能造朝，而今日以出弔問於東郭氏，或者以爲不可弔。「曰：昔者疾，今日愈，如之何不弔。孟子於是往弔之。「王使人問疾，醫來」者，王見公孫丑，以謂昨日有疾，❷今日已差愈，如之何爲不可弔。孟子於是往弔之，乃謂實有疾，遂遣人問其疾。「孟仲子對曰：昔者有王命，有采薪之憂，不能造朝。今疾小愈，趨造於朝，我不識能至否乎」者，孟仲子，孟子從昆弟，學於孟子者也。孟仲子時

❶「故非」至「齊王也」，按阮校：「廖本、孔本、韓本、《考文》古本上「也」字作「已」，無「而朝見於齊王」六字。足利本與古本同，無上「也」字。」

❷「謂」，阮本作「爲」。

見王使人問疾,醫來至,而孟子已往弔於東郭氏,乃權其言而答問疾醫者。曰:昨日有王命來使孟子朝,孟子辭之,以其有采薪之憂,小疾,不能趨造而朝王。今日病以小愈,已趨造於王朝,我不知于今能至於王朝否乎,以爲未曾至乎。「使數人要於路」者,孟仲子恐孟子歸,以爲失言,乃使數人而求告孟子於路,乃見迫於仲子之言,遂不得已而往齊大夫景丑氏之家,孟子見孟仲子使數人要於路,乃見迫於仲子之言,遂不得已而趨造於王朝。❶曰:請必無歸,而趨造於朝。「不得已」而之景丑氏宿焉」者,孟子見孟仲子使數人要於路,乃見迫於仲子之言,遂不得已而往齊大夫景丑氏之家,以其心不欲朝王,故往景丑氏家宿而已。「景子曰:内則父子,外則君臣,人之大倫也。父子主恩,君臣主敬,丑見王之敬子也,未見所以敬王也」者,景丑見孟子不造朝,而乃止其家宿焉,於是曰:在閨門之內,則有父子之親,出而邦國之外,則有君臣之義,此人之大倫,而不可汩也。父子則存乎慈孝之恩,君臣則存乎恭敬之義。今丑每見王之敬重其子也,而未嘗見子之所以能尊敬於王也。「曰:惡是何言也」至「莫大乎是」者,孟子答景丑言,乃歎惜言是何言,而責我也。齊人皆無以仁義之道與王言者,豈以仁義之道爲不嘉美也,其齊人心已謂是王何足與言仁義之道也。言爾之不尊敬於王,莫大乎此者也。「我非堯舜之道,不敢以陳於王前,故齊人莫如我敬王也」者,所謂堯舜之道,即仁義之道也。我非是堯舜二帝之道,則不敢鋪陳於王之前,故齊人未有如我如此之敬王也。「景子曰:否,非此之謂也,《禮》曰:父召無諾」至「若不相似然」者,景丑言:否,我不謂不陳堯舜之道也,以其《禮》云父召而子無諾而不至,君有命召,不坐待駕。今子固將欲自朝於王,而聞王命以遂不果

❶ 「求」,阮本作「來」。

行,是宜與夫《禮》若不相似然。以其有逆此禮也。
其富,孟子又言於景丑曰:我豈謂是君臣呼召之間乎?「曰:豈謂是歟?曾子曰:晉楚之富」至「是或一道也」
於曾子言,我但存吾之仁;彼既有其爵,而我但存吾之義,我何慊不足於彼乎哉。夫晉楚之富,豈爲不義?然彼既以
蓋謂晉楚於富者,以其不過有所施而已。然我之仁固足以有施矣,晉楚貴於爵者,以其足以有制而已,然我
之義固足以有制矣,然則富之與爵,而仁義得以并而有焉耳。此曾子所以一於仁義之道,而晉楚富貴不足
爲富貴也。孟子所以執此而語景子者,意欲以比齊王之有富貴,亦晉楚之富貴不足爲富貴也,而我猶曾子,
但以仁義敵之,何有不足於齊王哉。此所以不欲朝王之意也。「天下有達尊三」至「惡得有其一而慢其二
哉」者,達,通也,孟子言:天下有達尊者有三,爵一、齒一、德一是也。自朝廷之間莫如以爵爲之尊,自鄉
黨之間莫如以齒爲之尊,自輔治其世、長養其民莫如以德爲之尊。以其朝廷貴貴在爵,故以爵爲朝廷之所
尊;鄉黨長長在齒,故以齒爲鄉黨之所尊。賢者有德,故以之輔世而佐佑之,則天下待之而後治,以之長民
則天下之民待之而後安,故以德爲輔世長民之所尊。今齊王但有其爵,而安可止以一而慢去其齒、德二者
哉?此孟子所以言齊王不能尊有德之士,故於景子而云然也。「故將大有爲之君」至「而況不爲管仲者乎」
者,孟子又言:故將有大興爲之君,必有所不可命召之臣,凡欲有所謀計,則就而謀,以其不敢召也。其尊
德樂道,不如此有謀則就而不召,是不足有大興爲也。故湯王之於伊尹,乃就而師之,然後方敢得而爲臣,
故湯王自七十里而爲天下,但不待勞而爲之王者。齊桓公之於管仲,乃就而師之,然後方敢得而爲臣,故桓

公亦不勞而爲諸侯之霸者。今天下於齊國，其地亦有類於湯、桓，其德又與湯、桓齊等，其未能有相加尚者，無他事焉，但湯、桓好受臣其所教，而齊王不好臣其所受教也。但以湯王之於伊尹，齊桓之於管仲，則不敢召而見之。管仲，霸者之佐，且猶尚不可召見之，而況我不爲管仲者乎？此孟子所以見齊王之召己，是以不往而見也。注云「東郭氏，齊大夫家也」。正義曰：東郭者，齊國之東地，號爲東郭也。經云「卒之東郭墦間之祭」者，則東郭是齊國之東地也。氏者，未詳其人。注云「齊大夫家也」，以理測之，孟子之所以弔問者，必齊之賢大夫也。如非大夫之等，孟子亦何由而弔之。注「孟仲子，孟子之從昆弟，而學於孟子者也」。注「景丑氏，齊大夫」亦未詳其人也。

陳臻問曰：「前日於齊，王餽兼金一百而不受；於宋，餽七十鎰而受；於薛，餽五十鎰而受。前日之不受是，則今日之受非也。今日之受是，則前日之不受非也。夫子必居一於此矣。」陳臻，孟子弟子。兼金，好金也，其價兼倍於常者，故謂之兼金。一百，百鎰也。古者以一鎰爲一金，一鎰是爲二十四兩也，故云兼金一百，百鎰也。❶ 孟子曰：「皆是也。當在宋也，予將有遠行，行

❶ 「一鎰是爲二十四兩」至「百鎰也」，按阮校：「廖本、《考文》古本此十八字作『鎰二十兩』四字，孔本、韓本作『鎰二十兩也』」，足利本作『鎰二十四兩』。按，作『二十兩』乃與『爲巨室章』合。」

者必以賻，辭曰『餽贐』，予何爲不受？賻，送行者贈賄之禮也，時人謂之賻。當在薛也，予有戒心，辭曰『聞戒』，故爲兵餽之，予何爲不受？戒，有戒備不虞之心也。時有惡人欲害孟子，孟子戒備。薛君曰聞有戒，此金可鬻以作兵備，故餽之。我何爲不受也？若於齊，則未有處也。無處而餽之，是貨之也。焉有君子而可以貨取乎？」我在齊時無事，於義未有所處也。義無所處而餽之，是以貨財取我，欲使我懷惠也。安有君子而可以貨財見取之乎？是其禮當其可也。

疏「陳臻問曰」至「可以貨取乎」。正義曰：此章言取與之道必得其禮：於其可也，雖少不辭，義之無處，兼金不顧也。「陳臻問曰：前日於齊王餽兼金一百而不受」至「必居一於此矣」者，陳臻，孟子弟子也，問孟子：前日於齊王之所，而齊王餽賜兼金百鎰而不受，於宋國但餽以七十鎰而受之，於薛國餽以五十鎰而受。如今日之受宋七十鎰爲是，則前日在薛不受五十鎰爲非也。如今日之受宋七十鎰爲是，則今日之受七十鎰爲非也。此三者之間，必居一於此矣。「孟子曰：皆是也」至「而可以貨取乎」者，孟子答弟子陳臻，以爲此三者受與不受之所皆是也，無有非也。言我在宋之時，我將有遠行，行者必以有賻，故餽之者乃爲之辭曰「餽贐」，我何爲不受？是所以受之也，而不爲非也。贐，送行者之賄也。我當在薛之時，我有戒不虞之心，以其時人欲害孟子也，餽之者乃爲之辭曰：聞孟子有戒，欲以此金餽之，可爲兵備之用也。如此，我何爲不

❶ 「則前日在薛不受五十鎰爲非也」，阮本「薛」作「齊」，「五十」作「一百」。

受？是所以受之也。若於齊之時，其以無事於我，未有所處於我，未有所處而餽我以金，是以貨財見取於我也，安有君子而可以貨取之乎？是所以於齊不受百鎰，亦爲是也。云有處，未有處者，如宋以遠行乃以贐爲餽，於薛有戒乃以兵爲餽，是皆若有處以餽之而餽，於我亦無有辭處而受之故也。於齊亦無遠行，亦無以戒備，餽之者亦無以辭處之而所問於孟子者，即知爲弟子也。如非弟子，又安得有問於孟子？云二十四兩爲鎰，案《國語》有云「二十四兩爲鎰」，又鄭注之文亦然。

孟子之平陸，謂其大夫曰：「子之持戟之士，一日而三失伍，則去之否乎？」平陸，齊之邑也。❶大夫，治邑大夫也。❷持戟，戰士也。一日三失其行伍，則去之否乎？去之，殺之也。以昭果毅曰：「不待三。」大夫曰：一失之則行罰，不及待三失伍也。「然則子之失伍也亦多矣。凶年饑歲，❸子之民老羸轉於溝壑，壯者散而之四方者，幾千人矣。」轉，轉尸於溝壑也。此則子之失伍也。曰：「此非距心之所得爲也。」距心，大夫名。曰：此乃齊王之大政，不肯賑窮，非我所得專爲也。曰：

❶ 「之」，按阮校：「廖本、孔本、韓本、《考文》古本作『下』。」
❷ 「治」，阮本作「居」。
❸ 「以」，按阮校：「岳本、孔本、韓本作『戎』，與《左傳》合。」

「今有受人之牛羊而爲之牧之者，則必爲之求牧與芻矣。求牧與芻而不得，則反諸其人乎？抑亦立而視其死與？」牧，牧地。以此喻距心不得自專，何不致爲臣而去乎？何爲立視民之死也？曰：「此則距心之罪也。」距心自知以不去位爲罪者也。他日，見於王曰：「王之爲都者，臣知五人焉。知其罪者惟孔距心。」爲王誦之。王曰：「此則寡人之罪也。」孔，姓也。爲都，治都邑也。邑有先君之宗廟曰都。誦，言也。爲王言孔距心語者也，❶王知本之在己，故受其罪也。

疏「孟子之平陸」至「寡人之罪也」。正義曰：此章言人臣以道事君，否則奉身以退也。「孟子之平陸，謂其邑大夫曰：子之持戟之士，一日而三失伍，則去之否乎」者，孟子往齊平陸之邑，謂其邑之大夫曰：子之持戟之戰士，一日三次失其行伍，則殺之否乎？「曰：不待三」者，邑大夫答孟子，以爲不待三次失行伍則殺之也。「然則子之失伍也亦多矣，凶年饑歲，子之邑民老羸弱者皆轉乎溝壑，壯健者散而奔往於四方者，幾近於一千人矣。此孟子首以持戟之士失伍比之，數終以此諷之故也。❷蓋軍法以五人爲伍，而以下士一人爲之長，則持戟之士，伍長之士也。不能保衛其邑之民，故一日三失伍也，此不稱其職也。如齊之平陸大夫，所以保衛其邑之民。不能保衛其邑之民，故老弱轉溝壑，壯者散四方，其亦不稱職也。孟子故以此喻而終歸諷之。「曰：此

❶「言」下，按阮校：「廖本、孔本、韓本、《考文》古本有『所與』二字。」
❷「數」，阮本作「欲」。

卷第四上　公孫丑章句下

一五九

非距心之所得爲也」者,距心,齊大夫之名也。距心言是其齊王行政,故不肯發倉廩而賑救其民,非我所得而專爲者也。「曰:今有受人之牛羊而爲之牧之者,則必爲之求牧與芻矣,求牧而不得,則反於諸其人乎?抑亦立而視其死與」者,孟子又以此比喻而歸諷之也,言今有受人之牛羊而爲牧養者,則必於牛羊之主求其牧養之芻草矣。求牧養與芻草而不得,則歸反還於其主乎?抑亦但立視牛羊之死,而不去位爲罪也。「曰:此則距心之罪也」者,距心因孟子以此比喻,乃自知以不去位爲罪也。「他日,見於王曰:王之爲都臣者,臣知五人焉,然於此五人之中,能知其有罪者,惟孔距心。王亦自知治都之臣有其罪者,以其本皆自於己,故云「此則寡人之罪也」。注「邑有先君之宗廟曰都」至「不素餐兮」。❶

正義曰:《周禮》云「都鄙」,鄭注云:「都之所居曰鄙。都鄙,公卿大夫之采邑,王弟子所食邑,周、召、毛、聃、畢、原之屬在畿內者,祭祀其先君社稷者也。」云「彼君子兮,不素餐兮」者,《詩·國風·伐檀》之篇文也。箋云:「彼君子者,斥伐檀之人,仕有功者,乃肯受祿。」毛氏云:「熟食曰餐。」箋云:「如魚餐之餐。」❷

❶ 「至不素餐兮」,按阮校:「監、毛本刪『至不素餐兮』五字。按『不素餐兮』,章指文也。僞疏連解之,故出此文。」下疏文或有解趙岐章指文者,不一一指出。

❷ 「云彼君子兮」至「之餐」五十二字,按阮校:「監、毛本刪去。」

孟子謂蚳鼃曰：「子之辭靈丘而請士師，似也，爲其可以言也。今既數月矣，未可以言與？」蚳鼃，齊大夫。靈丘，齊下邑。士師，治獄官也。《周禮·士師》曰：「以五戒先後刑罰，無使罪麗於民。」❶孟子見蚳鼃辭外邑大夫，請爲士師，知其欲近王，以諫正刑罰之不中者。數月而不言，故曰「未可以言與」，以感責之也。蚳鼃諫於王而不用，致爲臣而去。三諫不用，致仕而去。齊人曰：「所以爲蚳鼃則善矣，所以自爲則吾不知也。」齊人論者譏孟子爲蚳鼃謀，使之諫，不用而去，則善矣。不知自諫，不用而不去，故曰我不見其自爲謀者。公都子以告。公都子，孟子弟子。以齊人語告孟子也。曰：「吾聞之也，有官守者，不得其職則去，有言責者，不得其言則去。我無官守，❷我無言責也，則吾進退豈不綽綽然有餘裕哉！」官守，居官守職者。言責，獻言之責，諫諍之官也。孟子言人臣居官不得守其職，諫正君不見納者，皆當致仕而去。今我居師賓之位，進退自由，豈不綽綽然舒緩有餘裕乎？綽、裕，皆寬也。

疏 「孟子謂蚳鼃曰」至「綽綽然有餘裕哉」。正義曰：此章言執職者劣，藉道者優也。「孟子謂蚳鼃曰：子之辭靈丘而請士師，似也」至「未可以言與」者，孟子謂齊大夫蚳鼃曰：子之辭去其靈丘之邑，而請爲王治獄之官，似近王，得諫其刑罰不中者。今既以數月矣而不言，是其未可以言與否？故以

❶「無」，按阮校：「岳本、廖本、孔本、韓本作『毋』，《音義》出『毋使』。」按作『無』非也。」
❷「官」，原作「守」，據阮本改。

此責而感之也。「蚳䵷諫於王而不用，致爲臣而去之」者，於是蚳䵷諫於王，而王不用其諫，乃致其臣而去之。「齊人曰：所以爲蚳䵷則善矣，所以自爲則吾不知也」者，齊國之人見孟子謂蚳䵷，使之諫，不納用而去之，則善矣、美矣；其所以自爲，其己之諫不見納用而不去，❶則我不知也。以言其爲蚳䵷謀，使之去，❷而不知自去之故也。「公都子以告」者，公都子，孟子弟子也。「曰：吾聞之也，有官守者，不得其職則去，有言責者，不得其言則去。我無官守❸我無言責，則吾進退豈不綽綽然有餘裕哉」者，孟子答公都子，以爲我嘗聞之，有居官守職者，不得其職而守之，則去之而致仕。有言責諫之任，不得其言而諫正其君，則亦去之而致仕。今我無官職之所守，又無言責而諫諍，則我進退自由，豈不綽綽然舒緩有餘裕哉。綽、裕，皆寬裕也。

注「蚳䵷，齊大夫。靈丘，齊下邑」至「罪麗於民」。

正義曰：蚳䵷，於他經傳未詳其人。靈丘者，案《地理志》曰「代郡有靈丘縣」是也。云《周禮‧士師》曰：以五戒先後刑罰，毋使罪麗於民中，今案其文云：「一曰誓，用之于軍旅；二曰誥，用之于會同；三曰禁，用諸田役；四曰糾，用諸國中；五曰憲，用諸都鄙。」鄭注云：「先後，猶左右也。誓、誥於《書》，則《甘誓》《大誥》之屬，禁則軍禮曰『無干車』『無自後射』，此其類也。糾、憲，未有聞焉。」

「臧武仲」「段干木」。

正義曰：案魯襄公二十二年《左傳》云：「臧武仲如晉，雨，過御叔。御叔在其邑，將

❶「諫」原作「去」，據阮本改。
❷「去」原作「諫」，據阮本改。
❸「官」原作「守」，據阮本改。

孟子爲卿於齊，出弔於滕，王使蓋大夫王驩爲輔行。王驩朝暮見，反齊滕之路，未嘗與之言行事也。孟子嘗爲齊卿，出弔於滕君。蓋，齊下邑也。王以治蓋之大夫王驩爲輔行。輔，副使也。王驩，齊之諂人，有寵於王，後爲右師。孟子不悅其爲人，雖與同使而行，未嘗與之言行事，不願與之相比也。公孫丑曰：「齊卿之位，不爲小矣。齊滕之路，不爲近矣。反之而未嘗與言行事，何也？」丑怪孟子不與驩議行事也。曰：「夫既或治之，予何言哉？」既，已也。或，有也。孟子曰：夫人既自謂有治行事，我將復何言哉？言其專知自善，不知諮於人也。

正義曰：此章言道不合者不相與言也。「孟子爲卿於齊，出弔於滕」至「未嘗與言行事也」者，言孟子嘗爲卿相於齊，時自齊國出弔於滕國之君，齊王使齊之下邑大夫名曰王驩者爲之輔行。輔行，言其爲副使也。王驩旦夕見孟子，及反歸自齊滕之道路，而孟子未嘗與之言行事也。「公孫丑問曰：齊卿之位不爲小矣，齊

飲酒，曰：『焉用聖人？我將飲酒，而已雨行，何以聖爲？』穆叔聞之曰：『不可使也。』杜預云：『御叔，魯御邑大夫。』又武仲多知，時人謂之聖。」云：「段干木偃寢而軾閭」。案《史記・魏世家》云：「魏文侯受子貢經藝，客段干木，過其閭，未嘗不軾也。」是矣。❶

―――――――――

❶ 「注臧武仲」至「是矣」一百二十二字，按阮校：「此僞疏釋章指文也。閩本同，監、毛本删去。」

卷第四上　公孫丑章句下

一六三

滕之路不爲近矣,反之而未嘗與言行事,何也」者,公孫丑問孟子,言齊王卿相之位不爲卑小矣,自齊至滕,其相去之路又不爲近矣,然而自滕反歸齊,其於道路之中,未嘗與王驩言行治之事,是如之何也?以其公孫丑有怪孟子不與王驩言,故問之以此耳。「曰:夫既或治之,予何言哉」者,孟子答公孫丑,以謂夫王驩既以嘗自謂有治行事,我將復何言哉。以其王驩自專爲善,不諮訪人,故孟子所以未嘗與之言也。注「王驩後爲右師」。 正義曰:此蓋推經於《離婁》篇有云孟子不與右師言,右師不悦,是知王驩後爲右師也。王驩,姓王名驩,字子敖。又云「至於公行之喪,以其禮解之」者,蓋亦經之文也。

孟子注疏解經卷第四下

趙氏注　孫奭疏

公孫丑章句下

孟子自齊葬於魯，反於齊，止於嬴。充虞請曰：「前日不知虞之不肖，使虞敦匠，事嚴，虞不敢請。今願竊有請也：木若以美然。」孟子仕於齊，喪母，而歸葬於魯也。嬴，齊南邑。充虞，孟子弟子。敦匠，厚作棺也。事嚴，喪事急。木若以泰美然也。曰：「古者棺椁無度。中古，棺七寸，椁稱之。自天子達於庶人，非直爲觀美也，然後盡於人心。孟子言古者棺椁薄厚無尺寸之度。中古，謂周公制禮以來，棺厚七寸，椁薄於棺，厚薄相稱相得也。從天子至於庶人，厚薄皆然，但重累之數，牆翣之飾有異，非直爲人觀視之美好也。厚者難腐朽，然後盡於人心所不忍也。謂一世之後，孝子更去辟世，是爲人盡心也。過是以往，變化自其理也。不得，不可以爲悅；無財，不可以爲悅。得之爲有財，古之人皆用之，吾何爲獨不然？悅者，孝子之欲厚送親，得之則悅也。王制所禁，不得用之，不可以悅心也。無財以供，則度而用之。禮：喪事不外求，不可稱貸而爲悅也。

禮得用之，財足備之，古人皆用之，我何為獨不然？然，如是也。❶**且比化者，無使土親膚，於人心獨無恔乎？**恔，快也。**棺椁敦厚，比親體之變化，且無令土親肌膚，於人子之心，獨不快然無所恨也。吾聞之，君子不以天下儉其親。**我聞君子之道，不以天下人所得用之物儉約於其親，言事親竭其力者也。《論語》曰：「生，事之以禮；死，葬之以禮，可謂孝矣。」❷

〔疏〕「孟子自齊葬於魯」至「不以天下儉其親」。正義曰：此章言孝必盡心，匪禮之踰也。「孟子自齊葬於魯，反於齊，止於嬴」者，言孟子仕於齊國，喪其母，乃歸葬於魯國。既葬，又反於齊下嬴邑而止焉。「充虞請曰：前日不知虞之不肖，使虞敦匠，事嚴，虞不敢請。今願竊有請也：木若以美然」者，充虞，❸孟子弟子也。言孟子止於嬴邑，弟子充虞請見於孟子曰：前日孟子喪母之時，孟子不知虞之不肖，乃使虞敦匠厚作其棺，以其是時喪事嚴急，故虞不敢請問孟子。今孟子既葬而反，願竊得而請問也：木若以美然。此充虞請問以此也。其問孟子為棺椁之木若以泰美然也。「曰：古者棺椁無度，中古棺七寸，椁稱之。自天子達於庶人，非直為觀美也，然後盡於人心」至「吾聞之君子，不以天下儉其親」者，此皆孟子答充虞而言也。言上古之人，棺椁薄厚無尺寸之度。自中古以來，棺厚七寸，

---

❶ 「然如是也」，閩、監、毛、阮本作「不然者言其不如是也」。

❷ 「論語曰」至「孝矣」，阮本「孝」下有「也」字。按阮校：「孔本、韓本、《考文》古本無十八字。案此章指文也。」

❸ 「充」，原作「也」，據阮本改。

以椑相稱之，自天子通於庶人皆然，非謂直爲人觀美好也，然後乃爲盡於人心也。以其不得其厚用，則不可以爲悅於心也。既得以此厚用之，而財物無以供贍其度，亦不可以爲悅於人心也。如得之以此厚用，又有財物以供其度，古之人皆用之以厚葬其親也，我何爲而獨不如是也。且棺椁敦厚，比親體之變化，無使其土壤親其肌膚，於人子之心獨無快乎？佼，快也。以其人子之心如此得厚葬其親，乃快然而弗恨也。我聞之，君子者，不以天下所得用者而儉薄其親也。

注「嬴，齊南邑」。 正義曰：案《禮記·檀弓》云：「周人牆置翣。」鄭注云：「牆，柳衣也。」凡此皆後王之制。」又案阮氏《圖》云：「柳，柳車也。四輪一轅。車長丈二尺，高五尺。」案《喪大記》：「君飾棺，黼翣二，黻翣二，畫翣二，龍翣二。」《禮器》云：「天子八翣，大夫四翣。」又鄭注《喪大記》引《漢禮》：「翣以木爲筐，廣三尺，高二尺四寸，方兩角高，衣以白布。畫者畫雲氣，其餘各如其象。柄長五尺，車行，使人持之而從以障車。既窆，樹於壙中，障柩也」。注《論語》曰：生，事之以禮；死，葬之以禮。」 正義曰：經於《滕文》之篇亦引爲曾子言也，已說在前。

沈同以其私問曰：「燕可伐與？」孟子曰：「可。子噲不得與人燕，子之不得受燕於子噲。沈同，齊大臣。自以其私情問，非王命也，故曰私。子噲，燕王也。子之，燕相也。孟子曰可者，以子噲不以天子之命而擅以國與子之，子之亦不受天子之命而私受國於子噲，故曰其罪可伐。有仕於此，而子悅之，不告於王而私與之吾子之祿爵，夫士也，亦無王命而私受之於子，則可乎？何以

異於是！」子謂沈同也。孟子設此，以譬燕王之罪。齊人伐燕。沈同以孟子言可，因歸勸其王伐燕。或問曰：「勸齊伐燕，有諸？」有人問孟子勸齊王伐燕，有之？曰：「未也。沈同問燕可伐與？吾應之曰：『可。』彼然而伐之也。孟子曰：我未勸王也，同問可伐乎，吾曰可，彼然而伐之也。彼如曰：『孰可以伐之？』則將應之曰：『為天吏，則可以伐之。』彼如將問我曰：誰可以伐之？我將曰：為天吏則可以伐之。天吏，天所使，謂王者得天意者也。彼不復問孰可，便自往伐之矣。今有殺人者，或問之曰：『人可殺與？』則將應之曰：『可。』彼如曰：『孰可以殺之？』則將應之曰：『為士師則可以殺之。』今以燕伐燕，何為勸之哉？」今有殺人者，問此人可殺否，將應之曰：可，為士官主獄則可以殺之矣。言燕雖有罪，猶當王者誅之耳。譬如殺人者雖當死，士師乃得殺之耳。今齊國之政猶燕政也，不能相踰，又非天吏也，我何為勸齊國伐燕國乎？疏「沈同以其私問曰」至「何為勸之」。正義曰：此章言誅不義者必須聖賢，禮樂征伐自天子出，王道之正者也。沈同，齊之大臣。「沈同以其私問曰：燕可伐與？孟子曰：可。子噲不得與人燕，子之不得受燕於子噲」者，子之，燕相之名也。燕可伐乎？孟子答之，以為可伐之也，蓋以燕王不得之名也。言沈同非王命，以其私情自問孟子曰：燕可伐之與？孟子答之，以為可伐之也，蓋以燕王不得天子之命而擅與其國於子之，子之亦不得天子之命而私受燕國於子噲，故其專擅如此，可以伐之也。「有仕於此，而子悅之，不告於王而私與之吾子之祿爵，夫士也，亦無王命而私受之於子，則可乎？何以異於是」者，此皆孟子設此譬喻王之罪而可伐者也。吾子，謂沈同也，言今有為之仕於此齊國，而子喜悅其為人，乃

不告於王而私自與之吾子之祿爵。夫爲之士者，又無王之所命，而私自受爵祿於子，則可乎？否乎？今燕王所以爲可伐之罪，何以有異於此？「齊人伐燕」者，以其沈同問以孟子之言爲燕可伐❶，於是歸勸齊王而伐之。「或問：勸齊伐燕，有諸」者，言有人或問於孟子，以爲孟子勸齊伐燕，是有勸之之言否？「曰：未也，沈同問燕可伐與？」吾應之曰「可」，彼然而伐之也。「『燕可伐之與』，我應之曰『可』」者，孟子答之或人，以謂我未嘗勸王也，以其沈同問我謂「燕可伐之與」，我應之曰「可」，彼以爲是而伐之也。「彼如曰：孰可以伐之」，則將應之曰：「爲天吏則可以伐之」者，孟子又答之或人，言彼如問我曰「誰可以伐之」，我將應之曰「爲天吏」，天所使者，則可以伐之矣。「今有殺人者，或問我曰：人可殺與？」我將應之曰：「可以殺之。」彼如復問「誰可以殺之」，我則將應之曰「爲士師」，主獄之官則可以殺之矣。今以齊國之政亦若燕之政，是皆有燕之罪，以燕伐燕，我何爲勸齊王以伐燕乎？以其燕之雖有其罪，亦當王者則可以誅之耳。 注「子噲，燕王也。子之，燕相也」。 正義曰：案《史記》世家云：「易王立十二年，子燕噲立。噲立，齊人殺蘇秦。蘇秦之在燕，與其相子之爲婚。燕噲三年，與楚、三晉攻秦，不勝而還。子之相燕，貴重主斷，蘇代爲齊使於燕，燕王問曰：『齊王奚如？』對曰：『必不霸。』燕王曰：『何也？』對曰：『不信其臣。』於是燕王大信子之。子之遺蘇代百金，乃謂燕王不如以國讓子之：人之謂堯賢者，以其讓天下於許由，由不受，有讓天下之名而實不失天下，今王以燕國讓子之，子之

❶ 下「以」字，阮本作「於」。

卷第四下　公孫丑章句下

一六九

亦必不敢受,是王與堯同行也。燕王屬國於子之,子之大重,於是南面行王事,而噲老不聽政,國事皆決於子之。三年,國大亂,百姓恫恐。孟軻謂齊王曰:『今伐燕,此文、武之時,不可失也。』齊王因令章子將五都之兵以伐燕,燕噲死,齊大勝。燕子之亡。凡此是其事也。 注云「禮樂征伐自天子出」。 正義曰:此蓋《論語·季氏》孔子之言也。言王者功成制禮,治定作樂,立司馬之官,掌九伐之法,諸侯不得制禮作樂,賜弓矢,然後專征伐。是禮樂征伐自天子出也。

燕人畔,王曰:「吾甚慚於孟子。」燕人畔,不肯歸齊。齊王聞孟子與沈同言爲未勸王,今竟不能有燕,故慚之。陳賈曰:「王無患焉。王自以爲與周公孰仁且智?」陳賈,齊大夫也。問王曰:自視何如周公仁智乎?欲爲王解孟子意,故曰「王無患焉」。王曰:「惡,是何言也?」王歎曰「是何言」,言周公何可及也。曰:「周公使管叔監殷,管叔以殷畔。知而使之,是不仁也;不知而使之,是不智也。仁、智,周公未之盡也,而況於王乎?賈請見而解之。」賈欲以此說孟子也。見孟子,問曰:「周公何人也?」賈問之也。曰:「古聖人也。」曰:「使管叔監殷,管叔以殷畔也,有諸?」賈問:有之否乎?曰:「然。」孟子曰:周公,古之聖人也。曰:「周公知其將畔而使之與?」賈問之也。曰:「不知也。」孟子曰:周公不知其將畔也。「然則聖人且有過與!」過,謬也。賈曰:聖人且猶有謬誤。曰:「周公弟也,管叔兄也,周公之過,不亦宜乎?孟

子以爲周公雖知管叔不賢,亦不必非其將畔之恩也,周公之此過謬,不亦宜乎?**且古之君子,過則改之;今之君子,豈徒順之,又從爲之辭。**古之所謂君子,真聖人,賢人,君子也。周公雖有此過,乃誅三監,作《大誥》,明勅庶國,是周公改之也。今之所謂君子非真君子也,順過飾非,就爲之辭。❷ 孟子言此,以譏賈不能匡君,而欲以辭解之。

【疏】「燕人畔」至「又從爲之辭」。○正義曰:此章言聖人親親,不文其過,小人順非,以諂其上者也。「燕人畔,王曰:吾甚慚於孟子」者,言燕人皆離畔,不肯歸齊王,齊王聞孟子與沈同言未嘗勸王伐燕,今果不能得燕,乃曰:我甚慚恥而見於孟子。「陳賈曰:王無患焉,王自以爲與周公孰仁且智」者,陳賈,齊國之大夫也,言於齊王,以爲無用憂患、慚於孟子也,且王自以爲與周公孰仁且智乎?賈欲以此解王,故問之以此。「王曰:惡,是何言也」者,齊王乃歎曰:此是何言也?周公,大聖人,安可得而及之?「曰:周公使管叔監殷,管叔以殷畔,知而使之,是不仁也;不知而使之,是不智也。仁、智,周公未之盡也,而況於王乎?賈請見而解之」者,言陳賈謂周公使管叔爲三監於殷,管叔乃背畔於殷。周公知管叔有背畔之心,而復使爲監,是周公不仁也;周公不知管叔將有背畔之心,而使之爲監,是周公之不智也。仁與智,而周公大聖人也,尚未之能盡,而況

❶ 「不必非」,閩、監、毛、阮本作「必不知」。
❷ 「就」,阮本作「或」。

於齊王乎？賈今請以此見孟子，爲王解之。「見孟子，問曰：周公何人也」，賈遂見孟子，果以此説問於孟子，以謂周公是何等人也？孟子答之，以謂周公是古之大聖人也。「曰：使管叔監殷，管叔以殷畔也，有諸」，賈又問孟子，以謂周公使管叔爲監於殷，管叔以殷而背畔之，有之否乎？「曰：然」，孟子答之，以是有之也。「曰：周公知其將畔而使之與」，賈又問之，以謂周公知管叔將欲背畔，故使之爲監與？孟子答之，以爲周公不知管叔將背畔。「然則聖人且有過與」，賈又問之，以爲周公雖不知管叔將畔，如是則周公爲古之大聖人，尚且有過謬乎？「曰：周公，弟也，管叔兄也，周公之過，不亦宜乎」，孟子以爲周公雖知管叔不賢，亦不能知其將有畔之心，周公惟管叔弟也，故愛之而使爲監，管叔念是周公兄也，故亦望之。是則周公有是之過謬，不亦宜之也。以親親之故，不得不然耳。「且古之君子，過則改之」至「今之君子，過則順之，又從爲之辭」者，孟子又言古之君子，如周公雖有此過，然而乃能誅三監，作《大誥》以明勅庶國，則周公故能改之也。今之君子，非真君子，有過則順而不改。古之君子，其有過也，如日月之蝕焉，民皆得而見之，及其更也，民皆得而仰望之。今之君子，豈徒順其過而不改，又且從其有過，復作言辭以文飾其過耳。孟子所以言此者，以其欲譏陳賈不能匡正齊王之過，又從爲此周公管叔之辭，順其王之過之也。

注「誅三監，作《大誥》，明勅庶國」。

正義曰：案《尚書·大誥》篇云：「武王崩，三監及淮夷叛，周公相成王，將黜殷，作《大誥》。」孔安國云：「三監：管、蔡、商是也。言作《大誥》，以誥天下。」又案《史記》云：「周公奉成王命，興師東伐，作《大誥》，遂誅管叔，殺武庚，放蔡叔，收殷餘民。」

孟子致為臣而歸。辭齊卿而歸其室也。王就見孟子曰：「前日願見而不可得，謂未來仕齊也。遙聞孟子之賢，而不能得見之。得侍同朝，甚喜。來就為卿，君臣同朝，得相見，故喜之也。今又棄寡人而歸，今致為臣，棄寡人而歸也。不識可以繼此而得見乎？」孟子對王言，不敢自請耳，固心之所願也。孟子意欲使王繼今當自來謀也。對曰：「不敢請耳，固所願也。」

他日，王謂時子曰：「我欲中國而授孟子室，養弟子以萬鍾，使諸大夫、國人皆有所矜式，子盍為我言之？」時子，齊臣也。王欲於國中央為孟子築室，❶使養教一國君臣之子弟，❷與之萬鍾之祿。中國者，使學者遠近均也。矜，敬也。式，法也。欲使諸大夫、國人皆敬法其道。盍，何不也，謂時子何不為我言之於孟子，知肯就之否？時子因陳子而以告孟子。陳子，孟子弟子陳臻也。陳子以時子之言告孟子，孟子曰：「然，夫時子惡知其不可也？如使予欲富，辭十萬而受萬，是為欲富乎？」孟子曰：如是，夫時子安能知其不可乎？時子以我為欲富，故以祿誘我。我往者饗十萬鍾之祿，以大道不行，故去耳。今更當受萬鍾，是為欲富乎？距時子之言也。❸季孫曰：「異哉！子叔疑。二子，孟子弟子也。季孫知孟子意不欲，而心欲使孟子就之，故曰：異哉，弟子之所聞也。

❶「央」，閩、監、毛、阮本作「而」。
❷「養教」，閩、監、毛、阮本作「教養」。
❸「也」上，閩、監、毛、阮本有「所以有是云」五字。

子叔疑，❶亦以爲可就也。❷「使己爲政，不用，則亦已矣。又使其子弟爲卿。人亦孰不欲富貴？而獨於富貴之中，有私龍斷焉。孟子解二子之異意疑心。曰：齊王使我爲政，不用，則亦自止矣。今又欲以其子弟故，使我爲卿，而與我萬鍾之祿。人亦誰不欲富貴乎？是猶獨於富貴之中，有此私龍斷之類也，我則恥之。古之爲市也，以其所有易其所無者，有司者治之耳。有賤丈夫焉，必求龍斷而登之，以左右望而罔市利，人皆以爲賤，故從而征之。征商自此賤丈夫始矣。」古者市置有司，但治其爭訟，不征稅也。賤丈夫，貪人可賤者也。入市則求龍斷而登之，龍斷，謂堁斷而高者也。左右占視望，❸見市中有利，罔羅而取之，人皆賤其貪也。❹故就征取其利。後世緣此，遂征商人。孟子言：我苟貪萬鍾，不恥屈道，亦與此賤丈夫何異也？古者，謂周公以前，《周禮》有關市之賦也。❺〔疏〕「孟子致爲臣而歸」至「自此賤丈夫始矣」。正義曰：此章言君子正身行道，道之不行，命也，不爲利回也。「孟子致爲臣而歸」是孟子辭齊卿而歸處於室也。「王就見孟子曰：前日願見而不可得」至「不識可以繼此而得

❶「疑」下，閩、監、毛、阮本有「惑之」二字。
❷「也」，閩、監、毛、阮本作「之矣」。
❸「左右占視望」，按阮校：「廖本、孔本、韓本、《考文》古本無『視』字，足利本作『左右皆望』。」
❹「也」，阮本作「者也」。按阮校，閩、監、毛三本同阮本，孔本、韓本、足利本無「也」字。
❺「賦」，阮本作「征」。按阮校，閩、監、毛三本同阮本，《考文》古本作「税」。

見乎」，是齊王見孟子辭齊卿而歸於室，乃就孟子之室而見孟子曰：前日未仕齊時，聞孟子之賢，願見之，而不能得見，後得侍於我而爲之卿，遂得同朝相見，故甚喜之。今乃又棄去寡人而歸處於室，我不知可以繼今日之後，當自來就見，而使寡人得相見否？故以此問孟子。孟子對曰「不敢請耳，固所願也」孟子意欲使王繼今日之後，當自來就見，故云不請見，固我心之所願也。「他日，王謂時子曰：我今欲以中國而授孟子，爲築其室，教養一國之子弟，齊王之臣也，言自見孟子已往，他日齊王又謂其臣時子曰：我今欲以中國授孟子室」至「盡爲我言之」，時子，齊王之臣也，言自見孟子已往，他日齊王又謂其臣時子曰：我今欲以中國授孟子，爲築其室，教養一國之子弟，故賜予以萬鍾之祿，使其諸大夫與一國之人皆有所敬法，時子何不爲我以此言説之。「時子因陳子而以告孟子」，陳子，陳臻也，是孟子弟子也。時子於是因陳臻而以齊王之言使陳臻告於孟子。「陳子以時子之言告孟子」至「是爲欲富乎」，是陳子乃以時子所告齊王之言而告於孟子，孟子乃答之曰：然如是也，夫時子又安知其有不可也？如使我欲富其祿，我以辭去十萬之祿而受其萬，是以爲我欲其富乎？云「乎」者，是不爲欲富也。孟子欲以此言距時子也。「季孫曰：異哉！子叔疑」，季孫、子叔疑二子皆孟子弟子也。季孫知孟子意不欲遂時子之言，而心尚欲孟子就之，故但言異哉，弟子之所聞也。子叔疑之，亦以爲可就。「使己爲政，不用，則亦以辭之而止於其室矣。又欲以弟子之教，而使我爲卿，以與我萬鍾之祿。既以不得用，則我亦以辭之而止於其室矣」至「有私龍斷焉」者，孟子又言：齊王使已爲政之道，既以不得用，則我亦以辭之而止於其室矣。又欲以弟子之教，而使我爲卿，以與我萬鍾之祿。人亦誰不欲其富貴乎？然以此者，是亦猶獨於富貴之中，私龍斷之類也。以其恥之，所以言然。「古之爲市也」，以其有無相貿易耳，有司者但治其所有易其所無者」至「自此賤丈夫始矣」，孟子又言：古之所以爲市也，以其有無相貿易耳，有司者但治其爭訟而不征税也，有賤丈夫，則必求丘龍堁斷之高者而登之，以左右占望，見市中有利，罔羅而取之，人皆以

為賤丈夫焉，故後世亦從而征取其市中之税。以其所以征商之税於後世者，亦自此賤丈夫登龍斷而罔市利為之始矣，故曰「故從而征之，征商自此賤丈夫始矣」。《周禮》有司關、司市，是有司者也。注云「古者，謂周公以前，《周禮》有關市之征」。 正義曰：此蓋前篇說之詳矣，此不復說。

孟子去齊，宿於晝。有欲爲王留行者，晝，齊西南近邑也。孟子去齊，欲歸鄒，至晝地而宿也。**坐而言，不應，隱几而卧。**客危坐而言留孟子之言也，孟子不應答，因隱倚其几而卧也。**客不悅，曰：「弟子齊宿而後敢言，夫子卧而不聽，請勿復敢見矣。」**齊，敬。宿，素也。弟子素持敬心來言，夫子慢我，不受我言，言而遂起，退欲去，請絶也。**曰：「坐，我明語子。昔者魯繆公無人乎子思之側，則不能安子思；泄柳、申詳無人乎繆公之側，則不能安其身。**往者魯繆公尊禮子思，子思以道不行則欲去。繆公常使賢人往留之，說以方且聽子爲政，然則子思復留。泄柳、申詳，亦賢者也，繆公尊之不如子思，二子常有賢者在繆公之側勸以復之，其身乃安矣。**子爲長者慮，而不及子思。子絶長者乎？長者絶子乎？」**言子爲我慮，不如子思時賢人也，不勸王使我得行道，而但勸我留，此爲子絶我乎？又我絶子乎？何爲而慍恨也？

〔疏〕「孟子去齊」至「絶子乎」。 正義曰：此章言惟賢能安賢，智能知微，以愚喻智，道之所以乖也。「孟子去齊，宿於晝，有欲爲王留行」者，晝，

齊之近邑也。言孟子去齊，欲歸鄒，至晝而宿，齊人見之，有欲爲王留行者也。「坐而言，不應，隱几而臥」，言爲王留行者，危坐而説留孟子之行，孟子乃隱倚其几，但臥而不應答也。「客不悦，曰：弟子齊宿而後敢言，夫子臥而不聽，請勿復敢見矣」，客，爲王留行者也。齊，敬也。宿，素也。言客見孟子不應答其言，但隱几而臥焉，遂欲退，乃曰：弟子素齊敬其心，而後方敢言留夫子之行，夫子今乃臥而不聽其言，自今請絶，於此後勿復更敢見夫子矣。「曰：坐，我明語子」孟子遂止客且坐，言我分明言告於子者絶子乎」，是皆明告之言也。言往日魯國繆公無人於子思之側，以遵達其意，則不能安子思；泄柳、申詳無人於魯繆公之側，以稱譽其賢，則泄柳、申詳不能安其身。以其子思之於繆公，師道也，非求容者也，故繆公無人於子思之側，則不能安子思；泄柳、申詳之於繆公，臣道也，則求容者也，故無人於繆公之側，則不能安其身。今孟子所以言此者，是謂齊之士不能爲王謀安於孟子未去之前，逮至出晝，然後方爲留行，此所以隱几臥而不答也。齊之留行之士不知以此，但以爲孟子不應，遂不悦，而請勿復見。如此，是留行之士不以安子思而謀安孟子，但請勿復爲言，以其自絶於孟子矣。故孟子所以言：子爲長者慮，而不及於子思，特子絶其長者乎？是長者絶子乎？以其不以安子思而謀安孟子於未去之前，是爲孟子慮者，不及子思，是欲爲泄柳、申詳之所爲耳。長者，孟子以年已之老，自稱爲長者也。 注「晝，齊西南近邑」。 正義曰：蓋以鄒在魯，而魯又在齊之西南上，孟子去齊歸鄒，至晝而宿，是知晝之地爲齊之西南近邑者也，故云近邑。

孟子去齊。尹士語人曰：「不識王之不可以爲湯、武，則是不明也。識其不可，然且至，則是干澤也。千里而見王，不遇故去，三宿而後出晝，是何濡滯也？士則兹不悦。」尹士，齊人也。干，求也。澤，禄也。尹士與論者言之，云孟子不知，則爲求禄。既去，近留於晝三日，怪其孰久，❶故云士於此事則不悦也。高子以告。高子亦齊人，孟子弟子，以尹士之言告孟子也。

曰：「夫尹士惡知予哉？千里而見王，是予所欲也。不遇故去，豈予所欲哉？予不得已也。孟子曰：夫尹士安能知我哉？我不得已而去耳，何汲汲而驅馳乎？予三宿而出晝，於予心猶以爲速，王庶幾改之。王如改諸，則必反予。浩然，心浩浩有遠志也。我自謂行速疾矣，冀王庶幾能反覆招還我矣。夫出晝而王不予追也，予然後浩然有歸志。浩然，豈舍王哉？王由足用爲善，王如用予，則豈徒齊民安，天下之民舉安。王庶幾改之，予日望之。孟子以齊大國，知其可以行善政，故戀戀望王之改而反之，是以安行也。豈徒齊民安，言君子達則兼善天下也。予豈若是小丈夫然哉？❷諫於其君而不受，則怒，悻悻然見於其面，去則窮日之力而後宿哉？」我豈若狷狷急小丈夫，❷恚怒其君而去，極日力而宿，懼其不遠者哉？《論》曰：「悻悻然小人哉。」言已志大，在於

❶「孰」，按阮校，廖本、孔本作「猶」，閩、監、毛三本作「淹」。
❷「狷狷」，按阮校：「岳本、廖本、孔本、韓本、《考文》古本不重『狷』字。按不重者是。」

濟一世之民，不爲小節也。

尹士聞之，曰：「士誠小人也。」尹士聞義則服，故曰「士誠小人也」。❶

「孟子去齊」至「士誠小人也」。

正義曰：此章言大德洋洋，介士察察，賢者志其大者，不賢者志其小者也。

「孟子去齊」者，言孟子去齊而歸鄒也。「尹士語人曰」至「尹則茲不悅」，尹士，齊人也。尹士見孟子去齊而宿於晝，乃語人曰：不知齊王不可以爲湯、武之王，則是孟子蒙昧而不明鑒也。知齊王不可爲湯、武之王，然且自鄒至齊而爲仕，則是孟子干求其祿也。今自千里之遠而見齊王，不遇，不行其道。然而三宿而後方出晝而行，是何其濡滯淹久也。我則以此不悦之也。「高子以告」高子亦齊人，爲孟子弟子也。然而高子以此尹士語人之言而告於孟子。「曰：夫尹士惡知予哉」至「而後宿哉」孟子答高子，以謂夫尹士者，安知我之志哉？我千里而見王，是我欲行道也。不遇於齊王，不得行其道，故去，豈我心之所欲哉？我不得已而去之矣。夫出晝邑，至三宿而後出晝邑而行，於我心尚以爲急速也。齊王如能改之，使我得行其道，則必反留我回耳。夫出晝邑，我三宿而後出晝而行，王猶不我追而還齊國，我然後浩浩然有歸志也。齊王如能改之，使我得行其道，則必反改而反我，我日常望之於王矣。我豈若狷狷急小丈夫，諫其君而不受，則悻悻然心有所怒而見於面容，去則極日力而後方止宿哉？孟子如此，所以云然也。「尹士聞之，曰：士誠小人也」，尹士

❶「故曰士誠小人也」，按阮校：「廖本、孔本、韓本、《考文》古本無此七字。無者是。」

卷第四下　公孫丑章句下

一七九

聞孟子言之以此，故服其義，而言於孟子曰：士實小人也。以其不能知孟子之意，❶有如其矣。

孟子去齊，充虞路問曰：「夫子若有不豫色然。前日虞聞諸夫子曰：『君子不怨天，不尤人。』」路，道也。於路中問也。充虞謂孟子去齊有恨心，顏色故不悦也。曰：「彼一時，此一時也。由周而來，七百有餘歲矣，以其數則過矣，以其時考之，則可矣。彼時前聖賢之出，是其時也，今此時亦是其一時也。五百年必有王者興，其間必有名世者。名世，次聖之才，物來能名，正一世者，❷生於聖人之間也。七百有餘歲，謂周家王迹始興，有興王道者也。由周而來，五百年有王者興，大王、文王以來，考驗其時，則可有也。夫天未欲平治天下也，如欲平治天下，當今之世，舍我其誰也？吾何爲不豫哉？」孟子自謂能當名世之士，時又值之，而不得施。此乃天自未欲平治天下耳，非我之愆，我固不怨天，何爲不悦豫乎？是故知命者不憂不懼，與天消息，天非人不因，人非天不成也。

正義曰：此章言聖賢興作，與天消息而已矣。❸言孟子歸鄒，弟子充虞於路中間孟子曰：夫子若有不悦豫之顏色，然前日虞聞夫子有言，君子之尤人」。「孟子去齊，充虞路問曰」至「不豫哉」。「孟子去齊，充虞路問曰」至「吾何爲不豫

❶ 「意」，原作「忘」，據阮本改。
❷ 「正」下，閩、監、毛、阮本有「於」字。
❸ 「路」，原作「又」，據上經文及阮本改。

人，凡於事不怨恨於天，不見過於人也。」曰：彼一時，此一時也」至「吾何爲不豫哉」，孟子答充虞，以謂彼時聖賢之所出，是其時也，此時今時，亦是其一時也。五百年之後，必有王者興，爲於其間亦必名世大賢者，今自周興，大王、文王以來，已有七百有餘歲矣，以其年數推之，則過於五百年矣，以其時考之，而其時亦可有也。今天自未欲平治天下也，如天欲使平治天下，則當今之世，捨我其誰哉？此孟子所以歸於天命，道行與不行，皆未嘗有不悅之色也，故曰「吾何爲不豫哉」。蓋孟子所以言此者，以其自謂能當名世之士，而時又值不得施爾。

孟子去齊，居休。公孫丑問曰：「仕而不受祿，古之道乎？」休，地名。丑問古人之道，仕而不受祿邪？怪孟子於齊不受其祿也。曰：「非也。於崇，吾得見王。退而有去志，不欲變，故不受也。崇，地名。孟子言不受祿，非古之道。於崇，吾始得見齊王❶，知其不能納善。退出，志欲去矣。不欲即去，若爲變詭，見非太甚，故且宿留。心欲去，故不復受其祿也。繼而有師命，不可以請；久於齊，非我志也。」言我本志欲速去，繼見之後，有師旅之命，不得請去，故使我久而不受祿耳。久，非我本志也。

疏「孟子去齊」至「非我志也」。正義曰：此章言祿以食功，志以率事，無其事而食其祿，君子不由

❶「得」，阮本無此字。按阮校，閩、監、毛三本及孔本、韓本同阮本。

也。「孟子去齊，居休」，休乃地名也，言孟子去齊，乃居於休之地，蓋齊邑下之地也。「公孫丑問曰：仕而不受祿，古之道乎」，公孫丑問孟子曰：夫爲仕而不受爵祿，古之道誠然乎否？❶ 以其怪孟子於齊不受祿，故以此問之。「曰：非也，於崇，吾得見王」至「非我志也」者，孟子答之曰：我非不受祿也，亦非古之道如此也。然我於崇之地，我得始見於齊王，知王不能納善，故退而有去之心。又其不欲遽變爲苟去，故於祿有所不受也。無他，以其道不行，不敢無功而受祿也。已既去，而齊王續以賓師之命而禮貌之，故由足爲善，遂不敢請去，是以久留於齊，非我之志也，但不得已而已矣。

❶「否」，阮本作「丑」，屬下讀。

孟子注疏解經卷第五上

孫奭疏

滕文公章句上凡五章

趙氏注滕文公者，滕，國名；文，謚也；公者，國人尊君之稱也。文公於當時尊敬孟子，問以古道，猶衛靈公問陳於孔子，《論語》因以題篇。

疏 正義曰：前篇章首論公孫丑有政事之才，問管晏之功，故曰《公孫丑》爲篇題。蓋謂行政莫大乎反古之道，是以此篇滕文公尊敬孟子，問以古道，如《論語》衛靈公問陳於孔子，遂以目爲篇題，不亦宜乎。故次《公孫丑》之篇，所以揭《滕文公》爲此篇之題也。此篇凡十五章，趙注分之，遂成上下卷。據此上卷凡五章而已。一章言人當上則聖人，秉仁行義。二章言事莫當於奉禮，孝莫大於哀慟。三章言尊賢師智，采人之善，修學校，勸禮義，勑民事，正經界，均井田，賦什一。四章言神農務本，教於世民，許行蔽道，君臣同耕，陳相背師，降于幽谷。孟子博陳堯舜上下之叙以正之。五章言聖人緣情制禮，以直正枉。其餘十章，

趙注分爲下卷，各有叙焉。

注「滕文公」至「題篇」。

正義曰：案《春秋》魯隱公十一年，「滕侯、薛侯來朝，爭長」。滕侯曰：我，周之卜正也。乃長滕侯。隱公七年，杜預注云：「滕國在沛國公丘縣東南。」是滕文公之國，即滕侯之後也。《謚法》曰：慈惠愛民曰文，❶忠信接禮曰文。《論語》第十五篇，衛靈公問陳於孔子，孔子對：俎豆之事，則常聞之；軍旅之事，未之學也。遂以爲之篇題故也。

滕文公爲世子，將之楚，過宋而見孟子。孟子道性善，言必稱堯舜。文公爲世子，使於楚而過宋，孟子時在宋，與相見也。滕侯，周文王之後也。《古紀世本》錄諸侯之世，滕國有考公麋，❷與文公之父定公相直。其子元公弘，與文正相直。❸以後世避諱，改「考公」爲「定公」；以元公行文德，故謂之文公也。孟子與世子言人生皆有善性，但當充而用之耳。又言堯舜之治天下，不失仁義之道，故勉世子。❹世子自楚反，復見孟子。從楚還，復詣孟子，欲重受法則也。孟子曰：「世子疑吾言乎？夫道一而已矣。世子疑吾言有不盡乎？天下之道一而已矣，惟有行善耳，復何疑邪？成覵謂齊景公曰：『彼

❶「文」，原無，按阮校：「此下脱『文』字，閩本同。監、毛本增，是也。」據補。
❷「麋」，按阮校：「廖本、孔本、韓本作『麋』。《音義》云『從禾』。作『麋』是也。」
❸「正」，阮本作「公」。
❹「故勉世子」，按阮校：「廖本、孔本、韓本、《考文》古本作『欲勸勉世子也』」。

丈夫也，我丈夫也，吾何畏彼哉？」成覸，勇果者也。與景公言曰：尊貴者與我同丈夫，我亦能爲之，何爲畏彼之哉？顏淵曰：「舜何人也？予何人也？有爲者亦若是。」言欲有爲，當若顏淵庶幾、成覸不畏，乃能有所成耳。又以是勉世子也。公明儀曰：「文王我師也，周公豈欺我哉？」公明儀，賢者也。師文王、信周公，言其知所法則也。今滕絕長補短，將五十里也，猶可以爲善國。其境界長短相補，可得大，五十里子、男之國也，尚可以行善者也。《書》曰：『若藥不瞑眩，厥疾不瘳。』」《書》逸篇也。瞑眩，藥攻人疾，先使瞑眩憒亂，乃得瘳愈。喻行仁當精熟，德惠乃洽也。

疏「滕文公爲世子」至「厥疾不瘳」。○正義曰：此章言人上當則聖人，秉仁行義者也。「滕文公爲世子，將之楚，過宋而見孟子。孟子道性善，言必稱堯舜」者，世子，諸侯適子之稱也。言滕文公爲世子之時，往楚國，而在宋國過，見孟子。孟子乃與世子文公道其人性皆有善，但當行之而已。凡有言，則必以堯舜爲言，蓋堯舜古之受禪之帝，其治國所行之事，皆爲後世所法，故言必堯舜之事，言於世子文公，以其欲勉世子文公也。「世子自楚反，復見孟子」者，是世子文公自宋而見孟子之後往至楚國，又自楚國反歸，復見孟子於宋國也。「孟子曰：世子疑吾言乎，夫道一而已矣」者，孟子見世子復見再有所問，乃曰：世子是疑我言有不盡，故復見乎？言道之在天下一而已，惟當善行焉，何必復疑而再欲問邪？「成覸謂齊景公曰：彼丈夫也，我丈夫也，吾何畏彼哉」者，孟子又引往日成覸常謂齊景公曰：彼之尊貴者即丈夫也，我亦

丈夫也，言即一耳，我何畏彼之哉？是言我能爲之，亦如彼之尊貴矣，人何畏❶顏淵有曰：舜何人也，我何人也，亦言其人即一耳，但有能爲之者，亦若此舜矣。故曰「舜何人也？予何人也？有爲者亦若是」。「公明儀曰：文王我師也，周公豈欺我哉？」者，我師法之者也，周公豈欺誣我哉？言周公我亦信而師法之耳。「今滕絕長補短，將五十里也，猶可以爲善國」者，孟子謂世子，言今之滕國之地，絕長補短，其廣大亦將有五十里也，尚可以爲行善之國也。五十里者，子，男之國也，故曰「猶可以爲善國」。「《書》曰：若藥弗瞑眩，厥疾不瘳」者，此蓋今之《尚書·説命》之篇文也。孟子引《書》云：若藥之攻人，人服之不以瞑眩憒亂，則其疾以不愈也。所以引此者，蓋孟子恐云今滕國絕長補短，將有五十里，猶可爲善國，有致世子之所嫌，乃引此而喻之，抑亦所謂良藥苦口，忠言逆耳之意，而解世子又有以勸勉焉。

注「文公爲世子」至「勉世子也」。 正義曰：此蓋《古紀世本》之文也。云滕有考公麋，與文公之父定公相直。其子元公洪，與文公相直。後世因避諱之故，更考公爲定公，元公爲文公。以其能安民大慮，故以「定」爲謚；以其能慈惠愛民，故以「文」爲謚。魯有文公、定公之號，周有文王、定王之名。其謚雖與滕君同，然稱其實，蓋不無異焉。凡稱公者，蓋古者天子有三公稱公，王者之後稱公。其餘大國稱侯、伯，小國稱子。男之君亦得稱公者，非僭之也，以其國人尊之，故稱公而已。 注云「成覸，勇果者也」，「公明儀，賢者

❶ 「人」，阮本作「又」。

也」。正義曰：❶以意推之，則成覵之勇果、公明儀之賢者可知矣，人亦未詳，《禮》於《檀弓》有公明儀，而注亦無所說，亦以孟子之時事罕有所載，學者亦不必規規務求極焉。注「若藥不瞑眩，厥疾不瘳」。正義曰：《商書·説命》篇孔氏傳云：「開汝心，沃我心，如服藥必瞑眩極，其病乃除，欲其出切言以自警。」

滕定公薨，世子謂然友曰：「昔者孟子嘗與我言於宋，於心終不忘。今也不幸至於大故，吾欲使子問於孟子，然後行事。」定公，文公父也。然友，世子之傅也。大故，謂大喪也。然友之鄒，問於孟子。孟子歸在鄒也。孟子曰：「不亦善乎！親喪，固所自盡也。不亦者，亦也。問此亦其善也。曾子曰：『生，事之以禮；死，葬之以禮，可謂孝矣。』曾子傳孔子之言。孟子欲令世子如曾子之從禮也。時諸侯皆不行禮，故使獨行之也。諸侯之禮，吾未之學也。雖然，吾嘗聞之矣。三年之喪，齊疏之服，飦粥之食，自天子達於庶人，三代共之。」孟子言我雖不學諸侯之禮，嘗聞師言，三代以事，❷君臣皆行三年之喪。齊疏，齊衰也。飦，糜粥也。然友反命，定爲三年之喪。父兄百官皆不欲也，故曰：「吾宗國魯先君莫之行，吾先君亦莫之行也。至於子之身而反之，不可。

---

❶ 「曰」，原作「田」，據阮本改。
❷ 「事」，按阮校：「閩、監、毛三本作『前』，廖本、孔本、韓本《考文》古本、足利本作『來』」。

父兄百官，滕文同姓、異姓諸臣也。❶皆不欲使世子行三年。滕、魯同姓，俱出文王。魯，周公之後；滕，叔繡之後。敬聖人，故宗魯者也。且志曰：「喪祭從先祖。」曰：「吾有所受之也。」父兄百官且復言也。志，記也。《周禮》：「小史掌邦國之志。」曰喪祭之事，各從其先祖之法。言我轉有所受之，不可於己身獨改更也。一説「吾有所受之」，世子言我受之於孟子也，故曰吾有所受。❷謂然友曰：「吾他日未嘗學問，好馳馬試劒。今也父兄百官不我足也，恐其不能盡於大事，子爲我問孟子。」父兄百官見我他日所行，謂我志行不足，似恐我不能盡大事之禮，故止我也。爲我問孟子，當何以服其心，使其信我也。然友復之鄒問孟子。孟子曰：「然，不可以他求者也。孔子曰：『君薨，聽於冢宰。歠粥，面深墨，即位而哭，百官有司莫敢不哀，先之也。』孟子言：如是，不可用他事求也。❸喪尚哀戚感之耳。上有好者，下必有甚焉者矣。君子之德，風也。小人之德，草也。

---

❶ 「文」，按阮校：「宋本、孔本、韓本、《考文》古本作『之』。」
❷ 「故曰吾有所受」，按阮校：「廖本、孔本、韓本、《考文》古本無此句。無者是。」
❸ 「他事」，原作「也是」，據阮本改。
❹ 「戚感」上，阮本有「惟當以哀」四字。

草上之風必偃。」❶是在世子。」上之所欲，下以為俗。尚，加也。偃，伏也。以風加草，莫不偃伏也。是在世子以身帥之也。然友反命。世子曰：「然，是誠在我。」世子聞之，知其在身，欲行之也。五月居廬，未有命戒。❷百官族人可謂曰知。諸侯五月而葬，未葬，居倚廬於中門之內也。未有命戒，居喪不言也。異姓、同姓之臣可謂曰智，世子之能行禮也。及至葬，四方來觀之，顏色之戚，哭泣之哀，弔者大悅。四方諸侯之殯來弔會者，見世子之憔悴哀戚，大悅其孝行之高美也。

疏「滕定公薨」至「弔者大悅」。

正義曰：此章言事莫當於奉禮，孝莫大於哀慟，從善如流，文公之謂也。「世子謂然友曰：昔者孟子嘗與我言於宋，於心終不忘。今也不幸，至於大故，吾欲使子問於孟子，然後行事」者，世子謂然友，言往日孟子曾與我言於宋國之事，於我心至今常存，終不為忘之也，今也不幸至於父喪之大故，我欲使子問於孟子，然後行其父喪之事。「然友之鄒，問於孟子」者，孟子將以自宋歸鄒也，然友乃往於鄒國，問孟子以世子所問之事。「孟子曰：不亦善乎！親喪固所自盡也」者，孟子答然友，謂不亦善然友以世子所問也。「曾子曰：生，事之以禮；死，葬之以禮，祭之以禮，可謂孝矣」至「三代共之」者，孟子以此答然友之問，言曾子謂父母在生之時，當以禮奉事之，如冬溫夏清、昏定晨省，是其禮也。父母死之時，當以禮安葬之，如躃踊哭泣，哀以送之，卜其宅兆，而安厝之，是其禮也。及祭

───

❶ 「上」，按阮校：「石經、廖本、孔本、韓本作『尚』。」
❷ 「未」，原作「木」，據阮本改。

之禮，如春秋祭祀以時思之，陳其簠簋而哀戚之禮，則我未之學也。凡此三年之喪，自上至於天子，下而達於庶人，三代夏、商、周共行之矣。言嘗聞三年父母之喪，以齋疏齊衰之服，以麋粥之食。雖然，爲未嘗學諸侯之禮，我嘗聞知之矣。能如此，則可謂之能孝者矣。如問其諸侯所行之禮，則我未之學也。

孟子之言，乃反歸命告於滕公也。「定爲三年之喪，父兄百官不欲也，故曰：吾宗國魯先君莫之行也」至「於子之身而反之，不可」者，是世子因然友問孟子歸後，乃定爲三年之喪事，其滕之同姓與異姓諸臣，皆不欲爲三年之喪，遂曰：我宗國魯君莫之嘗行此三年喪禮，我之先君亦莫之嘗行也，今至於子之身而反違之，以爲三年之喪，不可。言其不可反背先君，而以自爲三年喪之禮也。「且志曰：喪祭從先祖。曰：吾有所受之也」父兄百官言之後復引記有曰：喪祭之事，各從其先祖之法，我但有所承受於已身獨改更爲三年喪耳。滕與魯同姓，俱出魯周公之後，故云「吾宗國魯先君」。志，記也。「謂然友曰：吾他日未嘗學問禮，但好驅馳走馬試劍事，今也定爲三年之喪禮，而父兄百官見之皆不欲爲，乃復謂我志不足以行此三年之喪，恐其不能盡於大事之禮，子復爲我之鄒問孟子，以爲如何當使父兄百官服其心而信我也？」「孟子曰：不可以他求也。孔子曰：君薨，聽於家宰，歠粥，面深墨，即位而哭。百官有司莫敢不哀，先之也」至「是在世子」者，孟子答然友爲世子之問，言如此則不可更以他事求也，惟當以哀戚感之耳。故引孔子曰：國君之薨，其政事皆委冢宰大臣聽行之，嗣君者但歠麋粥而不食，面之顏色亦變

爲甚黑之色,即喪位而哀哭之,故百官有司莫敢不哀先之也。是所謂上有所好者,下必有甚焉者耳。且君子之德如風也,小人之德如草也,草加之以風,必偃伏而從風所趨耳。凡此皆孟子之德如風也,小人之德如草也,草加之以風,必偃伏而從風所趨耳。凡此皆孟子答然友爲世子之問,而以此復教之矣。「然友反命,世子曰:是誠在我」者,然友自問孟子之言反歸告於世子,世子於是五月居於喪廬,不敢入處,故未有命以令人,未有戒以號人,以其在外,思之而不言也。百官族人皆以爲知禮,能行三年之喪,乃曰「可謂曰智」,以其百官族人指文公而言也。「及至葬,四方來觀之,顏色之戚,哭泣之哀,弔者大悦」者,言及至葬日,四方諸侯來弔慰而觀之,顏色之戚而形於容,哭泣之哀而形於聲,於是弔之者皆大悦,以喜其有孝行也。

注「曾子傳孔子之言」。

正義曰:案《論語》:「孟孫問孝於孔子,孔子對曰:『生,事之以禮;死,葬之以禮,祭之以禮。』」是曾子傳孔子之言而云,孟子所以引爲曾子言矣。

注「定公,文公父也」。

正義曰:説在前段已詳矣。

滕文公使然友之鄒問喪之後。

正義曰:案魯隱公十一年,滕侯與薛侯爭長,薛侯曰:「我先封。」滕侯曰:「我,周之卜正也。薛,庶姓也,我不可以後之。」公使羽父請於薛侯曰:「君與滕侯辱在寡人。周諺有之曰:『山有木,工則度之。賓有禮,主則擇之。』周之宗盟,異姓爲後。寡人若朝于薛,不敢與諸任齒。君若辱貺寡人,則願以滕君爲請。」薛侯許之,乃長滕侯。杜預云:「薛,任姓。」以此推之,則知滕爲魯之後,與魯同姓也。

注《周禮》:「小史掌邦國之志」至「孟子也」。

正義曰:鄭司農云:「志,謂記也。《春秋傳》所謂《周志》,《國語》所

❶「同」,原作「商」,據上注文及阮本改。

卷第五上 滕文公章句上

一九一

謂《鄭書》之屬也。」兩說者，其意皆行，謂之父兄百官言亦行，謂之世子亦行，但不逆意則可矣。注「諸侯五月而葬，未葬，居倚廬於中門之內也」。正義曰：案《左傳》隱公元年云：「天子七月而葬，同軌畢至；諸侯五月而葬，同盟至；大夫三月，同位至；士踰月，外姻至。」又《大喪記》云「父母之喪，❶居倚廬」是也。

滕文公問爲國。❷ 孟子曰：「民事不可緩也。問治國之道也。民事不可緩之使怠惰，當以政督趣，教以生產之務也。《詩》云：『晝爾于茅，宵爾索綯。亟其乘屋，其始播百穀。』《詩》，《邶風·七月》之篇，言教民晝取茅草，夜索以爲綯。綯，絞也。及爾閒暇，亟而乘蓋爾野外之屋，春事起，爾將始播百穀矣。言農民之事無休已。民之爲道也，有恆產者有恆心，無恆產者無恆心。苟無恆心，放僻邪侈，無不爲已，及陷乎罪，然後從而刑之，是罔民也。焉有仁人在位，罔民而可爲也？義與上篇同。孟子既爲齊宣王言之，滕文公問，復爲究陳其義，故各自載之也。是故賢君必恭儉禮下，取於民有制。古之賢君，身行恭儉，禮下大臣，賦取於民不過什一之制也。陽虎曰：『爲富不仁矣，爲仁不富矣。』陽虎，魯季氏家臣也。富者好聚，仁者好施，施不得聚，道相反也。陽虎非賢者也，言有可采，不以人廢言也。夏后氏五十而貢，殷人七十而助，周人百畝而徹，其實皆什一也。徹者，徹

❶ 「大喪記」，據《禮記》當作「喪大記」。
❷ 「問」，原脫，據阮本補。

也。助者，藉也。夏禹之世，號夏后氏。后，君也。禹受禪於君，故夏稱后。殷、周順人心而征伐，故言人也。民耕五十畝，貢上五畝；耕七十畝者，以七畝助公家；耕百畝者，徹取十畝以爲賦。雖異名而多少同，故曰「皆什一也」。徹猶人徹取物也。❶ 藉者，借也，猶人相借力助之也。龍子曰：『治地莫善於助，莫不善於貢。』貢者，校數歲之中以爲常。龍子，古賢人也，言治土地之賦，無善於助者也。貢者，校數歲以爲類而上之，民供奉之，有易有不易，故謂之莫不善於貢也。樂歲粒米狼戾，多取之而不爲虐，則寡取之。凶年糞其田而不足，則必取盈焉。樂歲，豐年。狼戾，猶狼藉也。粒米，粟米之粒也。饒多狼藉，棄捐於地，是時多取於民，不爲暴虐也，而反以常數少取之。至於凶年飢歲，民人糞其田，❷ 尚無所得，不足以食，而公家取其稅必滿其常數焉。不若從歲飢穰以爲多少，與民同之也。爲民父母，使民盻盻然，將終歲勤動不得以養其父母，又稱貸而益之，使老稚轉乎溝壑，惡在其爲民父母也？盻盻，勤苦不休息之貌。動，作。稱，舉也。言民勤身動作，終歲不休息以養食其父母。公賦當畢，有不足者，又當舉貸子倍而益滿之。至使老少轉尸溝壑，❸ 安可以爲民之父母也。夫世祿，滕固行

❶ 上「取」字，按阮校：「岳本、宋本、廖本、孔本、韓本、《考文》古本無「取」字。無者是。」

❷ 「糞」下，按阮校：「宋本、孔本、韓本、《考文》古本有「治」字。」

❸ 「老少轉尸」，按阮校：「宋本「少」作「小」，「尸」作「乎」，岳本、孔本、韓本「少」作「小」，足利本「尸」下有「乎」字。」

之矣。古者諸侯、卿、大夫、士有功德，則世禄賜賚族者也。官有世功也，其子雖未任居官，得世食其父禄。賢者子孫必有士之義也，滕固知行是矣。言亦當恤民之子弟，閔其勤勞者也。《詩》云：「雨我公田，遂及我私。」惟助爲有公田，由此觀之，雖周亦助也。《詩》《小雅·大田》之篇。言太平時民悅其上，願欲天之先雨公田，遂以次及我私田也，猶殷人助者，❶爲有公田耳。此周《詩》也，而云「雨公田」，知雖周家之時，亦有助之之制也。❷ 設爲庠序學校以教之，以學習禮，教化於國。庠者養也，校者教也，序者射也。夏曰校，殷曰序，周曰庠，學則三代共之，皆所以明人倫也。養者養耆老，教者教以禮義，射者三耦四矢，以達物導氣也。學則三代同名，皆謂之學。學乎人倫，人倫者人事也，猶《洪範》曰「彝倫攸序」，謂其常事有序者也。人倫明於上，小民親於下，有王者起，必來取法，是爲王者師也。有行三王之道而興起者，當取法於有道之國也。《詩》云：「周雖舊邦，其命惟新。」文王之謂也。子力行之，亦以新子之國。」《詩》《大雅·文王》之篇。❹ 言周雖后稷以來舊爲諸侯，其受王命，惟文王新復，

---

❶「猶」，按阮校：「閩、監、毛三本、韓本作『惟』。案『猶』當『獨』字之誤，閩本改爲『惟』，非也。」

❷「雨」，原作「前」，據阮本改。

❸「知雖」至「之制也」，按阮校：「宋本、岳本『亦有助之之制也』作『亦助也』」，孔本、韓本、足利本作「知雖周家時亦助也」。《考文》古本「之時」「之制」無「之」字。

❹「文王」，原作「文文王」，按盧宣旬補校：「誤重『文』字。」據删。

修治禮義以致之耳。以是勸勉文公，欲使庶幾新其國也。**使畢戰問井地。**畢戰，滕臣也。問古井田之法。時諸侯各去典籍，人自爲政，故井田之道不明也。**孟子曰：「子之君將行仁政，選擇而使子，子必勉之！夫仁政，必自經界始。經界不正，井地不鈞，穀禄不平。**穀，所以爲禄也。《周禮·小司徒》曰：「乃經土地而井其田野。」❶言正其土地，乃定受其井牧之處也。**是故暴君汙吏必慢其經界。經界既正，分田制禄，可坐而定也。**暴君，殘虐之君。汙吏，貪吏也。慢經界，不正也。❷必相侵陵，長争訟也。**夫滕，壤地褊小，將爲君子焉？將爲野人焉？無君子莫治野人，無野人莫養君子。請野九一而助，國中什一使自賦。**褊小，謂五十里也。九一者，井田以九頃爲數而供什一，亦有野人，言足以爲善政也。助者，殷家稅名也，周亦用之，龍子所謂「莫善於助」也。時諸侯不行助法。國中什一者，《周禮》「園廛二十而稅一」時行重法，❸賦責之什一也。而，如也。自，從也。孟子欲請使野人如助法，什一而稅之。國中從其本賦，二十而稅一以寬之也。**卿以下必有圭田，圭田五十畝，餘夫二十五畝。**古者

---

❶「經」，原作「任」，據阮本及《周禮》改。「井」下，《周禮》有「牧」字。

❷「不正也」，按阮校：「廖本、孔本、韓本《考文》古本作『不正本也』。」

❸「法」，按阮校：「宋本、孔本、韓本《考文》古本無『法』字。」如此則「重賦」連讀。

卿以下至於士，皆受圭田五十畝，所以供祭祀也。圭，潔也。上田，故謂之圭田，所謂「惟士無田，則亦不祭」，言紬士無潔田也。井田之民，養公田者受百畝，圭田半之，故五十畝。餘夫者，一家一人受田，其餘老小尚有餘力者，受二十五畝，半於圭田，養公田者受百畝，圭田半之，故五十畝。受田者，田萊多少有上、中、下。《周禮》曰「餘夫亦如之」，亦如上、中、下之制也。《王制》曰「夫圭田無征」，謂餘夫圭田，皆不出征賦也。❶時無圭田餘夫，孟子欲令復古，所以重祭祀，利民之道也。徒，謂受土易居也。❷平肥磽也。不出其鄉，易爲功也。**鄉田同井，出入相友，守望相助，疾病相扶持，則百姓親睦。**同鄉之田，共井之家，各相營勞也。出入相友，相友耦也。《周禮·大宰》曰：「八日友，以任得民。」守望相助，助察姦惡也。疾病相扶持，扶持其羸弱，救其困急。皆所以教民相親睦之道。和睦也。❸**方里而井，井九百畝，其中爲公田。八家皆私百畝，同養公田。公事畢，然後敢治私事，所以別野人也。**方一里者，九百畝之地也，地爲一井。❹八家各私得百畝，同共養其公田之苗稼。公田八十畝，其餘二十畝以爲廬、井、宅、園、

---

❶「出」，閩、監、毛、阮本作「當」。

❷「受」，按阮校：「廖本、孔本、韓本作『爰』。『爰土』即《國語》之『轅田』。賈侍中云：『轅，易也，爲易田之法。』《左傳》作『爰田』。」

❸「和睦」，按阮校：「廖本、孔本、韓本、《考文》古本作『睦和』爲是。」

❹「地」，按阮校：「廖本、孔本、韓本、《考文》古本無此字。」

圃，家一畝半也。❶先公後私，「遂及我私」之義也。則是野人之事，所以別於士伍者也。**此其大略也。**

若夫潤澤之，則在君與子矣。略，要也。其井田之大要如是也，而加慈惠潤澤之，則在滕君與子共戮力撫循之也。

【疏】「滕文公問爲國」至「則在君與子矣」。○正義曰：此章言尊賢師知，采人之善，修學校，勸禮義，勑民事，正經界，鈞井田，賦十一，則爲國之大本也。「滕文公問爲國」者，滕文公問孟子治國之道也。「孟子曰：民事不可緩也」者，孟子答文公，言治國之道，惟民事當急而不可緩也。《詩》云：晝爾于茅，宵爾索綯。○綯。絞索也。晝，日中。宵，❷夜中也。爾間暇之時，則呼疾乘蓋其野外之屋，春事始興，以爲播百穀爲也。以其民事當無休已。孟子所以引此而教之文公也，亦欲文公教民如此者焉。「民之爲道也，有恒產者有恒心，無恒產者無恒心。苟無恒心，放辟邪侈，無不爲已。及陷乎罪，然後從而刑之，是罔民也。焉有仁人在位，罔民而可爲也」者，此義同前篇，此所以復言之者，以其前篇孟子爲齊宣陳之也，此篇蓋因文公爲治國之道，故孟子復此爲答，遂兩載焉，此更不説。「是故賢君制民必恭儉禮下，取民有制」者，言古之賢君必身行恭儉，恭則不侮人，儉則不奪人，非特不侮人、不奪人，且又禮下接於賢人。其取民之賦又有什一之

❶ 「一」，按阮校：「廖本、孔本、韓本、《考文》古本作『二』。」按作『二』是也。此二畝半合城保二畝半，是爲五畝之宅。」
❷ 「宵」上，原有「夜」字，據阮本刪。

制。什一，蓋十分則取一而已。「陽虎曰：爲富不仁矣，爲仁不富矣」者，陽虎，魯季氏之家臣也。孟子言陽虎有云：凡爲富者，則常聚民之財賄爲己所有，故不仁。凡爲仁者，以其常務博施濟衆，故不能富矣。孟子今舉之而教文公者，蓋欲使得其中矣。「夏后氏五十而貢，殷人七十而助，周人百畝而徹，其實皆什一」也。「徹者，徹也。助者，藉也」者，言夏后氏之時，民耕五十畝田，其於貢上之賦但五畝而已，是夏后氏五十而貢也。殷之時，民耕七十畝田，其助公家則七畝而已，是殷人七十而助也。周人之時，民耕百畝，其徹取之賦則十而已。是周人百畝而徹也。總而論之，其實皆什一之賦也。徹猶徹取，助但借民力而耕之矣，故藉借也。夏后氏與殷人、周人之稱不同者，蓋禹之受禪以繼舜有天下，故夏稱「后」。后，君也。殷、周以征伐順人心而有天下，故云「人」也。「龍子曰：治地莫善於助，莫不善於貢。貢者，校數歲之中以爲常」者，龍子蓋古之賢人也，孟子言龍子有云：治地之賦，莫善於助者也，莫不善於貢也。貢者，校數歲之中以爲常之例也，其歲之所熟，則貢之數亦然，歲之荒，則貢之數亦然。以其助則借民力而耕之，其所出在歲之所熟如何耳。貢者以其檢校數歲之中以爲有常之所熟，則貢之數亦然，歲之荒，則貢之數亦然。蓋以歲荒則有損於民也，故曰「莫善於助，莫不善於貢」。「樂歲粒米狼戾，多取之而不爲虐，則寡取之。凶年糞其田而不足，則必取盈焉」者，此亦孟子自解其上文之旨也。言豐樂之歲，其粒米狼藉饒多，雖多取之而不爲暴虐，則以寡取之。是則校數歲之中以爲常之意也。「爲民父母，使民盻盻然，將終歲勤勤不得以養其父母，又稱貸而益之，使老稚轉乎溝壑，惡在其爲民父母也」，孟子言：人君爲下民之父母，使民盻盻然尚不足，則以取滿其常數焉。凶荒之年，糞其田尚不足，則以取滿其常數焉。人君在上，又更稱貸而益之，以滿其常數之貢，致使老小羸弱顧，將至終歲勤苦勞動，不得以贍養其父母

饑餓而轉填於溝壑之中，如此，安更可在上爲下民父母也？言其不足以爲民父母矣，以其爲民父母，當子養其民，不當如此故也。「夫世祿，滕固行之矣」，孟子言：今夫滕國於世祿固已行之矣，但亦當憐憫民之老小與其勤勞者也。世祿者，以其有功德之臣，則世祿之，賜其土地也。謂其子雖未任居官，得食其父之祿，亦必有土地祿之也。「《詩》云：雨我公田，遂及我私。惟助爲有公田，由此觀之，雖周亦助也」者，此《詩》蓋《小雅·大田》之篇文也。「惟助」至「助也」，孟子又自言之，因《詩》而解周之亦助也。其詩蓋謂民樂其上，願欲天之先雨及公田，次及我等私田也。孟子緣此而觀之，遂知雖周百畝而徹取之賦，其亦有助之制焉。以其惟行助，則爲有公田，如貢、徹則非有公田矣。孟子於此，所以復辨其周之亦有助法而取民之賦，蓋謂其莫善於助之義也。「設爲庠序學校以教之」者，此孟子亦欲文公富而教之之意也，言又不特止於制民之賦而已。既制其賦，又當開設爲之庠序學校以教之矣，故曰「庠者養也，校者教也，序者射也」至「是爲王者師也」，此孟子欲詳説其庠序學校之意也。言庠者所以養耆老者於此者也，校者所以教義於此者也，序者所以講射於此而行尊卑揖遜之禮者也。夏之時謂之校，殷之時謂之序，周之時謂之庠，然而爲學則三代皆共之，皆所以於此而明人倫之序。大倫既備明於上，小民既親之於下，如有王者興起而用之，必求取法於此，是爲王者之師也。孟子所以區區爲滕文公言及此，又欲文公由此化民成俗故也。「《詩》云：周雖舊邦，其命維新。文王之謂也。子力行之，亦以新子之國」者，「《詩》云」❶蓋《詩·大雅·文王》之篇文也，其

❶ 「云」，原作「去」，據阮本改。

卷第五上　滕文公章句上

詩：❶周雖自后稷以來，但爲之舊邦，其受王命復修治而惟新之，是文王之謂也。孟子言：文公但能力行如此而修治，亦以新子之國矣。以其欲以此勉文公，使庶幾新其國也。「使畢戰問井地」，畢戰，滕文公之臣也，滕文公自問爲國之道，孟子告之民事貢賦敕禮義之意，其後又使其臣畢戰問孟子以井地之制也。「孟子曰：子之君將行仁政，選擇而使子，子必勉之。夫仁政必自經界始。經界不正，井地不鈞，穀祿不平」者，蓋自此至「在君與子矣」，皆孟子答畢戰問井地之制也。孟子言：子之君欲行其仁政，選擇而使子來問以井地之制。子必當勉力，與民同行之耳。夫仁政必自經界爲始，如經界不能正之，則井地由此不鈞齊，井地不均，則穀祿亦不平矣。穀所以爲祿，故云穀祿。「是故暴君汙吏必慢其經界」至「定也」者，孟子欲滕君不爲暴君，畢戰不爲汙吏，故如是云然。「夫滕，壤地褊小，即止於五十里，然將爲之君子焉？將爲之野人焉？無君子莫治野人，無野人莫養君子」，孟子言：今夫滕國土壤之地褊小，即止於五十里，然將爲之君人焉？將爲之野人焉？以其無君子則莫能治其野人，無野人則莫能養其君子。孟子所以言此者，蓋以滕國亦有君子，亦有野人，足以爲善政也。「請野九一而助，國中什一使自賦」至「若夫潤澤之，則在君與子矣」者，此皆孟子欲滕國爲善政，故以是請教之也。今言請於郊野行井田之制，

❶ 「詩」，阮本作「時」。

二〇〇

以九一而助佐公田爲之賦，❶國中廛園以什一之法使貢自賦之，以其十中取一也。古者自卿以下皆有其圭田，謂之圭田者，所以名其潔而供祭祀之田也。言自卿以下，皆受此圭田五十畝。「餘夫二十五畝」，以其一家一人受田，其餘老小尚有餘力者，亦受此圭田二十五畝而已。「死徙無出鄉」，以其死葬易居，無出其本鄉耳。「鄉田同井，出入相友，守望相助，疾病相扶持，則百姓親睦」，以其謂同鄉之田、共井之家者，凡有出入，皆相交友爲伴，所以同其心也。相助以守，而此不可以威武奪，相助以望，而彼不得以投隙來。疾病則相扶持其羸弱而救其困急，則百姓於是相親和睦矣。「方里而井」，以其方一里之地爲之井。田有九百畝，以其一井之田有九百畝。「其中爲公田」，以其九百畝於井中，抽百畝爲公田之苗稼。「同養公田，公事畢，然後敢治私事」，以其八口之家，皆受八百畝以爲己之私田苗稼，及至公田之事了畢，然後耕治己之私田，以爲之私事。「此其大略也。若夫潤澤之，則在君與子矣。」孟子言此則井田之大要如是也，若夫加之以慈惠潤澤之，則有在於滕君與子矣。子者，稱畢戰爲子也。箋云：「爾，女也。汝當晝日往取茅歸，夜作絞索以待時用。」正義曰：毛氏云：「宵，夜也。綯，絞也。乘，升也。」乘，治也。亟，急也。十月定星將中，急當治野廬之屋。其始播百穀，謂期來年百穀于公社也。此詩蓋陳王之艱難。

　　注「陽虎，魯季氏家臣，非賢者也」。正義曰：案《論語》云：「陽貨欲見孔子，孔子不見。」孔傳

❶ 「一」，原作「中」，據阮本改。

卷第五上　　滕文公章句上

二〇一

云：「陽貨，陽虎也，季氏之家臣，而專魯國之政。」是則姓陽名虎，字貨也。孔子不見，所以知其非賢故也。

注「《詩》，《小雅·大田》之篇」至「亦助也」。 正義曰：此蓋幽王之詩也。箋云：「其民怙君德，蒙其餘惠，先公後私，令天注雨於公田，因及私田爾。言民怙君德，蒙其餘惠。」注「《洪範》彝倫攸敘」。 正義曰：孔安國云：「彝倫，常道也，言常道所以次敘也。」洪，大也。範，道也。此箕子陳之於武王者也。

王》之篇」。 正義曰：此詩蓋言文王受命作周。箋云：「大王聿來胥宇，❶而國於周，王迹起矣，而未有天命，至文王而受命。言新者，美之也。」注「《周禮·小司徒》曰：乃經土地，而井牧其田野」。 正義曰：鄭注云：「小司徒爲經，立其五溝五塗之界，其制似井之字，因取名焉。」鄭司農云：「井牧者，《春秋傳》所謂井衍沃、牧隰皋者也。」鄭玄云：「隰皋之地，九夫爲牧，二牧而當一井者，有再易者，通率二而當一，是之謂井牧。昔少康在虞，思有田一成，有衆一旅。一旅之衆，而田一成，則井牧之法，先古然矣。九夫爲井者，方一里，九夫所治之田也。此制小司徒經之，匠人爲之，溝洫相包乃成耳。」注「《周禮》曰餘夫亦如之」。「《王制》曰夫圭田無征」。 正義曰：鄭司農云：「園廛亦輕之者，廛無穀，園少利也。」注「《周禮》曰餘夫亦如之」，「《王制》曰夫圭田無征」。「夫圭田無征」者，鄭氏云：「夫猶治也。征，稅也。治圭田者不稅，所以厚賢有數口者，餘夫亦受此田也。」

❶ 「聿」，原作「早」，據阮本及《毛詩注疏》改。

也。此則《周禮》之士田，❶以在近郊之地者也。」注《周禮·大宰》曰：「八日友，以任得民」。正義曰：案《大宰》之職：「以九兩繫邦國之民，一曰牧，以地得民。二曰長，以貴得民。三曰師，以賢得民。四曰儒，以道得民。五曰宗，以族得民。六曰主，以利得民。七曰吏，以治得民。八曰友，以任得民。九曰藪，以富得民。」注云：「兩猶耦也，所以協耦萬民。繫，聯綴也。牧，州長也。長，諸侯也。師，諸侯師氏有德行教民者也。儒，諸侯保氏有六藝以教民者也。宗，繼別爲大宗，收族者也。鄭司農云：主謂公卿大夫，世世食至不絕者也。吏，小吏在鄉邑者。友，謂同井相合耦鉏作者。藪亦有虞掌其政令，爲之屬禁者，使其地之民守其財物者。」此大宰之職，有是以掌之也。

❶ 「士」，阮本作「土」。

卷第五上　　滕文公章句上

孟子注疏解經卷第五下

趙氏注　孫奭疏

滕文公章句上

有爲神農之言者許行，自楚之滕，踵門而告文公曰：「遠方之人，聞君行仁政，願受一廛而爲氓。」神農，三皇之君，炎帝神農氏。許，姓；行，名也。治爲神農之道者。踵，至也。廛，居也。自稱遠方之人，願爲氓。氓，野人也。文公與之處。其徒數十人，皆衣褐，捆屨、織席以爲食。文公與之居處，舍之宅也。其徒，學其業者也。衣褐，貧也。捆猶叩椓也[1]織屨欲使堅，故叩之也。賣屨席以供飲食也。陳良之徒陳相與其弟辛，負耒耜而自宋之滕，曰：「聞君行聖人之政，是亦聖人也。願爲聖人氓。」陳良，儒者也。陳相，良之門徒也。辛，相弟。聖人之政，謂仁政也。陳相見許行而大悅，盡棄其學而學焉。棄陳良之儒道，更學許行神農之道也。陳相見孟子，道許行之言，曰：「滕君則

---

[1]「椓」，阮本作「椓」，阮校云：「『椓』從『木』，各本從『手』，誤。」

誠賢君也。雖然，未聞道也。陳相言許行以爲滕君未達至道也。賢者與民並耕而食，饔飧而治。今也滕有倉廩府庫，則是厲民而以自養也，❶惡得賢？」相言許子以爲古賢君當與民並耕而各自食其力。饔飧，熟食也。朝曰饔，夕曰飧。當身自具其食，兼治政事耳。❷今滕賦稅有倉廩府庫之富，是爲厲病其民以自奉養，安得爲賢君乎？三皇之時，質樸無事，故道若此者也。孟子曰：「許子必種粟而後食乎？」問：許子自織布然後衣之乎？曰：「然。」相曰：然，許子自種之。「許子必織布然後衣乎？」孟子曰：許子自織布然然後衣之乎？曰：「否。許子衣褐。」孟子問：冠乎？相之，若今馬衣也。或曰：褐，枲衣也。一日粗布衣也。「許子冠乎？」曰：「冠。」曰：「奚冠？」曰：「冠素。」曰：「自織之與？」❸曰：「否。以粟易之。」曰：「許子奚爲不自織？」孟子曰：許子何爲不自織素乎？」爨，炊也。曰：「害於耕。」相言許子以粟易素。曰：「織紡害於耕，故不自織。曰：「許子以釜甑爨，以鐵耕乎？」孟子曰：許子寧以釜甑炊食，以鐵爲犁用之耕否邪？曰：「然。」相曰：用之。「自爲之與？」曰：「否，以粟易之也。」「以曰：許子自治鐵陶瓦器邪？曰：「不自作鐵瓦，以粟易之也。」「以

❶「厲」，原作「萬」，據阮本改。
❷「政」，阮本作「民」。按阮校，閩、監、毛三本、孔本、韓本同阮本。
❸「與」下，按阮校：「廖本、孔本、韓本此下有『孟子曰許子自織素與』注文九字。」

粟易械器者，不爲厲陶冶；陶冶亦以械器易粟者，豈爲厲農夫哉？且許子何不爲陶冶，皆取諸其宮中而用之，何爲紛紛然與百工交易，何許子之不憚煩？」械，器之總名也。厲，病也。以粟易器，不病陶冶，陶冶亦何以爲病農夫乎？且許子何爲不自陶冶？舍者，止也。止不肯皆自取之其宮宅中而用之，何爲反與百工交易，紛紛而爲之煩也？曰：「百工之事，固不可耕且爲也。」相曰：百工之事，固不可耕且爲，故交易也。人君自天子以下，當治天下政事，此反可耕且爲邪？「然則治天下獨可耕且爲與？有大人之事，有小人之事。五帝以來，有禮義上下之事，不得復若三皇之道也。❷言許子不知禮者也。欲以窮許行之非滕君不親耕也。孟子謂且一人之身而百工之所爲備，如必自爲而後用之，是率天下而路也。❸故曰：或勞心，或勞力。勞心者治人，勞力者治於人。治事，謂人君行教化也。小人之事，謂農工商也。一人而備百工之所作，作之乃得用之者，是率導天下人以羸困之路也。❸故曰是率天下而路也。❹

❶「可」下，按阮校：「廖本、孔本、韓本有『得』字。」
❷「得」，按阮校：「閩、監、毛三本、孔本、韓本作『可』。」
❸「羸困之」，按阮校：「《音義》出『羸路』，云『字亦作羸』。案此則宣公所見本無『困之』二字。按『路』與『露』古通用，『羸』見於古書者多矣。《大雅》『串夷載路』，鄭箋以『瘠』釋『路』，俗人乃改『瘠』爲『應』。此添『困之』二字，其繆同也。」
❹「故曰是率天下而路也」，按阮校：「宋本、廖本、孔本、韓本、《考文》古本無此九字。無者是。」

於人者食人，治人者食於人，天下之通義也。勞心，君也。勞力，民也。君施教以治理之，民竭力治公田以奉養其上，天下通義，所常行者也。當堯之時，天下猶未平，洪水橫流，氾濫於天下，草木暢茂，禽獸繁殖，五穀不登，禽獸偪人，獸蹄鳥迹之道交於中國。堯獨憂之，舉舜而敷治焉。遭洪水，故天下未平。水盛，故草木暢茂。草木盛，故禽獸息衆多也。登，升也，五穀不足升用也。猛獸之迹，當在山林，而反交於中國，懼害人。故堯獨憂念之。敷，治也。《書》曰：「禹敷土。」是言治其土也。舜使益掌火，益烈山澤而焚之，禽獸逃匿。掌，主也。主火之官，猶古之火正也。烈，熾。益視山澤草木熾盛者而焚之，故禽獸逃匿而奔走遠竄也。❶禹疏九河，瀹濟、漯而注諸海，決汝、漢，排淮、泗而注之江，然後中國可得而食也。當是時也，禹八年於外，三過其門而不入，雖欲耕，得乎？疏，通也。瀹，治也。排，壅也。於是水害除，故中國之地，可得耕而食也。禹勤事於外，八年之中三過其門而不入。《書》曰：「辛、壬、癸、甲，啓呱呱而泣。」如此，寧可得耕也？后稷教民稼穡，樹藝五穀。五穀熟而民人育。棄爲后稷也。樹，種。藝，殖也。五穀謂稻、黍、稷、麥、菽也。五穀所以養人也，故言民人育也。人之有道也，飽食煖衣，逸居而無教，則近於禽獸。聖人有憂之，使契爲司徒，教以人倫：父子有親，君臣有義，夫婦有別，長幼有敘，朋友有信。司徒主人，教以人事。父父子子，君君

❶「奔走」，按阮校：「廖本、孔本、韓本、《考文》古本無『奔走』二字。」

卷第五下　滕文公章句上

二〇七

臣臣，夫夫婦婦，兄兄弟弟，朋友貴信，是為契之所教也。放勳，堯號也。遭水災恐其小民放僻邪侈，故勞來之。匡正直其曲心，使自得其本善性，然後又從而振其贏窮，❶德恩惠之德也。❷聖人之憂民如此，而暇耕乎！重喻陳相。

使自得之，又從而振德之。」放勳曰：「勞之來之，匡之直之，輔之翼之，

堯以不得舜為己憂，舜以不得禹、皋陶為己憂。夫以百畝之不易為己憂者，農夫也。分人以財謂之惠，教人以善謂之忠，為天下得人者謂之仁。言聖人以不得賢聖之臣為己憂，農夫以不易治為己憂。是故以天下與人易，為天下得人難。為天下求能治天下者難得也，故言以天下傳與人尚為易也。

孔子曰：『大哉堯之為君，惟天為大，惟堯則之，蕩蕩乎民無能名焉。君哉舜也，巍巍乎有天下而不與焉。』堯舜之治天下，豈無所用其心哉，亦不用於耕耳。天道蕩蕩大無私，生萬物而不知其所由來，堯法天，故民無能名堯德者也。舜得人君之道哉，德盛乎❸巍巍乎，有天下之位，雖貴盛，不能與。蓋舜巍巍之德，言德之大，大於天子位也。堯舜蕩蕩巍巍如此，但不用心於躬自耕也。

吾聞用夏變夷者，未聞變於夷者也。當以諸夏之禮義化變蠻夷之人耳，❹未聞變化於夷蠻之

❶〔又〕下，按阮校：「岳本、廖本、孔本、韓本、《考文》古本有〔復〕字。」
❷〔德恩惠之德也〕，按阮校：「廖本、孔本、韓本、《考文》古本作〔加德惠也〕。」
❸〔乎〕，按阮校：「閩、監、毛三本及韓本作〔而〕。」
❹〔蠻夷〕，按阮校：「廖本、孔本、韓本、《考文》古本作〔夷蠻〕。」

人，同其道也。❶陳良，楚產也，悅周公、仲尼之道，北學於中國，北方之學者，未能或之先也，彼所謂豪傑之士也。子之兄弟事之數十年，師死而遂倍之。陳良生於楚，北遊中國，學者不能有先也，可謂豪傑過人之士也。❷子之兄弟，謂陳相、陳辛也，數十年師事陳良，良死而倍之，更學於許行，非也。昔者孔子沒，三年之外，門人治任將歸，入揖於子貢，相嚮而哭，皆失聲，然後歸。子貢反，築室於場，獨居三年，然後歸。任，擔也。失聲，悲不能成聲。場，孔子家上祭祀壇場也。子貢獨於場左右築室，復三年，慎終追遠也。他日，子夏、子張、子游以有若似聖人，欲以所事孔子事之。强曾子，曾子曰：『不可。江漢以濯之，秋陽以暴之，皜皜乎不可尚已。』有若之貌似孔子，此三子者，思孔子而不可復見，故欲尊有若以作聖人，朝夕奉事之禮。❸如事孔子，以慰思也。曾子不肯，以爲聖人之潔白，如濯之江漢，暴之秋陽。秋陽，周之秋，夏之五、六月盛陽也。皜皜，白甚也。何可尚而乃欲以有若之質放聖人之坐席乎？❹尊師道，故不肯也。今也南蠻鴃舌之人，非先王之道，子倍子之

---

❶「同」，按阮校：「廖本、孔本、韓本、《考文》古本作『則』。」

❷「可」，按阮校：「閩、監、毛三本作『所』。」

❸「禮」，按阮校：「宋本、廖本、孔本、韓本、《考文》古本無『禮』字。」

❹「放」原作「於」，按阮校：「廖本、孔本、韓本、《考文》古本作『放』。」案《音義》出『質放』。按『放』是也。「放」者今之「倣」字。」據改。

師而學之，亦異於曾子矣。吾聞出於幽谷遷于喬木者，未聞下喬木而入于幽谷者。今此許行乃南楚蠻夷，其舌之惡如鴃鳥耳。鴃，博勞鳥也。《詩》云：「七月鳴鴃。」應陰而殺物者也。許子託於太古，非先聖王堯舜之道，❶不務仁義，而欲使君臣並耕，傷害道德，惡如鴃舌，與曾子之心亦異遠也。人當出深谷，止喬木。今子反下喬木，入於幽谷。《魯頌》曰：「戎狄是膺，荆舒是懲。」周公方且膺之，子是之學，亦爲不善變矣。」《詩》《魯頌》《閟宮》之篇也。膺，擊也。懲，艾也。周公時擊戎狄之不善者，懲止荆、舒之人，使不敢侵陵也。周公常欲擊之，言南蠻之人難用，而子反悦是人而學其道，亦爲不善變更矣。孟子究陳此者，深以責陳相也。❷「從許子之道，則市賈不貳，國中無僞。雖使五尺之童適市，莫之或欺。布帛長短同，則賈相若；麻縷絲絮輕重同，則賈相若；五穀多寡同，則賈相若；屨大小同，則賈相若。」陳相復爲孟子言此，如使從許子淳樸之道，可使市無二價，不相僞詐，不相欺愚。長短謂丈尺，輕重謂斤兩，多寡謂斗石，大小謂尺寸，皆言同價，故曰市無二價者也。曰：「夫物之不齊，❸

❶「之」，原作「之之」，宋槧大字本不重「之」字，據删。
❷「深」，阮本作「所」。
❸「不相欺愚」，阮本作「不相欺愚小大」。按阮校，閩、監、毛三本同阮本，廖本作「不欺愚小民也」，《考文》古本作「不相欺愚小也」。阮校云：「按『愚小』謂五尺之童也，《考文》古本得之。」

物之情也。或相倍蓰，或相什百，或相千萬，子比而同之，是亂天下也。巨屨小屨同賈，人豈爲之哉？從許子之道，相率而爲偽者也。惡能治國家？」孟子曰：夫萬物好醜異賈，精粗異功，其不齊同，乃物之情性也。蓰，五倍也。什，十倍也。至於千萬相倍。譬若和氏之璧，雖與凡玉之璧尺寸厚薄適等，其價豈可同哉？子欲以大小相比而同之，則使天下有爭亂之道也。巨，粗屨也。小，細屨也。如使同價而賣之，人豈肯作其細哉？時許子教人爲偽者耳，安能治其國家者也。

　疏　正義曰：此章言神農務本，教以凡民。許行蔽道，同之君臣。陳相倍師，降於幽谷，不理物情，謂之淳樸者。「有爲神農者許行」至「願爲聖人氓」者，神農，炎帝氏也。許行，南蠻之人也，姓許名行也，自楚蠻之地往滕國，至門而言告於文公曰：我是遠方楚蠻之人，聞滕君行仁政於此，我今所以來至❶，心願受一廛居之，以爲之氓也。氓，野人之稱，已說在《公孫丑》篇。「文公與之處。其徒數十人，皆衣褐，捆屨、織席以爲食」，言文公乃與許行之居而處之，其許行之徒弟有數十人，皆衣短褐，叩拯織屨席以供其飲食也。「陳良之徒陳相與其弟辛」至「願爲聖人氓」，陳良，儒者也，陳相與其陳辛二人皆陳良徒弟也，言陳良徒弟陳相與其弟辛背負其耒耜，而從宋國往滕國，而向滕君曰：我聞知君行聖人之政事，是爲聖人者也，今願爲聖人之氓。「陳相見許行而大悅，盡棄其學而學焉」，言陳相至滕，乃見許行而大悅樂之，遂盡棄去陳良之儒學，而就學於許行之道。「陳相見孟子，道許行之言曰」至「惡得賢」，言陳相後見孟子，乃道許行之言，

❶「今」，原作「令」，據阮本改。

曰：滕君則誠為賢君者也，雖然，未聞至道也。古之賢君，乃與民同耕而食，饔飧而兼治政事。朝食曰饔，夕曰飧。今也滕君乃取財稅而有倉廩府庫之富，則是厲病其民以自奉養也，安得謂之賢君乎？倉廩，《釋名》曰：「倉，藏也，藏穀物也。」廩，倉有屋曰廩。「孟子問：許子必種而後食乎？曰然」，陳相答之，以為許行是自種而後食也。「許子必織布然後衣乎」，孟子又問許子必自織布然後衣着乎？曰：許子衣褐，陳相答之，以許子不自織其布為衣，以其即著枲布也。「許子冠乎」，孟子問許子戴冠乎？「曰冠」，陳相答之，許子戴冠也。「曰：奚冠」，孟子又問許子戴何冠。「曰：冠素」，陳相答之，許子冠以素為之爾。素，帛也。「曰：自織之歟」，孟子又問許子以素為之，其自織之歟？「曰：否。以粟易之」，陳相答之，以為許子用之也。「許子奚為不自織」，孟子又問許子何為而不自織為之乎？「曰：害於耕」，陳相答之，以其自織有妨害於耕也。「曰：許子以釜甑爨，以鐵耕乎」，孟子又問許子寧以釜甑炊食，以鐵為犁耕用之耕否乎？「曰然」，陳相答之，以為許子是自為釜甑炊食、鐵犁耕乎？「曰：否。以粟易之」，陳相答之，以粟更易之而已。「以其械器易粟者，不為厲陶冶」至「何許子之不憚煩」，孟子又排問❶以許子將粟更易械器者不以厲病於陶冶，陶冶亦以器更易之以粟，豈為病厲其農夫哉？陶，作瓦器之匠也。冶，鑄金之匠也。且許子何不自為之陶冶，止皆取其宮室之中而用之乎？何為更紛紛然交易於百工歟？何許子之不畏其煩？故以此欲排

❶「排」，阮本作「復」。

之陳相也。「曰：百工之事，固不可耕且爲也」，陳相又答之，以謂百工之事，固不可耕且爲之也，所以用交易而用之耳。「然則治天下獨可耕且爲之歟」，孟子又排之，如是則爲國君治天下，獨可自耕且爲政事以治天下歟？陳相及此以應答，故孟子一向自言而排之，乃曰：有大人之事，大人之事則國君行教化也；有小人之事，小人之事即農、工、商也。且以一人之身而用百工之所作爲備具，如必皆用自爲然後言行用之也，❶此則驅率天下之人以羸困之路也。又一説云：如此是驅率天下之人如道路之人，但相視而不知上下貴賤耳。以其許行、陳相皆欲君民並耕，不知有上下貴賤相待，故以此説爲尚。所以云羸困之路者，但趙注之説耳。詳而推之，羸困之路，不若此説。「故曰：或勞心，或勞力」至「天下之通義也」者，此下文之如此也，言天下之人，有但或勞其力，但或勞其心者。勞其心所以制政教而治天下之人耳，勞其力所以見治於上人而已。見治於上之人者，竭力治公田以奉養上之人也。言此是天下通義，人所常行者也。「當堯之時，天下猶未平」至「舉舜而敷治焉」，孟子又言：當古之唐堯盛帝之時，天下猶尚未平泰，以其大水橫流，逆其勢，汎汎濫濁，徧於天下，草木由是暢茂敷實，禽獸亦偪害於人，猛獸之迹交馳於中國之道。堯帝乃獨自憂懼之，以其有傷害於人民，故舉用虞舜而廣治之，廣治其水土也。「舜使益掌火」至「禹疏九

❶「言」，阮本作「方」。

卷第五下　滕文公章句上

二一三

河」，「后稷教民稼穡」又至「使契爲司徒」，止於「亦不用於耕耳」，言舜因堯帝舉用，乃使伯益爲掌火之官，益視山澤草木煩盛，乃烈山澤而焚燒之，禽獸於是懼而逃匿，遠竄而不敢出。❶ 又使禹疏通九河，又瀹治濟、漯之水而流注歸海，又開決汝、漢之水而排壅淮、泗二水，而同流注歸之江。九河在東北，案《爾雅》云「九河：❷ 一曰徒駭，二曰太史，三曰馬頰，四曰覆釜，五曰湖蘇，六曰簡，七曰潔，八曰鈎盤，九曰鬲津」是也。江，九江也，案《尋陽地記》有云「一曰烏江，二曰蚌江，三曰烏白江，四曰嘉靡江，五曰菌江，六曰畎江，七曰廩江，八曰源江，九曰㵐江」是也。然後中國之地，人方可耕藝而食也。當此之時，大禹八年在外治水土，經三次過其家門而不得入其家，雖欲於時耕作之，其可得乎？又使后稷棄教天下民稼穡，種樹藝殖五穀既豐熟，而天下民人於是得養育其生。稼穡者，《説文》云「種曰稼，斂曰穡」也。人之於是有養生之道，飽食而煖衣。逸樂居處而無以教之，則近類於禽獸，以其不知高下也。聖人有憂懼其民如此，舜又使契爲司徒之官，教以人倫，使天下之人知父子有親親慈孝，君臣有尊卑之義，夫婦有交別，長幼有等叙，朋友有忠信。又言「放勳有曰：『勞之來之，匡之直之，輔之翼之，使自得之，又從而振德之』」民之有勤勞於事者，有以償其勞，❸ 故曰勞之。因其民之來歸者，有以償其來，故曰來之。民之既能直其心，故以正其直爲之正，

❶「竄」，原作「鼠」，據阮本改。

❷「九河」，原作「九江」，據阮本及《爾雅》改。

❸「以」，原作「似」，據阮本改。

曰匡之。❶民之或曲其心,故以正其曲爲之直,故曰直之。輔之如車輔,使民有所安於業,故曰輔之。翼之如羽翼,使民有所進於道,故曰翼之。勞之來之,匡之直之,輔之翼之,所以欲使其自得悦樂之而已矣。民既自得而悦樂之,於是又從加之恩惠而振德之。振德即恩惠耳。言聖人之憂於天下之民如此,尚何暇以耕爲乎?又言以不得舜而舉用使敷治焉,則爲民之憂。今夫以百畝之難耕,恐爲己所憂者,農夫也。「分人以財謂之惠,教人以善謂之忠,爲天下得人謂之仁」,以言其以己之財物布與人者,是謂恩惠也;以己之有善而以教諸人,謂其心之忠也,中心之謂忠,爲天下求得其人而治天下者,是謂其仁者也,愛人之謂仁,所以爲天下求得其人,故如是也。「是故以天下與人易,爲天下得人難」,孟子言如此,故以天下得人之難於耕耳」。孟子又引孔子有云:「孔子曰:大哉堯之爲君也,惟上天之爲大,惟堯則之,蕩蕩乎,民無能名焉」至「亦不用於耕耳」。孟子又引孔子有云:「孔子曰:大哉堯帝之爲君也,惟天爲大,惟堯則之,蕩蕩乎,民無能名也,爲天下得人而治天下者,猶以爲難。大哉堯帝之爲君,亦若上天之蕩蕩,其覆燾之德,❷人亦不能指名而窮極之故也。故蕩蕩然,其德之大,而民無有能指名之者,亦若上天之蕩蕩,其覆燾之德,人亦不能指名而窮極之故也。德於堯如此其大,故孔子所以曰「大哉堯之爲君」。君哉舜也,巍巍乎其功德之大如此。而天下之事未嘗自與及焉。無他,以其急於得人而輔之耳,所以但無爲而享之,故不必自與及焉。然則堯帝、舜帝之治天下,

❶「匡」,原作「正」,據上經文及阮本改。
❷「燾」,阮本作「載」。

卷第五下　滕文公章句上

二一五

豈為無所用其心哉?以其但急用心於得賢,亦且不用於躬耕耳。孟子所以言至於此者,蓋欲排許子於陳相欲以滕君與民並耕而食,故演之以此也,是所以闢之之云耳。「吾聞用夏變夷者,未聞變於夷者也」至「亦為不善變矣」者,❶此蓋孟子又欲以此而譏陳相學於許行者也。言我聞用中夏之禮義而變化於蠻夷之人,未聞以蠻夷之道而變化於中夏也。且陳良自楚國而生也,悅樂其周公、仲尼之大道,乃自楚之南而往北求學於中國,蓋中國以楚地觀之,則中國在北之地故也。北方之學者,未能有人或先之陳良。彼陳良所謂豪傑過人之士者也,子之兄弟,以師事數十年矣,至師死而遂背去其所學而學於許行,故以此而譏之。言往日孔子喪沒至於三年之外。其門人有治擔任而將歸室者,❷乃至子貢之所,入揖於子貢,相向面而哭,乃至悲不成聲,然後歸之室,復感發。子貢追思孔子,又反至,築室於孔子家上之壇,獨居又至三年,然後方辭冢室而歸處。又及他日,子夏、子張、子游三人以有若之貌狀似孔子聖人,三人遂欲以往日所事孔子之禮旦夕奉事有子,至勉強曾子同以此事之。曾子乃曰不可,言「江漢以濯之」,則至明而不可掩。其孔子如此江漢、秋陽皜皜然清潔明白,不可得而尚耳。故不可以有若之比之,而以事孔子之禮事之也。孟子所以言之以此者,蓋謂孔子之死至三年之久,而門人尚歸與子貢相向而哭,乃至悲而不成聲,又感子貢復築室於冢上而追思之,以至子張、子游、子夏欲慰其心思,乃強曾子同以往日事孔子之禮而

❶ 「為不」,原作「不為」,據上經文及閩、監、毛、阮本改。
❷ 「擔」,原作「檐」,據阮本改。

事之有若，曾子尚不忍以有若加於孔子，而今子之兄弟，但自師死之未久，遂便以背去之，而欲以許行爲師而就學之，何忍之如是邪？故以此非之。然前又所謂用夏變夷，即陳良北學中國，以周公、仲尼之道爲悦，是又孟子明言之也，豈見如許行、陳相兄弟用蠻夷之事而欲變於滕國也。「今也南蠻鴃舌之人，非先王之道，子背子之師而學之」至「爲不善變矣」孟子言：今也許行乃南蠻鴃舌之惡如於鳥者也，所行皆非先王之正道，而子之兄弟皆背去其己之師陳良，而以學許行，是亦有異於曾子不忍以有若加於孔子矣。我聞出自幽谷之内而遷登于高大之木者，未聞有下高大之木而遷入于幽谷之内者也。又《魯頌・閟宮》之篇有曰：戎狄之人不善，周公於是膺擊之；荊舒之人亦不善，周公於是懲誡之。蓋戎狄、荊舒皆南蠻之地也，然周公一則膺擊之，今以南蠻之人，反悦其道而以學之，亦爲不善變更者矣。故「戎狄是膺，荊舒是懲」矣。此孟子所以又執此而非之陳相兄弟學于許行爲不善，更變其師者焉。「從許子之道，則市價相若」者，此乃陳相之言。此孟子所以又執此而非之陳相之言。從許行之道爲美之意於孟子也，言今從許行之道而行之，則市中物價貴賤則一而不二也，國中亦無姦僞欺詐，雖使五尺之童子往市中，亦莫有人或敢欺瞞也，以其布與絹帛長短則同，其價例則相若而不異；麻縷絲絮四者輕重又同，而價例亦相若而更無高低；五穀斗量多寡亦則同，而價則相若。凡此是皆市無二價也，故以此言於孟子。「曰：夫物之不齊等，是物有貴賤好惡之情也。然或相倍蓰，或相什百，或相千萬，其不同之有如此，而子今以爲比皆同之而無二價，是使天下交争而亂之也。大屨與小屨相若，脚履大小亦同，而價則相若。」此孟子又從而排之也。至「惡能治國家」，此孟子又從而排之也。

同其價,則人必爲之小屨而賣之,而大屨豈爲之哉?言此屨之大小,則其他物之貴賤不言而可知矣。今從許行之道者,是相率而作詐僞者也,又安能治國家焉。此孟子至終而闢之以此也。

注「神農,三皇,炎帝神農氏也」。

正義曰:案皇甫謐曰:《易》稱包羲氏沒,神農氏作,是爲炎帝,號曰神農。班固云:「教民耕農,故號曰神農。」

注「褐,馬衣」至「粗布衣也」。❶

正義曰:案《說文》云:「編枲襪也,一曰短衣也。」又曰袍也,馬被衣也。

注「古火正」。

正義曰:案《左傳》昭公二十九年,有五行之官,木正曰勾芒,火正曰祝融。❷是爲火正故也。

注「《書》曰:辛、壬、癸、甲,啓呱呱而泣」。

正義曰:「啓,禹之子,禹治水過門不入,聞啓泣聲,不暇子名之,以大治度水土之功故也。」「放勳,堯名也」。

正義曰:案徐廣云:「放勳,號陶唐也。」孔安國云:「堯能放上世之功化也。」

注「孔子冢上祭祀壇場」。

正義曰:案《史記》云:「孔子葬魯城北泗上。」《皇覽》曰:「孔子冢去城一里,冢塋百畝,冢南北廣十步,東西十三步,高一丈二尺。冢前以瓴甓爲祠壇,方六尺,與地平。本無祠堂,冢塋中樹以百數,皆異種。魯人世世無能名其樹者,民傳言:孔子弟子異國,人各持其方樹來種之。其樹柞、枌、雒離、女貞、五味、毚檀之樹,塋中不生荊棘及刺人草。」

注「《魯頌·閟宮》之篇」。

正義曰:此詩頌僖公能復周公之宇也。箋云:「懲,艾也。」僖公與齊桓舉義兵,北當戎狄,南艾荊與群舒,是其解也。

❶「馬」,據上注文當作「枲」。

❷「祝融」下,阮本有「金正曰蓐收,水正曰玄冥,土正曰后土。顓頊氏之子曰犂,爲祝融」二十五字。

墨者夷之,因徐辟而求見孟子。夷之,治墨家之道者。徐辟,孟子弟子也。求見孟子,欲以辯道也。孟子曰:「吾固願見,今吾尚病,病愈,我且往見。」夷子不來。他日,又求見孟子。是日夷子聞孟子病,故不來,他日復往求見之。孟子曰:「吾今則可以見矣,不直則道不見,我且直之。❶則儒家聖道不見,我且欲直攻之也。吾聞夷子墨者,墨之治喪也,以薄爲其道也。夷子思以易天下,豈以爲非是而不貴也?然而夷子葬其親厚,則是以所賤事親也。」徐子以告夷子,夷子曰:「儒者之道,古之人若保赤子,此言何謂也?之則以爲愛無差等,施由親始。」之,夷子名也。言儒家者曰古之治民若安赤子,此何謂乎?之以爲當同其恩愛,無有差次等級相殊也,但施厚之事,先從己親屬始耳。若此,何爲獨非墨道也?徐子以告孟子,孟子曰:「夫夷子信以爲人之親其兄之子爲若親其鄰之赤子乎?彼有取爾也。赤子匍匐將入

❶「言」下,按阮校:「廖本、孔本、韓本、《考文》古本有「攻」字」。
❷「欲」上,按阮校:「廖本、孔本、韓本、《考文》古本有『思』字」。
❸「始」,阮本作「如」。

井，非赤子之罪也。親，愛也。夫夷子以爲人愛兄子與愛鄰人之子等耶？彼取赤子將入井，雖他人子亦驚，救之，故謂之愛同也。但以赤子無知，故救之耳。夷子似以此❶未盡達人情者也。故曰：赤子匍匐將入井，非赤子之罪也。❷且天之生物也，使之一本，而夷子二本故也。天生萬物，各由一本而出。今夷子以他人之親與己親等，是爲二本，故欲同其愛也。蓋上世嘗有不葬其親者，其親死，則舉而委之於壑。上世，未制禮之時。壑，路傍坑壑也。其父母終，舉而委之棄於壑也。食之，蠅蚋姑嘬之。其顙有泚，睨而不視。夫泚也，非爲人泚，中心達於面目。❸他日過之，狐狸食之，蠅蚋姑嘬之。其顙有泚，睨而不視。掩之誠是也，則孝子仁人之掩其親，亦必有道矣。顙，額也。泚，汗出泚泚然也，見其親爲獸蟲所食，形體毀敗，中心慚，故汗泚泚然出於額，非爲他人而慚也，自出其心。聖人緣人心而制禮也。虆梩，籠臿之屬，可以取土者也。而掩之實是其道，則孝子仁人掩其親亦有道矣。徐子以告，夷子憮然，❺爲間，曰：「命之矣。」孟子言是，以爲墨家薄葬，不合道也。徐子復以告夷子，夷子

❶「似」，阮本作「以」。「一」，阮本作「況」。
❷「故曰」至「罪也」，按阮校：「岳本、廖本、孔本、韓本《考文》古本無此十五字。」
❸「舉而委之棄於壑也」，按阮校：「廖本、孔本、韓本、《考文》古本作『舉而委棄之壑中也』」。
❹「相」，按阮校：「岳本、孔本、韓本作『攢』。『攢』字是。」
❺「夷子」二字，阮本重文，則「夷子」屬上讀。

憮然者，猶悵然也。爲間者，有頃之間也。命之猶言受命教矣。

疏「墨者夷之」至「命之矣」。

正義曰：此章言聖人緣情，制禮奉終，墨子互同，質而違中，以直正枉，憮然改容而受命也。「墨者夷之」，夷之，治墨家之道者姓名也。徐辟，孟子弟子也。言治墨家之道者夷之因孟子弟子徐辟而見孟子也。孟子曰：吾固願見，今吾尚正病，且待病之瘳愈，我以往而見之也。「夷子不來，他日，又求見孟子」，夷子聞孟子以爲尚病，故不來見，至於他日，復往求見孟子。「孟子見夷子復來求見，遂不得已，先言於徐子曰：吾今可以見矣。不直則道不見，我且直之」，孟子見夷子復來求見，遂不得已，復往求見孟子。我且見而直己之道而正彼也。「吾聞夷子墨者，墨之治喪也，以薄爲其道」，以其夷子既以厚葬其親，而尚治其墨家之道，故不知以此厚其親是儒家之正道而已。此孟子以此告徐子，是其直己之道而正夷子也。「是以所賤事親也」至「以所賤事親也」，此孟子以此厚其親是儒家之正道而已。孟子所以反覆直而正之，乃因徐子而告之曰：我聞夷子治墨家之道者也，夫墨者治喪不厚，但以薄之是爲其道也，夷子思以墨道以變易天下之化，豈以薄其喪而不貴之者也？然而夷子葬其父母，以厚爲之，則是以墨家所賤者而事父母之親喪也。以其墨家賤厚而貴薄也。「徐子以告夷子」，徐子因孟子此言以告之夷子也。「夷子曰：儒者之道，古之人若保赤子」至「施由親始」，此又夷子以言於徐子，而以墨道爲是也。乃曰：儒者之道，有云古之人治民，若保安赤子者，是言何謂之乎？是則以爲恩愛之道無有差等之異也，但施行恩愛之道，當自父母之親爲始耳，我所以厚葬其親，何爲獨非以墨道也？之，夷子自稱己之名也。徐子又以夷子此言告於孟子。「孟子曰：夫夷子信以爲人之親其兄之子」至「亦必有道矣」，孟子又言：今夷子以爲愛無差等，是夷子信以爲人親愛其兄之子，爲若親

愛其鄰家之赤子乎？然彼夷子蓋亦有所取而云耳，人皆有怵惕惻隱之心，故云愛無差等，又以古之人若保赤子為言也。蓋其赤子匍匐將入於井，❶非赤子之罪惡也，但以赤子未有知，人故不忍見焉，故救之耳。彼夷子必以此況之，而遂以為愛無差等，如親其兄之子，為若親其鄰之赤子同是，則親兄之子，必亦待將入井然後救之矣，是夷子未達人情者也。且天之生萬物也，皆使其由一本而出矣。今夷子以他人之親猶己之親同，是為有二本也，又安知先王制禮而稱人之情以為之厚薄，施於父子者不以同於兄弟，行於同宗者不以行於鄰族也？蓋上世於太古未制禮之時，嘗有不葬其親者。其親之死，則攑舉而委棄於路傍坑壍之中，他日，子過之於此，見其狐狸野獸食之，蠅蚋飛蟲且共嘬食，其子之額泚泚然出汗，故眣睨而不敢詳視。夫子所以有泚泚然之汗於額而出者，非為他人而慚也，故如是而汗泚，泚然而出於額也。以其中心有所不忍其親之如是，故自中心之所痛，遂達而之於面目，所以有泚泚然之汗出於額也。蓋不忍之如是，乃歸取虆梩籠臿取土而遮掩之，誠是其不忍其親之心，而掩其親亦必有道耳，孟子所以言此者，蓋非墨家薄葬為非，而以厚葬為是，故以直其正道矣。意以謂太古未制禮之時，子有不忍其親為獸虫所食，尚知掩之之道，況今之世，先王所制定其禮，而可蔽之墨家道而薄葬為是，而以厚葬為非邪？夷子既以能厚其親，而尚不知以墨家之所薄為非，所以執此而直之使正耳。「徐子以告夷子」至「命之矣」者，徐子又因孟子此言而告於夷子，夷子乃悵然而覺悟其已之罪，故頃然為間，曰：我今受孟子之教命，而不敢逆矣。

❶ 「蓋」，原作「奈」，據阮本改。

孟子注疏解經卷第六上

趙氏注　孫奭疏

滕文公章句下 凡十章

疏　正義曰：此卷趙注分上卷爲之者也，此卷凡有十章。一章言脩禮守正，非招不往，枉道富貴，君子不許。二章言以道正君，非禮不運，稱大丈夫。阿意用謀，善戰務勝，事雖有剛，心歸柔順。三章言君子務仕，思播其道，達義行仁，待禮而動。苟容干祿，踰牆之女，人之所賤。四章言百工食力，以禄養賢，脩仁尚義，國之所尊，移風易俗，其功可珍，雖食諸侯，不爲素飧。五章言德脩無小，暴慢無強。六章言白沙在泥，不染自黑，蓬生麻中，不扶自直，言輔之者衆也。七章言道異不謀，迫斯強之，段泄已甚，矙之得宜，正已直行，不納於邪。八章言從善改非，坐以待旦，知而爲之，罪重於故。九章言憂世機亂，勤以濟之，義以正之。十章言聖人之道，親親尚和，志士之操，耿介奇特。❶凡此十章，合上卷五章，是《滕文公》一篇十有五章也。

❶「奇特」，阮本作「守持」。

陳代曰：「不見諸侯，宜若小然。今一見之，大則以王，小則以霸。且志曰『枉尺而直尋』，宜若可爲也。」陳代，孟子弟子也。代見諸侯有來聘請見孟子，❶孟子有所不見，以爲孟子屈己信道，故言此介得無爲狹小乎？如一見之，儻得行道，何以輔致霸王乎？志，記也。枉尺直尋，欲使孟子屈介，故言此介得無爲狹小乎？如一見之，儻得行道，何以輔致霸王乎？志，記也。枉尺直尋，欲使孟子屈己信道，故言宜若可爲也。孟子曰：「昔齊景公田，招虞人以旌，不至，將殺之。虞人，守苑囿之吏也，招之當以皮冠，而以旌，故招之而不至也。志士不忘在溝壑，勇士不忘喪其元。孔子奚取焉？取非其招不往也。如不待其招而往，何哉？志士，守義者也。君子固窮，故常念死無棺椁，没溝壑而不恨也。勇士，義勇者也。元，首也。以義則喪首不顧也。孔子奚取？取守死善道，非禮招己則不往。言虞人不得其招尚不往，如何君子而不待其招，直事妄見諸侯者，何爲也已？且夫枉尺而直尋者，以利言也。如以利，則枉尋直尺而利，亦可爲與？尺小尋大，不可枉大就小，而以要其利也。❷昔者趙簡子使王良與嬖奚乘，終日而不獲一禽，嬖奚反命曰：『天下之賤工也。』趙簡子，晉卿也。王良，善御者也。嬖奚，簡子幸臣也。以不能得一禽，故反命於簡子，謂王良天下鄙賤之工師也。或以告王良，良曰：『請復之。』聞嬖奚賤之，故請復與乘。強而後可，強嬖奚，乃肯行。一朝而獲十禽。

---

❶ 下「見」字，按阮校：「廖本、孔本、韓本、《考文》古本無「見」字。」

❷ 「其」，按阮校：「廖本、孔本、韓本、《考文》古本無「其」字。案《音義》出「要利」，則無「其」字是也。」

嬖奚反命曰：「天下之良工也。」以一朝得十禽，故謂之良工。簡子曰：「我使掌與女乘。」掌，主也。使王良主與女乘。謂王良，良不可，王良不肯。曰：『吾爲之範我馳驅，❶終日不獲一；爲之詭遇，一朝而獲十。範，法也。王良曰：我爲之法度之御，應禮之射，正殺之禽，不能得一。橫而射之曰詭遇，非禮之射，則能獲十。言嬖奚小人也，不習於禮也。《詩》云：『不失其馳，舍矢如破。』我不貫與小人乘，請辭。』《詩》，《小雅・車攻》之篇也。貫，習也。言御者不失其馳驅之法，則射者必中之。順毛而入，順毛而出，一發貫臧，應矢而死者如破矣，此君子之射也。我不習與小人同乘，不願掌與嬖奚同乘，故請辭。御者且羞與射者比，比而得禽獸，雖若丘陵，弗爲也。如枉道而從彼，何也？孟子引此以喩陳代云：御者尚知羞恥此射者，不欲與比，子如何欲使我枉正道而從彼驕慢諸侯而見之乎？且子過矣，枉己者，未有能直人者也。」謂陳代之言過謬也。人當以直矯枉耳，己自枉曲，何能正人。 ▣「陳代曰：不見諸侯，宜若小然。今一見之，大則以王，小則以霸。且志曰：枉尺而直尋，宜若可爲也」者，陳代，孟子弟子也，問孟子，以謂今不見諸侯，是宜若小其身，然今一往見諸侯，大則行道可以輔佐君爲王，小則得行道而

❶「範我」，按阮校：「《音義》『「範我」或作「范氏」』。案《後漢書・班固傳》注引《孟子》正作『范氏』。《文選》注同，今亦誤改爲『範我』。按『范氏』見《左傳》劉累擾龍事，孔甲賜氏曰御龍，晉范氏其後也。李善引《括地圖》即此事，但孔甲誤爲『禹』耳。《孟子》作『范氏』爲長，『範我』乃淺人所改。」

佐君爲之霸。且記云：枉一尺而直其一尋，宜若何以爲之也。尺，十寸爲尺。尋，十丈爲尋也也。陳代欲孟子往見諸侯，故以此言問之。「孟子曰：昔齊景公田」至「何哉」者，孟子言：往日齊國景公田獵，招聘其虞人，以旌旆招聘之，如有虞人不至者，則將殺戮之。虞人，掌山澤苑囿之吏也。然而志士守其義者，常念雖死無棺槨，但没在於溝壑之中而不恨也。勇義之士，念雖喪去其首，而且不顧也。孔子於此何取焉？蓋孔子以取非其所招而能不往者也。如此則虞人不得其所招之禮，尚且守義，雖死而且不往應其招，如何爲之君子且以不待所招聘而往見諸侯，是何爲哉？蓋先王制招聘之禮，旌所以招其大夫者，皮冠而已。今齊景公以旌招虞人，虞人守其義分，所以雖死而不往也。孟子引此，意以謂今之諸侯所以聞有能招己者，又非招己之所招而待之也，故我何往見之哉？所以不往見之也。「且夫枉尺而直尋者」至「亦可爲歟」，孟子又言：且夫子今以謂枉其尺而直其尋，以利言之而已。如以利爲之，雖枉其尋，而但直其尺，而利亦可得而爲之耳。奈其我志於分義，不肯枉道以徇利，所以不欲屈己而求見於諸侯也，以其見之諸侯爲之徇利者矣，故雖枉尺而直尋不爲也。「昔者趙簡子使王良與嬖奚乘，終日而不獲一禽，嬖奚反命曰：天下之賤工也」，孟子又引往❷者晉卿趙簡子嘗使善御人王良與幸人奚乘而畋，❶終日而不能得一禽，奚乃反命報於簡子

❶「枉」，原作「直」，據阮本改。
❷「往」，阮本作「昔」。

二二六

曰：王良，天下之賤工師也。「或以告王良，良曰：能復之」，或有人以嬖奚報簡子之言爲王良之賤，遂告王良。王良聞之，故請復與嬖奚乘而射。「強而後可」，王良強勉，嬖奚乃肯行。「一朝而獲十禽，反命曰：天下之良工也」，一日遂得十禽，❶嬖奚乃反命報於簡子曰：王良乃天下之良工師也，非賤者也。「簡子：我使掌與女乘。謂王良，良乃使之，良乃不肯，遂言於簡子曰：我不貫與小人乘，請辭」趙簡子言於嬖奚曰：我使王良與女乘。於是簡子謂王良而使之，良乃不肯，遂言於簡子曰：我不貫與小人乘，請辭。我爲之法度之御，我與嬖奚驅馳，終一日而不能獲其一禽，後爲之詭而橫射之，止一朝而以能獲之十禽。且《詩·小雅·車攻》之篇有云：不失其馳驅之法，而所中者，應矢而死如破矣。此君子之所射也。我今不慣習與嬖奚小人同乘而敗也。故請辭之，不與掌乘。「御者且羞與射者比」至「未有能直人者也」孟子引至此，乃自爲之言曰：夫王良但爲之御者，且尚能羞恥與嬖奚之射者比，並雖使王良與嬖奚比之，如得禽獸若丘陵之多，亦必不爲之比矣。今子欲使我枉正道而從彼驕傲之諸侯而往見之，是何如哉？且子言此者，已失之過謬也，如枉己之正道者，未有能直其人者也，必自正己之道，然後可以直人矣。是亦楊子所謂「詘道而伸身，雖天下不可爲也」同意。

正義曰：經於《萬章》篇云：「萬章問孟子，招虞人何以？孟子曰：以皮冠。」是其文也。 注「招虞人當以皮冠」。❷ 正義曰：案《史記》世家云：「趙景叔卒，趙鞅是爲簡子，爲晉卿。晉出公十『趙簡子，晉卿』至『工師也』。

❶「一」上，阮本有「言」字。
❷「當以」原作「以當」，據上注文當作「當以」。按阮校：「『以當』誤到。閩、監、毛三本不誤。」據改。

七年卒。」張華云：「簡子家在臨水界，家上氣成樓閣。」注「《詩》，《小雅・車攻》之篇」。正義曰：此篇蓋言宣王復古也。箋云：「不失其馳，舍矢如破」，「謂御者之良，得舒疾之中，射者之工矢發則中，如錐破物也」。注「伯夷亦不屑就也」。正義曰：此乃《公孫丑》篇末之文也。

景春曰：「公孫衍、張儀豈不誠大丈夫哉，一怒而諸侯懼，安居而天下熄。」景春，孟子時人，爲縱橫之術者。公孫衍，魏人也，號爲犀首，常佩五國相印，爲從長，秦王之孫，故曰公孫。張儀，合從者也，一怒則構諸侯，使強陵弱，故言懼也。安居不用辭說，則天下兵革熄也。孟子曰：「是焉得爲大丈夫乎？子未學禮乎？丈夫之冠也，父命之；女子之嫁也，母命之。往送之門，戒之曰：『往之女家，必敬必戒，無違夫子。』以順爲正者，妾婦之道也。廣居，謂天下也。正位，謂男子純乾正陽之位也。大道，仁義之道也。得志行正，與民共之。不得志，隱居獨善其身，守道不回也。淫，亂其心也。移，易其行也。屈，挫其志也。三者不惑，乃可以爲之大丈夫矣。❶居天下之廣居，立天下之正位，行天下之大道，得志與民由之，不得志獨行其道。富貴不能淫，貧賤不能移，威武不能屈，此之謂大丈夫。」廣居，謂天下也。正位，謂男子純乾正陽之位也。大道，仁義之道也。得志行正，與民共之。不得志，隱居獨善其身，守道不回也。淫，亂其心也。移，易其行也。屈，挫其志也。三者不惑，乃可以爲之大丈夫矣。❶

疏「景春曰」至「此之謂大丈夫」。

❶「乃可以爲之大丈夫矣」，按阮校：「廖本、孔本、韓本、《考文》古本作『乃可謂大丈夫』。案『爲』字無理。」

正義曰：此章言以道匡君，非禮不運，故妾婦以況儀、衍者也。「景春與孟子曰：❶公孫衍、張儀二者，豈不實為大丈夫之人哉！」夫二人一怒則諸侯懼之，以其能使強陵弱故也。安居處而不用辭說，則天下兵革於是乎熄滅。景子故以此，遂謂二人實為大丈夫。「孟子曰：是焉得為大丈夫乎，子未學禮乎」至「妾婦之道」孟子答之景春曰：二人如此，安得謂之大丈夫乎？子未嘗學禮也？夫禮言丈夫之冠也，『父則命之』；女子之嫁也，蓋為丈夫之事，故父命之，以責其成人之道。嫁者女子之事，故母命之，以責其為婦之道。嫁，母則送之於門，而戒之女子曰：歸往女之家，必當敬其舅姑，亦必當戒慎以貞潔其己，無違逆其夫子。以其夫在，則從順其夫，夫沒則從其子，以順從為無違為正而已，固妾婦之道如此也。乃若夫之與子，所制義固不可以從婦矣。苟為從婦，以順為正，是焉得為大丈夫乎？孟子所以引此妾婦而言者，蓋欲以此妾婦比之公孫衍、張儀也，以其二人非大丈夫耳。雖一怒而諸侯懼，安居而天下熄，未免夫從人以順為正者也，是則妾婦之道如此也，豈足為大丈夫乎？「居天下之廣居，立天下之正位，行天下之大道」至

❶「與」，阮本作「問」。
❷「實」，阮本作「誠」。
❸「責」，原作「貴」，據阮本改。
❹「舉」，阮本作「譽」。

「此之謂大丈夫」，孟子言：能居仁道以爲天下廣大之居，立禮以爲天下之正位，行義以爲天下之大路，得志達而爲仕，則與民共行乎此，不得志則退隱獨行此道而不回。雖使富貴，亦不足以淫亂其心。雖貧賤，亦不足以移易其行。雖威武而加之，亦不足屈挫其志。夫是乃得謂之大丈夫也。今且以公孫衍、張儀但能從人，而不知以此正其己，是則妾婦以順爲正之道，固不足以爲大丈夫者。

正義曰：云景春，孟子時人，經傳未詳。公孫衍，魏人也，號爲犀首，爲秦王之孫，故曰公孫。案《史記》云：「犀首者，魏之官名，若今虎牙將軍是也。」張儀者，案史家本傳云：❷張儀，魏人也，常事鬼谷先生，後相魏而卒。

首者，魏之陰晉人也，名衍，姓公孫氏，與張儀不善。張儀之魏，魏王相張儀，犀首弗利，故令人謂韓公叔曰：『張儀已合秦、魏矣，魏王所以欲貴張儀者，但欲得韓也。』且韓之南陽已舉矣，子何不少委焉以爲衍功，則魏必圖秦而棄儀。」後相衍，張儀去，復相秦，卒。犀首入相秦，常佩五國之印爲從長。司馬彪曰：「犀

凡此是皆公孫衍、張儀之事矣。

周霄問曰：「古之君子仕乎？」周霄，魏人也。問君子之道當仕否。孟子曰：「仕。傳曰：『孔子三月無君，則皇皇如也，出疆必載質。』」質，臣所執以見君者也。三月，一時也。物變而不佐君

❶ 「也」，阮本作「地」。
❷ 「史家」，依文意及《史記·張儀列傳》應作「史記」。明顧夢麟《四書說約》引作「史記」。

化，故皇皇如有所求而不得爾。」公明儀曰：「古之人三月無君則弔。」言古人三月無君則弔，明當仕也。「三月無君則弔，不以急乎？」周霄怪乃弔於三月無君，何其急也。曰：「士之失位也，猶諸侯之失國家也。《禮》曰：『諸侯耕助，以供粢盛。夫人蠶繅，以爲衣服。犧牲不成，粢盛不絜，衣服不備，不敢以祭，惟士無田，則亦不祭。』牲殺、器皿、衣服不備，不敢以祭，則不敢以宴，亦不足弔乎？」諸侯耕助者，躬耕勸率其民，收其藉助，以供粢盛。粢，稷。盛，稻也。夫人親執蠶繅之事，以率女功。衣服，祭服。不成，不實肥腯也。惟，辭也。言惟紃祿之士無圭田者，不祭。牲必特殺，故曰殺。皿所以覆器者也。不祭則不宴，猶喪人也，不亦可弔乎。「出疆必載質，何也？」周霄問：出疆何爲復載質？曰：「士之仕也，猶農夫之耕也。農夫豈爲出疆舍其耒耜哉！」孟子言仕之爲急，若農夫不可不耕。曰：「晉國亦仕國也，未嘗聞仕如此其急。仕如此其急也，君子之難仕，何也？」魏本晉也。❶周霄曰：我晉人也，亦仕，而不知其急若此，君子何爲難仕？❷曰：「丈夫生而願爲之有室，女子生而願爲之有家。父母之心，人皆有之。不待父母之命、媒妁之言，鑽穴隙相窺，踰牆相從，則父母國人皆賤之。言人不可觸

❶「本」，原作「木」，據阮本改。
❷「君子」上，按阮校：「廖本、孔本、韓本、《考文》古本上重『若此』二字，重者是。」

卷第六上　滕文公章句下
二三一

情從欲，須禮而行。古之人未嘗不欲仕也，又惡不由其道。不由其道而往者，與鑽穴隙之類也。」言古之人雖欲仕，如不由其道，❶亦與鑽穴隙者無異。❷

曰：此章言君子務仕，思播其道，達義行仁，待禮而動也。「周霄問曰」至「鑽穴隙之類也」。正義之君子欲爲仕乎否？「孟子曰：仕。傳曰：三月無君，則皇皇如也」出疆必載質」者，此孟子答之，以爲古之君子欲爲仕也，傳文有云：孔子三月不得佐其君，則心皇皇，如有所求而不得也，出其疆土，必載贄而行。贄者，如所謂三帛、二生、一死之贄也，臣所以執此而見君也。「公明儀曰：古之人三月無君則弔」，又引公明儀亦云古之人三月天時之一變，如不得佐其君，乃弔問之，明其欲仕也。「三月無君則弔，不以急乎」，周霄怪此言，復問之曰：三月無君，則弔問之，不以失之太急乎？「曰：士之失位也，猶諸侯之失國家也」至「亦不足弔乎」，孟子又答之曰：夫仕者欲行其道，若失其職位，則如諸侯之失其國家也，如此三月無君則弔，豈足謂之急歟？且《禮》有云：諸侯躬耕藉田，勸率其民，收其藉助，以供給其粢盛稷稻，夫人乃親養蠶繅絲以爲之祭服。如犠牲不成肥腯，稷稻無以致潔，衣服又無以致備，則不敢以祭社稷宗廟。惟士之失位、無有田禄者則亦不祭。無它，以其牲殺、器皿、衣服不備，不敢以祭也。非特不敢祭，又且不敢以宴樂也。若公子重耳失其晉國，而且稱喪人，孔子失魯司寇之位，亦謂之喪，以至士大如此，是亦不足爲弔之意矣。

❶「道」上，按阮校：「廖本、孔本、韓本、《考文》古本有『正』字。」
❷「亦」，按阮校，廖本、孔本、韓本、《考文》古本作「是」；「無」作「何」。

夫之去國,必為壇位,鄉國而哭,素衣、素裳、素冠、徹緣,三月而復,蓋亦此意也。然則士之三月無君則弔,尚何以為急乎?」「出疆必載質,何也?」周霄又問孟子:「士之仕也,猶農夫之耕也。農夫豈為出疆舍其耒耜哉」,孟子答之曰:「士之進於為仕也,若農夫之於耕也。夫農夫豈為出疆舍其耒耜哉?此士之為仕,所以出疆亦必執其贄也。」「晉國亦仕國也,未嘗聞仕如此之急。仕如此之急也,君子之難仕,何也」,周霄又問孟子曰:「今之晉國亦可為仕之國也,然而未嘗聞有仕者如此之急。又以仕既如此之急也,然而君子之難進於仕,是如之何?」故以併問之。「曰:『鑽穴隙之類也』」,孟子又答之曰:「夫丈夫之生乃願為之有室婦,女子之生乃願為之有家而事之。其於欲慕為人子之父母心,人皆有之矣。然而欲為父母,其為室家,乃不待父母之命、媒妁而言之,遂私鑽穴隙而相窺,踰牆而擅自相從,終雖得為父母,其於國中之眾人,亦且皆賤之而不美矣。夫古之人未嘗不欲為之仕也,然而又惡其不由其道而為之者,所以君子難仕也。如不由其道而往為之仕者,是與此鑽穴隙而相窺,踰牆而擅相從者之類也。孟子所以終答之周霄以此者,以其士之仕,猶男女之相求,亦必待父母之命、媒妁之言也。」注「質,臣所執以見君」至「不得爾」。正義曰:蓋贄之為言至也,自五玉三帛二生一死,皆所以為贄,以見其君,與自相贄同也。

彭更問曰:「後車數十乘,從者數百人,以傳食於諸侯,不以泰乎?」泰,甚也。彭更,孟子

卷第六上 滕文公章句下

二三三

弟子,怪孟子徒衆多,而傳食於諸侯之國,得無爲甚奢泰者也?孟子曰:「非其道,則一簞食不可受於人。如其道,則舜受堯之天下,不以爲泰。子以爲泰乎?」曰:「否。士無事而食,不可也。」彭更曰:「不以舜爲泰也。謂仕無功而虛食人者,❶不可也。曰:「子不通功易事,以羨補不足,則農有餘粟,女有餘布。子如通之,則梓、匠、輪、輿,皆得食於子。《周禮》攻木之工七,梓、匠、輪、輿是其四。餘羨者也。❷於此有人焉,入則孝,出則悌,守先王之道,以待後之學者,而不得食於子。子何尊梓、匠、輪、輿而輕爲仁義者哉?」入則事親孝,出則敬長悌。❸悌,順也。守先王之道,上德之士,可以化俗者。若此不得食子之祿,子何尊彼而賤此也。」彭更以爲志於食,此亦但志食也?」曰:「梓、匠、輪、輿,其志將以求食也。君子之爲道也,其志亦將以求食與?」孟子言祿以食功,子何食乎?曰:「食志。」彭更以爲子,可食而食之矣。且子食志乎,食功乎?」

❶「仕」,按阮校,廖本、孔本、韓本作「士」,孔本、韓本下有「事」字,《考文》古本亦有「事」字。
❷「四餘羨者也」,按阮校:「岳本『四』下有『者』字,廖本、孔本、韓本、《考文》古本作『四者羨餘也』。」
❸「悌」,按阮校:「廖本、孔本、韓本、《考文》古本作『順也』二字。」

當食志也。曰：「有人於此，毀瓦畫墁，其志將以求食也，則子食之乎？」孟子言人但破碎瓦畫地，則復墁滅之，此無用之爲也，然而其意反欲求食，❶則可食乎？❷曰：「否。」彭更曰不食也。曰：「然則子非食志也，食功也。」

疏「彭更問曰」至「食功也」。

正義曰：此章言百工食力，以祿養賢，修仁尚義，國之所尊，移風易俗，其功可珍，雖食諸侯，不爲素餐也。「彭更問曰：後車數十乘，從者數百人，以傳食於諸侯，不以泰乎？」彭更，孟子弟子，問孟子，以謂車有數十乘之多，從徒又有數百人之眾，皆以傳食於諸侯，不以爲泰甚乎？傳食，蓋以孟子食於諸侯，車徒又食於孟子，要之所食之祿皆出於諸侯之所供耳，故云傳食諸侯。孟子曰：非其道，則一簞食不可受於人，如其道，則若舜受堯之天下，不以爲之泰，子今以車徒傳食於諸侯爲之泰。「曰否，不以舜爲泰而言也。「彭更又曰否，不以舜爲之泰，子今以車徒傳食於諸侯爲之泰。」孟子又答之曰：今且以子言之，如子不通功易事而相濟，乃可以各奉其事業，以有餘而補其不足，則農夫有餘粟而人有受其饑，女有餘布而人有受其寒。子如通功易事，則梓人成其器械以利用，匠人營其宮室以安居，輪人作車輪以運行，輿人作車輿以利載，是皆得食於子矣。

❶「意」，按阮校：「閩、監、毛三本作『志』。

❷「可」，按阮校：「廖本、孔本、韓本作『子』。

❸「非食其志也」，按阮校，廖本、孔本、韓本、《考文》古本無此五字。

事與功者，蓋所作未成，則謂之事；事之成，則謂之功。孟子所以言之者，蓋謂梓、匠、輪、輿皆小人之功也，如得以通功易事，而皆得食於子，況有君子之功，功於道者，而乃不得傳食之於諸侯乎？故以下文言之。「於此有人焉，入則孝，出則悌，守先王之道，以待後之學者，而不得食於子，子何尊梓、匠、輪、輿而輕爲仁義者哉」，孟子又言：今有人焉，入於閨門之內，則以孝爲仁，出於鄉黨邦國之間，則以悌爲義，是守先王仁義之道，以待覺於後之學者。是有功於道者也，而乃不得食於子，是則子何獨尊於梓、匠、輪、輿而以輕爲仁義有功於道者哉？「曰：梓、匠、輪、輿，其志將以求食。君子之爲道也，其志亦將以求食歟？」彭更又以此言於孟子，曰彼梓、匠、輪、輿者，是其有志將以此業而求食者也，今以君子之爲於道，其志亦將以爲道而求食歟？彭更之意，以謂士志於道，不志於食，故以此疑，乃問孟子也。「曰：子何以志爲哉，其有功於子，可食而食之矣」，然以子言之，則子今有食於人者，是則食其有志於爲食者乎？「曰：食志」，彭更又答之，以爲有食則食其有志於求食者矣。「曰：有人於此，毀瓦畫墁，其志將以求食也，則子食之乎」，孟子又欲排之，故以此喻之。言今有人於此，但以毀破碎之瓦而畫地，又復墁滅之，是其以此求其食也，則子食之乎？「曰否」，彭更以爲如此者不食之也。「曰：然則子非食志也，食功也」孟子乃言之曰：如是則子非食其有志於求食者也，是則食其有功者也。以其毀瓦畫墁，但有志而無功者，而彭更不食之，是則知彭更亦食於有功者矣。然則孟子志非欲傳食於諸侯，而諸侯所以食之者，亦以孟子有功而已矣。 注「《周禮》攻木之工」。 正義曰：此蓋《梁惠王》下卷說之矣。

萬章問曰：「宋，小國也，今將行仁政❶，齊楚惡而伐之，則如之何？」問宋當如齊楚何也。

孟子曰：「湯居亳，與葛爲鄰。葛伯放而不祀，湯使人問之，曰：『何爲不祀？』曰：『無以供犧牲也。』湯使遺之牛羊，葛伯食之，又不以祀。又使人問之曰：『何爲不祀？』曰：『無以供粢盛也。』湯使亳衆往爲之耕，老弱饋食。葛伯率其民，要其有酒肉黍稻者奪之，不授者殺之。有童子以黍肉餉，殺而奪之。《書》曰：『葛伯仇餉。』此之謂也。童子，未成人，殺之尤無狀。《尚書》逸篇文。❷仇，怨也。言湯伐葛伯，❸怨其害此餉也。爲其殺是童子而征之，四海之內皆曰：『非富天下也，爲匹夫匹婦復讎也。』湯始征，自葛載，十一征而無敵於天下。東面而征，西夷怨；南面而征，北狄怨。曰：『奚爲後我？』民之望之，若大旱之望雨也。歸市者弗止，芸者不變，誅其君，弔其民，如時雨降，民大悅。《書》曰：『徯我后，后來其無罰！』載，始也。言湯初征自葛始也，十一征而服天下。一説言當作「再」字，再十一征，而言湯再征十一國。再十一，凡征二十二國。湯不貪天下富也，爲一夫報仇也。

---

❶「仁」，阮本作「王」。
❷「尚書逸篇文」，按阮校：「廖本、孔本、韓本、《考文》古本作『書尚書逸篇也』」。
❸「言湯伐」，按阮校，廖本、孔本、韓本、《考文》古本作「言湯所以伐殺」。

國也。《書》，逸篇也。民曰：待我君來，❶我則無罰矣。歸市不止，不以有軍來征，故市者止不行也。不使芸者變休也。「有攸不惟臣，東征，綏厥士女，篚厥玄黃，紹我周王見休，惟臣附于大邑周。」其君子實玄黃于篚，以迎其君子，其小人簞食壺漿，以迎其小人。救民於水火之中，取其殘而已矣。從「有攸」以下，道周武王伐紂時也，皆《尚書》逸篇之文也。攸，所也。救民於水火之中，謂諸侯執玄三纁二之帛，願見周王，望見休善，安天下士女，小人各有所執往，無不惟念執臣子之節。篚厥玄黃，謂諸侯執玄三纁二之帛，願見周王，望見休善，使我得附就大邑周家也。其君子小人，各有所執，以成其類也。言武王之師，救殷民於水火之中，討其殘賊也。

《太誓》曰：「我武惟揚，侵于之疆，則取于殘，殺伐用張，于湯有光。」《太誓》，古《尚書》百二十篇之時《泰誓》也。我武王用武之時惟鷹揚也。侵紂之疆界，❸則取于殘賊者，以張殺伐之功也。民有簞食壺漿之歡，比於湯伐桀，爲有光寵，美武王德優前代也。今之《尚書‧泰誓》篇，後得以充學，故不與古《太誓》同。諸傳記引《泰誓》皆古《泰誓》也。不行王政云爾，苟行王政，四海之內皆舉首而望之，欲以爲君，齊楚雖大，何畏焉？」萬章憂宋迫於齊楚不得行政，故孟子爲陳殷湯周武之事以喻之。誠能行之，天下思以爲君，何畏齊楚之國焉？

疏「萬章問曰」至「齊楚雖大，何畏焉」。

正義曰：此章言修德無小，

❶「君」，按阮校：「孔本、韓本、《考文》古本重『君』字。」
❷「成」，按阮校：「廖本、孔本、韓本、《考文》古本作『迎』。」
❸「侵」上，按阮校：「廖本、孔本、韓本、《考文》古本有『侵于之疆』四字。」

暴慢無強也。「萬章問曰：宋，小國也，今將行王政，齊楚惡而伐之，則如之何」萬章問孟子，言宋國小國也，今將欲行王者之政，齊楚大國惡其行之而欲伐之，則宋國當如之何而處之。「孟子曰：湯居亳，與葛國爲鄰，葛國爲鄰。葛伯放而不祀，湯使人問之曰：何爲不祀」至「此之謂也」孟子答之曰：湯王居亳地，與葛國爲鄰，葛之伯放縱無道，而不祀先祖。湯使人問之葛伯，何爲而不祀先祖？乃答曰：無以供其犧牲也。牲之色純無雜色謂之犧牲。湯乃使人遺賜之牛羊，葛伯既受之牛羊，又自食之而不祀先祖。湯又使人問葛伯，何爲而又不祀？葛伯又曰：又無以供其粢盛也。湯復使亳之衆往爲葛伯耕作，以助其粢盛。有老弱者，饋耕者之食，葛伯又率己之民於路，要其有酒食黍稻者奪而食之，有不授與之者乃殺之，有童子以黍肉飯餉其耕者，葛伯率民殺其子而奪其黍肉，故《書》有云「葛伯仇餉」，怨其有所餉者，故害之。是此之謂也。「爲其殺是童子而征之，四海之内皆曰：非富天下也，爲匹夫匹婦復讎也」，孟子又言：爲其葛伯殺此童子，而湯乃往而征伐之，四海之内人皆曰：湯王非貪富於天下而征葛也，是爲天下一匹之夫、一匹之婦復報其讎也。「湯始征，自葛載」至「后來其無罰」者，言湯王初征，自葛國始也。少之十一征而天下無敢敵者，❶故東面而征，則西夷之國怨之，以爲不先征其我君，南面而征其君，則北夷之國怨之，以爲不征其我君之罪而先於彼，故怨云：何爲而後去其我？民之望其湯之來，若大旱之時人望其雲霓而雨之降也。遂使歸市者得奔趨而貿易。芸苗者亦得芸而不爲之休，亦以湯即誅其君之有罪者，而又能弔問存恤其人民，故如時

❶「少」，阮本作「湯」。

雨之降，民皆大喜悦之。《書》云民徯待我君之來，言我君之來，則我無誅罰矣。一説云「載十一征」當作「再」字，再十一征者，言湯再征十一國，再十一，見征二十二國也。「有攸不惟臣」至「取其殘而已矣」，此皆逸《書》之文也，言殷之民有所征之，則無不惟念臣服之節，故武王東征而綏撫其士女，則爲之士女皆以箱篚盛其玄黃之帛，❶以昭明我之周王見休美，惟臣皆得就附于大邑周家也。故其君子實貯玄黃之帛以迎其君子，小人簞笥壺漿以迎其小人，是各從其類也。武王之師衆中有君子、有小人，故商民有君子、有小人逆之者也。言武王所拯是殷民於水火之中，❷獨取伐其殘賊其民者也。今據《書》乃曰「昭我周王」，而此乃曰「紹我周王」，蓋紹者繼也，民皆以玄黃之帛盛於篚，而隨武王之師後而繼送之也。蓋周王者，即武王也。然必以玄黃於篚者，蓋天謂之玄、地謂之黃，武王能革殷之否而泰之，是能如天地之覆載以養民者也。必言士女者，以其武王所綏，不特匹夫匹婦而已，雖未冠之士、未笄之女，亦且綏之，故曰「綏厥士女」。《太誓》曰：我武惟揚，侵于之疆，則取于殘，殺伐用張，于湯有光」，此古之《太誓》篇之文也。言《太誓》有云：我武王用武之時，惟鷹揚也，侵于紂之疆界，則取于殘賊者，於是殺伐之功用張行之，故比于湯王伐桀之時，又有以光于前代也。「不行王政云爾，苟行王政」至「齊楚雖大，何畏焉」，孟子於此乃曰：今宋國不行王者之政，云齊楚惡而伐之爾，如宋國苟能行其王者之政，則四海之内，人皆舉首引領而望之，欲以爲之君也，齊楚二

❶「女」原作「安」，據阮本改。
❷「是」阮本作「救」。

國雖大，然何畏之有？注「葛，夏諸侯，嬴姓之國」。正義曰：案《地理志》云：「葛，今梁國寧陵有葛鄉。」裴駰亦引之而證《史記》亳都亦在梁國，故云爲鄰。《書》曰：「湯征諸侯，葛伯不祀，湯始征之。」孔安國云：「葛國，伯爵也，廢其土地山川及宗廟神祇皆不祀，湯始伐之。」言伐始於葛也，《書》於是乎作《湯征》。今《尚書·仲虺之誥》曰：「乃葛伯仇餉，初征自葛。東征西夷怨，南征北狄怨，曰奚獨後予？」孔傳云：「葛伯遊行，見農民之餉於田者，殺其人，奪其餉，故謂之仇餉。仇，怨也。湯爲是以不祀之罪伐之，從此後遂征無道。西夷、北狄，舉遠以言，則近者著矣。曰奚獨後予者，蓋怨者之辭也。」注「從有攸下」至「殘賊也」。正義曰：云「筐厥玄黃，謂諸侯執玄三纁二之帛」者，《禮》云「諸侯世子執纁，公之孤執玄，附庸之君執黃」，是帛也。鄭司農云：「三染謂之纁。」此亦《周禮·鍾氏》有三人爲纁故也。

孟子謂戴不勝曰：「子欲子之王之善與？我明告子。不勝，宋臣。有楚大夫於此，欲其子之齊語也，則使齊人傅諸？使楚人傅諸？」孟子假喻有楚大夫在此，欲變其子使學齊言，當使齊人傅之，❶使楚人自傅相之邪？」不勝曰：「使齊人。」曰：「一齊人傅之，衆楚人咻之，雖日撻而求其齊也，不可得矣。引而置之莊嶽之間數年，雖日撻之欲使齊言，不可得矣。言使一齊人傅相，衆楚人咻之。咻之者，譁也。如此，雖日撻之欲使齊言，不可得矣。言寡不勝衆也。

---

❶「之」下，按阮校：「廖本、孔本、韓本、《考文》古本有『邪』字。」

莊嶽，齊街里名也。多人處之數年，而自齊也。

使在王所者，小大皆如居州，則王誰與爲不善者也。**在於王所者，長幼卑尊皆薛居州也。王誰與爲不善？** 孟子曰：不勝常言居州，宋之善士也，欲使居於王所。如使在王左右者，皆非居州之疇，王當誰與爲善乎？一薛居州，獨如宋王何而能化之也？周之末世，列國皆僭號自稱王，故曰宋王也。

善？一薛居州，獨如宋王何？」如使在王左右者，皆非居州之疇，王當誰與爲善乎？

宋王何而能化之也？周之末世，列國皆僭號自稱王，故曰宋王也。〇疏「孟子謂戴不勝」至「如宋王何」。

正義曰：此章言自非聖人，在所變化，故諺曰「白沙在泥，不染自黑。蓬生麻中，不扶自直」之類也。「孟子謂戴不勝曰」至「亦不可得矣」，不勝，宋王之臣也，姓戴，名不勝。「子謂薛居州善士也」，孟子又言：今不勝謂薛居州善士者也，使之居於楚言，亦不可得已。「子謂薛居州善士也」至「如宋王何」，孟子又言：如使一齊人傅相其子之言，而衆楚人皆咻噠之，雖曰加鞭撻其子而求爲齊言也，不可得已。如引其子置之閨巷之間，數年之久，雖曰加鞭撻而求其爲楚言，亦不可得已。「子謂薛居州善士也」至「如宋王何」，孟子又言：今不勝謂薛居州善士者也，使之居於宋王之所者，長幼卑尊皆如薛居州善士者也，則宋王誰能與爲善？如在宋王之左右，長幼卑尊皆非薛居州之善者也，則宋王誰能與爲善？今以一薛居州獨佐於宋王爲善，其能如宋王何？無他，以其一人之寡不能勝其衆也，故孟子所以齊人、楚人而比喻之也。薛居州，宋國之善士者也。

孟子注疏解經卷第六下

趙氏注　孫奭疏

滕文公章句下

公孫丑問曰：「不見諸侯，何義？」丑怪孟子不肯每輒應諸侯之聘，不見之，於義謂何也。孟子曰：「古者不為臣不見。古者不為臣不肯見，不義而富且貴者也。段干木踰垣而辟之，泄柳閉門而不納，❶是皆已甚。迫，斯可以見矣。孟子言魏文侯、魯繆公有好善之心，❷而此二人距之太甚，迫窄，則可以見之。陽貨欲見孔子，而惡無禮。大夫有賜於士，不得受於其家，則往拜其門。陽貨，魯大夫也。孔子，士也。陽貨瞰孔子之亡也，而饋孔子蒸豚。孔子亦瞰其亡也而往拜之。當是時，陽貨先，豈得不見？瞰，視也。陽貨視孔子亡而饋之者，欲使孔子來答，恐其便答拜使人也。

❶「納」，按阮校：「廖本、孔本、韓本作『內』。案《音義》出『不內』。作『內』是也。」
❷「善」，按阮校：「宋本、廖本、孔本、韓本作『義』。」

孔子矙其亡者，心不欲見陽貨也。《論語》曰「饋孔子豚」，孟子曰「蒸豚」，豚非大牲，故用熟饋也。是時陽貨先加禮，豈得不往拜見之哉。言其意苦勞極，甚於仲夏之月治畦灌園之勤也。未同，志未合也。不可與言而與之言，謂之失言也。觀其色赧赧然，面赤，心不正之貌也。由，子路名，子路剛直，故曰非由所知也。謂君子養正氣，不以入邪也。

曾子曰：**脅肩諂笑，病于夏畦。**脅肩，竦體也。諂笑，強笑也。病，極也。言其意苦勞極，甚於仲夏之月治畦灌園之勤也。子路曰：**未同其言，❶觀其色赧赧然，非由之所知也。**未同，志未合也。不可與言而與之言，謂之失言也。**由是觀之，則君子之所養，可知已矣。**謂君子養正氣，不以入邪也。

〔疏〕「公孫丑問曰」至「可知已矣」。正義曰：此章言道異不謀，迫斯強之，段、泄已甚，矙亡得其宜，正己直行，不納於邪，赧然不接，傷若夏畦也。「公孫丑問曰：不見諸侯，何義」，丑怪孟子不見諸侯，故問之曰：不見諸侯，其義謂何也？「孟子曰：古者不爲臣不見」至「可知已矣」，孟子答之公孫丑，言古之不爲臣者不肯見，不義而饕富貴者也。如段干木踰垣牆而避魏文侯於外，泄柳閉門而拒魯繆公於内，然皆不見，是皆文侯、繆公而就見已甚迫切，斯可以見矣。然干木、泄柳且不見之耳。陽貨欲願見於孔子，而畏孔子惡己之無禮而不見之。意已謂己爲大夫而有遺賜，孔子但爲之士，彼不得受其遺賜於其家，則必往謝己，故陽貨視孔子不在，乃往其門而拜謝之。故當是之時，陽貨豈先不得見孔子？以其不合，視孔然而孔子至後亦以視陽貨不在，乃往其門而拜謝之。

❶「其」，阮本作「而」。
❷「孫」下，依文例當有「丑」字。按阮校：「閩、毛二本『孫』下有『丑』字。」

子不在，乃饋蒸豚，孔子所以不欲見，亦復視其亡而往謝之也。蒸豚，熟豚也。曾子又有云：脅肩諂笑，疢縮其身，强容而笑者，其勞苦有甚於夏之五六月而灌園也。治畦，曰灌園也。子路有云：未合其志，而與之言，觀其色赧赧然，面赤而心不正者，非我之所知也。由，子路自稱名也。孟子曰：由此數者觀之，則君子之所養以義，可得而知矣。蓋就此數者論之，孟子必答孫丑以此者，❶則孟子不見諸侯是亦分也、義也。孫丑乃不知之，奈之何哉。今且以孟子不見諸侯，必以段干、泄柳爲言者，蓋謂魏文、魯繆二君欲見此二子如此之迫切，而二子尚不見之，而況己往見諸侯哉？必以陽貨爲言者，蓋謂孔子不見陽貨者，乃陽貨自取之爾。今己之不見諸侯者，亦以子路所謂而言者，蓋謂己如就見諸侯，亦是未同而觀其色赧赧然之人也。必以曾子所謂而言者，蓋謂己如往見諸侯，亦是脅肩諂笑者也。必以子路所謂而言者，蓋謂諸侯不禮於我矣。此孟子所以執此而喻其意於公孫丑也。《說文》云「畦，菜畦也」，是知卽園也。 注「《論語》曰饋孔子豚」。 正義曰：案孔安國傳云：「陽貨欲使孔子往謝，故遺孔子豚。」陽貨，陽虎也，名虎，字貨，爲季氏家臣，而專魯國之政，欲見孔子，將使之仕也。豚，豕之小者。謂孔子曰：「來，予與爾言。」曰：「懷寶而迷邦，可謂仁乎？好從事而亟失時，可謂知乎？」曰：「不可。日月逝矣，歲不我與。」孔子曰：「諾，吾將仕矣。」凡此是其事也。 注「子路剛

❶ 「孫」上，按阮校，監、毛二本有「公」字。下同。

直」。❶

正義曰：案《孔子弟子列傳》云：「子路性鄙，好勇力，志伉直。」是爲剛直也，後死於衞。

戴盈之曰：「什一，去關市之征，今兹未能，請輕之，以待來年然後已，何如？」戴盈之，宋大夫。問孟子，欲使君去關市征税，復古行什一之賦，今年未能盡去，且使輕之，待來年然後復古，何如？孟子曰：「今有人日攘其鄰之雞者，或告之曰：『是非君子之道。』曰：『請損之，月攘一雞，以待來年，然後已。』如知其非義，斯速已矣，何待來年？」攘，取也，取自來之物也。孟子以此爲喻，❷知攘之惡當即止，何可損少，月取一雞，待來年乃止乎？謂盈之言若此類者也。

正義曰：此章言從善改非，坐而待旦，知而爲之，罪重於故，譬猶攘雞，多少同盜，變惡速然後可也。❸「戴盈之曰」至「何待來年」。正義曰：什一，去關市之征，今兹未能，請輕之，以待來年」，戴盈之即戴不勝，爲宋國之大夫，問於孟子曰：欲使宋君去關市之征税，今年未能盡去，且使輕取之，以待來年，然後盡去之，如之何？「孟子曰：今有人已攘其鄰之雞」至「何待來年」，孟子以此比喻之，以答盈之之言非也。言今有人曰

---

❶「直」下，原衍「正」字，據上注文及阮本删。
❷「子」，原作「以」，據阮本改。
❸「惡」下，阮本有「自新」二字。

日攘取其鄰家之雞者，或有人告之曰：此攘雞乃小人盜賊之道，非君子內公至正之道也。❶乃曰：請損之，❷但月攘一雞，以待來年，然後止而勿攘。今子如知宋君取關市之稅爲非義，若此攘雞之非道，斯可速而止之耳，何可待來年然後已乎？此孟子所以告之是耳。

公都子曰：「外人皆稱夫子好辯，敢問何也？」公都子，孟子弟子。外人，它人論議者也。好辯，言孟子好與楊、墨之徒辯争。孟子曰：「予豈好辯哉？予不得已也。曰：我不得已耳，欲救正道，懼爲邪説所亂，故辯之。天下之生久矣，一治一亂。當堯之時，水逆行，氾濫於中國，蛇龍居之，民無所定，下者爲巢，上者爲營窟。天下之生，生民以來也，迭有治亂，非一世。水生蛇龍，水盛則蛇龍居民之地也。民患水，避之，故無定居。卑下者於樹上爲巢，猶鳥之巢也。上者，高原之上也。鑿岸而營度之，以爲窟穴而處之。《書》曰：『洚水警余。』洚水者，洪水也。《尚書》逸篇。洪水逆行，洚洞無涯，故曰洚水也。洪，大也。使禹治之，禹掘地而注之海，驅蛇龍而放之菹。水由地中行，江、淮、河、漢是也。險阻既遠，鳥獸之害人者消，然後人得平土而居之。堯使禹治洪水，通九

---

❶「內」，阮本作「大」。
❷「損」，原作「豫」，據阮本改。
❸「卑」，阮本作「埤」。按阮校：「案《音義》出『埤』，作『卑』非也。」

州，故曰掘地而注之海也。菹，澤生草者也，今青州謂澤有草爲菹。水流行於地而去之，❶民人下高就平土，故遠險阻也。水去，故鳥獸害人者消盡也。**堯、舜既沒，聖人之道衰，暴君代作。壞宮室以爲汙池，民無所安息，棄田以爲園囿，使民不得衣食，邪説暴行又作。園囿汙池，沛澤多而禽獸至。** 暴，亂也。亂君更興，殘壞民室屋，以其處爲汙池。棄五穀之田，以爲園囿，長逸遊而棄本業，使民不得衣食，有饑寒並至之厄。其小人則放辟邪侈，故作邪僞之説，爲姦宼之行。沛，草木之所生也。澤，水也。至，眾也。田疇不墾，故禽獸眾多。謂羿、桀之時也。**及紂之身，天下又大亂。周公相武王，誅紂伐奄，三年討其君，驅飛廉於海隅而戮之，滅國者五十，驅虎豹犀象而遠之，天下大悅。** 奄，東方無道國。武王伐紂，至于孟津還歸，二年復伐，前後三年也。滅與紂共爲亂政者五十國也。奄，大國，故特伐之。《尚書·多方》曰：「王來自奄。」《書》曰：「飛廉，紂諛臣，驅之海隅而戮之，猶舜放四罪也。**《書》曰：『丕顯哉，文王謨。丕承哉，武王烈。佑啓我後人，咸以正無缺。』**」《書》，《尚書》逸篇也。丕，大。顯，明。承，繼。烈，光也。言文王大顯明王道，武王大繼承天光烈，佑開後人，謂成康皆行正道無虧缺也，此周公輔相以撥亂之功也。**世衰道微，邪説暴行有作，臣弑其君者有之，子弑其父者有之，孔子懼，作《春秋》。《春秋》，天子之事也。是故孔子曰：『知我者其惟《春秋》乎！罪我者其惟**

---

❶ 「之」，按阮校：「廖本、孔本、韓本、《考文》古本作『也』。」

《春秋》乎！』世衰道微，周衰之時也。孔子懼正道遂滅，❶故作《春秋》，因魯史記，設素王之法，謂天子之事也。知我者謂我正王綱也，❷罪我者謂時人見彈貶者。言孔子以《春秋》撥亂也。聖人不作，❸諸侯放恣，❹處士橫議，楊朱、墨翟之言盈天下，天下之言，不歸楊則歸墨。楊氏為我，是無君也。墨氏兼愛，是無父也。無父無君，是禽獸也。公明儀，魯賢人。言孔子之後，聖王之道不興，戰國縱橫，布衣處士游說以干諸侯，若楊墨之徒，無尊異君父之義，而以橫議於世也。公明儀曰：『庖有肥肉，廄有肥馬，民有饑色，野有餓莩，此率獸而食人也。』公明儀，魯賢人。言人君但崇庖廚，養犬馬，不恤民，是為率禽獸而食人也。楊、墨之道不息，孔子之道不著，是邪說誣民，充塞仁義也。言仁義塞則邪說行，獸食人則人相食，此亂之甚也。人人將相食。楊、墨之道不息，孔子之道不著，是邪說誣民，充塞仁義也。仁義充塞，則率獸食人，人將相食。閑，習也。淫，放也。孟子言我懼聖人之道不著，為邪說所乘，故習聖人之道以距之。作於其心，害於其事，作於其事，害於其政。聖人復起，不易吾言矣。說與上篇同。昔者禹抑洪水而天下平，周公兼夷狄、驅猛獸而百姓寧，孔子成《春秋》而亂臣賊子懼。抑，

---

❶「正」，按阮校：「廖本、孔本、韓本、《考文》古本作『王』」。
❷「王綱」，閩、監、毛、阮本作「綱紀」。
❸「人」，阮本作「王」。
❹「放」原作「故」，據阮本改。

治也。周公兼懷夷狄之人，驅害人之猛獸也。言亂臣賊子懼《春秋》之貶責也。《詩》云：『戎狄是膺，荆舒是懲，則莫我敢承。』此詩已見上篇説。無父無君，是周公所膺也。是周公所欲伐擊也。我亦欲正人心，息邪説，距詖行，放淫辭，以承三聖者，豈好辯哉？予不得已也。孟子言我亦欲正人心，距險陂之行，❶以奉禹、周公、孔子也。不得已而與人辯耳，豈好之哉？能言距楊墨者，聖人之徒也。」孟子自謂能距楊墨也。徒，黨也。可以繼聖人之道謂名世者也，故曰聖人之徒也。

[疏]「孟子曰：予豈好辯哉」至「聖人之徒也」。

正義曰：此章言憂世撥亂，勤以濟之，義以匡之也。公都子問孟子曰：外人皆稱夫子好與楊墨之徒争辯，敢問是何如？「孟子曰：予豈好辯哉，予不得已也」，孟子答之曰：我豈好與彼争辯之哉，但欲正人心，不得已而用辯之也。「天下之生久矣，一治一亂」至「上者爲營窟」，孟子言：天下之生民以來，至于今以久矣，其間一治一亂甚多。當堯之時，水逆勢而流行，氾濫濁於中國，蛇龍由是居處於其間，民亦無所安其居處，以至居於埤下者，乃於樹上爲巢，如鳥之居於巢也，居於高原之上者，乃鑿爲穴窟而處之。「《書》曰：洚水警余。洚水，洪水也。使禹治之，禹掘地而注之海」至「然後人得平土而居之」，言《尚書》逸篇之文。云洚水警懼我，此蓋舜言，故稱余。余，我也。孟子引之，故自解之洚水，言洚水則洪大之水也。故舜使禹治其洪水，禹乃掘地，因其勢順而流注之海。又驅遣蛇龍而放之菹。菹，澤生草之所

---

❶ 「險陂之行」，閩、監、毛、阮本作「詖行」。

也。於是水從地中流行，故不氾逆，所謂導江淮導河導入漢之水，是禹之治也。危險艱阻既以遠去，而無氾濫之患，鳥獸之害於人者遂消滅，然後人皆得平坦之地而居之。所謂水逆行，氾濫於中國，蛇龍居之，為巢營窟之難，鳥獸之所，於是免矣。「堯舜既没」至「及紂之身」又至「咸以正無缺」者，孟子言：自堯舜既没之後，聖人所行之道衰微，暴虐之君更興，乃毀壞民之宮室以為之汙池，而民無所安居休息。又棄五穀之田以為之園囿，而恣遊傲，乃使民不得衣食，於是民有饑寒。其小人皆放辟邪侈，作邪偽之說，為姦寇之行。又作園囿汙池，於是草木沛澤茂盛，而禽獸至衆。及紂之世，又為大亂，周公乃輔相武王，誅伐其紂，又伐奄國，終始三年，討戮殘賊之君，乃驅逐飛廉諛臣於海隅之地而戮殺之，遂滅與紂共為亂之國者有五十國，然後驅遣其虎豹犀象之野獸而遠去之。天下之人，已皆大悅，而歸武王。《書》所謂「丕顯哉，文王謨，丕承哉，武王烈，佑啓我後人，咸以正無缺」，是斯之謂歟！蓋言大明文王創始之謀謨，大纘集武王之功烈，佑開後人皆以正道行之，故無虧缺也。後人是謂成王、康王在後者也。「世衰道微，邪說暴行」至「其惟《春秋》乎」，孟子又言：至周世之道衰於是微滅，邪說暴行之人又有起作，於是臣弑其君者有之，子弑其父者有之，惟孔子於此時乃恐懼正道遂滅，而害人正心，故因魯史記而作《春秋》之經。蓋《春秋》者，乃設素王之道，皆天子之事迹也。孔子云：知我正王綱者，其惟以《春秋》知我矣；罪我以謂迷亂天下者，其亦惟以《春秋》罪我矣。「聖王不作，諸侯放恣」至「是禽獸也」，孟子又言：自孔子之後，聖王無有興作於其間，諸侯乃放恣為亂，布衣之處士乃橫議而遊說於諸侯，於是楊朱、墨翟偏蔽之言盈滿於天下。天下之言者，不歸從楊朱之為己，則歸從墨翟之兼愛。以其為己之言行，是使天下無其君也，兼愛之言行，是使天下無其父也，無父無君，

卷第六下　滕文公章句下

二五一

是禽獸之類也，非人也。「公明儀曰」至「率獸而食人也」。君之庖廚乃多有其肥肉，棧廄之中多養其肥馬，而下民以有飢餓之顏色，郊野之間以有餓死之莩者，如此是國君率獸而食人也。「楊墨之道不息，孔子之道不著」至「吾爲此懼」，又至「吾言矣」，孟子又言：楊墨自爲兼愛之道不熄滅，則孔子之正道不著明，是邪說欺誣其民，而充溢掩其仁義之道也。孟子故言我爲此恐懼，乃欲防閑，衛其先聖之正道，而排斥距其楊墨，放逐其淫辭，使邪說者不得興作於其間。所謂作於其心，害於其事，作於其事，害於其政，聖人復起，必從吾言矣，此蓋說在上篇，此更不說。「昔者禹抑洪水而天下平，周公兼夷狄、驅猛獸而百姓寧，孔子作《春秋》而亂臣賊子懼」此皆孟子言至於此，又復自堯至於孔子，再詳總說之也。言往者自舜使禹抑治其水，而天下於是乎得平安；至周公相武王，兼征夷狄，驅逐暴獸，而人民於是乎得寧靜；以至孔子作成《春秋》，而褒貶著，而亂臣賊子於是乎恐懼之。「《詩》云：戎狄是膺，荆舒是懲，則莫我敢承」說在上篇詳矣。孟子言：如是則無父無君者，是周公所欲膺擊而伐之也，我今亦欲正其人心，息滅其邪說，距止其險陂之行，放逐其淫辭，以奉承禹、周公、孔子三聖者，豈我好與楊墨之辯哉？是我不得已，故當與之爭辯也。「我亦欲正人心，息邪說，距詖行，放淫辭，以承三聖者，豈好辯哉？予不得已也。能言距楊墨者，聖人之徒也。」注「堯使禹治洪水，通九州」至「消盡也」。正義曰：「禹通九州」者，蓋始自堯所都冀州而起，遂從東南通于兗州；兗州既達，又東南通於青州；青州既達，又從南通於徐州；徐州既達，又南通於揚州；揚州既達，又西通於荆州；荆州既達，又從荆而北通於豫州；豫州既達，又從豫而

西通於梁州；梁州既達，又從梁而北通於雍州；雍州既達，於是又通乎冀州；冀州乃帝都也。凡此是皆禹通之耳。 注「奄，東方無道國」至「王來自奄」。 正義曰：案鄭玄云：「奄國在淮夷之北。」裴駰亦引而證《史記》。云「伐奄」者，孔安國云：「周公歸政之明年，淮夷奄國又叛，成王東伐淮夷，遂滅奄而徙其君。五月，自奄還至鎬京，是王自奄也。」云「飛廉，紂諛臣」，案《史記》云「飛廉乃顓頊之苗裔也，飛廉善走，其子惡來，惡來有力，父子俱以材力事殷紂，周武王伐紂，并殺之」是矣。「舜放四罪」，所謂流共工于幽州，放驩兜于崇山，竄三苗于三危，殛鯀于羽山。四罪而天下咸服。凡此是也。 注「禹稷胼胝，周公仰思，仲尼皇皇」。 正義曰：經云禹稷手足胼胝，周公仰而思之，夜以繼日，楊雄云「仲尼皇皇」，是也，凡此蓋言皆能勤於爲生民耳。

匡章曰：「陳仲子豈不誠廉士哉？居於陵，三日不食，耳無聞，目無見也。井上有李，螬食實者過半矣，匍匐往將食之，三咽，然後耳有聞，目有見。」匡章，齊人也。陳仲子，齊一介之士，窮不苟求者，是以絕糧而餒也。螬，蟲也。 孟子曰：「於齊國之士，吾必以仲子爲巨擘焉。雖然，仲子惡能廉？充仲子之操，則蚓而後可者也。夫蚓，上食槁壤，下飲黃泉。巨擘，大指也。比於齊國之士，吾必以仲子爲指中大者耳，非大器也。蚓，丘蚓之蟲也。充滿其操行，似蚓而可行者也。蚓食土飲泉，極廉矣，然無心無識，仲子不知仁義，苟守一介，亦猶蚓也。 仲子所居之室，伯夷之所築與？抑亦盜跖之所築與？所食之粟，伯夷之所樹

與？抑亦盜跖之所樹與？是未可知也。」孟子問匡章：仲子豈能必使伯夷之徒築室、樹粟，乃居、食之邪？抑亦得盜跖之徒使作也，是始未可知也。曰：「是何傷哉？彼身織屨，妻辟纑，以易之也。」匡章曰：惡人作之何傷哉？彼仲子身自織屨，妻緝纑，以易食宅耳。緝績其麻曰辟，練麻曰纑。❶曰：「仲子，齊之世家也，兄戴，蓋祿萬鍾。以兄之祿爲不義之祿而不食也，以兄之室爲不義之室而不居也，避兄離母，處於於陵。孟子言仲子，齊之世卿大夫之家，兄名戴，爲齊卿，食采於蓋，祿萬鍾。仲子以爲事非其君，行非其道以居富貴，故不義之，竄於於陵也。他日歸，則有饋其兄生鵝者，已頻顣曰：『惡用是鶃鶃者爲哉？』他日，其母殺是鵝也，與之食之。其兄自外至，曰：『是鶃鶃之肉也。』出而哇之。以母則不食，以妻則食之；以兄之室則弗居，以於陵則居之，是尚爲能充其類也乎？若仲子者，蚓而後充其操者也。」異日母食以鵝，不知是前所頻顣者也。兄疾之，告曰：「是鶃鶃之肉也。」仲子出門而哇吐之。孟子非其不食於母，而食妻所作屨纑易食也；不居兄室，而居於於陵人所築室也，是尚能充人類乎？如蚓之性，然後可以充其操也。❷

❶「纑」下，閩、監、毛、阮本有「故云辟纑」四字。
❷「也」下，閩、監、毛、阮本有「是以孟子喻以蚓蚓而比諸巨擘而已」十五字。

至「而後充其操也」。

正義曰：此章言聖人之道，親親尚和，志士之操，耿介特立，可以激濁，不可常法者也。「匡章曰：陳仲子豈不誠廉士哉」至「目有見」者，匡章，齊國之人也。仲子，齊國一介之士也。匡章謂孟子曰：陳仲子之爲人，豈不誠爲廉士哉？言仲子居處於於陵之地，三日無食，故不求食，以至饑餓，使耳聾而無聞，目盲而無見。井里之上有李果爲螬蟲所食者，其實已過半矣，但匍匐往而取食之，食至三吞然後耳方有所聞而不聾，目方有所見而不盲。言仲子之至如此之甚，尚不肯苟求於人，是所謂豈不誠廉潔之士哉。「孟子曰：於齊國之士」至「下飲黃泉」，孟子答之，以謂於齊國之衆士中，吾必以陳仲子但如指中之大者耳。雖然，大指又安能爲廉潔之士哉？如充滿其仲子之操守，則必似丘蚓而後可行也。故蚓但上食其槁壤之土，下飲其黃泉之水，是謂極廉矣。今仲子所處之屋，且爲伯夷之所築而居之與？抑即爲盜跖之所築而居與？仲子所食之粟米，且以伯夷之所種而食與？抑即爲盜跖之所種而食與？故孟子以此問之匡章，乃曰：仲子所居之室，伯夷之所築與，抑亦盜跖之所築與？❶所食之粟，伯夷之所樹與，抑亦盜跖之所樹與？然孟子必以伯夷言之，又必以盜跖言之者，蓋謂伯夷之清最爲潔，盜跖最爲貪利者，而仲子必不能使伯夷之徒築室、樹粟乃居、食之也，但亦盜跖所築、樹而居、食之也，豈足謂之廉士哉？故曰「是未可知也」。匡章又言於孟子曰：此何傷於仲子爲廉哉？言雖盜跖之徒而築、樹之，而仲子所居、食之，彼身織屨，妻辟纑，以易之也。

❶ 「抑」，原作「仰」，據阮本改。

亦不足傷害仲子爲廉潔之士矣。以其彼仲子親織其草屨，妻緝績其麻，以更易室與粟而居、食之也。「曰：仲子，齊之世家也，兄戴，蓋祿萬鍾，以兄之祿爲不義之祿」孟子又言：仲子者，乃齊國世卿大夫之家也，其仲子之兄名戴者，蓋祿受萬鍾之秩，仲子乃以兄之祿爲不義而不食，以兄所居之室爲不義之室而不居，遂逃避其兄，而自處於於陵。於陵，齊之別邑也。異日，歸省其母，見有饋遺其兄之生鵝者，乃頻顣不悅，而言曰：安用是鶃鶃者爲哉？又至異日，其母乃殺此鵝與仲子而食之，其仲子之自外而歸，至，見仲子食此鵝肉，乃疾告之曰：此是前日所饋我鶃鶃者之肉也。仲子覺爲鵝肉，出門外哇而吐之。以其母所殺之食而不食，乃食於妻子所辟纑而易所食而食之。以兄所居之屋而且不居，乃以於陵之人所居之屋而居之。孟子意謂仲子之廉以此，是不足爲廉者矣。人安可得而法之乎？若仲子所如蚓之性然後可充其所操也。以言仲子爲廉士者，以其欲則法之，宜孟子以是言而比喻巨擘、丘蚓之類而排拒之也。匡章子所以言仲子爲廉士者，但「蚓而後可充其操者也」，孟子又言：仲子者，乃殺此鵝與仲子而食之，其仲子之自外而歸，至，見仲子食此鵝肉，乃疾告之曰：此是前日所饋我鶃鶃者之肉也。仲子覺爲鵝肉，出門外哇而吐之。注「緝績其麻曰辟，練麻曰纑」。正義曰：《釋名》云：「辟，分辟也。纑，布縷也。」是知爲緝績練麻也。「食采於蓋」。正義曰：蓋，齊之下邑也。《公孫丑》之篇亦有說焉。

孟子注疏解經卷第七上

孫奭疏

離婁章句上 凡二十八章

趙氏注離婁者，古之明目者也，蓋以為黃帝之時人也。黃帝亡其玄珠，使離朱索之。離朱即離婁也。能視於百步之外，見秋毫之末。然必須規矩，乃成方員，猶《論語》「述而不作，信而好古」，故以題篇。❶

疏 正義曰：前章首論滕文公問以古道，故以《滕文公》為篇題，次於公孫丑問政，謂其為政莫大於反古也。然則此篇孟子首言離婁之明，故以目為篇題，次於滕文公問以古道，是亦反古道者莫大乎明也，遂次《滕文公》之篇，所以揭「離婁」為此篇之題。此篇凡六十章，趙氏分之以為上下卷。此卷只有二十八章而

❶ 「題」，閩、監、毛、阮本作「名」。

已。一章言雖有巧智,猶須法度。二章言法則堯舜,鑒戒桀紂。三章言安仁在於爲仁,惡弗去則患及其身。四章言行有不得於人,一求諸身❶,責己之道也。五章言天下國家,本正則立,本傾則踣。六章言巨室不罪,咸以爲表,德之流行,可充四海。七章言遭衰逢亂,屈服強大,據國行仁,天下無敵。八章言人之安危,皆由於己。九章言水性趨下,民樂歸仁。十章言曠仁舍禮,自暴棄之道也。十一章言親親敬長,近取諸己。十二章言事上得君,乃可臨民,信友悦親,本在於身。十三章言養老尊賢,國之上務。十四章言聚斂富民,棄於孔子,重人命之至者。十五章言知人之道。十六章言人君恭儉,率下移風,人臣恭儉,明其廉忠。十七章言權時之義,嫂溺援手。十八章言父子至親,相責離恩,易子而教,相成以仁。十九章言上孝養志,下孝養體。二十章言小人爲政,不足間非,君正國定,下不邪佞。二十一章言不虞獲譽,不可爲戒,求全受毁,未足懲咎。二十二章言言出於身,不惟其責,則易之矣。二十三章言仁義之本在孝悌。二十四章言尊師重道。二十五章言舖啜沈浮,君子不與。二十六章言無後不可。二十七章言人患之在爲師。二十八章言天下之富貴,不若得意於親。其餘三十二章,分在下卷,不無敍焉。

注「離婁」至「題篇」。

正義曰:《莊子・天地》篇云:「黄帝遊乎赤水之北,登乎崐崘之山,南望而歸。遺其玄珠,❷使知索之,不得。使離朱索之。」是其旨也。《論語》第七篇首云:「述而不作,信而好古,竊比於我老彭。」是其文也。離朱即離婁也。

❶「一」,阮本作「反」。

❷「玄」,原作「元」,蓋作疏者避宋諱而改,今回改。下「玄珠」同。

孟子曰：「離婁之明，公輸子之巧，不以規矩，不能成方員。離婁者，古之明目者。公輸子，魯班，魯之巧人也，或以爲魯昭公之子。雖天下至巧，亦猶須規矩也。師曠之聰，不以六律，不能正五音。六律，陽律，大簇、姑洗、蕤賓、夷則、無射、黃鍾也。五音，宮、商、角、徵、羽也。其聽至聰。不用六律，不能正五音。堯舜之道，不以仁政不能平治天下。當行仁恩之政，天下乃可平也。今有仁心仁聞，而民不被其澤，不可法於後世者，不行先王之道也。仁心，性仁也。仁聞，仁聲遠聞也。雖然，猶須行先王之道，使百姓被澤，乃可爲後世之法也。故曰：徒善不足以爲政，徒法不能以自行。但有善心而不行之，不足以爲政。但有善法度而不施之，法度亦不能獨自行也。《詩》曰：『不愆不忘，率由舊章。』遵先王之法而過者，未之有也。《詩》，《大雅·假樂》之篇。❶ 愆，過也。所行不過差矣，不可忘者，以其循用舊故文章，遵用先王之法度，未聞有過者也。聖人既竭目力焉，繼之以規矩準繩，以爲方員平直，不可勝用也。盡己目力，續以其四者，方、員、平、直可得而審知，故用之不可勝極也。既竭耳力焉，繼之以六律正五音，不可勝用也。音須律而正也。既竭心思焉，繼之以不忍人之政，而仁覆天下矣。盡心欲行恩，繼以不忍加惡於人之政，則天下被覆衣之仁也。故曰：爲高必因丘陵，爲下必因川澤，爲政不因先王之道，可謂智乎？言因自然，則用力少而成功多矣。是以

❶ 「假」，按阮校：「宋本、孔本、韓本作『嘉』，《音義》出『嘉樂』。」

卷第七上　離婁章句上

二五九

惟仁者宜在高位。不仁而在高位，是播其惡於衆也。仁者能由先王之道。不仁逆道，則自播揚其惡於衆人也。上無道揆也，下無法守也，朝不信道，工不信度，君子犯義，小人犯刑，國之所存者幸也。言君無道術可以揆度天意，臣無法度可以守職奉命，朝廷之士不信道德，百工之作不信度量。君子觸義之所禁，謂學士當行君子之道也。小人觸刑，愚人罹於密網也。❶此亡國之政，然而國存者，僥倖耳，非其道也。故曰：城郭不完，兵甲不多，非國之災也；田野不辟，貨財不聚，非國之害也；上無禮，下無學，賊民興，喪無日矣。言國無禮義必亡。《詩》曰：『天之方蹶，無然泄泄。』泄泄，猶沓沓也。事君無義，進退無禮，言則非先王之道者，猶沓沓也。《詩》《大雅·板》之篇。天謂王者。蹶，動也。言天方動，汝無敢沓沓，但爲非義非禮，背棄先王之道而不相匡正也。故曰：責難於君謂之恭，陳善閉邪謂之敬，吾君不能謂之賊。」人臣之道，當進君於善，責難爲之事，使君勉之。謂行堯舜之仁，是爲恭臣。陳善法以禁閉君之邪心，是爲敬君。言吾君不肖，不能行善，因不諫正，此爲賊其君也。❷

疏　「孟子曰：離婁之明」至「吾君不能謂之賊」。 正義曰：此章言雖有巧智，猶須法度，因由先王，禮義爲要，不仁在位，播越其

❶ 「網」，原作「綱」，據閩、監、毛、阮本改。
❷ 「也」下，阮本有「故有恭敬賊三者之善」九字。按阮校，閩、監、毛三本「善」作「義」。

惡，諓君不諫，謂之賊。明上下相須，而道化行也。「孟子曰：離婁之明，公輸子之巧，不以規矩，不能成方員」者，公輸子魯般，魯之巧匠也。孟子謂離婁明雖足以察秋毫之末，公輸子其性雖巧，然不以規矩之度，不能成其方員之器。規所以員，言物之員者皆由規之所出也。矩所以方也，言物之方者皆由矩之所出也。「師曠之聰，不以六律，不能正五音」者，師曠，樂官名也。孟子又謂師曠其耳雖聰，然能聽音，然不得六律以和之者也。「堯舜之道，不以仁政不能平治天下」者，堯舜二帝，唐虞之盛者也，然而不以仁政而施於天下，故不能平治天下而享無爲之功矣。以其天下平治，由仁政之施也，如物之方員必自規矩之所出，五音之正由六律以和之者也。六律五音，太簇、姑洗、蕤賓、夷則、無射、黃鍾是六律也；宮、商、角、徵、羽是五音也，固不能正其五音也。「今有仁心仁聞，而民不被其澤，不可法於後世者，不行先王之道也」者，孟子言：今之人君，雖有仁人不忍之心，又有仁聲而遠聞四方，然而民不得被其恩澤，不可爲後世之所法者，以其不行古先王之道而治之也。無它，蓋以先王之道，有恩澤足以被民，其法可爲後世之所法象故也。苟不行先王之道，雖有仁心仁聞，亦若離婁之明、師曠之聰、堯舜之道，不得以規矩、六律、仁政爲之，亦無如之何也已矣。「故曰：徒善不足以爲政，徒法不能以自行」者，此孟子言至於此，所以復言之者也。徒善不足以爲政，蓋謂雖有先王之道而不爲之善，然而人不能用而行之，是徒善不足以爲政也。徒法不能以自行，蓋謂雖有規矩、六律之法，然而人不能因而用之，是徒法不能以自行也。以其規矩、六律之法不能自行之，必待人而用之，然能成其方員、正其五音也。堯舜之道，自不足以爲之政，必待人而行之，然後能平治天下而爲法於後世也。「《詩》云：不愆不忘，率由舊章。遵先王之法而過者，未之有也」者，孟子引《大雅·假樂》之篇文而云也，蓋

謂不愆違,不忘去其故舊典章,皆循而用之,未有過失者也。「聖人既竭目力焉,繼之以規矩準繩,以爲方員平直,不可勝用也」者,蓋規所以能員,矩所以能方,準所以能平,繩所以能直故也。「既竭耳力焉,繼之以六律正五音,不可勝用也」者,孟子又言:聖人既已盡其耳力而聽之,又續以六律而正五音,故其用亦不可勝極也。蓋六律所以正五音也。「既竭心思焉,繼之以不忍人之政,而仁覆天下矣」者,孟子又言:聖人既已能盡心之所思慮,續以施其不忍人之政,則仁恩德澤足以覆蓋於天下矣。無它,以其仁恩廣大矣,故云覆天下。故曰「爲高必因丘陵,爲下必因川澤,爲政不因先王之道,可謂智乎」者,孟子言至於此,又所以復言之者也,蓋譬言人之欲爲高者,必因其丘陵而爲之也;爲下者,必因其川澤而爲之。以其先王之道是爲之所本焉,故智足以有知,苟爲政而不知以先王之道爲本,豈足謂之智者乎?言不可謂之智矣。「以其先王之道爲本,豈謂之智乎」?大抵孟子言規矩準繩、六律者,皆譬爲政而言也。「上無道揆也,下無法守也,朝不信道,工不信度,君子犯義,小人犯刑,國之所存者幸也」者,孟子言:上之爲君無道術以揆度其下❶,下之
「是以惟仁者宜在高位。不仁而在高位,是播其惡於衆也」者,孟子於此畢其譬喻,乃曰:是以惟仁者之君宜其處高位爲尊也,不仁之君而處高位,是其處高位而播揚其惡於人民之衆矣。

❶「揆度」,阮本作「表率」。

爲臣無法度以守其職，朝廷之士皆不信其道德，百工之作皆不信其度量，君子之人以之觸義之所禁，小人之人以之犯冒其刑憲，然而如此而國尚存而不亡者，以其僥倖得存焉。必云幸也，蓋少有存者也。「故曰：城郭不完，兵甲不多，非國之災也；田野不辟，貨財不聚，非國之害也；上無禮，下無學，賊民興，喪無日矣」者，孟子言至此，所以復言之也，故云城郭頹壞而不完，貨財竭盡而無貯聚，此非爲國之害也，然而上之爲君無禮法以檢制，下之爲人臣不學法度以守職，賊民相殺戮以之興起，是則國之喪亡值在朝夕❶無復有日矣。《詩》云：天之方蹶，無然泄泄。泄泄，猶沓沓也。事君無義，進退無禮，言則非先王之道者，猶沓沓也」者，自「天之方蹶」至「泄泄猶沓沓也」。其詩蓋言王者方動而爲非，爲之臣者無更之篇文也。自「事君」至「沓沓也」，是孟子自解上云沓沓之義也。蹶，動也。天謂王者也。沓沓，但復爲非禮義以事其王者也，故曰「天之方蹶，無然泄泄。泄泄猶沓沓也」。以其當匡正其君，不可復長君之惡耳。「故曰：責難於君謂之恭，陳善閉邪謂之敬，吾君不能謂之賊」者，孟子言至於此，所以又復言之也。故云君之有難惡，當責之以善，能責君難惡以爲之善，是爲若事之恭也。孟子復自解之，言事君以無義之事事之，其進退無禮無節，其言則非先王之道而爲言者，是謂之賊」者，孟子言至此，不可復長君之惡耳。「故曰：責難於君謂之恭，陳善閉邪謂之敬，吾君不能謂之賊」者，孟子言至於此，所以又復言之也。故云君之有難惡，當責之以善，能責君難惡以爲之善，是爲恭，臣恭其君也。陳之以善事，而閉其君之邪心，是謂敬其君者也。如不責君之難，不陳善而閉君之邪，而乃曰我君不能行善，因不諫正之者，是謂殘賊其君者也。故曰：「責難於君謂之恭，陳善閉邪謂之敬，吾君

❶「值」，阮本作「俱」。

卷第七上　離婁章句上

不能謂之賊。」注「公輸子」至「規矩也」。正義曰：案《淮南子》云：「楚欲攻宋，墨子聞而悼之。見楚王曰：『臣見大王之必傷義，而不得宋。』王曰：『公輸，天下之巧工，作爲雲梯之械，設以攻宋，曷爲弗取？』墨子曰：『令公輸設攻，臣請守之。』於是公輸設攻宋之械，墨子設守宋之備，九攻而墨子九却之，弗能入。乃偃兵不攻。」是公輸即魯般也，或云是魯昭公之子也。案《吕氏春秋》云：「晉平公鑄鐘，使工聽之，皆以爲調矣。」師曠曰：「後世有知音者，將知不調。臣竊爲恥之。」至師涓，果知鐘之不調。」師曠曰：「不調，請更鑄之。」平公曰：「工皆以爲調樂師也。」云「六律，陽律，太簇、姑洗、蕤賓、夷則、無射、黄鍾」案《律曆志》云：「吕不韋《春秋》言黄鍾之宫，律之本也，下生林鍾，林鍾上生太簇，太簇下生南吕，南吕上生姑洗，姑洗下生應鍾，應鍾上生蕤賓，蕤賓下生大吕，大吕下生夷則，夷則上生夾鍾，夾鍾下生無射，無射上生中吕，云黄鍾之律九寸，而宫音調因而九之，九九八十一，故黄鍾之數，立位在子。淮南王安致儒生博士亦爲律吕，十四，蕤賓之數五十七，夷則之數五十一，無射之數四十五。以黄鍾、太簇爲商，姑洗爲角，正音，故爲和。應鍾生蕤賓，浸以濁曰。夏至，音比黄鍾，浸以清。以十二律應二十四時之變。甲子，大吕之徵也。丙子，夾鍾之羽也。戊子，黄鍾之宫也。庚子，無射之商也。壬子，夷則之角也。其爲音，一律而生五音，十二律爲六十音，因而六之，六六三十六，故三百六十五日以當一歲之日。」凡此則以律正五音之謂也。故律之數，天地之道也。正義曰：箋云：「愆，過也。率，循也。言成王之令德不過誤，不遺失，循用舊典之文章。舊典，謂周公之禮以當一歲之日。」注《詩》，《大雅·假樂》之篇」。

法也。」注云《詩》，《大雅·板》之篇」。正義曰：箋注云：「蹶，動也。泄泄，猶沓沓也。」箋云：「天，斥王也。王方欲艱難天下之民，又方更變先王之道，無沓沓然，爲之制法度，達其意以成其意。」

孟子曰：「規矩，方員之至也。聖人，人倫之至也。至，極也。人事之善者，莫大取法於聖人，猶方員須規矩也。欲爲君，盡君道；欲爲臣，盡臣道，二者皆法堯舜而已矣。堯舜之爲君臣道備。不以舜之所以事堯事君，不敬其君者也。不以堯之所以治民治民，賊其民者也。言舜之事堯，敬之至也。堯之治民，愛之盡也。孔子曰：『道二，仁與不仁而已矣。』暴其民甚，則身弒國亡，不甚，則身危國削。名之曰幽、厲，雖孝子慈孫，百世不能改也。仁則國安，不仁則國危亡。謚以幽、厲，以章其惡，百世傳之，孝子慈孫何能改也？《詩》云：『殷鑒不遠，在夏后之世。』此之謂也。」《詩》，《大雅·蕩》之篇也。殷之所鑒視，近在夏后之世耳。以前代善惡爲明鏡也，欲使周亦鑒于殷之所以亡也。

「孟子曰：規矩」至「此之謂也」。正義曰：此章言法則堯舜，鑒戒桀紂也。「孟子曰：規矩，方員之至也。聖人，人倫之至也」者，孟子言：規矩之度，其爲方員之至也。謂之至者，以其至矣盡矣，不可以有加矣。聖人是爲人倫之至也者亦然。人倫，君臣、父子、夫婦、兄弟、朋友是也。「欲爲君，盡君道；欲爲臣，盡臣道，二者皆法堯舜而已矣」者，孟子言：凡欲爲人君者，當盡其爲君之道也；凡欲爲人臣者，當盡其爲臣之道也。

此二者在皆則法堯舜而已矣。以堯舜所爲君臣之道備矣。「不以舜之所以事堯事君，不敬其君者也。不以堯之所以治民治民，賊其民者也」者，言爲人臣者，如不以舜之所以事堯者事君，是不尊敬其君者也。爲人臣者，如不以堯之所以治民者治民，是殘賊其民者也。舜所以事堯者，盡其義之道也。堯之所以治民者，仁所以愛其民者也。「孔子曰：道二，仁與不仁而已矣。暴其民甚，則身弑國亡；不甚，則身危國削。名之曰幽、厲，雖孝子慈孫，百世不能改也」者，孟子言：孔子有曰道有二，是仁與不仁也。暴其民，以至於甚極，則身必爲下之所殺，而國必滅削。謚之曰幽、厲之君。既謚爲幽、厲，以章惡於後世，雖有孝子慈孫所出，亦不能改此謚也。厲王但止於流彘，幽王滅於戲，是謂身危國削矣。如身弑國亡，而孟子不止歸於人名者，以其被所殺戮，國已喪亡，足以章其惡，固不待爲謚而彰之矣，如桀紂者也。「《詩》云：殷鑒不遠，在夏后之世。此之謂也」者，蓋《詩·大雅·蕩》之篇文也。其詩已謂殷之世所以鑒視在近而不遠者，以其即在夏后之世是也。以其前代善惡，足以爲明鏡而可鑒也。孟子所以云「此之謂也」者，蓋欲使周之時亦鑒於殷之所以亡也。

注「堯舜之爲君臣道備」。

正義曰：《書》云：「堯克明俊德，以親九族，平章百姓，協和萬邦，黎民於變時雍。」蓋爲君之道盡於此矣，是君道之備也。舜自「元德升聞」，以之事堯，而「慎徽五典，百揆時敘，賓于四門，四門穆穆」，其後坐常見堯於牆，食常見堯於羹。蓋爲臣道盡於此矣，是臣之道備也。

注「桀、紂」、「幽、厲」。

正義曰：案《史記》本紀云：「桀爲虐政淫荒，湯伐之，於是桀敗於有娀之墟，湯乃改正朔，易服色。」是爲湯王，爲殷之始王。又云：「紂資辨捷，知足以拒諫，言足以飾非，好酒淫樂，醢九侯，脯鄂侯，武王東伐，至於

盟津伐紂，紂兵敗走，入登鹿臺，衣其寶玉，赴火而死，武王遂斬紂頭，懸之白旗，殷民大悅，武王於是爲天子。」以爲周之始王。又云：「厲王行暴虐，侈傲，國人謗之。於是相與畔，襲厲王。厲王出奔於彘。」韋昭曰：「彘，晉地也。漢爲縣，屬河東，今曰永安。」是也。厲王終死于彘，於是大子靜即位，是爲宣王。宣王崩，子幽王宫湼立。幽王以褒姒不好笑，幽王欲其笑，乃爲燧，大鼓，有寇至則舉燧火，諸侯悉至，至而無寇，褒姒乃大笑。幽王悅之，爲數舉燧火。其後不信，諸侯益不至。幽王以虢石父爲卿用事，國人皆怨。申侯怒，與繒西夷犬戎攻幽王，幽王舉燧火徵兵，兵不至，遂殺幽王驪山下。《汲冢紀年》曰：湯滅夏，以至于紂，二十九王，凡四百九十六年。自武滅紂，以至幽王，凡二百五十七年。注『《詩》《大雅·蕩》之篇』。

正義曰：箋云：「此言殷之明鏡不遠，近在夏后之世，謂湯誅桀也」。後武王誅紂，今之王何以不用爲之戒？」孟子於此所以引之，以戒其時之君臣也。

孟子曰：「三代之得天下也以仁，其失天下也以不仁。國之所以廢興存亡者亦然。三代，夏、商、周。國，謂公、侯之國，存亡在仁與不仁也。❶ 天子不仁，不保四海；諸侯不仁，不保社稷；卿大夫不仁，不保宗廟；士庶人不仁，不保四體。今惡死亡而樂不仁，是由惡醉而強

---

❶ 「也」，按阮校，閩、監、毛、阮本作「而已」。

酒。」保，安也。四體，身之四肢。強酒則必醉也。❶

疏「孟子曰：三代」至「強酒」。正義曰：此章言人所以安，莫若爲仁，惡而弗去，患必及身，自上達下，而其道一也。「孟子曰：三代之得天下也以仁，其失天下也以不仁。國之所以廢興存亡者亦然」者，孟子言夏、商、周三代之王，其所以得天下也，以其皆以仁存心爲政於天下而得之也。三代之中，其有以失天下者，以其不仁，故失之也。以至公、侯之國，所以有廢而不興，有興而不廢者，亦如三代之得天下也以仁，失天下也以不仁也。以其皆在於仁道而已。「天子不仁，不保四海；諸侯不仁，不保社稷，卿大夫不仁，不保宗廟，士庶人不仁，不保四體。今惡死亡而樂不仁，是猶惡醉而強酒」者，孟子言：爲天子者不爲仁，則不能安其四海；諸侯不仁，❷則不能安其社稷；卿大夫不爲仁，則不能安其宗廟，士庶人不爲仁，則不能安其四體。四體，身之四肢也。天子守四海，諸侯守社稷，卿大夫守宗廟，士庶人守其身，故各因其所守而言也。今天下之人皆知疾惡其死亡，而以樂爲不仁，是若惡其醉酒而以強飲其酒耳，亦《論語》孔子謂「惡濕而居下」之意也。

孟子曰：「愛人，不親，反其仁。治人，不治，反其智。禮人，不答，反其敬。行有不得者，皆反求諸己，其身正而天下歸之。反其仁，己仁猶未至邪？反其智，己智猶未足耶？反其敬，

───

❶ 「也」下，閩、監、毛、阮本有「喻惡亡而樂不仁也」八字。
❷ 「不」下，按阮校：「脫『爲』字，閩、監、毛三本不脫。」

己敬猶未恭邪？反求諸身，身已正則天下歸就之，服其德也。《詩》云：『永言配命，自求多福。』」此詩已見上篇，其義同。

疏「孟子曰」至「自求多福」。正義曰：此章言行有不得於人，反求於身，是爲責己之道也。「孟子曰：愛人，不親，反其仁。治人，不治，反其智」至「而天下歸之」者，孟子言：愛人而人不親之，必吾仁有所未至也，故當反己責之。治其人而人不治者，必吾之智有所未盡也，故當反己而責之。蓋以身先自治而正之，則天下之人皆歸之而服其德也。凡所行有不得於人者，皆當反求諸己而已，以其身之所有未至也，故當自反而責之。接於人而人不以禮報答之，必吾之敬有所未至也，故當反己而責之。禮之，必吾仁有所未至也，故當反己責之。「《詩》云：永言配命，自求多福」已說於上篇，此故不說。如顏淵克己而天下歸仁焉是也。

孟子曰：「人有恒言，皆曰『天下國家』。恒，常也。人之常語也。天下謂天子之所主，國謂諸侯之國，家謂卿大夫之家也。天下之本在國，國之本在家，家之本在身。」治天下者不得良諸侯無以爲本，治其國者不得良卿大夫無以爲本，治其家者不得良身無以爲本也。❶

疏「孟子曰」至「本在身」。正義曰：此章言天下國家，各依其本，本正則立，本傾則踣也。「孟子曰：人有恒言，皆曰天下國家」者，孟子言：人之所常言，皆曰天下國家也。天子有天下，公侯有國，大夫有家。「天下之本在國，國之本在家，家之

❶「也」下，閩、監、毛、阮本有「是則本正則立，本傾則踣，固在所敬慎而已」十七字。

卷第七上　離婁章句上

二六九

本在身」者，言天下之根本，獨在於公侯爲之根本也；公侯之根本，又在於卿大夫爲之根本也；卿大夫之根本，抑又在於私身爲之根本也。如《大學》有云：「欲明明德於天下，必先治其國。欲治其國，必先齊其家。欲齊其家，必先修其身。」此其意也。云「天下國家」者，天子有天下謂之天下，諸侯有國者謂之國。然有國者不可以稱天下，有天下者或可以稱國，故諸侯謂之邦國，天子謂之王國。國字文從或，又從圍，爲其或之也，故圍之也。至於家，則自天子達於庶人，未嘗不通稱之矣。

孟子曰：「爲政不難，不得罪於巨室。巨室，大家也。謂賢卿大夫之家，人所則效者。言不難者，但不使巨室罪之，則善也。賢卿大夫，一國思隨其所善惡。巨室之所慕，一國慕之；一國之所慕，天下慕之。故沛然德教，溢乎四海。」慕，思也。賢卿大夫，一國思其善政，則天下思以爲君矣。沛然大洽❶德教可以滿溢於四海之内也。疏「孟子曰」至「溢乎四海」。正義曰：此章言天下傾心，思慕向善，巨室不罪，咸以爲表，德之流行，可以充四海也。「孟子曰：爲政不難，不得罪於巨室」者，巨室喻卿大夫之家也，孟子言：爲政於天下易而不難也，但不得罪於卿大夫之家也，以其卿大夫之家，以上則近君，而君所待以輔弼；以道下則近民，而民待以視效。故君之言動，其是非可得而刺也；國之政令，其得失可得而議也。道合則

---

❶ 「洽」，閩、監、毛、阮本作「治」。

從，不合則去，君民之從違而係之也。故為君不得罪於卿大夫，則為政可以行天下矣。「巨室之所慕，一國慕之；一國之所慕，天下慕之。故沛然德教，溢乎四海」者，言卿大夫之所思慕也，所思慕，則天下亦隨而思慕之。故沛然大洽，其上之德教，可以充溢乎四海，如東注之水，沛然流溢乎四海也。此言四海，猶中國則謂之天下，夷狄則謂之四海。孟子之意，蓋欲當時國君為政，直其心，正其道，沛然思慕卿大夫慕之而不去，則遠近雖異方莫不均慕之。此德教所以溢乎四海，亦如傳云「大夫者，近者視而傚之，遠者望而傚之」，蓋其意也。

孟子曰：「天下有道，小德役大德，小賢役大賢。天下無道，小役大，弱役強。斯二者，天也。順天者存，逆天者亡。有道之世，小德、小賢樂為大德、大賢役，服於賢德也。無道之時，小國、弱國畏懼而役於大國、強國也。此二者天時所遭也，當順從之，不當逆也。齊景公曰：『既不能令，又不受命，是絕物也。』涕出而女於吳。齊景公，齊侯。景，謚也。言諸侯既不能令告鄰國，使之進退，又不能事大國，往受教命，是所以自絕於物。物，事也。大國不與之通朝聘之事也。吳，蠻夷也，時為強國，故齊侯畏而恥之，泣涕而與為婚。今也小國師大國而恥受命焉，是猶弟子而恥受命於先師也。今小國以大國為師，學法度焉，而恥受命，不從其進退，譬猶弟子不從師也。如恥之，莫若師文王。師文王，大國五年，小國七年，必為政於天下矣。文王行仁政，以移殷民之心，使皆就之。今師效文

王,大國不過五年,小國七年,必得政於天下矣。文王時難,故百年乃洽。今之時易。文王由百里起,今大國乃踰千里,過之十倍有餘,故五年足以爲政,小國差之,故七年。《詩》云:『商之孫子,其麗不億,上帝既命,侯于周服。侯服于周,天命靡常,殷士膚敏,祼將于京。』《詩》《大雅·文王》之篇。麗,億,數也。言殷帝之子孫,其數雖不但億萬人,天既命之,惟服於周。殷之美士,執祼鬯之禮,將事於京師,若微子者。膚,大。敏,達也。此天命之無常也。孔子云:『仁不可爲衆也,夫國君好仁,天下無敵。』孔子云:行仁者,天下之衆不能當也。諸侯有好仁者,天下無敢與之爲敵。今也欲無敵於天下而不以仁,是猶執熱而不以濯也。《詩》云:『誰能執熱,逝不以濯。』」《詩》《大雅·桑柔》之篇。誰能持熱而不以水濯其手,喻其爲國誰能違仁而無敵於天下也。

疏「孟子曰:天下有道」至「逝不以濯」。

正義曰:此章言遭衰逢亂,屈伏強大,據國行仁,天下莫敵。雖有億衆,無德不親,執熱須濯,明不可違仁也。「孟子曰:天下有道,小德役大德,小賢役大賢。天下無道,小役大,弱役強。斯二者,天也,順天者存,逆天者亡」者,孟子言:天下有治道之時,小德樂爲大德,小賢樂爲大賢,故小德役服大德,小賢役服大賢。以其德之得於己者有多少,故有大德小德。以其賢之賢於人也有遠近,故有大賢小賢。天下有道,論德而定位,故小德役大德,小賢役大賢。天下無治道而亂,則小國、弱國畏懼而役於大國、強國。以其力

❶「洽」,閩、監、毛、阮本作「治」。
❷「伏」,阮本作「服」。

有小大,勢有強弱,故有小有大,有弱有強。天下無道,則力勝德,勢勝賢,故小役大,弱役強。言二者皆天使然也,順其天者故存,逆其天者故亡。以其所遭之時然也,故當順而不當逆。「齊景公曰:既不能令,又不受命,是絕物也」者,孟子引齊景公謂諸侯既不能以令制鄰國,又不能受命以制於鄰國,是自絕於交通朝聘之事也。於是景公泣涕,以女事於吳。是時吳為強大也,故女於吳,此乃小役大,弱役強者也。「今也小國師大國而恥受命焉,如此,是若為之弟子者,以羞恥受教命於先師也」者,言今也為之小國,而恥羞受大國之命焉,是猶弟子而恥受命於先師也。「如恥之,莫若師文王。師文王,大國五年,小國七年,必能為政於天下矣」者,言如恥受命於大國,莫若師法文王也。以言其時之易也。《詩》云:商之孫子,其麗不億,上帝既命,侯于周服。侯服于周,天命靡常。殷士膚敏,祼將于京」者,此蓋《詩·大雅·文王》之篇文也。孟子所以引此者,蓋言其商王之子孫雖相附麗,而不足以為眾。其詩言商王之子孫雖相附麗,而不足以為強,雖數至億,然為君處服于周,是天命靡常,惟德是親也。至文王膺受上天之駿命,而商之孫子,乃為君侯於周之九服中,亦莫不執祼鬯之禮,而皆助祭于周之京師也。不特商之子孫如此,其為殷之侯者,為壯美之士,亦莫不執祼鬯之禮,而皆助祭于周之京師也。「孔子曰:仁不可為眾也,夫國君好仁,天下無敵」者,言孔子有曰為仁者,不可為眾而當也,夫國君能好仁,則天下無敵與之敵也。「今也欲無敵於天下而不以仁,是猶執熱而不以濯也」者,言今也欲為無敵於天下,而不以仁為之,是若持其熱物而不以濯也。濯者以水濯其手也。《詩》云:誰能執熱,逝不以濯」,蓋《詩》之《大雅·桑柔》之篇文也。孟子於此所以引之,蓋謂《詩》有云,言誰能持其熱物,往而不以水濯手也。

以其執熱，須濯手於水也，如欲無敵於天下，必須爲仁也。 注「齊景公，齊侯。景，謚也」至「爲婚」。 正義曰：云「景，謚也」者，案《史記》云：靈王十六年，齊莊公母弟杵臼立，是爲景公，在位五十八年卒，謚曰景。地近荆蠻，故注云蠻夷也。 注「《詩》《大雅》」至「無常也」。❶ 正義曰：箋云：「麗，數也。」「于，於也。」言商之子孫，其數不徒億，多言之也。至天已命文王之後，乃爲君於周之九服中，言衆之不如德也。九服，案《周禮》九服云：侯、甸、男、采、衞、蠻、夷、鎮、蕃人也。毛注云：「殷士，殷侯也。膚，美也。敏，疾也。裸，灌鬯也。將，行也。」鄭云：「裸謂以圭瓚酌鬱鬯以獻尸也。瓚如槃大，五升，口徑八寸，深二寸，其柄用圭是也。」 注「《詩》，《大雅·桑柔》之篇」。 正義曰：箋云：「當如手持熱物之用濯，亦猶治國之道當用其賢人者也。」

孟子曰：「不仁者可與言哉？安其危而利其菑，樂其所以亡者。不仁而可與言，則何亡國敗家之有？言不仁之人，以其所以爲危者反以爲安，必以惡見亡而樂行其惡，如使其能從諫從善，可與言議，則天下何有亡國敗家也？有孺子歌曰：『滄浪之水清兮，可以濯我纓。滄浪之水濁兮，可以濯我足。』孔子曰：『小子聽之，清斯濯纓，濁斯濯足矣。自取之也。』孺子，童子也。小子，孔子弟子也。清、濁所用，尊、卑若此。自取之，喻人善惡見尊賤乃如此。夫人必自侮，然後人侮

❶ 「常」，原作「當」，據上注文改。

之;家必自毀,而後人毀之;國必自伐,而後人伐之。人先自爲可侮慢之行,故見侮慢也;家先自爲可毀壞之道,故見毀也;國先自爲可誅伐之政,故見伐也。《太甲》曰:『天作孽,猶可違。自作孽,不可活。』此之謂也。」已見上篇,説同。

疏「孟子曰」至「此之謂也」。正義曰:此章言人之安危,皆由於己也。「孟子曰:不仁可與言哉?安其危而利其菑,樂其所以亡者。不仁而可與言,則何亡國敗家之有」者,孟子言:不仁之人可與言哉?言不可與之言也。以其不仁之人,以危爲之安,以菑爲之利,樂行其所以亡者也。如不仁而可以與言議,以其能從諫從善也,如此,則何有亡國敗家也。「有孺子歌曰:滄浪之水清兮,可以濯我纓。滄浪之水濁兮,可以濯我足」者,「子曰」至「自取之也」者,孟子言:有孺子歌詠,曰滄浪之水清兮,則可以洗濯我之纓;滄浪之水渾濁兮,則可以洗濯我之足。以其纓在上,人之所貴,水清而濯纓,則清者人之所貴也。足在下,人之所賤,水濁而濯足,則濁者人之所賤也。孔子曰:小子當聽之,清斯濯其纓,濁斯濯其足。貴、賤人所自取之也。孺子,童稚也。小子,則孔子稱弟子也。清斯喻仁,濁斯喻不仁,言仁與不仁,見貴、賤亦如此也。「夫人必自侮,然後人侮之;家必自毀,而後人毀之;國必自伐,而後人伐之」者,孟子言:夫人苟自爲可侮之事,然後人從其事而侮之。斯亦自取之謂也。「《太甲》曰:天作孽,猶可違。自作孽,不可活。此之謂也」者,已説在上篇。注云「如臨深淵,戰戰恐懼也」。正義曰:此蓋《詩》之《小雅·小旻》之篇文也。注云「戰戰恐懼也」,趙氏放之而已。

孟子注疏解經卷第七下

趙氏注　孫奭疏

離婁章句上

孟子曰：「桀、紂之失天下也，失其民也。失其民者，失其心也。失其民之心，則天下畔之。得天下有道，得其民，斯得天下矣。得其民有道，得其心，斯得民矣。得其心有道，所欲與之聚之，所惡勿施爾也。欲得民心，聚其所欲而與之。爾，近也。勿施行其所惡，使民近，則民心可得矣。民之歸仁也，猶水之就下，獸之走壙也。故爲淵驅魚者獺也，爲叢驅爵者鸇也。爲湯、武驅民者，桀與紂也。今天下之君有好仁者，則諸侯皆爲之驅矣。雖欲無王，不可得已。民之思明君，猶水樂卑下，獸樂壙野，驅之則歸其所樂。獺，獱也。鸇，土鷹也。湯、武行之矣，如有則之者，雖欲不王，不可得也。今之欲王者，猶七年之病求三年之艾也。苟爲不畜，終身不得。苟不志於仁，終身憂辱，以陷於死亡。今之諸侯欲行王道，而不積其德。如至七年病，而却求三年時艾，當畜之乃可得，以三年時不畜藏之，至七年欲卒

求之，何可得乎？艾可以爲灸人病，乾久益善，故以爲喻。志仁者亦久行之，不行之，則憂辱以陷於死亡，桀、紂是也。《詩》云：『其何能淑？載胥及溺。』此之謂也。」《詩》，《大雅·桑柔》之篇。淑，善也。載，辭也。胥，相也。刺時君臣何能爲善乎，但相與爲沉溺之道也。

疏 「孟子曰：桀紂」至「此之謂也」。正義曰：此章言水性趨下，民樂歸仁，桀紂驅使就其君，鑒戒也。「孟子曰：桀紂之失天下也」至「心也」者，孟子言：三年之艾，畜而可得；一時欲仁，猶將沈溺。所以明之心也。「得天下有道」至「勿施爾也」者，言人君所以得天下有其道也，得其民，斯爲得天下矣。失其民，乃是失其民有道者，得其民之心，斯爲得民矣；所以得其民之心者，在民所欲，而與之聚之，民之所惡，而勿施於民，則近得其民心矣。故爲淵而驅魚者，是桀與紂也。「民之歸仁也」至「不可得已」者，言民之歸親於仁人之君，如水之歸就於下，獸之樂趨於廣野矣。爲叢木而驅聚其爵而歸之叢者，是鷹鸇爲之驅也。爲湯王、武王而驅聚其民而歸之，亦如獺爲之驅魚，鷹鸇爲叢雀者而歸之矣。今夫天下爲之君者，有能好行其仁政，則天下之諸侯皆爲驅聚其民而歸之，亦如獺爲淵驅魚，鷹鸇爲叢驅雀者而歸之矣。如此，雖欲不爲王，不可得而不爲耳。「今之欲王者，猶七年之病」至「於死亡」者，言今之國君欲爲王者，如七年之病，欲卒而求討三年之艾草也。苟爲已前不積，雖終身而死，亦不得此三年之艾也。「《詩》云：其何能淑，載胥及溺。此之謂也」，蓋《詩》之《大雅·桑柔》之篇文也。蓋言何能爲之善乎，但相與及其沉溺於患難也。孟子所以言此者，欲時君在於久行其仁，不但欲爲之王然後乃行之耳。

「獺，獱也。鸇，土鷹也」。正義曰：案《釋名》云：「獺形如貓，居水，食魚者也。」獱，獺之屬也。鸇，鷂之屬

也，能食鳥雀。○《詩》，《大雅·桑柔》之篇。」正義曰：此詩蓋芮伯刺厲王之詩也。

孟子曰：「自暴者不可與有言也，自棄者不可與有爲也。言非禮義，謂之自暴也。吾身不能居仁由義，謂之自棄也。言人尚自暴自棄，何可與有言、有爲也。仁，人之安宅也。義，人之正路也。曠安宅而弗居，舍正路而不由，哀哉！」曠，空。舍，縱。哀，傷也。

疏「孟子曰」至「哀哉」。正義曰：此章言曠仁舍禮，自暴棄之道也。「孟子曰：自暴者不可與有言，自棄者不可與有爲也」者，孟子言：人之有爲自暴者，不可與之言議也；有爲自棄者，不可與之有所爲也。「言非禮義，謂之自暴也。吾身不能居仁由義，謂之自棄也」者，此蓋孟子自解自暴自棄之言也。「仁，人之安宅也」至「哀哉」者，孟子言：仁道乃人之所安之宅舍也，義乃爲人之正路也。今有空曠其此宅而不安居之，捨去此正路而不行之者，是可得而哀傷之者也。此孟子所以有是而言於當世也。

孟子曰：「道在邇而求諸遠，事在易而求之難。❶ 人人親其親，長其長，而天下平。」邇，

❶「之」，阮本作「諸」。

近也。道在近，而患人求之遠也。事在易，而患人求之難也。謂不親其親，以事其長，❶故其事遠而難也。

疏 「孟子曰」至「天下平」。正義曰：此章言親親敬長，近取諸己，則邇而易者也。「孟子曰」至「天下平」者，孟子言道在近，而人乃求遠，事在易，而人乃求之於難。但人人親愛其所親，敬長其所長，則天下即太平大治矣。親親即仁也，長長即義也。

孟子曰：「居下位而不獲於上，民不可得而治也。獲於上有道，不信於友，弗獲於上矣。信於友有道，事親弗悅，弗信於友矣。悅親有道，反身不誠，不悅於親矣。❷誠身有道，不明乎善，不誠其身矣。是故誠者，天之道也。思誠者，人之道也。至誠而不動者，未之有也。不誠，未有能動者也。」授人誠善之性者，天也，故曰天道。思行其誠以奉天者，人道也。至誠則動金石，不誠則鳥獸不可親狎，故曰不誠未有能動者也。

疏 「孟子曰」至「未有能動者也」。正義曰：此章言事上得君，乃可臨民，信友悅親，本在於身也。「孟子曰：居下位而不獲於上，民不可得而治也」者，孟子言：居下位而爲君上之臣者，而不見獲於

❶ 「以」，按阮校：「廖本、孔本、韓本、《考文》古本作『不』。」
❷ 「悅親」至「親矣」，原作「悅不悅於親矣」，據阮本改。

卷第七下　離婁章句上

二七九

上，則民故不可得而治之也。以其上之所以得民者，乃治也。「獲於上有道」至「不誠其身」者，言獲於上者有其道，如不信於友，則弗獲於上矣，以其君之所以願乎臣者忠也，如臣弗信於友，則其忠不足稱矣，此所以弗獲於上矣。信於友有其道，如事其親而弗悅其親，則亦弗信於友矣，以其友之所以資於己者仁也，如事親弗悅，則其仁不足稱矣，此所以弗信於友矣。悅親有其道，如反己而不誠，以其親之所望於己者孝也，如反身不誠，則其孝不足稱矣，此所以不悅於親。誠身有其道，如不能明乎善，則不誠其身矣，以其所謂誠者，亦明乎在我之善而已，如不明其善有所未明，又安知所謂誠？故不明乎善，則不誠其身矣。由此推之，則信於友，是獲於上之道也，悅親是信於友之道也，誠身是悅親之道也，而明乎善者，孟子言此，故誠者是天授人誠善之性者也，是為天之道也。「是故誠者，天道也。思誠者，人道也。至誠而不動者，未之有也。不誠，未有能動者也。」然而至誠而有不感動者，必無也，故曰未之有也。不至誠而能感動之者，亦必無也，故曰未有能動者也。 注「曾子三省，大雅矜矜」。 正義曰：《論語》云：「曾子曰：吾日三省吾身，爲人謀而不忠乎？與朋友交而不信乎？傳不習乎？」是曾子三省之事也。大雅矜矜，此蓋荀卿之言然。

孟子曰：「伯夷辟紂，居北海之濱，聞文王作興，曰：『盍歸乎來！吾聞西伯善養老者。』」伯夷讓國，遭紂之世，辟之，隱遁北海之濱，聞文王起興王道，「盍歸乎來」，歸周也。 太公辟紂，居東海之濱，聞文王作興，曰：『盍歸乎來！吾聞西伯善養老者。』」太公，呂望也，亦辟紂世，隱居東

海,曰聞西伯養老。二人皆老矣,往歸文王也。**二老者,天下之大老也,而歸之,是天下之父歸之也。天下之父歸之,其子焉往?** 此二老猶天下之父也,其餘皆天下之子耳。子當隨父,二父往矣,子將安如?言皆歸往也。❶ **諸侯有行文王之政者,七年之內,必爲政於天下矣。** 今之諸侯,如有能行文王之政者,大國五年者,大國地廣人衆,易以行善,故五年足以治也。天以七紀,故云七年。文王時難故久,衰周時易故速也。上章言此章言養老尊賢,國之上務,七年爲政,以勉諸侯者也。「孟子曰:伯夷辟紂之世,乃辟紂而逃遁,居於北海之畔,後聞文王作興而起王道,乃曰:『盍歸乎來!歸周也,我聞之西伯善養其耆老者也。』」「太公辟紂」至「養老者」,孟子又言:太公辟紂之亂,而辟居於東海之畔,後聞文王興起,乃曰:「盍歸乎來!歸周也,我聞之西伯善養其耆老者也。」「二老者,天下之大老也」至「其子焉往」者,言伯夷、太公二老,乃天下之大老也,而皆歸之,是天下之父也。天下之父既歸之,其爲天下之子又焉往?是必皆歸之也。 注「伯夷讓國」至「歸周也」。 正義曰:案太史公云:「其傳曰:伯夷、叔齊,孤竹君之二子也。父欲立叔齊,及父卒,叔齊讓伯夷。伯夷曰:『父命也。』遂逃去。叔齊亦不肯立,而逃之。國人立其中子。於是伯夷、叔齊聞西伯昌善養老:『盍往歸焉?』後因叩馬諫武王,武王平殷亂,二人恥食周粟,隱於首陽山,且餓死焉。孔子云『伯夷、叔齊餓于首陽山之下』是也。又云:『太公望,東海之上人也,或

❶ 「歸」,按阮校:「廖本、孔本、《考文》古本作『將』。」

卷第七下　離婁章句上

二八一

云處士，隱海濱。周西伯招呂尚，呂尚亦曰：『吾聞西伯賢，又善養老，盍往焉？』」注云「天以七紀，故云七年」。

正義曰：《書》云五紀，曰歲、月、日、星辰、曆數。今云七紀者，案魯昭公十年《左傳》云：「天以七紀。」杜注云：「二十八宿，面七。」是其旨也。

孟子曰：「求也爲季氏宰，無能改於其德，而賦粟倍他日。求，孔子弟子冉求。季氏，魯卿季康子。宰，家臣。小子，弟子也。孔子以冉求不能改季氏使從善，爲之多斂賦粟，故欲使弟子鳴鼓而攻伐責讓。讓之曰「求非我徒」，疾之也。由此觀之，君不行仁政而富之，皆棄於孔子者也，況於爲之強戰？爭地以戰，殺人盈野，爭城以戰，殺人盈城，此所謂率土地而食人肉，罪不容於死。孔子棄富不仁之君者，況於爭城爭地而殺人滿之乎？此若率土地使食人肉也。言其罪大，死刑不足以容之。故善戰者服上刑，連諸侯者次之，辟草萊、任土地者次之。」孟子言天道重生，戰者殺人，故使善戰者服上刑。上刑，重刑也。連諸侯，合從者也，罪次善戰者。辟草萊、任土地，不務修德而富國者，罪次合從連橫之人也。

疏「孟子曰：求也」至「攻之可也」。正義曰：此章言聚斂富民，棄於孔子，重人命之至也。「孟子言：冉求爲季氏之家臣，不能佐君改於其德，以爲治國，而乃聚斂其粟，倍過於他日。孔子責之曰：求非我之徒弟也。乃令弟子鳴鼓，以聲其罪而攻之可也。「由此觀之，君不行仁政」至「罪不容於死」

者」，孟子言：由此冉求賦斂觀之以孔子所攻，則今之國君不行仁政而富之，是皆棄之於孔子者也。又況爲之強戰？爭地以戰，而殺人至於盈滿其野，爭城以戰，而殺人至於盈滿其城，此所謂率土地而食人之肉也，其罪必不容於死。以其罪大，雖死刑不足以容之也。「故善戰者服上刑」至「任土地者次之」者，孟子又言：故善能爲陳而戰者，服於上刑。上刑，重刑也。合縱連橫之諸侯，罪次之，以其又次於善戰之上刑也。務廣開闢草萊而任土地，不務脩德者，又次之，以其又次連橫合從之諸侯者刑也。注「求，孔子弟子」至「疾之也」。 正義曰：案《史記・弟子傳》云：「冉求，字子有。」鄭氏曰：「魯國人。」又案《論語》云：「季氏富於周公，而求也爲之聚斂而附益之。」孔安國云：「冉求爲季氏宰，爲之急賦稅。」鄭注云：「小子，門人也。」云「季氏，魯卿季康子」者，案《左傳》云：「季康子，魯卿，季孫肥，諡曰康。」《諡法》曰：「安樂撫民曰康。」

孟子曰：「存乎人者，莫良於眸子。眸子不能掩其惡。 眸子，瞳子也。存人，存在人之善惡也。 胸中正則眸子瞭焉，胸中不正則眸子眊焉。 瞭，明也。眊者，蒙蒙目不明之貌。 聽其言也，觀其眸子，人焉廋哉！」 廋，匿也。聽言察目，言正視端，人情可見，安可匿之哉？

疏 「孟子曰：存乎人者」至「人焉廋哉」。 正義曰：此章言目爲神侯，精之所在，存而察之，善惡不隱也。 「孟子曰：存乎人者，

❶ 「惡」，阮本作「心」。「也」，原作「人」，據阮本改。

莫良於眸子。眸子不能掩其惡者，孟子言：存在於人者，莫貴乎眸子。眸子，目瞳子也。眸子不能蓋人之惡也。「胸中正則眸子瞭焉，胸中不正則眸子眊焉」者，言人胸中正而不邪，則眸子於是乎明。瞭，明也。胸中不正，則眸子矇矇而不明。眊，不明也。「聽其言也，觀其眸子，人焉廋哉」者，言知人之道，但聽其言，觀其眸子明與不明，則人可見，又安可廋匿之哉？此孟子言知人之道，但觀人之眸子耳。注「眸，瞳子。瞭，明。眊，不明之貌」。 正義曰：是皆矇《釋文》而言之也。

孟子曰：「恭者不侮人，儉者不奪人。侮奪人之君，惟恐不順焉，惡得爲恭儉？爲恭敬者，不侮慢人。爲廉儉者，不奪取人。有好侮人之君，有貪陵之性，恐人不順從其所欲，安得爲恭儉之行也？ 恭儉豈可以聲音笑貌爲哉？」

疏 「孟子曰：恭者」至「爲哉」。 正義曰：此章言人君恭儉率下，人臣恭儉，明其廉忠也。「孟子曰：恭者不侮人」至「豈可以聲音笑貌爲哉」者，孟子言：爲之恭儉之君，則不侮慢於人，亦不能僭奪於人，蓋以恭敬則不侮，儉約則不奢故也。如有侮人之君，惟恐其民不順己之所欲，安得爲恭儉者焉？爲之恭儉，又豈可以聲音笑貌爲之恭儉哉？言人爲恭儉，在心之所存，不生於聲音與其笑貌爲之矣。

❶ 「音笑」，按阮校，廖本、孔本、韓本、《考文》古本作「謟笑之」，足利本作「音謟笑」。

淳于髡曰：「男女授受不親，禮與？」孟子曰：「禮也。」禮不親授。曰：「嫂溺，則援之以手乎？」淳于髡，齊人也。問禮男女不相親授。曰：「嫂溺不援，是豺狼也。」髡曰：見嫂溺水，則當以手牽援之否邪？曰：「男女授受不親，禮也。嫂溺援之以手者，權也。」孟子告髡曰：此權道也。權者，反經而善也。」髡曰：「天下之道溺矣，夫子何不援之乎？曰：「天下溺，援之以道。嫂溺，援之以手。子欲手援天下乎？」孟子曰：當以道援天下，而道不得行，子欲使我以手援天下乎？

【疏】「淳于髡曰」至「子欲手援天下乎」。正義曰：此章言權時之義者也。「淳于髡曰：男女授受不親，禮與」者，淳于髡，齊國之人也，問孟子曰：男女授受之際，不相親授，是禮然與否？「孟子曰：禮也」，孟子答之，以爲是禮然也。「曰：嫂溺不援，是豺狼也」，髡又問孟子：如嫂之沈溺於水，髡又問孟子，如是則嫂之沈溺於水，當以牽援以手乎？「曰：嫂溺援之以手者，禮也」者，孟子又告淳于髡：嫂溺援之以手者，權也」者，孟子又告淳于髡，以謂男女授受不親，是禮當然也，嫂之沈溺援之以手者，是有豺狼之心者也。以其豺狼之爲獸，其心常有害物之暴，故以喻之。「曰：今天下溺矣，夫子之不援，何也」，髡狼也」，孟子言：如嫂之沈溺於水，而不牽援之者，是有豺狼之心也。夫權之爲道，所以濟變事也，有時乎然，有時乎不然，反經而善，是謂權道也。故權云爲量，或輕或重，隨物而變者也。「曰：今天下溺矣，夫子之不援之，何也」，髡

❶ 「天」上，按阮校：「廖本、孔本、韓本有『今』字。」
❷ 「親禮」，原作「禮親」，據阮本改。

復問孟子，言：今天下之道以沈溺之也，夫子之不拯援之，是如之何？」曰：「天下溺，援之以道。嫂溺，援之以手。子欲手援天下乎」，孟子言：天下之沈溺，當以道拯援之，嫂溺則當以手援之。今子之言，是欲使我以手援天下乎？此言不可以手援天下，當以道援之矣。斯亦明淳于髡之蔽也。

公孫丑曰：「君子之不教子，何也？」問父子不親教，何也？ 孟子曰：「勢不行也。教者必以正。以正不行，繼之以怒。繼之以怒，則反夷矣。夫子教我以正，夫子未出於正也，則是父子相夷也。父子相夷，則惡矣。 父親教子，其勢不行。教以正道，而不能行，則責怒之。夷，傷也。一説云：父子反自相非，若夷狄也。子之心責於父，❶云：夫子教我以正道，而夫子之身未必自行正道也。執此意則為反夷矣，故曰惡也。 古者易子而教之，父子之間不責善，責善則離，離則不祥莫大焉。」易子而教，不欲自相責以善也。父子主恩，離則不祥莫大焉。

疏 「公孫丑曰」至「不祥莫大焉」。 正義曰：此章言父子至親，相責則離。易子而教，相成以仁，教之善者也。 「公孫丑問孟子，言君子以不自教誨其子，是如之何」「孟子曰：勢不行也」「公孫丑曰：君子之不教子，何也」，公孫丑問孟子，言君子以不自教誨其子，是如之何。「孟子曰：勢不行也」至「父子相夷則惡矣」者，孟子答公孫丑，以謂君子所以不教子者，是其勢之不行，所以不自教也。教之者，必以正

❶ 「於」，按阮校：「廖本、孔本、韓本、《考文》古本作『其』。」

道而教之，以正道而教之而子不行，則繼之以憤怒。既繼之以憤怒，則反傷其為父子之恩矣。夷，傷也。父子之恩，則父慈子孝，是為父子之恩也。今繼之以怒，是非父之慈也。且以子比之，夫子既教我以正道，而子之身自未能出行其正道也，如父子之間，子以是言而反父，是則父子相傷矣。父子既以相傷其恩，則父子必相疾惡也，故云則惡矣。「古者易子而教之，父子之間不責善。責善則離，離則不祥莫大焉」者，孟子又言古之時，人皆更易其子而教之者，以其父子之間不相責讓其善也。如父子自相責讓，則父子之恩必離之時，人皆更易其子而教之者，以其父子之間不相責讓其善也。如父子自相責讓，則父子之恩必離也。父子恩離，則不祥之大者也。所謂易子而教者，如己之子與他人教，他人之子與己而教之，是易子而教也。所謂不祥之大者，則禍之大者矣。

注「夷」有二說，一說則以夷訓傷，一說以夷為夷狄，其義皆通矣。

孟子曰：「事孰為大？事親為大。守孰為大？守身為大。不失其身而能事其親者，吾聞之矣。失其身而能事其親者，吾未之聞也。事親，養親也。守身，使不陷於不義也。夫不義，則何能事父母乎？孰不為事？事親，事之本也。孰不為守？守身，守之本也。先本後末，事守乃立也。曾子養曾晳，必有酒肉。將徹，必請所與。問：『有餘？』曰：『有。』曾晳死，曾元養曾子，必有酒肉。將徹，不請所與。問：『有餘？』曰：『亡矣。』將以復進也。此所謂養口體者也。若曾子，則可謂養志也。事親若曾子者可也。」將徹，請所與，問曾晳所欲與子孫所愛者也。必曰有，恐違親意也，故曰養志。曾元曰無，欲以復進曾子也，不求親意，故曰養口體也。事親之道，

當如曾子之法，乃爲至孝也。

【疏】「孟子曰：事孰爲大」至「可也」。○正義曰：此章言上孝養志，下孝養口體者也。「孟子曰：事孰爲大？事親爲大。守孰爲大？守身爲大」者，孟子言：人之所事者何事爲大？以其事父母之親爲大者也。人之所守者何守爲大？以其己之身爲大也。不失其身，而能事其父母之親，則我嘗聞之矣；如失其身，而能事父母之親，則我未之聞也。蓋以己身尚不能守之，況能事其父母乎？「孰不爲事？事親，事之本也。孰不爲守？守身，守之本也」者，言人誰不爲所事，是皆爲所守也，是皆爲所事也，然而守身是所守之本也，然而事父母之親，是所事之本也。夫人誰不爲所守，❶凡有所守於我者，是皆爲事，爲守之本然歟？「曾子養曾晳」至「事親若曾子可也」者，孟子又言：昔日曾子奉養其父曾晳，必有酒肉，將欲徹去，曾子必請所欲與者，如曾晳問復有餘剩，曾子必應曰有餘剩。曾晳已死，曾元奉養其曾子，曾元，曾子之子也，必有酒肉，將欲徹去，曾元不請所欲與者，如曾子復問有餘剩，曾元乃應之曰無矣，遂將以酒食復進曾子也，如此，是謂養其父之口體而已。必若曾子之養父，乃可謂養其父之志也。如事其親，若曾子之事親，則可矣。蓋曾子知父欲有餘者與之所愛之子孫，故徇而請其所與，問有餘，其遂其親之事親，而不違者也，故曰養志也。曾元反此，蓋有違逆其親之志意，但爲養口體者也，非養志者也。故孟子所以言事親若曾子，則可以爲之孝子。

❶「夫」，原作「己」，按盧宣旬補校：「監、毛本作『夫』，是也。」據改。

孟子曰：「人不足與適也，政不足與間也。惟大人爲能格君心之非。」適，過也。《詩》云：「室人交徧適我。」間，非。格，正也。時皆小人居位，不足過責也。政教不足復非說，❶獨得大人爲輔臣，乃能正君之非法度也。**君仁莫不仁，君義莫不義，君正莫不正，一正君而國定矣。**欲使大人正之。

疏 「孟子曰」至「一正君而國定矣」。正義曰：此章言小人爲政，不足間非，賢臣正君，使握道機。君正國定，下不邪僻，將何間者也。「孟子曰：人不足與適也」至「爲能格君心之非」者，孟子言：小人在位，不能事君，不足適責之也，所行政教亦不足間非人，❷惟大人之爲臣而事其君，故能格正君心之非也。注《詩》云：室人交徧適我」。正義曰：蓋《詩・國風・北門》之篇文也。云我入自外，室人交徧適我。箋云：「我從外入，在室之人更迭徧來責我，使己去也。言室人亦不知己志也。」

孟子曰：「有不虞之譽，有求全之毀。」虞，度也。言人之行，有不虞度其時有名譽而得者，❸若

❶ 「說」，按阮校：「廖本、孔本、韓本、《考文》古本作『訛』。案《音義》出『非說』，作『說』非也。蓋形相近而譌。」
❷ 「人」，阮本作「也」。
❸ 「虞度其時」，按阮校：「廖本、孔本、韓本、足利本無『虞』字，『時』作『將』。」

尾生本與婦人期於梁下，不度水之卒至，遂至沒溺，而獲守信之譽。求全之毀者，❶陳不瞻將赴君難，聞金鼓之聲，失氣而死，可謂欲求全其節，而反有怯弱之毀者也。

孟子言：人有不虞度其功而終獲其名譽，又有欲求全其行而終反受其人之毀者也。以言其君子之人，於毀、譽不容心於其聞，但務爲善之實而不期人之譽，務去其不善之實而不慍人之毀，是皆行義以俟命而已矣。

注「尾生」與「陳不瞻」之事。 正義曰：此皆據《史記》之文而言之也。其事煩，故不重述耳。

孟子曰：「人之易其言也，無責耳矣。」人之輕易其言，不得失言之咎責也。一説人之輕易不肯諫正君者，以其不在言責之位者也。

孟子曰：「人之患在好爲人師。」人之所患，患於不知己未有可師而好爲人師者，惑也。 疏 正義曰：此章言君子之患在好爲人師也。「孟子曰：人之患在好爲人師」者，孟子言人之有患，非它，特在其好爲人之師也。蓋在人患在於不知己未有可師耳，如務在好爲人師，則惑也。

❶ 「者」，按阮校：「廖本、孔本、韓本、《考文》古本作『若』。」屬下讀。

樂正子從於子敖之齊。樂正子見孟子。魯人樂正克，孟子弟子也，從於齊之右師子敖使而之魯，樂正子隨之來之齊也。孟子在齊，樂正子見之。子敖見遲，故云亦來也。孟子見其來正子，欲亟見之，深思望重也。❶曰：「先生何爲出此言也？」孟子曰：「子亦來見我乎？」孟子見其來見遲，故云亦來也。曰：「子來幾日矣？」孟子問：子來幾日也。曰：「昔者。」克曰：昔者來至。昔者，往也，謂數日之間也。曰：「昔者，則我出此言也，不亦宜乎？」孟子曰：昔者來至，而今乃來，我出此言，亦其宜也。孟子重愛樂正子，故云亦來也。「子聞之也，舍館定然後求見長者乎？」孟子曰：子聞見長者之禮當須舍館定乃見之乎？曰：「舍館未定。」克曰：所止舍館未定，故不即來。館，客舍。曰：「克有罪。」樂正子謝過服罪也。

疏「樂正子」至「克有罪」。

正義曰：此章言尊師重道，敬賢事長，人之大綱。樂正子好善，孟子譏之，責賢者備也。「樂正子從子敖之齊」，樂正子從子敖往齊，而見孟子。「孟子曰：子亦來見我乎」，孟子見樂正子來遲，故曰：子亦來見我乎？「曰：先生何爲出此言也」，樂正子問孟子：何爲於我而出此言也？「曰：昔者」，樂正子又問樂正子從子敖到齊以幾日乎？「曰昔者」，樂正子曰：往日來至，若數日之間也。「曰：昔者，則我出此言也，不亦宜乎」，孟子又言：子到數日，而今乃來見我，則我出此言，是其宜也。「曰舍館未定」，樂正子又曰：爲客館所止未定，故不能即來也。「曰：子聞之

❶ 「深思」，按阮校：「廖本、孔本、韓本、《考文》古本作『思深』。」

也，舍館定然後求見長者乎」，孟子又言：子曾聞見長者之禮，必待舍館定然後乃見長者乎？「曰：克有罪」，樂正子於是無所答，乃對孟子曰：是克有罪也。以其待舍館定然後見，非尊師重道者也，宜孟子以備責之。

孟子謂樂正子曰：「子之從於子敖來，徒餔啜也。我不意子學古之道，❶而以餔啜也。」

子敖，齊之貴人右師王驩者也。學而不行其道，徒食飲而已，謂之餔啜。樂正子本學古聖人之道，而今隨從貴人，無所匡正，故言不意子但餔啜也。

疏「孟子謂樂正子曰」至「而以餔啜也」。

正義曰：此章言學優則仕，仕以行道，否則隱逸，餔啜沉浮，君子不與。是以孟子曰嗟樂正子者也。「孟子謂樂正子曰：子之從於子敖來，徒餔啜也。我不意子學古之道，而以餔啜也」者，孟子謂樂克曰：子隨右師來至齊，是徒以食飲而已。我不意有如子本學古聖人之道，而且今隨右師之遊，❸而以徒爲其飲食也。孟子所以言此，蓋謂子敖我未嘗與之學古者，而今子乃隨之遊，是詘道以從人之謂也。注云「子敖，齊之貴人右師王驩」。正義曰：此蓋以經文推而爲解也。《公孫丑》篇云：「孟子爲卿於齊，出弔於滕王。使蓋大夫王驩爲輔行，

---

❶ 「樂」，阮本作「學」。下疏文引亦作「學」。
❷ 「曰」，阮本作「咨」。
❸ 「右」，原作「古」，據阮本改。

王驩朝暮見，反齊、滕之路，未嘗與之言行事者。」下卷言：「公行有子之喪，右師往弔，入門，有進而與右師言者，有就右師之位而與右師言者。孟子不與右師言，右師不悅，曰：『諸君子皆與驩言，孟子獨不與驩言，是簡驩也。』孟子聞之，曰：『禮也，子敖以我爲簡，不亦異乎？』」是知爲齊之貴人右師王驩者也。

孟子曰：「不孝有三，無後爲大。於禮有不孝者三事，謂阿意曲從，陷親不義，不孝也。❶家窮親老，❷不爲禄仕，二不孝也。不娶無子，絶先祖祀，三不孝也。三者之中，無後爲大。舜不告而娶，爲無後也，君子以爲猶告也。」舜懼無後，故不告而娶。君子知舜告焉不得而娶，娶而告父母，禮也。舜不以告，權也。故曰猶告，與告同也。

疏「孟子曰」至「君子以爲猶告也」。正義曰：此章言量其輕重，無後爲不孝之大者也。「孟子曰：不孝有三，無後爲大」者，言不孝於禮有三，惟先祖無以承，後世無以繼，爲不孝之大者，而阿意曲從，陷親於不義，家貧親老，不爲禄仕，特不孝之小而已。「舜以不告而娶，爲無後也，君子以爲猶告也」，故孟子乃言此，以謂舜受堯之二女，所以不告父母而娶，是爲其無後也，告之則不得娶故也。注「堯二女」。正義曰：案古史云：舜有二妃，一曰娥皇，二曰女英，並堯之女。以其反禮而合義，故君子以爲不告猶告也。

---

❶ 「不」上，阮本有「一」字。

❷ 「窮」，按阮校：「廖本、孔本、韓本作『貧』。」

孟子曰:「仁之實,事親是也。義之實,從兄是也。智之實,知斯二者弗去是也。事皆有實。事親,從兄,仁、義之實也。知仁、義所用而不去之,則智之實也。禮之實,節文斯二者是也。樂之實,樂斯二者❶,禮義之實也。節文事親從兄,使不失其節,而文其禮敬之容,故中心樂之也。樂斯生矣,生則惡可已也。惡可已,則不知足之蹈之,手之舞之也。樂此事親從兄,出於中心,則樂生其中矣。樂生之至,安可已也,豈能自覺足蹈節,手舞曲哉?

【疏】「孟子曰:仁之實,事親是也」至「足之蹈之,手之舞之也」。正義曰:此章言仁義之本在孝悌,蓋有諸中而形於外也。「孟子曰:仁之實,事親孝也;從兄,悌也。能孝、悌,是爲仁、義矣。智之本實在知事親之孝,從兄而弟,而弗去之者是也。「禮之實,節文斯二者是也。樂之實,樂之本實使事親從兄者是也」,言禮之本實使事親從兄者是也。由此言之,則事親之孝,爲仁之實,凡移之於事君者,則爲仁之華也。從兄之悌,爲義之實,則知凡移於從長者,是爲義之華也。知義爲智之實,則知前識者是爲智之華也。樂之實,在仁義,則節奏爲樂之華也。凡此是皆從而可知矣。「樂則生矣,生則惡可已也。惡可已,則不知足之蹈之,手之舞之」,言由仁義之實充之,至於樂則流適而不鬱❷

❶「義」,按阮校:「孔本、韓本、《考文》古本作『樂』。」按文意當是。

❷「適」,阮本作「通」。

孟子曰：「天下大悦而將歸己，視天下悦而歸己猶草芥也，惟舜爲然。舜不以天下將歸己爲樂，號泣于天。不得乎親，不可以爲人。不順乎親，不可以爲子。舜盡事親之道，而瞽瞍底豫。瞽瞍底豫，而天下化。瞽瞍底豫，而天下之爲父子者定。此之謂大孝。」舜以不順親意爲非人子。底，致也。豫，樂也。瞽瞍，頑父也。盡其孝道，而頑父致樂，使天下化之，爲父子之道者定也。

正義曰：此章言以天下富貴爲不若得意於親也。「孟子曰：天下大悦而將歸己，視天下悦而歸己猶草芥也，惟舜爲然」者，孟子言：天下之人皆大悦樂而歸嚮己，視天下悦而歸己但若一草芥，不以爲意者，惟大舜爲能如此也。「不得乎親，不可以爲人。不順乎親，不可以爲子」至「此之謂大孝」者，孟子又言：人若不得事親之道，則不可以爲人。若得事親之道，而不能順事親之志，故不可以爲人之子。惟舜能盡其事父母之道，而瞽瞍頑嚚，❷且亦致樂。瞽瞍既以致樂而先天下，而天下亦從而

❶「底」，按阮校：「孔本、韓本作『厎』。案《音義》『之爾切』，是用『厎』字。案經典内凡曰『厎，致也』，皆『之爾切』，與『底，都禮切』不同。經典内用『厎』字不多，而俗刻多『厎』譌爲『底』。」

❷「嚚」，阮本作「嚻」。

爲樂，號泣于天。不得乎親，不可以爲人。蓋當時有夷子不知一本，告子以義爲外，故孟子宜以是言之，而救當時之弊者也。

日進而不已，是其樂則生，生則烏可已。烏可已，則得之於心，而形之於四體，故不知手舞足蹈之所以者也。

化之。瞽瞍致樂,故天下父子者親親之道定,此所以爲舜之大孝矣。故曰此之謂大孝。　注「瞽瞍,頑父也」。

正義曰:瞽瞍者,案孔安國《尚書傳》云:「無目曰瞽。」舜父有目,不能分別好惡,故時人謂之瞽。配字曰瞍,瞍,無目之稱。頑者,《左傳》云:「心不則德義之經爲頑。」

孟子注疏解經卷第八上

赵氏注　孫奭疏

離婁章句下凡三十二章❶

疏　正義曰：此卷即趙注分上卷為此卷也。此卷凡三十有二章。一章言聖人殊世而合其道。二章言重民之道，平政為首。三章言君臣之道，以義為表，以恩為裏，舊君之服，蓋有所興，諷喻宣王，勸以仁也。四章言君子見幾而作。五章言上為下傚。六章言大人不為非禮非義。七章言父兄已賢，子弟既頑，教而不改，乃歸自然。八章言好言人惡，殆非君子。九章言疾之已甚，亂也。十章言大人所求合義。十一章言視民如子，則民懷矣。十二章言養生竭力，人情所勉，哀死送終，謂之大事。十三章言學必根源，如性自得。十四章言廣尋道意，詳說其事，要約至義，還反於朴。十五章言五伯服人，三王服心。十六章言進賢受賞，

❶「三十二章」，按阮校：「此當作『三十三章』。僞疏不數『人有不為也』一章，故較少一章。《音義》本亦作『三十二』，當是後人據注疏本改。」

蔽賢蒙蟄。十七章言有本不竭，無本則涸。十八章言禽獸俱含天氣，衆人超絕，識仁義之主於己也。十九章言周公能思三王之道，以輔成王。二十章言《詩》《書》與《春秋》。二十一章言五世一體，上下通流。二十二章言廉惠勇三者。❶二十三章言求交取友，必得其人。二十四章言貌好行惡，當修飾之，惟義爲常。二十五章言能修性守故，天道可知。二十六章言循理而動，不合時人。二十七章言君子責己，小人不改，蹈仁行禮，不患其患。二十八章言顏子之心，有同禹稷。二十九章言匡章得罪，出妻屏子。三十章言曾子、子思，處義非謬者也。三十一章言人以道殊，賢愚體別。三十二章言小人苟得，妻妾猶羞。凡此三十二章，合前卷二十八章，是《離婁》一篇有六十章矣。❷

　　孟子曰：「舜生於諸馮，遷於負夏，卒於鳴條，東夷之人也。生，始。卒，終。記終始也。諸馮、負夏、鳴條，皆地名也。負海也。❸在東方夷服之地，故曰東夷之人也。文王生於岐周，卒於畢郢，西夷之人也。岐周、畢郢，地名也。岐山下周之舊邑，近畎夷。畎夷在西，故曰西夷之人也。《書》曰：

❶ 「二十二」，原作「二十一」，據阮本改。
❷ 「六十」，按阮校：「按《題辭》正義云《離婁》凡六十一章，與此不合。」
❸ 「也負海也」，按阮校：「廖本、孔本、韓本、《考文》古本無上「也」字，「負」下重「負」字。」

「太子發上祭于畢，下至于盟津。」畢，文王墓，近於酆、鎬也。**地之相去也千有餘里，世之相後也千有餘歲，得志行乎中國，若合符節。**土地相去千有餘里也。舜至文王，千二百歲。得志行政於中國，蓋謂王也。如合符節，節，玉節也。《周禮》有六節。揆，度也，言聖人之度量同也。

疏「孟子曰」至「其揆一也」。正義曰：此章言聖人殊世而合其道也。「孟子曰：舜生於諸馮，遷於負夏，卒於鳴條，東夷之人也」者，孟子言：舜帝其始生於諸馮之地，其後遷居於負夏之地，其卒死於鳴條之野，是東夷之人也。以其地在東方，故曰東夷之人也。「文王生於岐周，卒於畢郢，西夷之人也」者，孟子又言：文王其始生岐山之下，其終卒於畢郢之地，是西夷之地。以其地在西，故曰西夷之人。岐山本是周邑，故曰岐周。「地之相去也千有餘里，世之相後也千有餘歲，得志行乎中國，若合符節。先聖後聖，其揆一也」者，孟子言：自舜帝所居終始之地，與文王所居終始之地，有千里以外之遠；自舜所生之世，文王所生之世，相後有千二百歲之久，其皆得志行政於中國以致治，如合其符節，有同而無異。一爲先聖於前，一爲後聖在後，其所揆度，則一而無二也。以其同也。揆，度也。注「生，始」至「東夷之人也」。正義曰：案《史記》云：「舜，冀州之人也，耕於歷山，漁雷澤，淘河濱，作什器於壽丘，就時於負夏，年二十，以孝聞。三十，堯妻以二女，遂舉用之。五十八，堯崩。六十一，代堯踐帝位。踐帝位三十九年，南巡狩，崩於蒼梧之野，葬於江南九嶷山，是爲零陵。」今云舜生於諸馮，則諸馮在冀州之分。鄭玄云：

❶「也」，閩、監、毛、阮本作「之地」。

「負夏，衛地。」案《地理志》云：「衛地，營室東壁之分野，今之東郡是也。」其本顓頊之墟，推之則衛地與冀州之地相近，是負夏之爲地名也。一云負夏，鳴條者，《書》云：「湯與桀戰于鳴條之野。」孔傳云：「地在安邑之西。」鄭玄云：「地在南夷。」云「東夷之人」者，案《史記》云：「帝舜爲有虞。」皇甫謐云「舜嬪于虞，今河東大陽」是也。注「岐周、畢郢」至「鄧、鎬也」。正義曰：案《本紀》云：「古公亶父去邠，踰梁山，止於岐下。」徐廣曰：「岐山在扶風義陽西北，其南有周原。」裴駰案：皇甫謐曰：「邑於周地，故始改曰周。鄧在上林昆明，北有鄠池，去鄧有二十五里，皆在長安南數十里。」《謚法》曰：「慈惠愛民曰文。」「忠家接禮曰文。」武王即位九年，上祭于畢。注「舜至文王，千二百歲」，「《周禮》有六節」。正義曰：案《史記·世表》推之，是自舜至文王有千二百歲矣，其文煩更不録。《周禮》六節，案《周禮》云：「守邦國者用玉節，守都鄙者用角節。凡邦國之使節，山國用虎節，土國用人節，澤國用龍節，皆金也。以英蕩輔之。」鄭注云：「以金爲節，鑄象也。必自以其國所多者，所以相別爲信明也。今漢有銅虎符。」杜子春云：「蕩當爲帑，謂以函器盛此節。或曰英蕩，或曰函。開關用符節，貨賄用璽節，道路用旌節。注云符節，如今宮中諸官詔符也。璽節者，今之印章也。旌節，今使者所擁節。」是也。將送者，執此節以送行者也。凡此是《周禮》有

❶「徒」，原作「徙」，今據阮本改。

六節之別爾。

子產聽鄭國之政，以其乘輿濟人於溱洧。子產，鄭卿。爲政，聽訟也。溱、洧，水名。見人有冬涉者，仁心不忍，以其乘車度之也。孟子曰：「惠而不知爲政。歲十一月徒杠成，十二月輿梁成，民未病涉也。以爲子產有惠民之心，而不知爲政，當以時修橋梁，民何由病苦涉水乎！周十月，夏九月，可以成涉之功。周十一月，夏十月，可以成輿梁也。君子平其政，行辟人可也，焉得人人而濟之？故爲政者每人而悦之，日亦不足矣。」君子爲國家平治政事刑法，使無違失其道，辟除人，使卑辟尊可爲也，安得人人濟渡於水乎？每人欲自加恩，以悦其意❶則日力不足以足之也。疏「子產聽鄭國之政」至「亦不足矣」。正義曰：此章言重民之道，平政爲首也。「子產聽鄭國之政，以其乘輿濟人於溱洧」者，子產，鄭大夫公孫僑也。溱、洧，鄭國水名也。言子產爲政，聽訟於鄭國，於冬寒之月，見人涉溱、洧之水，乃不忍，遂以所乘之車輿濟人於溱、洧。「孟子曰：惠而不知爲政」至「日亦不足矣」。孟子言：子產雖有恩惠及人，而以陸地乘輿而濟人於溱、洧，然而不知行其不忍人之政而濟人矣。所謂歲十一月徒杠成，十二月輿梁成，是其政也。言歲中以十一月雨畢乾晴之時，乃以政命成其徒杠。徒杠者，《説文》云：「石

❶「悦」，阮本作「成」。

矼，石橋也，俗作征，從木，所以整其徒步之石。」十月成津梁，❶則梁爲在津之橋梁也。今云輿梁者，蓋橋上横架之板，若車輿者，故謂之輿梁。如此，民皆得濟，所以未有憂病其涉者也。君子之爲，但平其政事，使無違失，行法於人，而使尊人。其若此則可也，又安得人人而濟渡之乎？如人人濟之，則人望我者無窮，而我應者有不足焉。故爲國之政者，如每以人人而使之悦，雖日力之窮，亦不足以濟之矣。但平其政事，使徒杠成於十一月，輿梁成於十月，則病涉之民無不濟矣。子產不知爲政之道在此，而徒知以乘輿濟人爲之惠，故宜孟子言之於當，有以激勸而譏諷之也。❷

注「子產，鄭卿。爲政，聽訟。溱、洧，水名」。正義曰：案《左傳》云：「子產，穆公之孫，公子發之子也。」又魯襄三十年執鄭國之政，故云鄭卿，爲政聽訟也。云「溱、洧，水名」者，蓋鄭國之水名。案《地理志》云：「溱、洧，水在河南。」又《説文》云：「水在鄭國南，入于洧。」則知溱、洧，水名，在鄭國也。○又於注「周十一月」即夏十月，十月即夏九月，已説上篇，叔向云「十月而津梁成」，是其旨也。

孟子告齊宣王曰：「君之視臣如手足，則臣視君如腹心。君之視臣如犬馬，則臣視君如國人。君之視臣如土芥，則臣視君如寇讎。」芥，草芥也。臣緣君恩，以爲差等，其心所執若是也。

❶ 「十」下，按阮校：「監、毛本有『二』字。」下「輿梁成於十月」同。
❷ 「當有」，阮本作「當時」。

王曰：「禮，爲舊君有服，何如斯可爲服矣？」宣王問：禮，舊臣爲舊君服喪服，問君恩何如則可以爲服。曰：「諫行言聽，膏澤下於民；有故而去，則使人導之出疆，又先於其所往；去三年不反，然後收其田里。此之謂三有禮焉。如此，則爲之服矣。爲臣之時，諫行言從，德澤加民。❶若有他故，不得不行，譬如華元奔晉、隨會奔秦是也，古之賢君遭此，則使人導之出境，又先至其所到之國言其賢良。三年不反，乃收其田菜及里居也。❷此三者有禮，則爲之服矣。今也爲臣，諫則不行，言則不聽，膏澤不下於民；有故而去，則君搏執之，又極之於其所往，去之日，遂收其田里。此之謂寇讎。寇讎何服之有？」搏執其族親也。極者，惡而困之也。遇臣若寇讎，何服之有乎？⟮疏⟯「孟子告齊」至「之有」。正義曰：此章言君臣之道，以義爲表，以恩爲裏，相應猶若影響。舊君之服，蓋有所興，諷諭宣王，勸以仁也。「孟子告齊宣王曰」至「如寇讎」者，孟子告諭齊宣王，謂君之視其臣如己之手足，則臣亦視其君如己之腹心。「君之視其臣如犬馬，則臣亦視其君但以國人遇之也。君之視其臣如土芥之賤而棄之，則臣視其君亦如寇讎，惡而絶之也。凡此君臣施報相待以爲用矣。蓋無爲於其内者，腹心也。有爲

❶「德」，阮本作「惠」。
❷「田萊及里居也」，阮本作「田里田業也里居也」。按阮校，閩、監、毛三本同阮本。廖本、韓本「萊」作「菜」，孔本、《考文》古本同底本。足利本作「田里田萊及里居」。又阮校云：「《音義》亦出『田菜』，『菜』當作『采』，大夫采地字，古書多或作『菜』。『菜』誤爲『萊』，作『業』則更誤矣。」

於其外者，手足也。君臣相須，猶一體也。此言不相待施報，均於厚也。若以君視臣如犬馬之畜，而臣視君如國人而弗親，此言不相待施報，均於薄也。以君視臣如土芥之賤，而臣視君如寇讎而惡之，此言不相待施報，均於賤也。然則君臣施報，亦隨之而已。「王曰：禮，爲舊君有服，何如斯可爲之服矣」，宣王問孟子：於禮爲舊君有服，何如可爲之服。「曰：諫行言聽」至「則爲之服矣」，孟子答之，謂臣之於君，君有過謬而諫之則行，事有可爲而言之則聽，而膏潤之恩澤施之又下浹於民，此得行其道也。不幸遭其事故而去之，則國君使人導之，以達其情，至出國之疆界，又先去其所往之邦以稱譽之。去三年之久而不反歸，然後國君乃收其田萊里居。此三者是謂三有禮焉。如此三有禮，則可爲之喪服矣。「今也爲臣，諫則不行，言則不聽」至「何服之有」，孟子又言：今之爲臣於國君，君有過謬，及其諫也則拒之而弗得行，言則違之而弗聽，而膏澤又不得以下浹，此不得行其道也。及其所遭事故而去之，君乃不使人導之，且搏執其親族而戮之，又困極而惡之於其所往之邦，即自離去之日，遂便收其田萊里居，此是謂遇其臣如寇讎之惡。既以寇讎遇其臣，則臣尚何有喪服爲哉？注「舊臣爲舊君服喪服」。正義曰：如《儀禮》言「以道去君，而未絶者，服齊衰三月」《禮記》云「臣之去國，君不掃其宗廟，則爲之服」，是爲舊臣服喪服之謂也。注「如華元奔晉，隨會奔秦。」正義曰：案《左傳》成十五年：「華元爲右師。華元曰：『我爲右師，君臣之訓，師所司也。今公室卑而不能正，吾罪大矣。不能治官，敢賴寵乎？』乃出，奔晉。魚石爲左師，自止華元於河上，後及奔晉。得五月日，乃反。」書曰「宋華元出奔晉。宋華元自晉歸于宋」是也。云「隨會奔秦」者，案文公七年先蔑奔秦，隨會從之，至十三年，晉人患秦之用士會也，晉侯乃使魏壽餘僞以魏叛者以誘士會，士

會既濟，魏人譟而還。」杜注云「喜得士會也」是矣。

孟子曰：「無罪而殺士，則大夫可以去。無罪而戮民，則士可以徙。」惡傷其類，視其下等，懼次及也。語曰「鳶鵲蒙害，仁鳥增逝」❶此之謂也。【疏】「孟子」至「可以徙」。正義曰：此章言君子見幾而作也。孟子謂國君無罪而殺戮其士，則爲之大夫者可以奔去。無他，蓋大夫雖於士爲尊，不可命以爲士，然亦未離乎士之類也，是其惡傷其類耳。國君無罪而誅戮其民，則爲之士者可以徙而避之。無他，蓋士於民雖以爲尊，不可命以爲民，然亦未離乎民之類耳。於士言殺，於民言戮者，總而言之皆然也，別而言之，則戮又輕於殺矣。案《周禮》「司稽掌巡市」，云凡有罪者撻戮而罰之。❷是知戮不過撻而辱之耳，而殺乃至於亡命故也。《史記》：趙殺鳴犢，孔子臨河而不濟，乃歎曰：「刳胎殺夭，則麒麟不至郊；竭澤涸魚，則蛟龍不會；覆巢毀卵，則鳳凰不翔。君子諱傷其類也。」今注云「語曰：鳶鵲蒙害，仁鳥增逝」，是亦《史記》之文，趙注引之。

---

❶ 「增逝」，按阮校：「廖本、孔本、韓本『增』作『曾』，《考文》古本『增逝』作『曾遊』。按作『曾』是，『曾』者高也。」

❷ 「云」，原作「亡」，據阮本改。

孟子曰：「君仁莫不仁，君義莫不義。」君者，一國所瞻仰以爲法，政必從之，是上爲下則效者也。

疏「孟子曰」至「不義」。正義曰：此章言國君率衆仁義，是上爲下效者也。孟子謂國君在上，能以仁義率先於一國，❶則一國之人莫不從而化之，亦以仁義爲也。注云「上爲下效者」。正義曰：如所謂「君子之德風，小人之德草，草上之風必偃」也。又荀卿所謂表正則影正，盤圓則水圓，盂方則水方，是其旨也。

孟子曰：「非禮之禮，非義之義，大人弗爲。」若禮而非禮，陳質娶婦而長拜之也。若義而非義，藉交報讎是也。此皆大人之所不爲也。

疏「孟子曰」至「弗爲」。正義曰：此章言禮義人之所以折中，履其正者，乃可爲中，是以大人弗行之也。孟子謂有所爲禮，有所爲非禮，有所爲義，有所爲非義。如非禮非義，惟大人能弗爲之也。注「陳質娶婦，藉交報讎」者。正義曰：此蓋史傳之文而云然。

孟子曰：「中也養不中，才也養不才，故人樂有賢父兄也。中者，履中和之氣所生，謂之賢。才者，是謂人之有「俊才」者。有此賢者，當以養育教誨不能，進之以善，故樂父兄之賢以養己也。如中也棄不中，才也棄不才，則賢不肖之相去，其閒不能以寸。」如使賢者棄愚，不養其所以當養，則養亦

❶「率先」，阮本作「先率」。

近愚矣。❶如此，賢不肖不相覺，何能分寸，明不可不相訓導也。

疏「孟子」至「不能以寸」。 正義曰：此章言父兄之賢而子弟既頑，教而不改，乃歸自然也。孟子言：君子以性德而教養滅其性德者，以性之能而教養滅其性之才能者，故人所以樂得其賢父兄而教養人之不中，不推己之才性而教養人之不才，是棄去其不中不才之人也。如此，則賢不肖，惡能相去以寸哉？是不足以相賢矣。蓋中者，性之德也。才，性之能也。賢父兄者，所以對弟子而言之也，如孟子所謂曾子居武城而謂之爲師也、父兄也，是其意也。

注「中者履中和之氣」至「養己也」。 正義曰：中和之氣者，蓋人受天地之中而生，禀陰陽之秀氣，莫非所謂中和也。《中庸》云：「喜怒哀樂未發謂之中，發而皆中節謂之和。」賢以德言。云「俊才」者，俊，智過千人曰俊，則知才能有過於千人之才能，是爲俊才也。一云：俊，敏也，疾也。

孟子曰：「人有不爲也，而後可以有爲。」人不爲苟得，乃能有讓千乘之志。

疏「孟子曰」至「有爲」。 正義曰：此章言貴賤廉恥，乃有不爲，不爲非義，義乃可由也。孟子言：人之有不爲非義之事，然後可以有爲其義矣。又所謂人皆有所不爲，達之於其所爲義也，亦是意也。以此推之，則仁也，禮也，智也，皆

❶「養」，阮本作「賢」。

待是而裁成之矣。

孟子曰：「言人之不善，當如後患何？」人之有惡，惡人言之。言之，當如後有患難及己乎？

疏「孟子曰」至「患何」。正義曰：此章言好言人之惡，殆非君子者也。孟子謂人有好談人之不善者，必有患難及之矣。故曰：言人之不善，當如後患何如？《莊子》云：「蔺人者人必反蔺之。」《論語》云：「不忮不求，何用不臧？」亦與此同意。

孟子曰：「仲尼不爲已甚者。」仲尼彈邪以正，正斯可矣，故不欲爲已甚泰過也。孟子所以譏踰牆距門者也。

疏「孟子曰」至「甚者」。正義曰：此章言疾之已甚，亂者也。孟子言：孔子凡所爲，不爲已甚泰過者也，如《論語》云「疾之已甚，亂也」，同意。注云「孟子所以譏踰牆距門者也」。正義曰：蓋謂如段干木踰垣而避文侯，泄柳閉門而距繆公，是爲已甚者。

孟子曰：「大人者，言不必信，行不必果，惟義所在。」果，能也。大人仗義，義有不得必信其言，子爲父隱也。有不能得果行其所欲行者，若親在不得以其身許友也。義或重於信，故曰惟義所在。

疏「孟子曰」至「所在」。正義曰：此章言大人之行，行其重者，不信不果，求合義也。孟子言：大人者，其於

言不以必信，所行不以必果，惟義之所在，可以信則信，可以行則行耳。如言必信、行必果，則所謂硜硜然小人哉矣，豈大人肯如是邪？蓋孔子與蒲人盟，不適衛而終適衛，是言不必信也。佛肸召，子欲往而終不往，是行不必果也。

注「子爲父隱」「以其身許友也」。 正義曰：此案《論語》《禮記》云也。

孟子曰：「大人者，不失其赤子之心者也。」大人謂君。國君視民，當如赤子，不失其民心之謂也。一說曰：赤子，嬰兒也，少小之子，❶專一未變化，人能不失其赤子時心，則爲貞正大人也。 疏「孟子曰」至「者也」。 正義曰：此章言人之所愛，莫過赤子，所謂視民如子，則民懷之者也。孟子言：世之所謂爲之大人者，是其能不失去其嬰兒之時心也，故謂之大人，如《老子》所謂「常德不離，復歸於嬰兒」之意同。

孟子曰：「養生者不足以當大事，惟送死可以當大事。」孝子事親致養，未足以爲大事，送終如禮，則爲能奉大事也。 疏「孟子曰」至「大事」。 正義曰：此章言養生竭力，人情所勉。哀死送終，謂之大事也。孟子言：人奉養父母於其生日，雖昏定晨省，冬溫夏凊，然以此之孝，亦不足以當其大事也。惟父母終，能躃踊哭泣，哀以送之，卜其宅兆，而安厝之，斯可以當之也。

❶ 「子」，按阮校：「廖本、孔本、韓本、《考文》古本作『心』。」

卷第八上　離婁章句下

三〇九

孟子曰：「君子深造之以道，欲其自得之也。造，致也。言君子學問之法❶，欲深致極竟之以知道意，欲使己得其原本，如性自有之也。❷自得之，則居之安；居之安，則資之深；資之深，則取之左右逢其原。故君子欲其自得之也。」居之安，若己所自有也。資，取也。取之深，則得其根也。左右取之，在所逢遇，皆知其原本也，故使君子欲其自得之也。

疏「孟子」至「得之也」。正義曰：此章言學必根源，如性自得者也。「孟子曰：君子深造之以道」至「君子欲其自得之也」者，此孟子教人學道之法也，言君子所以深造至其道奧之妙者，是欲其如己之所自有之也。居之安則資質以深，則自本自根，取之不殫，酌之不竭是也。居之安者，是使權利不能移，群衆不能蕩是也，天下不能蕩是也。資之既深，則取之左右逢其原者，❸則理萬物得，❹性與萬物明，取之左則左，取之右則右，無非自本自根也，故云取之左右逢其原。如此，故君子所以學道，欲其自得之也。如莊生所謂黃帝遺其玄珠，使智索之不得，

❶「學問」，按阮校：「孔本、韓本、足利本作『問學』。」
❷「之」下，阮本有「然」字。按阮校，閩、監、毛三本、足利本同阮本。「也」下，閩、監、毛、阮本有「故曰欲其自得之而已」九字。
❸「左右逢其原」五字，阮本重文。
❹「理」下，阮本有「與」字。

使离朱索之不得，使喫詬索之不得，乃使象罔得之。蓋玄珠譬則道也。离朱有待於明，言以明求之亦不能得道也。喫詬有待於言，以言求之亦不能得其道也。象罔則無所待矣，唯無所待，故能得其道，是其所謂自得也。

孟子曰：「博學而詳説之，將以反説約也。」博，廣。詳，悉也。廣學悉其微言而説之者，將以約説其要，意不盡知，則不能要言之也。是謂廣尋道意，還反於樸者，説之美者也。

正義曰：此章言廣尋道意，詳説其事，要約至義，還反於樸者也。孟子言：人之學道，當先廣博而學之，又當詳悉其微言而辯説之，其相將又當以還反説其至要者也。以得其至要之義而説之者，如非廣博尋學，詳悉辯説之，則是非可否，未能決斷，故未有能反其要也。是必將先有以博學詳説，然後斯可以反説其約而已。

孟子曰：「以善服人者，未有能服人者也。以善養人，然後能服天下。天下不心服而王者，未之有也。」以善服人之道治世，謂以威力服人者也，故人不心服。以善養人，養之以仁恩，然後心服矣，若文王治於岐邑是也。天下不心服，何由而王也？

疏「孟子曰」至「未之有也」。

正義曰：此章言五霸服人，三王服心，其服則一，功則不同也。「孟子曰：以善服人者，未有能服人者也」至「未之有也」者，孟子言：人君之治天下，如以善政而屈服人者，未有能屈服其人也。以善教而養人者，然後故能屈服其天下

然以善教養天下，天下不以心服而歸往爲之王，未之有也。以其能如此，則必爲之王者，使天下心服而歸往之矣。蓋所謂善政民畏之、善教民愛之之意也。又云善教得民心，是矣，若文王作辟雍，是能以善養人者也，故「自西自東，自南自北，無思不服」，此之謂也。

孟子曰：「言無實不祥。不祥之實，蔽賢者當之。」凡言皆有實。孝子之實，養親是也。善之實，仁義是也。祥，善。當，直也。不善之實何等也，蔽賢之人直於不善之實也。

正義曰：此章言進賢受上賞，蔽賢蒙顯戮者也。「孟子曰」至「蔽賢者當之」者，孟子謂人之言，無其實本者，乃虛妄之言也。以虛妄之言言之，則或掩人之善，或飾人之惡，爲人所惡者也，故其爲不祥莫大焉，不祥之實者，乃蔽賢直之也。所謂蔽賢，則掩人之善是矣。如臧文仲知柳下惠而不舉，虞丘知叔敖之賢而不進，❶凡此之類，是謂蔽賢者也。

徐子曰：「仲尼亟稱於水，曰：『水哉水哉！』何取於水也？」徐子，徐辟也。問仲尼何取於水而稱之也。孟子曰：「源泉混混，不舍晝夜，盈科而後進，放乎四海。有本者如是，是之取

❶ 「丘」，原作「兵」，據阮本改。

爾。言水不舍晝夜而進。盈，滿。科，坎。放，至也。至於四海者，有原本也。以況於事，有本者皆如是，是之取也。**苟爲無本，七八月之間雨集，溝澮皆盈，其涸也，可立而待也。**苟，誠也。誠令無本，若周七八月，夏五六月，天之大雨，潦水卒集，大溝小澮皆滿，然其涸乾可立待之者，以其無本故也。**故聲聞過情，君子恥之。**」人無本行，暴得善聲，令聞過其情，若潦水不能久也，故君子恥之。 疏 「徐子」至「君子恥之」。 正義曰：此章言有本不竭，無本則涸也。「徐子曰：仲尼亟稱於水，曰：水哉水哉，何取於水也」者，徐子即徐辟者也，徐辟問孟子，以謂孔子數數稱道於水，乃復自而歎之曰「水哉水哉，何仲尼獨數數稱於水也？「孟子曰：源泉混混，不舍晝夜」至「是之取爾」，孟子答之曰：孔子所以數數稱於水者，以其有本源之泉水，混混衮勢而流，不捨晝夜，是流之不竭，至有坎科，則必待盈滿而後流進，以至乎四海之中。以其道之有本亦如是。是孔子所以亟稱而必取之爾。「苟爲無本」至「君子恥之」者，孟子又言：苟爲無本之水，是若周之七八月，夏之五六月間，天之大雨驟降，其雨之水卒然聚集乎大溝小澮，皆盈盈然而滿溢，則其乾涸但可立而守之也。以其無本之水矣。然則孟子答徐辟以此者，非特言「源泉混混」云水之速乾耳。孟子復於此，言如聲譽名聞，有過於情實，而君子所以羞恥之，亦無本之水矣。以其源泉混混，則譬君子之德性，不舍晝夜，盈科而後進，放乎四海」而已矣，蓋有爲而言也，以其源泉混混，不捨晝夜，盈科而後進，則譬君子之學問；放乎四海，則譬君子之成章；放乎四海，則譬君子於是造乎道也。 注云「徐子，徐辟」。 正義曰：經於《滕文公》篇云：「墨者夷之，因徐辟而見孟子。」又曰：「徐子以告夷子。」是知徐子即徐辟也。 注「大溝小澮」。 正義曰：案《周禮·遂人》：「掌邦之野，凡治野，夫間有遂，遂上有徑。十夫有溝，溝上有

畛。百夫有洫，洫上有塗。千夫有澮，澮上有道。」鄭注云：「十夫，二鄰之田。百夫，一鄰之田。千夫，二鄙之田。遂、溝、洫、澮，皆所以通水於川也。遂廣深各二尺。溝倍之。」是廣深各四尺也。「洫又倍之」，是洫廣深各八尺也。「澮廣二尋，深二尋。」然則注云大溝、小澮，又非以常制言之爾。《論語》云：「子在川上曰：逝者如斯夫，不舍晝夜。」是仲尼常稱於水者也。

孟子曰：「人之所以異於禽獸者幾希，庶民去之，君子存之。幾希，無幾也，知義與不知義之間耳。衆民去義，君子存義也。舜明於庶物，察於人倫。由仁義行，非行仁義也。」倫，序。察，識也。舜明庶物之情，識人事之序。仁義生於內，由其中而行，非強力行仁義也。❶故道性善，言必稱於堯舜。❷

疏「孟子曰」至「行仁義也」。正義曰：此章言禽獸俱含天氣，衆人皆然，聖人超絕，識仁義之主於己者也。「孟子曰：人之所以異於禽獸者幾希」至「非行仁義也」者，孟子言：世之人所以有別異於禽獸畜者無幾也，以其皆含天地之氣而生耳，皆能辟去其害而就其利矣。但小人去其異於禽獸之心，所以爲小人也。君子知存其異於禽獸之心，所以爲君子也。所謂異於禽獸之心者，即仁義是也。禽獸俱不知仁義，所以爲

❶「強力行仁義」，按阮校，宋本作「強仁力行義」。
❷「於」，按阮校：「廖本、孔本、韓本、《考文》古本無『於』字。」「舜」下，閩、監、毛、阮本有「但君子存之，庶民去之而不由爾」十三字。

禽獸。今夫舜之爲帝，在深山之中，與木石居，與鹿豕遊，雖與禽獸雜居其間，然能聞一善言，見一善行，莫不從之，若決江河也，而無滯之耳。如此，是舜能明於庶物之無知，而存乎異於禽獸之心，詳察人倫之類，而由仁義之道而行之矣。然舜既由其仁義而行之，非所謂行仁義而得之人也，是由仁義而行以得之天性也。孟子以此言之其有以異於禽獸者，皆舜之徒也。曰舜亦人也，我亦人也，有爲者亦若是，但當存其異於禽獸之心耳，如揚雄「由於禮義，人自仁門，由於情慾，人自禽門」斯其旨歟！

孟子曰：「禹惡旨酒而好善言。❶湯執中，立賢無方。旨酒，美酒也。儀狄作酒，禹飲而甘之。遂疏儀狄，而絕旨酒。執中正之道，惟賢速立之，不問其從何方來。舉伊尹以爲相也。文王視民如傷，望道而未之見。視民如傷者，雍容不動擾也。望道而未至，殷錄未盡，尚有賢臣，道未得至，故望而不致誅於紂也。武王不泄邇，不忘遠。泄，狎。邇，近也。不泄狎近賢，不遺忘遠善近，謂朝臣。遠，謂諸侯也。周公思兼三王，以施四事，其有不合者，仰而思之，夜以繼日，幸而得之，坐以待旦。」三王，三代之王也。四事，禹、湯、文、武所行之事也。不合，已行有不合世，❷仰而思

❶「昌」，按阮校：「廖本、孔本、韓本、《考文》古本作『讜』。按作『讜』者，《今文尚書》也。《音義》出『讜言』。」
❷「世」，按阮校：「閩、監、毛三本作『者』，韓本作『也』，按韓本是也。」

之，參諸天也。坐以待旦，言欲急施之也。

【疏】「孟子曰」至「坐以待旦」。正義曰：此章言周公能思三王之道，以輔成王也。「孟子曰：禹惡旨酒而好善言」，孟子言：禹王惡疾其美酒，而樂好人之善言，以其酒甘而易溺，常情之所嗜者也，故禹王所以惡之。蓋儀狄造酒，禹王飲而甘之，遂疏儀狄是也。善言淡而難入，常情之所厭者也，故禹王所以好之耳。蓋聞皋陶昌言，禹受而拜之是也。「湯執中，立賢無方」，孟子言：湯王執大中至正之道，使其賢者，智者得以俯而就，而不爲狂者，愚者得以跂而及，而不爲狷者矣。未嘗立驕亢崖異絶俗之道，而使人不可得而至也。所謂中道而立，能者從之，是其旨歟。《尚書》云「湯懋昭大德，建中于民」，是其事矣。立其賢，則不以一方任之，但隨其才而用之，以其人之材，固有長短小大，不可概以取之矣。《書》云「佑賢輔德，顯忠遂良」，是其事矣。「文王視民如傷，望道而未之見」，孟子言：文王常有恤民之心，故視下民常若有所傷，而不敢以橫役而擾動之也。《尚書》曰「文王不敢侮鰥寡」，又曰「懷保小民」是其事矣。蓋以望商之有賢，道未得至，故不敢誅於紂也，故曰未之見也。「武王不泄邇，不忘遠」者，孟子言：武王於在邇之臣，則常欽之而不泄狎，在遠之則常愛之而不遺忘。是所謂不泄邇，不忘遠也。非特臣也，雖遠邇之民，亦如是。《尚書》云「武王不寶遠物，則遠人格，所寶惟賢，則遠人安」❶，又曰「華夏蠻貊，罔不率俾」，是其事矣。「周公思兼三王，以施四事」至「坐以待旦」者，孟子言：周公輔相成王，常思念兼此三王而施行此四事，以爲

❶「遠」，《尚書注疏》作「邇」，是。按阮校：「閩、監、毛三本『遠』改『邇』。」

功業矣。三王即禹、湯、文、武之三代王也，然以孟子則曰三王者，蓋文、武明父子也，言其父，則子不待言而在其中，故但云三王四事者，即惡旨酒、好善言、湯執中、立賢無方、與視民如傷、望道而未之見、不泄邇、不忘遠，是四事也。然以孟子於事則云四，蓋父子所爲有不同，所以別言之也。言周公施爲，其有不合於此三王四事，則常仰望而思索之，必夜以繼日，而未嘗敢忘去之也。及幸而思索，得合於此三王之四事，則雞鳴而起，坐以守待其旦明而施行之耳。是其急於有行，如恐失之謂也。注「三王、三代之王也」。正義曰：禹，夏之代始王也。湯，殷之代始王也。文、武，周之代始王也。是爲三代之王也。

孟子曰：「王者之迹熄而《詩》亡，《詩》亡然後《春秋》作。王者謂聖王也。太平道衰，王迹止熄，頌聲不作，故《詩》亡。《春秋》撥亂，作於衰世也。晉之《乘》，楚之《檮杌》，魯之《春秋》，一也。乘者，興於田賦乘爲之事，因以爲名。檮杌者，嚚凶之類，興於記惡之戒，因以爲名。春秋，以二始舉四時，記萬事之名。其事，則五霸所理也，桓、文，五霸之盛者，故舉之。其文，史記之文也。孔子自謂竊取之，以爲素王其事則齊桓、晉文，其文則史。孔子曰：『其義則丘竊取之矣。』」此三大國史記之異名。❶ 乘，

也。孔子人臣，不受君命，私作之，故言竊，亦聖人之謙辭爾。疏「孟子曰」至「竊取之矣」。正義曰：此

❶「異名」，按阮校：「宋本、孔本、韓本、《考文》古本作『名異』」。

章言時無所詠，《春秋》乃興，假史記之文，孔子正之，以匡邪也。「孟子曰王者之迹熄」至「丘竊取之矣」者，孟子言：自周之王者風化之迹熄滅而《詩》亡，歌詠於是乎衰亡。歌詠既以衰亡，然後《春秋》褒貶之書於是乎作。《春秋》其名有三，自晉國所記言之，則謂之《乘》，以其所載以田賦乘馬之事，故以因名爲《乘》也。自楚國所記而言之，則謂之《檮杌》，以其所載以記嚚凶之惡，故以因名爲《檮杌》也。自魯國所記而言之，則謂之《春秋》也。凡此雖曰異其名，然究其實則一也。言其霸，則齊桓、晉文爲五霸之盛者。故其所載之文，則魯史之文。而孔子自言之曰：其《春秋》之義，則丘私竊取之矣。蓋《春秋》以義斷之，則賞罰之意於是乎在，是天子之事也，故曰「其義則丘竊取之矣」。注云「乘爲乘馬之事，檮杌爲嚚凶之類」。正義曰：乘馬之事已詳，故不再述。云「檮杌嚚凶」者，案文公十八年《左傳》所謂渾敦、窮奇、檮杌、饕餮四凶，其言「檮杌」，乃曰顓頊氏有不才子，不可教訓，告之則頑，舍之則嚚，天下之民，謂之「檮杌」。杜預云：「檮杌，嚚凶無儔匹之貌也。」

孟子曰：「君子之澤，五世而斬。小人之澤，五世而斬。予未得爲孔子徒也，予私淑諸人也。」

澤者，滋潤之澤。大德大凶，流及後世，自高祖至玄孫，善惡之氣乃斷，故曰五世而斬。予，我也。我未得爲孔子門徒也。淑，善也。我私善之於賢人耳，蓋恨其不得學於大聖人也。

【疏】「孟子」至「諸人也」。

正義曰：此章言五世一體，上下通流，君子小人，斬各有時，孟子恨以不及仲尼也。「孟子曰：君子之澤」

至「予私淑諸人也」者，孟子言：君子小人雖有賢、不肖之異，然自禮服而推之，則皆五世而斷耳，以其親屬替之者焉。惟孔子有道德之澤，流於無窮，雖萬世亦莫不尊親者矣。孟子所言我未得爲孔子徒黨者矣，我但私有所善於己，未有以善諸人也。蓋孟子學孔子者也，然必於此乃言予未得爲孔子徒者，蓋亦公孫丑問「夫人既聖者乎」，則曰「夫聖孔子不居」之意也。孟子之志，又可知矣。斬，斷也。淑，善也。注云「自高祖至於玄孫」。正義曰：自高祖至玄孫者，凡有九等，高祖、曾祖、祖、父、己身、子、孫、曾孫、玄孫是也。今注乃以此證五世而斬者，據己身而推之，則上自高祖，至玄孫，是爲無服者矣。

孟子注疏解經卷第八下

趙氏注　孫奭疏

離婁章句下

孟子曰：「可以取，可以無取，取傷廉。可以與，可以無與，與傷惠。可以死，可以無死，死傷勇。」三者皆謂事可出入，不至違義，但傷此名，亦不陷於惡也。

疏「孟子曰」至「傷勇」。正義曰：此章言廉、勇、惠三者，人之高行也。「孟子曰」至「死傷勇」者，蓋言凡於所取之道可以取之則取之，故無傷害於爲廉。可以無取而乃取之，是爲傷害於廉也。又言凡所與之道，可以與之則與之，而不爲傷其惠。可以無與而乃與之，是爲傷害於惠也。又言凡於所死之道，可以死之則死，不爲傷害其勇。可以無死而乃死之，是爲傷害其勇也。如孟子受薛七十鎰，是可以取則取之也。❶求也爲聚斂而附益之，是可以無取而乃取之者也。孔子與原思之粟，是可以與則與之者也。冉子與子華之粟五秉，是可以無與而乃與之者也。比

---

❶「可」，原作「事」，據阮本改。

干諫而死,是可以死則死也。荀息不能格君心之非,而終遂以死許,是可以無死而乃死之也。

逢蒙學射於羿,盡羿之道,思天下惟羿爲愈己,於是殺羿。羿,有窮后羿。逢蒙,羿之家衆也。《春秋傳》曰:「羿將歸自田,家衆殺之。」孟子曰:「是亦羿有罪焉。」罪羿不擇人也,故以下喻之。公明儀曰:「宜若無罪焉。」曰:「薄乎云爾,惡得無罪?鄭人使子濯孺子侵衛,衛使庾公之斯追之。子濯孺子曰:『今日我疾作,不可以執弓,吾死矣夫。』鄭人使子濯孺子侵衛,衛使庾公之斯追孺子,鄭大夫。庾公,衛大夫。疾作,瘧疾。問其僕曰:『追我者誰也?』其僕曰:『庾公之斯也。』曰:『吾生矣。』孺子曰:吾必生矣。問其僕曰:『追我者誰也?』其僕曰:『庾公之斯,衛之善射者也。夫子曰吾生,何謂也?』曰:『庾公之斯學射於尹公之他,尹公之他學射於我。夫尹公之他,端人也,其取友必端矣。』端人,用心不邪辟。知我是其道本所出,必不害我也。庾公之斯至,曰:『夫子何爲不執弓?』曰:『今日我疾作,不可以執弓。』曰:『小人學射於尹公之他,尹公之他學射於夫子,我不忍以夫子之道反害夫子。雖然,今日之事,君事也,我不敢廢。』抽矢叩輪,去其金,發乘矢而後反。」乘,四也。而曰:我不敢廢君事,故叩輪去鏃,使不害人,乃以射孺子,禮射四發而去。乘,四也。如孺子之所言。《詩》云:「四矢反兮。」孟子言是以明羿之罪,假使如子濯孺子之得尹公之他而教之,何由有逢蒙之禍乎!

「逢蒙學射」至「乘矢而後反」。

正義曰：此章言求交取友，必得其人也。「逢蒙學射於羿，❶盡羿之道，思天下惟羿爲愈己，於是殺羿」，言逢蒙學射於后羿，既學盡后羿所射之道，乃思天下惟后羿所射有強於己，於是反妬之，而殺其后羿。「孟子曰：是亦羿有罪焉」，孟子復言：逢蒙所以殺其后羿，是后羿亦有可罪之道者焉。「公明儀曰：宜若無罪焉」，孟子引公明儀於往日嘗曰逢蒙殺羿，宜若羿無罪而見殺焉，又鄙之公明儀之言，曰：薄乎此言爾，安得謂之無罪焉？昔鄭國之君使子濯孺子爲大夫，以侵伐其衛國。衛君乃使大夫庾公之斯追捉其子濯，子濯乃曰：今日我癢疾發作，不可以執弓而敵之，我必死矣。遂問其御僕曰：衛之追趕我者是誰也？其御僕乃告之曰：衛大夫庾公之斯者也。子濯即曰：我得生矣，不能死我也。其御僕乃問：庾公之斯是衛國之最善射者也，而夫子乃曰吾生矣，是何之謂也？子濯與之御僕曰：庾公之斯學射於尹公之他，尹公之他學射於我，夫尹公之他，端正之人也，其所友亦必端正之人然後教其射矣。庾公之斯遂追至子濯之所，見子濯不執弓矢，乃問曰：夫子何爲不執弓以拒之。子濯告之曰：今日我癢疾發作，不可以執弓矣。庾公之斯乃自稱己爲小人，言小人學射於尹公之他，尹公之他學射於夫子，今不忍以夫子之道而反歸害其夫子矣。雖然，不忍害夫子，奈以今日所追之事，乃君命之事也，我亦不敢廢背其君命耳，遂不免抽取其矢，而敲之於車輪之上，乃去其鏃利而發射子濯，至發其四矢，然後乃反歸而不追之。蓋去鏃利，所以無害於濯耳。云乘矢者，乘，四矢也，蓋四馬爲一乘，是亦取其意也。

注「羿有窮」至「殺之」。

❶「學」，原無，據上經文及阮本補。

正義曰：羿有窮后羿者，説在《梁王》首篇詳矣。云「逢蒙，羿之家衆」至「殺之」者，案襄公四年《左傳》云：「將歸自田，家衆殺之而烹之，以食其子。子不忍食諸，死于窮門。」杜注云：「子，羿之子也，不忍食，又殺之國門。」注「孺子，鄭大夫。庚公，衛大夫。子不忍食諸，死于窮門。」❶ 正義曰：襄公十四年《左傳》云：「尹公他學射於庚公差，庚公差學射於公孫丁。二子追衛獻公，公孫丁御公。子曰：『射爲背師，不射爲戮，射爲禮乎？』射兩軥而還。尹公他曰：『子爲師，我則遠矣。』乃反之。公孫丁授公轡而射之，貫臂。」杜預曰：「子魚，庚公差。」然則孟子之言與此不同，是二説必有取一焉。

孟子曰：「西子蒙不潔，則人皆掩鼻而過之。西子，古之好女西施也。蒙不潔，以不潔汙巾帽而蒙其頭也。❷ 面雖好，以蒙不潔，人過之者皆自掩鼻，❸ 懼聞其臭也。」惡人，醜類者也。面雖醜而齋戒沐浴，自治潔淨，可以侍上帝之祀。言人當自治以仁義乃爲善也。「孟子」至「上帝」。正義曰：此章言貌好行惡，西子謂臭，醜人潔服，供事上帝。明當修飾，惟義爲常也。孟子言：西施之女，其貌雖好，然加之不潔巾帽而蒙其頭，則人見之亦必遮掩鼻而過之，更不顧

❶「門」，原爲空格，據阮本及《左傳》補。
❷「也」，閩、監、毛、阮本作「面」。
❸「自」按阮校：「廖本、孔本、韓本、《考文》古本無『自』字。」

也。如惡人雖曰至醜，然能齋戒沐浴，自潔淨其身，則亦可以供事上帝矣。孟子之意，蓋人能修潔其已，雖神猶享，而況於人乎？然知人修治其已，不可以已也。 注「西子，西施」。 正義曰：案《史記》云：西施，越之美女，越王勾踐以獻之吳王，夫差大幸之。❶每入市，人願見者，先輸金錢一文。是西施也。

孟子曰：「天下之言性也，則故而已矣。故者以利為本。言天下萬物之情性，當順其故，則利之也。 改戾其性，則失其利矣。❷若以杞柳為桮棬，非杞柳之性也。用智而妄穿鑿，不順物之性，而改道以養之。如智者若禹之行水也，則無惡於智矣。禹之行水也，行其所無事也。禹之用智，決江疏河，因水之性，因地之宜，引之就下，行其空虛無事之處。❸則為大智也。如智者亦行其所無事，則智亦大矣。所惡於智者，為其鑿也。惡人欲用智而妄穿鑿，不妄改作，但循理，若禹之行水於無事。天之高也，星辰之遠也，苟求其故，千歲之日至可坐而致也。」天雖高，星辰雖遠，誠能推求其故常，❹千歲

❶「大」，原作「之」，據阮本改。
❷「言天下」至「失其利矣」閩、監、毛、阮本作「今天下之言性則以故而已矣。以言其故者，以利為本耳。」
❸「但循理」至「無事」，按阮校：「廖本、孔本、韓本、《考文》古本作『作事循理若禹行水於無事之處』。」
❹「常」下，按阮校：「廖本、孔本、韓本、《考文》古本下有『之行』二字。」

日至之日可坐而致也。❶星辰，日月之會。致，至也。知其日至在何日也。

正義曰：此章言能修性守故，天道可知也。「孟子曰：天下之言性也，則故而已矣。故者以利爲本」至「可坐而致也」者，孟子言：今夫天下之人有言其性也者，非性之謂也，則事而已矣。蓋故者事也，如所謂故舊、無大故之故同意。以其人生之初，萬理已具於性矣，但由性而行，本乎自然，固不待於有爲則可也，是則爲性矣。今天下之人，皆以待於有爲爲性，是行其性也，非本乎自然而爲性者耳，是則爲事矣。事者必以利爲本，是人所行事必擇其利然後行之矣，故曰「所惡於智者，爲其鑿也」。我之所以有惡於智者，非謂其智也，爲其不本性之自然而爲智，但穿鑿逆其自然之性而行之也，故言如爲智矣。若禹之治水，則我無惡於爲智矣。以其大禹之治行其水也，但因水自然之性引而通之，是行其所無事者也，非逆其水性而行之也。若今之人爲智，但因性之自然而爲智，是亦行其無事耳，而其爲智亦大智者矣。此孟子於此以爲智之美，又非所謂惡之者也。且天之最高者也，星辰最遠者也，然而誠能但推求其故常，雖千歲之後，其日至之日，亦可坐而計之也。孟子於此以故爲美，所以又執是而言之耳，以其恐人不知已前所謂「則故而已矣」爲事之故，遂引天與星辰而言故常之故，於此爲美也。謂人之言性者，但本乎故常自然之性而爲性，不以妄自穿鑿改作爲美也。此所以明其前所謂故爲事故之故，終於此云故乃故常之故，於此爲美也。

❶「而致」，按阮校，廖本、孔本、韓本、《考文》古本作「知」。

之故,蓋故義亦訓常,所謂必循其故之故同。

「星辰,日月之會」。案孔安國《尚書傳》云:「星辰,日月所會也。」《書》云「辰弗集于房」是也。

公行子有子之喪。右師往弔,入門,有進而與右師言者,有就右師之位而與右師言者。公行子,齊之貴臣王驩,字子敖。公行之喪,齊卿大夫以君命會,各有位次,故下云朝廷也。與言者,皆詔於貴人也。孟子不與右師言,右師不悅,曰:「諸君子皆與驩言,孟子獨不與驩言,是簡驩也。」右師謂孟子簡其無德,故不與言,是以不悅也。孟子聞之曰:「禮,朝廷不歷位而相與言,不踰階而相揖也。我欲行禮,子敖以我為簡,不亦異乎?」孟子聞子敖之言,曰:我欲行禮,故不歷位而言,反以我為簡易也。云以禮者,心惡子敖,而外順其辭也。

疏「公行子」至「不亦異乎」。

正義曰:此章言循理而動,不合時人也。「公行子有子之喪。右師往弔,入門,有進而與右師言者」,公行子,齊國之大夫,喪其子,王驩字子敖者,公行子家而弔慰,入公行之門,其間有進揖而與右師王驩言者,又有就右師之位所而與王驩言者。「孟子不與之言」至「不亦異乎」者,言孟子獨不與右師言。右師見孟子不與之言,曰:諸君子之衆賢皆與我言,獨孟子不與我言,是孟子簡略不禮於我也。孟子聞王驩此言,乃告之曰:不與右師言者,乃是禮然也。言,獨孟子不與我言,是孟子簡略不禮於我也。孟子聞王驩此言,乃告之曰:不與右師言者,乃是禮然也。子敖今以我為簡

簡略而爲不禮，是其言不亦乖異於禮乎！注「右師，齊之貴臣」。正義曰：古者天子之卿，尊者謂之太師，卑者謂之少師。諸侯之卿，尊者謂之左師，卑者謂之右師故也。

孟子曰：「君子所以異於人者，以其存心也。君子以仁存心，以禮存心。仁者愛人，有禮者敬人。愛人者人恒愛之，敬人者人恒敬之。存，在也。君子之在心者，仁與禮也。愛敬施行於人，人必反報之於己也。有人於此，其待我以橫逆，則君子必自反也：『我必不仁也，必無禮也，此物奚宜至哉？』橫逆者，以暴虐之道來加我也。君子反自思省，謂己仁、禮不至也。物，事也，推此人何爲以此事來加我。其自反而仁矣，自反而有禮矣，其橫逆由是也，君子必自反也：『我必不忠。』君子自謂我必不忠。其自反而忠矣，其橫逆由是也，君子曰：『此亦妄人也已矣。如此，則與禽獸奚擇哉？於禽獸又何難焉？』妄人，妄作之人。無知者與禽獸何擇異也？無異於禽獸，又何足難也？是故君子有終身之憂，無一朝之患也。乃若所憂則有之：舜，人也；我，亦人也。舜爲法於天下，可傳於後世，我由未免鄉人也，是則可憂也。憂之當如何乎？如舜而後可，故終身憂也。如舜而已矣。君子之行，本自不致患，常行仁禮，如有一朝橫來之患，非己愆也。故君子歸天，不以爲患也。

疏「孟子曰」至「君子不患矣」。正義曰：此章言君子貴己，

小人不改，比之禽獸，故不足難也，蹈仁行禮，不患其患也。「孟子曰：君子所以異於人者」至「人恒敬之」者，孟子言：君子之人所以有別於衆人者，以其存心與衆人別也。以仁存乎心者，是愛人者也。有禮存乎心者，是敬人者也。愛人者，人亦常愛之。敬人者，人亦常敬之。蓋人所以亦常愛敬之者，抑以施報自然之道也。「有人於此」至「又何難焉」，孟子又託言，今有人在此其待我者，皆以橫逆暴虐之道而待我，則爲君子者，必自反責於己也，以其是我必不仁，又無禮也，此所以待我橫逆，故曰「此物奚宜至哉」。言此人何爲以此橫逆加我哉？是必於我有不仁之心，有無禮之行，此人所以如是而加我也。其自反而有禮矣，自反而有禮矣，其橫逆加我者，其橫逆加我者，由此，君子之人，又必自反責其己以爲是我必有不忠之心矣。自反既以有忠，其橫逆加我者又由此，君子之人乃曰：此人以橫逆暴虐之道加我，是必妄人矣。如此爲妄人矣，則與禽獸奚擇有異哉？既爲禽獸，於我又何足責難焉？此君子之人又自歸己，而不譴彼之罪矣。「是故君子有終身之憂」至「君子不患矣」者，孟子言如此，是故君子有終身之憂慮，而無一朝之患難。乃若君子有所憂者，是亦不爲無焉，然而有憂者，但憂慮而爲舜帝亦一人也，我亦一人也，舜帝既爲法於天下，可傳之於後世，可傳於後世而止矣。而我猶尚未免爲鄉俗之人，此則君子可憂也。然則君子其於有所患則無矣，是如之何憂？言憂但慕如舜爲法，可傳於後世而已。無它，以其非己之有過而招之，是如之何憂？言憂但慕如舜爲法，可傳於後世而止矣。前所謂橫逆待我，是必妄人也，己於禽獸又何足難焉，正此之謂也。孟子言之，是亦欲人以仁、禮存心，其有橫逆加己，又當反己，故無患及耳。

禹、稷當平世，三過其門而不入。孔子賢之。顏子當亂世，居於陋巷，一簞食，一瓢飲，人不堪其憂，顏子不改其樂。孔子賢之。孟子曰：「禹、稷、顏回同道。禹思天下有溺者，由己溺之也；稷思天下有饑者，由己饑之也，是以如是其急也。禹、稷、顏子，易地則皆然。❶當亂世，安陋巷者，不用於世，窮而樂道者也。❷不在其位，故勞佚異。今有同室之人鬭者，救之，雖被髮纓冠而救之可也。鄉鄰有鬭者，被髮纓冠而往救之，則惑也，雖閉户可也。」纓冠者，以冠纓貫頭也。鄉鄰，同鄉也。同室相救，是其理也，喻禹、稷。走赴鄉鄰，非其事，顏子所以閉户而高枕也。❸

疏 「禹稷當平世」至「可也」。 正義曰：❹此章言顏子之心，有同禹、稷者也。「禹稷當平世」至「易地則皆然」者，孟子言：大禹與后稷皆當平治之世，急於爲民，三過家門而不入其室，孔子皆以爲賢，故尊賢之。顏淵當危亂之世，不得其用，居處於隘陋之巷，但以一簞盛其食，一瓢盛其飲而飲食之，時人皆不堪忍此之憂，顏淵獨樂於道而不改此憂，孔子亦以爲賢。孟子乃至於

❶ 「急」，閩、監、毛、阮本作「者」。
❷ 「亦」，閩、監、毛、阮本作「皆」。
❸ 「閣」，閩、監、毛、阮本作「閉」。
❹ 「正」，原作「王」，據阮本改。

卷第八下　離婁章句下

三二九

此，乃自曰：禹、稷、顏回三人，其道則同耳。以其大禹於是時思念天下有因洪水而沉溺也，后稷於是時思念天下有因水土未平而被饑餓之者，亦如己被其饑餓也，是以三過家門而不入其室，而爲民如是之急也。謂顏子在禹、稷之世，亦能如禹、稷如是爲民之急，禹、稷在顏子之世，亦能不改其樂，是則爲同道者也。若其有異，但時之一平一亂矣。「今有同室之人」至「可也」者，孟子又以此言比喻之，謂禹、稷爲民如是之急，若今有同室之人有鬭爭者，救勸之者雖被髮而纓冠而救勸之可也，無它，以其人情於同居，是爲親者也，如有鬭爭而不救勸之，是疎其親也。禹、稷當平世，既達而在上，亦急於爲民也；如不急於民，是在上位而不恤民者也。孟子固以同室之人救勸爲喻。顏子當危亂之世，既窮而不得用，雖閉戶而勿救之可也，無它，以其鄉鄰於己爲疎，非親也，如往救之，是親其疎矣。孟子故以鄉鄰之人不救爲喻。由此推之，則孟子爲禹、稷、顏同道之謂也❶是其不誣於後世也。南宮括曰「禹、稷躬稼而有天下」，子曰「君子哉若人，尚德哉若人」，以此觀之，孔子美南宮括之此二人者如此，是知孔子有賢於禹、稷也，抑亦是孔子賢稷之謂也。然而「三過其門」則主乎禹，今孟子則兼稷言之，何也？曰：孔子言躬稼，其亦主於稷而乃兼禹言之，以禹之治水，非暨稷之播殖則無以奏艱食，

❶「爲」，按盧宣旬補校：「監、毛本並作『謂』，是也。」

非得禹之平水土則無以爲躬稼，是二者未嘗不相待爲用耳。孔孟交言之，是亦一道也。蓋躬稼而有天下，雖出乎南宮括之言，然孔子美之者，亦孔子之言也，故云孔子言也。

公都子曰：「匡章，通國皆稱不孝焉，夫子與之遊，又從而禮貌之，敢問何也？」匡章，齊人也，一國皆稱不孝，問孟子何爲與之遊，又禮之以顏色喜悅之貌也？孟子曰：「世俗所謂不孝者五：惰其四支，不顧父母之養，一不孝也；博弈好飲酒，不顧父母之養，二不孝也；好貨財，私妻子，不顧父母之養，三不孝也；從耳目之欲，以爲父母戮，四不孝也；好勇鬬很，以危父母，五不孝也。章子有一於是乎？惰懈不作，極耳目之欲以陷罪，戮及父母。凡此五者，人所謂不孝之行。章子豈有一事於是五不孝中也？遇，得也。章子父親教，相責以善，不能相得，父逐之也。夫章子，子父責善而不相遇也。責善，朋友之道也。父子責善，賊恩之大者。章子子父相責以善，賊恩之大者也。夫章子豈不欲有夫妻子母之屬哉？爲得罪於父，不得近出妻屏子，終身不養焉。夫章子豈不欲身有夫妻之配，子有子母之屬哉？但以身得罪於父，不得近父，故出去其妻，屏遠其子，終身不爲妻子所養也。其設心以爲不若是，是則罪之大者。是則章子已矣。」章子張設其心，執持此屏出妻子之意，❶以爲得罪於父，而不若是以自責罰，是則罪益大矣。是章

❶ 「出」，閩、監、毛、阮本無此字。

子之行已矣，何爲不可與言。」

疏 「公都子曰」至「則章子而已矣」。

正義曰：此章言匡章得罪，出妻屏子，上不得養，下以責己，眾人以爲不孝，孟子以爲禮貌之者也。「公都子曰」至「敢問何也」者，公都子謂孟子曰：匡章通國人皆稱爲不孝焉，夫子乃與之遊，又從而敬悦之，敢問夫子是如之何？「孟子曰：世俗所謂不孝者五」至「於是乎」，孟子答公都子曰：世俗之人所謂爲不孝之行有五，怠惰其四支，不作事業，而不顧父母之所養，爲一不孝也。博弈好飲酒，而不顧父母之所養，爲二不孝也。好貨財，私愛妻子，而不顧父母之所養，爲三不孝也。縱其耳目之所慾，陷於其罪，以辱及父母，是四不孝也。好勇暴，好爭鬭，好頑很，以驚危父母，是五不孝也。章子豈有一事於此五不孝乎？「夫章子，子父責善而不相遇也。」責善，朋友之道也，父子責善，賊恩之大者」，孟子言：章子但失於父子責善不相遇也。不遇者，是不相得也。其所以相責於善，乃朋友切磋琢磨之道也。如父子相責善，是賊害其父子之恩大者矣。「夫章子豈不欲有夫妻子母之屬哉」至「是則章子而已矣」，孟子又言：夫章子與父子不相遇而離之，豈以章子不欲有夫妻子母之爲哉？爲其得罪於父，不得近焉，故用出去其妻，屏逐其子，終身不爲妻子所養也。是則章子如或開設於心爲不若是，故出妻屏子，是陷父於不義之罪者矣，宜孟子與之遊，過於厚者矣，章子之過，過於厚者矣，宜孟子與之遊，又從而禮貌之行以此而已，我何可絶而不與之邪？以此論之，則章子之行以此而已，我何可絶而不與之邪？《孝經》云：「父有爭，而則身不陷於不義。」蓋謂不顧父母之養者，是有逆於父母，而不順父母之意耳。

❶ 「而」，按阮校：「閩、監、毛三本『而』改『子』，是也。」❶

《禮》云：「與其得罪於州閭鄉黨，寧熟諫。」然則父有不義，雖熟諫以爭之可也，又安可以朋友責善施於父子之間哉？故章子所以離之，遂用出妻屏子，爲其父有不義而不可言耳。

曾子居武城，有越寇。或曰：「寇至，盍去諸？」曰：「無寓人於我室，❶毀傷其薪木。」寇退，則曰：「脩我牆屋，我將反。」寇退，曾子反。左右曰：「待先生如此其忠且敬也，寇至則先去以爲民望，寇退則反，殆於不可。」左右相與非議曾子者，言武城邑大夫敬曾子，武城人爲曾子忠謀，勸使避寇，君臣忠敬如此，而先生寇至則先去，使百姓瞻望而効之，寇退安寧則復來還，殆不可如是。怪曾子何以行之也。沈猶行曰：「是非汝所知也。昔沈猶有負芻之禍，從先生者七十人，未有與焉。」沈猶行，曾子弟子也。往者先生嘗從門徒七十人，舍吾沈猶氏，時有作亂者曰負芻，來攻沈猶氏，先生率弟子去之，不與其難。言賓師不與臣同耳。子思居於衞，有齊寇。或曰：「寇至，盍去諸？」子思曰：「如伋去，君誰與守？」伋，子思名也。子思欲助衞君赴難。孟

寇方至，何不去之？寓，寄也。曾子欲去，戒其守人曰：「無寄人於我室，恐其傷我薪草樹木也。寇退，則曰：治牆屋之壞者，我將來反。寇退，曾子反。

❶「我」，原脫，據下疏文及阮本補。

卷第八下　離婁章句下

三三三

子曰：「曾子、子思同道。曾子，師也，父兄也。子思，臣也，微也。曾子、子思，易地則皆然。」孟子以爲二人同道。曾子爲武城人作師，則其父兄，故去留無毀。子思，微少也，又爲臣，委質爲臣當死難，故不去也。子思與曾子，易地皆然。

疏 「曾子居武城」至「易地則皆然」。正義曰：此章言曾子、子思處義非謬者也。「曾子居武城，有越寇」至「或曰：寇至，盍去諸」者，孟子言：曾子嘗居於武城之邑，有南越寇賊興，或人告之曰：寇賊來，何不去之？「曰：無寓人於我室，毀傷其薪木。寇退，則曰：脩我牆屋，我將反」者，言曾子欲去，乃戒其所守之人，曰：無寓人於我此室，而毀傷我薪木。寇賊既退，則曰：修我牆屋，我將反居此。「寇退，曾子反，左右曰：待先生如此其忠且敬也」至「殆於不可」者，言寇賊已退，曾子於是乎反居此也，左右之大夫皆曰：待先生如此其忠而不敢慢也，❷寇賊至則先去，以使民瞻望而効之。寇退平靜，則反其居，殆不可如是也。「猶行曰」至「未有與焉」者，言沈猶行答左右之人曰：先生之去，非汝所能知者也。往日沈猶有寇賊，自負其芻草來攻我室，隨從先生者有七十人，言曾子率弟子而去之，故未有與及此難也，故得免其禍焉。先生，曾子也。「子思居於衛，有齊寇」至「君誰與守」者，孟子又言：子思居於衛邑，有齊國之寇賊興，或人告之曰：寇賊來，何不去之。子思乃自稱名，答或人曰：如使伋見其寇賊至則去之，衛君則誰與爲守護。伋，子思名也。「孟子曰：曾子、子思同道」至「易地則皆然」，孟子引至於此，乃曰：

---

❶ 「去」，原作「云」，據阮本改。
❷ 「生」，原作「王」，據阮本改。下一「先生」同。

曾子、子思二人其道則同也。以其曾子居於武城，則師之道也，如人之父兄也，則去留人不可毀，無它，其以無所拘也。子思居於衛，則臣之道也，其勢則微小也，當赴君之難，不可去也，無它，以其有所拘也。雖然，二人如更易其地，則皆能如是也。謂子思居於曾子之所而爲之師，亦未必不能如曾子居於子思之所而爲之臣，亦未必不能如子思赴君之難而不去也。故曰「曾子、子思同道」。案《史記‧弟子傳》：「曾子名參，字子輿，武城人。少孔子四十六歲，孔子以爲能通孝道，故授之業，作《孝經》，死於魯國。」年六十二，嘗困於宋。子思作《中庸》，没於衛。」

注「伋，子思名也」。

正義曰：案《史記‧孔子世家》云：「子思名伋，字子思，伯魚之子，孔子之孫也。

儲子曰：「王使人瞷夫子，果有以異於人乎？」儲子，齊人也。瞷，視也。果，能也。謂孟子曰：王言賢者身貌必當有異，故使人視夫子能有異於衆人之容乎？孟子曰：「何以異於人哉！堯舜**與人同耳。**」人生同受法於天地之形，我當何以異於人？且堯舜之貌與凡人同耳。其所以異，乃以仁義之道，在於內也。

疏「儲子」至「同耳」。正義曰：此章言人以道殊，賢愚體別也。儲子謂孟子曰：齊王使人視夫子能有以異於衆人乎？以其齊王必謂孟子之賢，貌狀須有異於人也。孟子答之曰：我何以有別異於衆人哉？雖堯舜之盛帝亦與人同其貌狀耳。但其所以有異於衆人者，特以仁義之道與人異耳。孟子言此，則知齊王是爲不達者也。蓋古之人善觀人者，不索人於形骸之外，而索之於形骸之內。今齊王乃索孟子於形骸之外，宜其過也。

注「儲子，齊人也」。正義曰：蓋亦因經而爲言之也，故孟子仕於齊，今

齊人有一妻一妾而處室者。其良人出，則必饜酒肉而後反。其妻問所與飲食者，則盡富貴也。良人，夫也。盡富貴者，夫詐言其姓名也。問其與飲食者，盡富貴也，而未嘗有顯者來。吾將瞷良人之所之也。妻疑其詐，故欲視其所之。蚤起，施從良人之所之，徧國中無與立談者。卒之東郭墦間，之祭者，乞其餘。不足，又顧而之他。此其為饜足之道也。施者，邪施而行，不欲使良人覺也。墦間，郭外冢間也。乞其祭者所餘酒肉也。其妻歸，告其妾曰：「良人者，所仰望而終身也，今若此！」與其妾訕其良人，而相泣於中庭。妻妾於中庭悲傷其良人，相對涕泣而謗毀之。而良人未之知也，施施從外來，驕其妻妾。施從之扁者，❶喜悦之貌。以為妻妾不知，如故驕之也。由君子觀之，則人之所求富貴利達者，其妻妾不羞也而不相泣者，幾希矣。由，用也。用君子之道觀之，今求富貴者，皆以枉曲之道，昏夜乞哀而求之，以驕人於白日。此良人為妻妾所羞為而泣傷也。❷幾希者，言今苟求富貴，妻妾雖不羞泣

此乃曰王使人來者，是知為齊人。

❶「施從之扁者」，阮本作「施施猶扁扁」。
❷「此良人」至「傷也」，阮本無下「為」字。按阮校，閩、監、毛三本同阮本，廖本、孔本、韓本、《考文》古本「此」上有「由」字，「而」作「所」。

者，與此良人妻妾何異也？

一妻一妾」至「幾希矣」者，孟子託此以譏時人苟貪富貴而驕人者也，言齊國中人有一妻一妾者，而居處於室，其良人出外，則必饜飽酒肉而後歸。其妻問所與飲食酒肉者，良人則盡以爲富貴者與之也。其妻遂告其妾曰：良人出門則必饜飽酒肉而後歸，問其所與者，良人皆以爲富貴者與之也，而未嘗見有富貴顯達者來家中，我將視其良人所往。妻疑之，故欲視其良人所往也。明日蚤起，乃邪施其身，微從良人之所往，徧盡一國之中，無有與良人立談話者，終往齊國東郭之處，有冢間之祭者，良人乃就乞其餘祭之酒肉，不飽饜，又顧視而求之於他人，以此遂爲饜足之道。其妻乃先歸告其妾，曰：良人者，所仰望而終身者也，今乃若此而乞之祭者爲饜足。遂與其妾非訕良人，而相對涕泣於中庭之間，而良人未之知其妻妾非訕其已，又施施然喜悦從外來，歸復驕泰其妻妾。孟子引至此，乃曰：由此齊人觀之，則今之人所以謟求富貴利達者，其妻與妾而不羞恥，不相對涕泣於中庭者幾希矣。言其少也，皆若此齊人耳。蓋孟子之言，每每及此者，所以救時之弊，不得不如是矣。

疏「齊人」至「幾希矣」。

正義曰：此章言小人苟得，妻妾猶羞也。「齊人有

孟子注疏解經卷第九上

孫奭疏

萬章章句上 凡九章

趙氏注萬章者，萬，姓；章，名。孟子弟子也。萬章問舜孝，猶《論語》顏淵問仁，因以題其篇也。

疏 正義曰：前篇論離婁之明，此篇論萬章問孝，蓋以明者當明其行，而行莫大於為孝。今萬章問孝，故以「萬章」為此篇之題，以次於前篇矣。此篇凡十八章，趙氏分為上下卷。據此上卷，凡有九章而已。一章言孝為百行之本，無物以先之，雖富有天下，而不能取悅其父母也。二章言仁聖所存者大，舍小從大，達權之義，不告而娶，守正道也。三章言仁人之心。四章言孝莫大於嚴父，行莫大於蒸蒸。五章言德合於天，

則天爵歸之，行歸於仁，則天下與之。六章言義於人則四海宅心，❶守正不足，則聖位莫保者也。七章言賢達之理世務，推政以濟時物，守己直行，不枉道以取容。八章言君子大居正位，以禮進退，屈伸達節，不違貞信。九章言君子時行則行，時舍則舍，故能顯君明道，不爲苟合。其餘九章，分在下卷，各有説焉。注「萬章」至「篇也」。　正義曰：萬章，孟子弟子，已説在敘段。云《論語》顏淵問仁」者，蓋《論語》第十二篇，首顏淵問爲仁，孔子曰：「克己復禮爲仁。」因以「顏淵」目其篇，蓋其文也。《孟子》於此則而象之爾。

萬章問曰：「舜往于田，號泣于旻天，何爲其號泣也？」謂耕于歷山之時。❷孟子曰：「怨慕也。」言舜自怨遭父母見惡之厄而思慕也。萬章曰：「父母愛之，喜而不忘。父母惡之，勞而不怨，然則舜怨乎？」言孝法當不怨，❸如是舜何故。曰：「長息問於公明高曰：『舜往于田，則吾既得聞命矣。號泣于旻天，于父母，則吾不知也。』公明高曰：『是非爾所知也。」長息，公明高弟子。公明高，曾子弟子。旻天，秋天也。幽陰氣也，故訴于旻天。高非息之問

❶「人」，原作「莫」，據阮本改。
❷「時」下，閩、監、毛、阮本有「然也」二字。
❸「怨」，原脱，據阮本補。

卷第九上　萬章章句上

三三九

不得其義，故曰非爾所知。❶夫公明高以孝子之心爲不若是恝。恝，無愁之貌。孟子以萬章之問，難自距之，故爲言高、息之相對如此。夫公明高以爲孝子不得意於父母，自當怨悲，豈可恝恝然無憂哉？因以萬章具陳其意耳。❷『我竭力耕田，共爲子職而已矣。父母之不我愛，於我何哉？』我共人子之事，而父母不我愛，於我之身獨有何罪哉？自求責於己而悲感焉。堯使九子事舜以爲師，以二女妻舜，百官致牛羊倉廩，備具饌禮，以奉事舜於畎畝之中。《堯典》曰「釐降二女」，不見九男。孟子時，《尚書》凡百二十篇，逸《書》有《舜典》之敘，亡失其文。孟子諸所言舜事，皆《堯典》及逸《書》所載。❸獨丹朱以胤嗣之子，臣下以距堯求禪，其餘八庶無事，故不見於《堯典》。猶晉獻公之子九人，五人以事見於《春秋》，其餘四子亦不復見於經。天下之士多就之者，帝將胥天下而遷之焉。爲不順於

❶「知」下，閩、監、毛、阮本有「也已」二字。

❷「以」，按阮校：「廖本、孔本、韓本、《考文》古本作『爲』。」

❸「堯典及」，按阮校：「案段玉裁《尚書撰異》曰：此『堯典』字乃『舜典』之誤，『及』字衍，傳寫之失也。此章及『不告而娶』章及『原原而來』數語及『祗載見瞽瞍』數語，皆當是《舜典》中語，蓋舜登庸以後事全見於《堯典》，而登庸前及家庭事乃在《舜典》也。此注上文云『逸《書》有《舜典》之敘，亡失其文』，則此正當作『孟子所言諸事，皆《舜典》、逸《書》所載』，謂亡失文中語也。『舜』既譌『堯』，淺人乃又妄沾『及』字。」

父母，如窮人無所歸。天下之善士多就舜而悦之。胥，須也。堯須天下悉治，將遷位而禪之。順，愛也。爲不愛於父母，其爲憂愁，若困窮之人無所歸往也。天下之士悦之，人之所欲也，欲，貪也。而不足以解憂。好色，人之所欲，妻帝之二女，而不足以解憂。貴，人之所欲，貴爲天子，而不足以解憂。富，人之所欲，富有天下，而不足以解憂。人悦之、好色、富、貴，無足以解憂者，惟順於父母可以解憂。言爲人所悦，將見禪爲天子，皆不足以解憂，獨見愛於父母爲可以解己之憂。人少則慕父母，知好色則慕少艾，有妻子則慕妻子，仕則慕君，不得於君則熱中。慕，思慕也。人少，年少也。艾，美好也。不得於君，失意於君也。熱中，心熱恐懼也。是乃人之情。大孝終身慕父母，五十而慕者，予於大舜見之矣。」大孝之人，終身慕父母。若老萊子七十而慕，衣五綵之衣，爲嬰兒匍匐於父母前也。

〔疏〕「萬章問舜往于田」至「予於大舜見之矣」。○正義曰：此章言夫孝，百行之本，無物以先之，雖富有天下，而不能取悦於父母也。「萬章問曰：舜往于田，號泣于旻天，何爲其號泣也」者，萬章問孟子，謂舜往耕于田，乃號泣于旻天，是何爲而號泣於此也？旻天，秋天之號也，以其情主乎憫也。《爾雅》曰「秋日旻

我於大舜見五十而尚慕父母。《書》曰：「舜生三十徵庸，三十在位。」❶ 在位時尚慕，故言五十也。

❶「三十在位」之「三」，按阮校：「閩、監、毛三本作『五』，《考文》古本作『二』。」據阮校引段玉裁考證，作「二」者是。

天」是也。「孟子曰：怨慕也」，孟子答之曰：舜所以號泣于田者，自怨遭父母之惡而思慕之也。「萬章曰：父母愛之」至「怨乎」，萬章又曰：父母以慈愛愛息其子，子則當喜悅而不敢忘其父母之所愛；父母惡之，其子亦當勤勞奉事之而不可怨恨父母。今舜若是，則舜誠有怨恨父母乎？「曰：長息問於公明高」至「是非爾所能也」，孟子難以自爲言拒之，乃託以長息問公明高之言而答也。言長息嘗問公明高曰：舜往于田，則我既以得聞教命矣，號泣于旻天，則我不能知也，故問之。「夫公明高以孝子之心爲不若是恝」至「於我何哉」者，孟子又言：夫公明高以謂孝子之心，有不得意於父母，爲不若此恝恝然而無憂也，以其有不得父母意，故有是怨。其舜必謂我竭盡其力而耕作田業，以供爲子之事，以奉養父母，而父母今反不我愛恤，誠於我有何罪哉？故自求責於己，而號泣怨慕也。「帝使其子九男與二女，❶兼百官及牛羊倉廩皆備具，以事舜於畎畝之中。天下之善士多就歸舜而悅之者，言舜堯帝使其九男與二女，❶兼百官及牛羊倉廩皆備具，以事舜於畎畝之中。天下之善士多就歸舜而悅之者，言舜堯帝使其九男與二女，❶兼百官及牛羊倉廩皆備具，以事舜於畎畝之中。天下之善士多就歸舜而悅之者，言舜堯帝又將須以天下而遷位讓之，是人之所皆欲者也，而尚不足以解舜之憂。好色之女，是人之所皆欲者也，妻以堯帝之二女，而尚亦不足以解舜之憂。富是人之所皆欲者也，而堯以百官牛羊倉廩備以事之，而尚亦不足以解舜之憂。貴是人之所皆欲者也，而堯將以天下遷之而讓之而爲天子，尚亦更不足以解其憂。凡以人悅之、好色、富、貴此

❶「舜」，按阮校：「監、毛本無『舜』字。」

數者，皆無足以解舜之憂，惟得於父母然後可以解憂。夫人少小之時則知思慕父母，及長知好其女色則思慕其少艾，有妻子則思慕其妻子，如不得遇於君，則熱中心而恐懼之也，是則人之常情如此。如爲大孝者，則終身思慕父母而不忘也。然則孟子言至於五十之歲者而思慕父母而不敢忘者，我於大舜見之矣。故歷以此答其萬章之問。

注「耕于歷山」。

正義曰：上卷首章已說詳矣。

注「堯也」至「不復見」。

正義曰：云《堯典》曰釐降二女，不見九男。案《尚書·堯典》：「惟丹朱胤嗣之子，臣下以距堯求禪，其餘八庶無事，故不見」。二女，即娥皇、女英是也。《益稷》云：「無若丹朱傲。」孔注云：「丹朱，堯之子，但見丹朱一人矣。其餘八子亦未詳，以其經傳無見焉。云如晉獻公九人，以事見於《春秋》，餘四子亦不復見者。❶按魯莊公二十八年《左傳》云：晉獻公娶于賈，無子。烝於齊姜，生秦穆夫人及太子申生。又娶二女於戎，大戎生重耳，小戎子生夷吾。凡此九人，但見其五，即此五人是也。云獻公有九人，按《史記》世家云「獻公有子九人而太子申生、重耳、夷吾皆有賢行」，以此則獻公有子九人而已。其餘四者，亦以經傳無見焉。

正義曰：云「少，年少也。艾，美好也」者，蓋世之傳《孟子》者，以少女爲少艾也。按《說文》云：「艾，老也，長也。」又按《禮記》云：「五十曰艾。」是則艾誠老長之稱也，謂之少，又安可乎？是則云「艾，美好也」

❶「不」，監、毛本作「無」。

者，又不知何據爲之誤也。殆亦未可知。　注「老萊子七十而慕」至「《書》曰：『舜生三十徵庸，三十在位』」。

正義曰：云老萊子者，按《高士傳》云：「老萊子，楚人，少以孝行，養親極甘脆，年七十，父母猶存，萊子服荊蘭之衣，爲嬰兒戲親前，言不稱老，爲親取食上堂，足跌而偃，因爲嬰兒啼，❶誠至發中。楚室方亂，乃隱耕於蒙山之陽，著書號《萊子》，莫知所終。」又云老萊著五綵五色班襴之衣，出《列女傳》，文今不載。

萬章問曰：「《詩》云：『娶妻如之何？必告父母。』信斯言也，宜莫如舜。舜之不告而娶，何也？」《詩》《齊風・南山》之篇。❷言娶妻之禮，必告父母。舜合信此詩之言，何爲違禮，不告而娶也？　孟子曰：「告則不得娶。男女居室，人之大倫也。如告，則廢人之大倫，以懟父母，是以不告也。」舜父頑母嚚，常欲害舜。告則不聽其娶，是廢人之大倫，以怨懟於父母也。　萬章曰：「舜之不告而娶，則吾既得聞命矣。帝之妻舜而不告，何也？」禮，娶須五禮，父母先答以辭，是相告也。帝，謂堯。何不告舜父母。❸曰：「帝亦知告焉則不得妻也。」帝堯知舜大孝，父母止之，舜不敢違，則不得妻之，故亦不告也。　萬章曰：「父母使舜完廩，捐階，瞽瞍焚廩。使浚井，出，從而揜之。

---

❶ 「因」，原作「困」，據阮本改。
❷ 「齊風」，按阮校：「宋本、孔本、足利本『風』上有『國』字，韓本、《考文》古本『風』作『國』。」
❸ 「何」上，按阮校，當有「堯」字。

完，治。廩，倉。階，梯也。使舜登廩屋，而捐去其階，焚燒其廩也。一說捐階，舜即旋從階下，瞽瞍不知舜即出，從而蓋撗其井，以爲舜死矣。象曰：「謨蓋都君，咸我績。」象，舜異母弟也。謨，謀。蓋，覆也。都，於也。君，舜也。績，功也。象言謀覆於君而殺之者，皆我之功。欲與父母分舜之有，取其善者，故引爲已之功也。牛羊，父母；倉廩，父母。欲以牛羊、倉廩與其父母。干戈，朕；琴，朕；弤，朕；二嫂，使治朕棲。」干，楯。戈，戟也。琴，舜所彈五絃琴也。弤，彫弓也。天子曰彫弓，堯禪舜天下，故賜之彫弓也。棲，牀也。二嫂，娥皇、女英。使治牀，欲以爲妻也。象往入舜宮，舜在牀琴，象曰：「鬱陶思君爾。」忸怩。象見舜生，在牀鼓琴，愕然，反辭曰：我鬱陶思君，故來。爾，辭也。忸怩而慚，是其情也。舜曰：「惟茲臣庶，汝其于予治。」茲，此也。象素憎舜，不至其宮也，故舜見來而喜曰：惟念此臣衆，汝故助我治事。不識舜不知象之將殺已與？」萬章言我不知舜不知象之將殺己與？何爲好言順辭以答象也。曰：「奚而不知也？象憂亦憂，象喜亦喜。」奚，何也。孟子曰：舜何爲不知象惡已也？仁人愛其弟，憂喜隨之。象方言思君，故以順辭答之。曰：「然則舜僞喜者與？」詐僞也。萬章言如是則爲舜行至誠，而詐喜以悦人矣。曰：「否。昔者有饋生魚於鄭子産，子産使校人畜之池。校人烹之，反命曰：『始舍之，圉圉焉，少則洋洋焉，攸然而逝』。子産曰：『得其所哉，得其所哉！』孟子言否，云舜不詐喜也。因爲説子産以喻之。子産，鄭子國之子公孫僑，大賢人也。校人，主池沼小吏也。圉

圉，魚在水羸劣之貌。洋洋，舒緩搖尾之貌。攸然，迅走水趣深處也。❶故曰得其所哉。重言之者，嘉得魚之志也。校人出，曰：「孰謂子產智？予既烹而食之，曰：『得其所哉，得其所哉。』故君子可欺以其方，難罔以非其道。彼以愛兄之道來，故誠信而喜之，奚僞焉？」方，類也。君子可以事類欺，故予產不知校人之食其魚。象以其愛兄之道來向舜，❷是亦其類也。

疏 「萬章問曰」至「奚僞焉」。 正義曰：此章言仁聖所存者大，舍小從大，達權之義，不告而娶，守正道也。「萬章問曰」至「何也」者，萬章問孟子，言《齊風·南山》之詩有云「娶妻如之何，必告父母」，如信此詩之言，宜莫如舜信之，今舜乃不告父母而娶，是如之何也？「孟子曰」至「是以不告也」，孟子答之曰：舜如告父母，則不得娶之也，男女居室，是人之大倫者也，如告之，則舜必不得娶也，不得娶，是廢人之大倫，以致怨懟於父母也。是以舜爲此所以不告父母而娶也。「萬章曰」至「不知象之將殺己與」，萬章又問孟子，言舜之不告而娶，則我既已得聞教命矣，然堯帝而以二女妻於舜，而不告舜父母，是如之何？故以此問之。「曰：帝亦知告焉不得妻也」，孟子又答之曰：帝堯亦知告舜父母，則舜父母止之，則不得以女嫁人謂之妻也。「萬章曰」至「不知象之將殺己與」，萬章又問孟子，言舜之父母使舜完治倉廩，舜既登倉廩，即捐梯而

❶ 「水趣」，按阮校：「閩、監、毛三本『水趣』倒。」
❷ 「道」，按阮校：「岳本、孔本、韓本、足利本作『言』。」「向」，阮本作「問」，但阮校出文作「向」，云「閩、監、毛三本『向』誤『問』。」

下，瞽瞍不知已下，乃焚廩，欲因此以燒殺其舜。又使舜深浚其井，舜既浚井，即反出之，瞽瞍不知已出，又欲從而掩之，以溺殺其舜。其舜有弟名象，乃曰：謀揜蓋而殺都君者，皆我之功也。都君，即象稱舜也。然謂之都君者，蓋以舜在側微之時，漁雷澤，一年所居成聚，二年成邑，三年成都，故以此遂因爲之都君矣。注曰「都，於也」其説亦通。又曰：牛羊與父母，倉廩與父母，干戈留我，琴亦留我，弤亦留我，二嫂使治我床以爲我妻。欲與父母分此，故先設言爲謨蓋都君者，咸我績耳。遂忸怩其顔。於是象遂往入舜之宮，而乃慚恥形於面容也，以其恐舜知己謀其二嫂故也。愕然反其辭曰：惟兹臣庶，汝其于予治。是舜見象不來至其宮，遂見至宮，乃曰：念此臣之衆，汝其來助我治耳。如此，故萬章乃問孟子，言舜帝不知其弟象之將欲殺其已與？故以此好言而答其象也。
「曰：奚而不知也，象憂亦憂，象喜亦喜」孟子又言：舜何爲而不知象謀殺己也？以其仁人愛其弟，故象憂亦憂，象喜亦喜，故以好言答之也。曰：然則舜僞爲喜以悦人者與？「曰否」至「奚僞爲」，孟子又答之曰：舜非僞喜以悦人者矣，又引以子産有饋生魚而證之。言往者有人饋賜生魚於鄭之子産，子産受之，乃使主池沼之吏曰校人者畜養於池。校人烹煮而食之，遂反歸命告於子産曰：我始初放之於池，則魚尚羸乏圉圉然於水而未遊，少頃則洋洋然舒緩摇尾，而走趣於深處。子産信之以爲然，乃曰：此魚是得其所哉。予既烹煮而食其魚，子産乃曰得其所哉，得其所哉。如此，孟子故於此言：故君子者可欺僞以其方類，難誣罔全以非其道也。彼象謂以鬱陶思君，是以愛兄之道來至於宮，是以但欺以其方類也，故舜遂必以誠深信之而喜其

來，故以好辭答之矣，何爲以舜爲僞喜者焉？言舜不僞也，亦若校人欺子產之謂，故子產亦必曰得其所哉，得其所哉耳。所謂方類者，以其在疑似之間故也。按《史記》云：「瞽瞍欲殺舜，使舜上塗廩，瞽瞍從下縱火焚廩，舜乃以兩笠自扞而下去，得不死。後瞽瞍又使舜穿井，爲匿空傍出。舜既入深，瞽瞍與象共下土實井，舜從匿空傍出去。瞽瞍與象喜，以爲舜死矣。象曰：『本謀者，象之謀也』象於是與父母分，於是曰：『舜妻堯二女與琴，象取之，牛羊倉廩事父母。』象乃止舜宮，居鼓其琴。舜往見之，象愕不懌，曰：『我思舜正鬱陶。』舜曰：『然，爾其庶。』舜復事瞽瞍，愛弟彌謹。」凡此亦其事也。以《史記》觀之，則捐階之說，是此之文也。大抵學者不可執此以爲深然也，當以意喻，默然有自判之論可矣。 注「干，楯；戈，戟也」至「妻也」。 正義曰：云「干，楯也」者，按孔安國云「干，楯也」。《周禮》掌五兵五楯，鄭玄：「五楯，干櫓之屬。」❶ 云「戈，戟也」者，《禮圖》云：「戈，今之勾戟，或謂之雞鳴，或謂之擁頸。內謂胡以內接秘者也，❷長四寸。胡六寸。疏云：胡子橫插，微邪向上，不勾。」又云：「戟，今之三鋒戟也，內長四寸半，胡長六寸。」以其與戈相類，故云「戈，戟也」。 ❸論其則別矣。❹ 云「彤弓，天子之弓」者，彤弓，漆赤弓也，《尚書》云：「彤弓，一彤矢

❶ 「干」原作「十」，據阮本及《周禮注疏》改。
❷ 「秘」原作「秘」，據宋淳熙二年刻本《三禮圖集注》改。
❸ 「勾」，《三禮圖集注》作「倨」。
❹ 「其」下，按阮校：「監、毛二本『其』下增『制』字。」

百。」孔安國云：「諸侯有大功，賜弓矢，然後專征伐，彤弓所以講德習射，藏示子孫。」《周禮·司弓矢》云：「天子之弓合九而成規，諸侯之弓合七而成規，大夫合五而成規，士合三而成規。」是其等也。云「五絃琴」者，《史記》云「舜彈五絃之琴」是矣。云「樓牀」者，蓋取類於禽樓故也。以其牀則主木而言，樓則主樓而言。二女即娥皇、女英是也。　注「鄭子國之子公孫僑」者。　正義曰：按《左傳》云：子產，穆公之孫，公子發之子，名僑，公子之子曰公孫。襄三十年執鄭國之政，爲鄭大夫。公子發，字子國，以王父字爲氏，據後而言，故稱爲國僑。

萬章問曰：「象日以殺舜爲事。立爲天子則放之，何也？」怪舜放之何故。孟子曰：「封之也，或曰放焉。」舜封象於有庳，或有人以爲放之。萬章曰：「舜流共工于幽州，放驩兜于崇山，殺三苗于三危，殛鯀于羽山，四罪而天下咸服，誅不仁也。象至不仁，封之有庳，有庳之人奚罪焉？」舜誅四佞，以其惡也。象惡亦甚，而封之，仁人用心當如是乎？罪在他人當誅之，在弟則封之。　仁人固如是乎？」在他人則誅之，在弟則封之。曰：「仁人之於弟也，不藏怒焉，不宿怨焉，親愛之而已矣。親之欲其貴也，愛之欲其富也。封之有庳，富貴之也。身爲天子，弟爲匹夫，可謂親愛之乎？」孟子言仁人於弟，不問善惡，親愛之而已。封者欲使富貴耳。身既已爲天子❶

❶ 「既已」，按阮校：「宋本、孔本、韓本、《考文》古本無「既已」二字，足利本無「已」字。」

弟雖不仁，豈可爲匹夫？」❶「敢問或曰放者，何謂也？」萬章問放之意。曰：「象不得有爲於其國，天子使吏治其國而納其貢稅焉，故謂之放，豈得暴彼民哉？象不得施教於其國，天子使吏代其治，而納貢賦與之，比諸見放也。有庳雖不得賢君，象亦不侵其民也。雖然，欲常常而見之，故源源而來，不及貢，以政接于有庳。雖不使象得豫政事，舜以兄弟之恩，欲常常見之無已，故源源而來，如流水之與源通。不及貢者，不待朝貢諸侯常禮乃來也。其間歲歲自至京師，謂若天子以政事接見有庳之君者，實親親之恩也。此之謂也。」此「常」以下，皆《尚書》逸篇之辭。孟子以告萬章，言此乃象之謂也。

㊟「萬章問曰」至「此之謂也」。正義曰：此章言仁人之心如是也。「萬章問曰：象日以殺舜爲事，立爲天子，則放之，何也」者，萬章問孟子，以謂象日日以謀殺舜爲事，然舜既立爲天子，則放象而不誅，如之何？「孟子曰：封之也，或曰放焉」，孟子答之曰：是封象也，或人言放焉。「萬章曰」至「在弟則封之」，萬章又問：舜流共工於幽州，放驩兜於崇山，殺三苗于三危，殛鯀于羽山，誅罪此四者，而天下於是咸服，此乃是誅戮其不仁者也。然象傲極不仁，乃反封之於有庳之國中人何罪也，仁人固肯如此乎？在他人之惡則誅戮焉，在弟則封之國，故曰仁人固如是乎？萬章之意，以謂仁人必不肯如此也。孔安國注《尚書》云：「共工象恭滔天，足以惑世，故流放之。幽州，北裔。水中可居者曰洲。驩兜黨於共工，罪惡同。崇山，

❶「豈可爲匹夫」，按阮校：「廖本、孔本、韓本、《考文》古本作『豈可使爲匹夫也』，足利本無『也』字。」

南裔也。三苗,國名。縉雲氏之後,爲諸侯,號饕餮。三危,西裔。鯀方命圮族,績用不成。羽山,東裔。在海中。」按《史記》云:「共工,少皞氏不才子,天下謂之窮奇者也。」驩兜,帝鴻氏不才子,天下謂之渾沌者也。鯀,顓頊氏不才子,天下謂之饕餮者也。」「曰:仁人之於弟也」至「可謂親愛之乎」,孟子又答之曰:仁者之人於其弟也,不藏怒心,不隔宿怨,但親愛之而已,所以親之也。今舜封象於有庳者,是所以富貴之也,如舜身自爲天子,而使弟只爲之匹夫,可謂爲親愛其弟者乎?有庳,國名號也。「敢問或曰放者,何謂也」,萬章又問孟子:或人言放之者,是何所謂也。「曰:象不得有爲於其國」至「此之謂也」孟子又答之曰:象之於庳,不得施政教於其國中,天子使吏代之以治其國,而納天子之貢賦焉,故謂之爲放也。象豈得暴彼有庳之國民哉?以其使吏代之故也。雖然,不使象得施政教,而舜以兄弟親親之恩,欲常常見之,故源源如水之流與源而通,不以朝貢之諸侯常禮乃來也。其自至而見天子,如天子以政事接見於有庳之君也。故孟子云是此之謂也。 注云「自常常已下,皆《尚書》逸篇之辭」。正義曰:按《隋‧經籍志》,「《尚書》逸篇出於齊、梁之間,考其篇目,似孔氏壁中書之殘缺者,故附《尚書》之末」,唐有三卷,徐邈爲之注焉。蓋其文也。

咸丘蒙問曰:「語云:『盛德之士,君不得而臣,父不得而子。舜南面而立,堯帥諸侯北面而朝之,瞽瞍亦北面而朝之。舜見瞽瞍,其容有蹙。孔子曰:「於斯時也,天下殆哉,岌岌乎。」』不識此語誠然乎哉?」咸丘蒙,孟子弟子。語者,諺語也。言盛德之士,君不敢臣,父不敢子。堯

與瞽瞍皆臣事舜，其容有蹙踖不自安也。孔子以爲君父爲臣，子豈岌岌乎不安貌也，故曰殆哉。東野，東作田野之人所言耳。不知此語實然乎？孟子曰：「否，言不然也。此非君子之言，齊東野人之語也。咸丘蒙，齊人也，故聞齊野人之言。《書》曰「平秩東作」謂治農事也。堯老而舜攝也。《堯典》曰：「二十有八載，放勳乃徂落，百姓如喪考妣。三年，四海遏密八音。」孟子言舜攝行事耳，未爲天子也。放勳，堯名也。徂落 ❶，死也。如喪考妣，思之如父母也。遏，止也。密，無聲也。八音不作，哀思甚也。孔子曰：『天無二日，民無二王。』舜既爲天子矣，又帥天下諸侯以爲堯三年喪，是二天子矣。」曰一，王一，言不得並也。咸丘蒙曰：「舜之不臣堯，則吾既得聞命矣。《詩》云：『普天之下，莫非王土。率土之濱，莫非王臣。』而舜既爲天子矣，敢問瞽瞍之非臣如何？」《詩》，《小雅·北山》之篇。普，徧。率，循也。徧天下循土之濱，無有非王者之臣，而曰瞽瞍非臣如何也？曰：「是詩也，非是之謂也。勞於王事，而不得養父母也。曰：『此莫非王事，我獨賢勞也。』孟子言此詩非舜臣父之謂也。詩言皆王臣也，何爲獨使我以賢才而勞苦，不得養父母乎？是以怨也。故說詩者不以文害辭，不以辭害志。以意逆志，是爲得之。如以辭而已矣，《雲漢》之詩曰：『周餘黎民，靡有孑遺。』信斯言也，是周無遺民也。文，詩之文章所引以興事也。辭，詩人所歌詠

❶「徂」，原作「祖」，據阮本改。

之辭。志，詩人志所欲之事。意，學者之心意也。孟子言說詩者當本之，不可以文害其辭，文不顯乃反顯也。不可以辭害其志，辭曰「周餘黎民，靡有孑遺」，志在憂旱，災民無孑然遺脫不遭旱災者，非無民也。人情不遠，以己之意逆詩人之志，是為得其實矣。王者有所不臣，不可謂皆為王臣，謂舜臣其父也。孝子之至，莫大乎尊親。尊親之至，莫大乎以天下養。為天子父，尊之至也。以天下養，養之至也。《詩》《大雅·下武》之篇。周武王所以長言孝道，欲以為天下法則。此舜之謂也。《詩》曰：『永言孝思，孝思維則。』此之謂也。尊之至，瞽瞍為天子之父。養之至，舜以天下之富奉養其親。至，極也。《詩》曰：『永言孝思，孝思維則。』此之謂也。《書》曰：『祗載見瞽瞍，夔夔齋栗，瞽瞍亦允若。』是為父不得而子也。」《書》，《尚書》逸篇。祗，敬。載，事也。夔夔齋栗，敬慎戰懼貌。舜既為天子，敬事嚴父，戰栗以見瞽瞍。瞍亦信知舜之大孝，若是為父不得而子也，以此解咸丘蒙之疑。

⊙疏「咸丘蒙」至「不得而子也」。

○正義曰：此章言孝莫大於嚴父尊之矣，行莫過於蒸蒸而執子之政者也。○「咸丘蒙問曰」至「誠然乎哉」者，咸丘蒙問孟子曰：諺語有云，盛德之士，君不得而臣之，父不得而子之。今舜鄉南面而立為天子，堯帝乃率天下諸侯北面而朝之，而舜見瞽瞍，其容蹙踖然而不敢自安。孔子亦云：「於此時也，而天下危殆岌岌乎如也。岌岌，不安之貌也。然未知此諺語實如是乎？」「孟子曰：否，此非君子之言，齊東作田野人之語也。「堯老而舜攝之」至「是二天子矣」，孟子又言：堯帝既老，而舜於是攝權堯行事耳，未為天子也。《堯典》之篇有云：言舜攝堯行事，至二十有八年，放勳乃徂落而死。放勳，堯之號

也。魂氣往爲徂，體魄殞殪爲落，大抵則死也。堯既死，天下百姓如喪其父母，三年，四海之內絕盡八音，以其哀思之甚也。《禮記》曰：「生曰父曰母，死曰考曰妣。」鄭注云：「考，成也，言其德行之成也。妣之言媲也，媲於考故也。」八音：金、石、絲、竹、匏、土、革、木是也。孔子云天無兩日、民無兩王，如舜既爲天子矣，又率諸侯以爲堯三年之喪，是則爲二天子矣，言日與王不可得而並也。以其舜方攝堯行事，未爲天子故也。「咸丘蒙曰」至「非臣如何」者，咸丘蒙又言舜之不得臣堯，則我既得聞教命矣，然而《詩·小雅·北山》之篇有云：偏天之下，莫非爲王之土地；循土之濱，莫非爲王之臣。而舜既得爲天子矣，敢問舜父瞽瞍之非臣，如之何？「曰：是詩也，非是之謂也」者，孟子又答之曰：此《北山》之詩，云非是舜臣父之謂也，其詩蓋言勤勞於王事而不得奉養其父母者也，故云「普天之下，莫非王土。率土之濱，莫非王臣」。「孝子之至，莫故說詩者不以文而害逆其辭，又不可以其無非爲王事而不得奉養其父母也，何爲獨使我以賢才而勞苦，不得奉養其父母也？故以是而怨之也。言皆是王臣也，其詩蓋言勤勞於王事者也，故云「普天之下，莫非王土。率土之濱，莫非王臣」。人之辭旨。人如說詩者，但以歌詠之辭爲然，而不以己之意而求知詩人之志，以己之心意而逆求知詩人之志，是爲得詩故說詩者不以文而害逆其辭，又不可以其辭而害逆其詩人之志，以己之意而求詩人志之所在，而爲得詩人之志，是爲得詩人之辭旨。人如說詩者，但以歌詠之辭爲然，《雲漢》之篇有云「周餘黎民，靡有孑遺」，信此言也，是周無遺民矣。殊不知此《雲漢》之詩，其詩人之志蓋憂旱災，以其多有死亡者矣，今其餘民無有單子得遺脫不遭旱災者，非謂無民也。子，單也。孟子引此，所以證此《北山》之詩云「普天之下，莫非王土」，亦非謂舜臣父之意也。「孝子之至，莫大乎尊親」至「是爲父不得而子也」者，孟子又言：孝子之至，不可以有加者，莫大乎尊親爲之至也；尊親之至，莫大乎以天下奉養其親，是爲尊親之至也。今瞽瞍爲天子之父，是舜尊親之至者也；舜以天下奉養之，

是養之至者也。《詩・大雅・下武》之篇云武王長言孝心之所思，所思者，維則法太王、王季、文王三后之所行耳。此亦舜之謂也。《書》於《大禹謨》篇亦云舜敬以事，見于父，夔夔然悚懼齋莊戰栗，瞽瞍亦信順之，見舜以瞽爲父，而不得子之也。

孔安國注云：「祗，敬。載，事也。允，信。若，順也。」

正義曰：云爲孟子弟子，齊人也者，他經傳未詳。今按《春秋》桓公七年有「焚咸丘」，杜預云：「咸丘，魯地。」以此推之，則此所謂咸丘蒙者，豈咸丘之人，有以蒙爲名者邪？是未可知也。注乃云「齊人也」者，蓋魯國孟子時爲齊之所侵，故咸丘之地乃爲齊之地故也。有所問於孟子，即爲弟子矣。

正義曰：孔安國傳云：「平均次序東作之事，以務農也。」

蓋刺幽王役使不均，己勞於從事而不得養其父母也。

注「咸丘蒙」。

注「《詩》《小雅・北山》之篇」。

注「《書》：平秩東作」。

注「《大雅・下武》之篇」。

正義曰：此篇蓋刺武王有聖德，復受天命，能昭先人之功也。

注「逸篇」。

正義曰：據今《大禹謨》有云此，非特止於逸篇文也已矣。

孟子注疏解經卷第九下

趙氏注　孫奭疏

萬章章句上

萬章曰：「堯以天下與舜，有諸？」欲知堯實以天下與舜否？孟子曰：「否。堯不與之。天子不能以天下與人。」當與天意合之，非天命者，天子不能違天命也。「然則舜有天下也，孰與之？」萬章言誰與之也。曰：「天與之。」孟子言天與之。「天與之者，諄諄然命之乎？」萬章言天有聲音命之乎？曰：「否。天不言，以行與事示之而已矣。」孟子言天不言語，但以其人之所行善惡，又以其事從而示天下也。曰：「以行與事示之者，如之何？」孟章欲知示之之意。曰：「天子能薦人於天，不能使天與之天下。諸侯能薦人於天子，不能使天子與之諸侯。大夫能薦人於諸侯，不能使諸侯與之大夫。昔者堯薦舜於天而天受之，暴之於民而民受之。故曰：天不言，以行與事示之而已矣。」孟子言：下能薦人於上，不能令上必用之。舜，天人所受，故得天下也。曰：「敢問薦之於天而天受之，暴之於民而民受之，如何？」萬

章言天人受之，其事云何。曰：「使之主祭，而百神享之，是民受之也。天與之，人與之，故曰天子不能以天下與人。舜相堯二十有八載，非人之所能爲也，天與之，民皆謳歌其德也。堯崩，三年之喪畢，舜避堯之子於南河之南。天下諸侯朝覲者，不之堯之子而之舜；訟獄者，不之堯之子而之舜；謳歌者，不謳歌堯之子而謳歌舜。故曰天也。夫然後之中國，踐天子位焉。而居堯之宮，逼堯之子，是篡也，非天與也。堯子，胤子丹朱。訟獄，獄不決其罪，故訟之。謳歌舜德也。❶《泰誓》曰：『天視自我民視，天聽自我民聽。』此之謂也。」《泰誓》《尚書》篇名。自，從也。言天之視聽，從人所欲也。

正義曰：此章言德合於天，則天爵歸之；行歸於仁，則天下與之者也。❷「萬章曰：堯以天下與舜，有諸」，萬章問孟子，堯帝以天下與舜，有之乎？「孟子曰否」，孟子答之，堯不與之也。「天子不能以天下與人」，孟子言：天子不能以天下與其人也。「然則舜有天下也，孰與之」，萬章又問孟子，言如此則舜有天下也，誰與之？「曰：天與之」，孟子答以爲天與之也。「天與之者，諄諄然命之乎」，萬章又問天與

❶ 「謳歌」，阮本重文。
❷ 「者」，監、毛本無此字。

卷第九下　萬章章句上

三五七

之舜者，天有聲音，諄諄然命與之乎？「曰：天不言，以行與事示之而已矣」，孟子又答之，言天不以言語諄諄然命之也，但以人之所行善惡與其事，從而示之而止矣。「曰：以行與事示之者，如之何也？「曰：天子能薦人」至「示而已矣」，孟子答之，言天子者雖能舉薦人於上天，而不能使上天以與之天下也。諸侯者能舉薦人於天子，而不能使天子必與為之諸侯。大夫者能薦人於諸侯，而不能使諸侯必與為之大夫。往者堯舉薦舜於上天，而天受之。暴之於民，而民受之。我故曰天不言，以行與事示之矣。「曰：敢問薦之於天而天受之，暴之於民而民受之，如何」，萬章又問薦之於天而天受之，與暴之於民而民受之，是如之何也？「曰：使之主祭，而百神享之，是天受之。使之主事而治之，百姓安之，是民受之。天與之，人與之，故曰天下與人也」，《書》云「納于大麓」，是堯薦舜於天也。「烈風雷雨弗迷」，是天受之。所謂百神享之，亦可知也。「五典克從，百揆時敘」，是民受之也。所謂百姓安之，亦可知也，曰「黎民於變時雍」是也。然於天則云薦，於民則云暴者，蓋天遠而在上，是為尊者也，聖人於天，舉其所知，而取舍不在我，故云「薦之」也。民近而在下，是為卑者也，聖人之於民，顯其功業，而使之自附，故云「暴之」也。所謂受之者，即是與之也。孟子又言：舜攝行堯事輔相之，得二十八年之久，非人所能為也，乃天與之也。「舜相堯」至「此之謂也」，孟子又言：舜攝行堯事輔相之，得二十八年之久，非人所能為也，乃天與之也。「堯帝既崩死，舜率天下諸侯為堯三年喪，三年喪既畢，舜乃逃避堯之子丹朱而隱於南河之南，天下諸侯朝覲而來者，不往朝覲於堯之子丹朱，而往朝覲於舜；訟獄有未決斷者，不往求治於堯之子丹朱而往求治於舜；謳歌吟詠者，不吟詠堯之子丹朱，而吟詠舜，故曰「天與之」也。如此，然後往歸中國，履天子之位焉。如使舜不避堯之

子，而居堯帝之宮，逼逐堯之子，是則爲篡奪者也，非謂爲天與之也。《泰誓》篇亦云天之所視從我民之所視，天之所聽亦從我民之所聽，是此天與之，人與之之謂也。 正義曰：案《論語·堯曰》篇有此文。《書》亦有此。何晏曰：「曆數，列次也。」孔安國云：「曆數，天道。謂天曆運之數，帝王易姓而興，故言曆數謂天道。」 注「河南，劉熙云」。 正義曰：案裴駰云：「劉熙曰：『南河之南，九河之最南者。』是也。是知爲南夷也。所謂中國，帝王所都爲中，故曰中國。」 注「《泰誓》，《尚書》篇」。 正義曰：孔安國傳云：「《泰誓》者，大會以誓衆也。」又云「天因民以視聽，民所惡者，天誅之」而已。

萬章問曰：「人有言『至於禹而德衰，不傳於賢而傳於子』，有諸？」問禹之德衰，不傳於賢而自傳於子，有之否乎？孟子曰：「否，不然也。否，不也。不如人所言。天與賢，則與賢；天與子，則與子。言隨天也。昔者舜薦禹於天，十有七年，舜崩。三年之喪畢，禹避舜之子於陽城，天下之民從之，若堯崩之後不從堯之子而從舜也。禹薦益於天，七年，禹崩。三年之喪畢，益避禹之子於箕山之陰，朝覲訟獄者不之益而之啓，曰：『吾君之子也。』謳歌者不謳歌益而謳歌啓，曰：『吾君之子也。』丹朱之不肖，舜之子亦不肖。舜之相堯，禹之相舜也，歷年多，施澤於民久。啓賢，能敬承繼禹之道。益之相禹也，歷年少，施澤於民未久。舜薦禹、禹

薦益同也，以啓之賢，故天下歸之，益又未久故也。陽城，箕山之陰，皆嵩山下深谷之中以藏處也。**舜、禹、益相去久遠，其子之賢不肖，皆天也，非人之所能爲也。莫之爲而爲者，天也。莫之致而至者，命也。** 莫，無也。人無所欲爲而橫爲之者，天使爲也。人無欲致此事而此事自至者，是其命而已矣，故曰命也。❶ **匹夫而有天下者，德必若舜、禹，而又有天子薦之者，故仲尼不有天下。** ❷ 仲尼無天子之薦，故不得以有天下。**繼世以有天下，天之所廢，必若桀、紂者也，故益、伊尹、周公不有天下。** 繼世之君，雖無仲尼之德，襲父之位，非匹夫，故得有天下也。天之所廢，必若桀、紂，故以匹夫而不有天下也。**伊尹相湯以王於天下，湯崩，太丁未立，外丙二年，仲壬四年。太甲顛覆湯之典刑，伊尹放之於桐。三年，太甲悔過，自怨自艾，於桐處仁遷義，三年以聽伊尹之訓己也，復歸于亳。** 太丁，湯之太子，未立而薨。外丙立二年，仲壬立四年，皆太丁之弟也。太甲，太丁子也，伊尹以其顛覆典刑，放之於桐邑。處，居也。遷，徙也。居仁徙義，自怨其惡行。艾，治也。治而改過，以聽伊尹之教訓己，故復得歸之於亳，反天子位也。**周公之不有天下，猶益之於夏，伊尹之於殷也。孔子曰：「唐、虞禪，夏后、殷、周繼，其義一也。」** 周公與益、伊尹雖有

❶ 「是其」至「命也」，按阮校：「廖本、孔本、韓本、《考文》古本作『是其命禄也』」。
❷ 「以」，阮本作「而」。

聖賢之德，不遭者時。然孔子言禪、繼，其義一也。

疏「萬章問曰」至「其義一也」。正義曰：此章言義於仁，❶則四海宅心，守正不足，則賢位莫纂者也。萬章問孟子曰：世人有言，至於禹之代而德衰微，不傳於賢而傳於子，有諸此乎否？孟子答之曰：否，不然也。天與之賢者，則與賢者，天與之子，則與子。以其隨天如何耳。往者舜薦禹於天，及得十有七年，舜於是崩死。禹以三年服喪畢，遂避舜之子商均，隱於陽城，天下之民從禹，若堯之死後民之舜而不之丹朱也。禹其後又薦益於天，及得七年，禹即崩死，益以三年服喪畢，益遂避禹之子啟，隱於箕山之陰，朝覲、訟獄、謳歌者皆不歸益而歸禹之子啟，咸曰：我君之子也。以其堯子丹朱不肖，舜子商均亦不肖，而舜之輔相堯、禹之輔相舜而歷年多矣，施恩澤於民已久，天下之民所以歸舜與禹，不歸丹朱、商均也。啟以賢，能敬承繼禹之治，而益又輔相禹歷年尚少，不如舜相堯二十有八年，禹相舜十有七年之多，而施恩澤於民亦未至久，所以天下之民不歸益而歸啟也，又況啟有賢德，與丹朱、商均之不同耶。舜、禹、益相去年代已久遠，其子之或賢或不肖，天使然也，非人所能爲之也。人莫之爲然而爲然者，故曰天使然也。人莫能致之此事而其事自至者，是其命也。天之使我有是之謂命，故曰命也。天下之民或歸之或不歸之，是其命也。今丹朱、商均與啟三者之或賢或否，是其天也。則一也，以其無爲而無不爲，故其所命故也。

❶ 「義」，按阮校：「按章指作『篤志於仁』，此文『義』字亦當是『篤』之誤。」

也。與《書》所謂「天難諶，命靡常」，孔子云「死生有命，富貴在天」，凡此亦天與命之意也。匹夫之賤而有天器服，乃其所命故也。

下者，其義必如舜、禹，而又得天子薦之者，故得有天下也。繼世之君，雖無仲尼之德，然而無天子以薦之者，是以不有天下也。繼世之君，雖無仲尼之德，然而襲父之位，又非匹夫。夫天之所以廢滅者，必若桀與紂之暴虐，然後天乃廢滅之矣。故益、伊尹、周公三者，不有天下，以其時值啓、太甲、成王三君皆賢，天不廢此三君，故益、伊尹、周公所以不有天下也。伊尹相湯王天下也，及湯崩死，太子太丁未立而喪，於是太丁弟外丙立，外丙即位二年崩，外丙弟仲壬立，仲壬即位四年崩，太丁子太甲立。太甲即位，遂顛覆湯之典刑，伊尹乃放之於桐宮，而怨其已惡，遂治身於桐宮，以聽伊尹之教訓，復歸于亳都，反天子之位焉。周公之不有天下，若益之於夏禹、伊尹之於殷湯故也。孔子曰：唐、虞二帝，禪讓其位，夏禹、殷湯、周武繼父之位，其義則一，更無二也。謂其義則一而無二者，蓋唐、虞與賢，夏后、殷、周與子，天與賢則與賢，天與子則與子，其爲順天則一而已，故曰其義則一也。云禪者，蓋唐、虞禪祭而告傳位，故曰禪也。注「陽城、箕山之陰，皆嵩山下深谷中」。正義曰：案《史記》裴駰注云：劉熙曰：「陽城是今之潁川也。箕山，嵩高之北是也。」注「太丁，湯之子」至「位也」。正義曰：案《史記》文已具在《公孫丑》篇內，此更不錄。然《史記》乃云外丙即位三年，今孟子云外丙二年，蓋《史記》不稽《孟子》之過也。注「丹朱、商均」。正義曰：堯、舜之子。皇甫謐云：娥皇無子；商均，女英生也。

萬章問曰：「人有言『伊尹以割烹要湯』，有諸？」人言伊尹負鼎俎而干湯，有之否？孟子曰：「否，不然。否，不是也。伊尹耕於有莘之野，而樂堯舜之道焉。非其義也，非其道也，祿

之以天下弗顧也，繫馬千駟弗視也。非其義也，非其道也，一介不以與人，一介不以取諸人。有莘，國名。伊尹初隱之時，耕於有莘之國，樂仁義之道。非仁義之道者，雖以天下之祿加之，不一顧而睨也。千駟，四千匹也，雖多，不一眄視也。一介草不以與人，亦不以取於人也。湯使人以幣聘之，囂囂然曰：『我何以湯之聘幣為哉？我豈若處畎畝之中，由是以樂堯舜之道哉？』湯聞其賢，以玄纁之幣帛往聘之，囂囂然自得之志，無欲之貌也。曰：豈若居畎畝之中而無憂哉，樂我堯舜仁義之道。

湯三使往聘之，既而幡然改曰：『與我處畎畝之中，由是以樂堯舜之道，吾豈若使是君為堯舜之君哉！吾豈若使是民為堯舜之民哉！吾豈若於吾身親見之哉！

天之生此民也，使先知覺後知，使先覺覺後覺也。予，天民之先覺者也，予將以斯道覺斯民也，非予覺之而誰也？』覺，悟也。天欲使先知之人悟後知之人，我先悟覺者也，我欲以此仁義之道覺悟此未知之民，非我悟之，將誰教乎？

思天下之民，匹夫匹婦有不被堯舜之澤者，若己推而內之溝中，其自任以天下之重如此，故就湯而說之以伐夏救民。伊尹思念不以仁義之道化民者，如己推排內之溝壑中也。❶

自任之重如此，故就湯說之，伐夏桀，救民之厄也。❶

吾未聞枉己而正人者也，況辱己以正天下

❶ 「內」，原作「空」，據阮本改。

卷第九下　萬章章句上

三六三

者乎？枉己者尚不能以正人，況於辱己之身而有正天下者也。**聖人之行不同也，或遠或近，或去或不去，歸潔其身而已矣。**不同，謂所由不同，大要當同歸，但殊塗耳。或遠者，處身遠也；或近者，仕者近君也；或去者，不屑就也；或不去者，爾焉能浼我也。❶歸潔於身不污己而已。**吾聞其以堯舜之道要湯，未聞以割烹也。**我聞伊尹以仁義干湯，致湯爲王，不聞以割烹牛羊爲道。《伊訓》曰：『**天誅造攻，自牧宮。朕載自亳。**』《伊訓》，《尚書》逸篇名。牧宮，桀宮。朕，我也，謂湯也。載，始也。亳，殷都也。言意欲誅伐桀，造作可攻討之罪者，從牧宮桀起，自取之也。湯曰我始與伊尹謀之於亳，遂順天而誅之也。⓪「**萬章問曰**」至「**自亳**」。**正義曰**：此章言賢達之理世務，推政以濟時，不枉道以取容，期於益治而已者也。「**萬章問曰**」至「**有諸**」者，萬章問孟子，謂世人有言伊尹以負鼎俎割烹之事而干湯，有之否乎？「**孟子曰否**」至「**朕載自亳**」，孟子答之，曰：否，不是也，伊尹耕於有莘之國野而樂行堯舜二帝之道，如非其義與非其道也，雖禄賜之以天下之大，且不顧而若無也。繫馬雖千駟之多，❸亦且不眄視也。非其義也，非其道也，雖一草介亦不取諸人也，以其伊尹所操守如是也。湯聞如此之賢，乃使人以幣帛之物往聘之。伊

❶ 「爾」，阮本作「去」。按阮校：「廖本、孔本、韓本、《考文》古本作『云』，是也。」
❷ 「潔於身」，按阮校：「宋本作『於身潔』，《考文》古本與宋本同，『絜』作『潔』。」廖本、孔本、韓本作「於絜身」。
❸ 「四」，按阮校：「閩、監、毛三本作『駟』。」

尹且囂囂然自得，而曰：我何爲以湯之幣聘是爲出哉？湯至三次使人往以幣帛聘之，既至而後反然改本之計曰：與我居處有莘之畎畝之中，由是以樂堯舜之道，我豈如使此湯成爲堯舜之君哉？吾豈若使湯之民爲堯舜之民哉？我豈若吾身今得親見致君爲堯舜之君，致民爲堯舜之民哉？於是又曰：上天之生此人民也，是使爲先覺知者也，我豈若身今以先覺之民以覺悟後覺之民，如非我覺悟以覺悟其後覺者也。我今亦天民之先覺者也，我將亦以伊尹樂堯舜仁義之道以覺悟今之民，如己推而內之於溝壑中也。其伊尹自任以天下之重如此，然後故就湯而説之，以伐夏桀而救人民之厄也。我未聞有枉其己而能正人者也，而況伊尹肯辱身負鼎俎割烹之事以爲正天下者乎？且聖人所行之迹不同也，或遠處其身而不仕，或近而仕君，或去而不屑就，或不去以爲爾焉能浼我哉，但歸潔其身而不污己而已矣。如是，則我所以但聞伊尹以堯舜之道干説其湯，未聞以鼎俎割烹之事而要湯也。故《尚書·伊訓》之篇有云：天行誅伐，始攻之罪者，自桀宫起也。伊尹或遠而不仕，謂在有莘之野是也；或近而仕，謂湯三聘而往見之是也；去亳適夏，所謂或去是也；既醜有夏，復歸于亳，所謂或不去是也。

注「伊尹負鼎俎而干湯」。正義曰：案《史記·殷本紀》云：「伊尹名阿衡，欲干湯而無由，乃爲有莘氏媵臣，負鼎俎，以滋味説湯，致於王道。或曰：伊尹處士，湯使人聘迎之，五反然後肯往從湯，言素王及九主事，湯舉任以國政。伊尹去湯適夏，既醜有夏，復歸于亳。」劉向《別録》曰「九主者，有法君、專君、授君、勞君、寄君、等君、破驪云：《列女傳》曰：「湯妃，有莘氏之女。」

君，國君，三歲社君，凡九品。圖畫其形」是也。　正義曰：案《左傳》莊公二十二年秋七月「有神降于莘」，❶杜預曰「莘，虢地」又云「虢國，今滎陽縣」，是也。云「千駟」案《論語》，孔子云：「齊景公有馬千駟。」孔安國注云：「千駟，四千匹。」　注「伊訓」至「牧宮」。正義曰：云《伊訓》，逸篇之名，蓋今之《尚書》亦有《伊訓》之篇，乃其文則曰：「造攻自鳴條，朕哉自亳。」孔安國傳云：「造皆始也。鳴條，地在安邑之西。」又云：「湯始居亳。」孔安國云：「帝嚳都亳，湯自商丘遷焉。」是則亳，帝嚳之都也。今云殷都，即因湯居而言爾。

萬章問曰：「或謂孔子於衛主癰疽，於齊主侍人瘠環，有諸乎？」有人以孔子爲然。癰疽之醫者也。❷瘠，姓，環，名。侍人也。衛君、齊君之所近狎人也。　孟子曰：「否，不然也。好事者爲之也。否，不如是也。但好事毀人德行者爲之辭爾。❸於衛主顏讎由。彌子之妻與子路之妻，兄弟也。彌子謂子路曰：『孔子主我，衛卿可得也。』子路以告，孔子曰：『有命。』孔子進以禮，退以義，得之不得曰『有命』。而主癰疽與侍人瘠環，是無義無命也。顏讎由，衛賢大夫，孔

❶「二十二」，據《左傳》當作「三十二」。
❷「癰疽」，阮本重文。
❸「但」，按阮校：「廖本、孔本、韓本、《考文》古本、足利本無『但』字。」

子以爲主。彌子，彌子瑕也，因子路欲爲孔子主，孔子知彌子幸於靈公，不以正道，故不納之，而歸於命也。孔子進以禮，退以義，必曰有天命也。若主女二人，❶是爲無義無命者也？**孔子不悅於魯、衛，遭宋桓司馬，將要而殺之，微服而過宋。**是時孔子當阨，主司城貞子，爲陳侯周臣。孔子以道不合，不見悅魯、衛之君而去。適諸侯，遭宋桓魋之故，乃變更微服而過宋。司城貞子，宋卿也，雖非大賢，亦無諂惡之罪，故諡爲貞子。陳侯周，陳懷公子也，爲楚所滅，故無諡，但曰陳侯周。是時孔子遭阨難，不暇擇大賢臣，而主貞子，爲陳侯周臣也。於衛、齊無阨難，何爲主癰疽、瘠環者也。**吾聞觀近臣，以其所爲主；觀遠臣，以其所主。若孔子主癰疽與侍人瘠環，何以爲孔子？**近臣，當爲遠方來賢者爲主。遠臣自遠而至，當主於在朝之臣賢者。若孔子主於卑幸之臣，是爲凡人耳。何謂孔子得見稱爲聖人乎？ _疏

「萬章問曰」至「孔子」。 正義曰：此章言君子大居正，以禮進退，屈伸達節，不違貞信。故孟子辯之，正其大義者也。「萬章問曰」至「有諸乎」，萬章問孟子曰：或有人謂孔子於衛國主癰疽之醫者，於齊國主侍人姓瘠名環者，誠有諸此乎否？「孟子曰否」至「何以爲孔子」，孟子答之曰：否，言不如是也，但好事毀人德行者爲此言也。夫孔子於衛主顔讎由，讎由，賢大夫也。彌子瑕之妻與子路之妻是兄弟也，彌子瑕乃謂子路曰：孔子如主於我，則衛之卿，孔子可得也。子路以此言告孔子，孔子遂曰：我有命也。以其得與不得，皆

❶ 「女」，阮本作「此」。

命也。孟子於此言夫孔子進以禮而有辭遂之心,退以義而有羞惡之心,其得用與不得用,則曰有命,如爲主於癰疽與侍人瘠環者,是無義無命者也。以義則得其宜也,以命則得與不得無所憂也。然則孔子於衛主顏讎由者,以其有命也。然而孔子又嘗不悦於魯、衛二國,遂之宋國,是時宋國司馬桓魋將要求孔子而殺之,孔子乃變更微服而過宋。當此時也,孔子是遭其阨,不得已遂至陳,主司城貞子家,爲陳侯周之臣。孟子於此又曰:我聞觀遠方之來臣者,但觀其所爲主者如何,則知其賢否也。今孔子如主癰疽與侍人瘠環,二人但卑佞之臣耳,爲凡人也,何得爲之孔子?今以司城貞子行不可得而詳,由其謚而推之,則司城貞子亦爲守正之臣者也,非癰疽、瘠環之比也。然則孔子當阨,不得已而主之者尚且如是,况癰疽、瘠環者,孰謂孔子肯主之乎?蓋司城者,今以宋六卿考之,則司城在司寇之上,右師、左師、司馬、司徒之下,其位則六卿之中也。古有司空之官,無司城之名,特宋有之者,按《左傳》魯桓公六年「宋以武公廢司空」,杜預曰:「武公名司空,遂廢爲司城也。」

注「顏讎由」至「靈公」。

正義曰:未詳其人,但以經文推之,亦誠然也。

注「遭宋司馬桓魋」又案《孔子世家》《史記》云:「孔子自魯適衛,主於子路妻兄顏濁鄒家。」是則顏讎由即濁鄒也,爲衛大夫。

正義曰:案《史記》:「孔子自衛過曹,及去曹適宋,與弟子習禮大樹下。宋司馬桓魋欲殺孔子,拔其樹。遂適鄭,與弟子相失。遂至陳,主於司城貞子家。歲餘,吳王夫差伐陳,取三邑而去。」

《史記·孔子世家》十五年《左傳》云:「彌子飲衛侯酒。」《史記》云:「彌子,彌子瑕也。」是其有幸於衛靈公者也。又案魯哀公二十五年《左傳》云:「宋公子地嬖蘧富獵,十一分其室,而以其五與之。公子地有白馬四,公嬖向魋,魋欲之,公取而朱其尾鬣以與之。」是則顏讎由宋卿,非宋卿也。亦恐史家謬誤。云陳侯周,懷公子也,今案《史記》世家「陳由是推之,則司城貞子爲陳國之卿,非宋卿也。亦恐史家謬誤。

懷公之子名越者，乃爲湣公」❶又案湣公年表「六年，孔子來」，是則陳侯周即湣也，是懷公之子。湣公即位二十四年，楚惠王復國，以兵北伐，殺湣公，遂滅陳而有之，是歲孔子卒於魯。案《孔子世家》云：「孔子在陳三歲，晉楚爭強，更伐陳。及吳侵陳，孔子遂曰：歸與歸與。」然則孔子湣公六年來至，居三歲，遂復適衛而歸魯，是湣公八年去陳也。由此推之，則孔子主於司城，是爲湣公之臣矣。今孟子乃云爲陳侯周臣，是陳侯周即湣也。

萬章問曰：「或曰：『百里奚自鬻於秦養牲者五羊之皮，食牛，以要秦繆公。』信乎？」人言百里奚自賣五殺羊皮，爲人養牛，以是而要秦繆之相，實然不？孟子曰：「否，不然。好事者爲之也。好事毀敗人之德行者爲設此言也。百里奚，虞人也。晉人以垂棘之璧與屈產之乘，假道於虞以伐虢。宮之奇諫，垂棘，美玉所出地名。屈產，地，良馬所生。乘，四馬也。皆晉國之所寶。宮之奇，虞之賢臣，諫之不欲令虞公受璧，馬而假晉道。百里奚不諫，知虞公之不可諫而去。之秦，年已七十矣，曾不知以食牛干秦繆公之爲汙也，可謂智乎？不可諫而不諫，可謂不智乎？知虞公之將亡而先去之，不可謂不智也。時舉於秦，知繆公之可與有行也而相之，可謂不智

❶「湣」，原作「湣」，據阮本改。下同。

乎？**相秦而顯其君於天下，可傳於後世，不賢而能之乎？**百里奚知虞公之不可諫而去之，之秦，年七十而不知食牛、干人君之爲汙，是爲不智也。欲言其不智，下有三智，知食牛、干秦爲不然也。卒相秦，顯其君，不賢之人豈能如是？言其實賢也。人自鬻於汙辱，而以傅相成立其君，❶鄉黨邑里自喜好名者尚不肯爲也，況賢人肯辱身而爲之乎？」人自鬻於汙辱，**自鬻以成其君，鄉黨自好者不爲，而謂賢者爲之乎？**

疏「萬章問曰」至「賢者爲之乎」。正義曰：此章言君子時行則行，時舍則舍，故能顯君明道，不爲苟合，而爲正者也。「萬章問曰」至「信乎」者，萬章問孟子，謂或有人曰：百里奚自賣五羖羊之皮於秦，爲人養牛，以此而干秦穆公爲之相，❷今信乃爲實然乎，否乎？「孟子曰否」至「而謂賢者爲之乎」，孟子答之，以爲否，不信然也。百里奚，虞國之大夫也。晉獻公以垂棘之璧與屈產之乘，借道於虞以伐虢國。虞之大夫宫之奇諫之，❸今虞公無受璧與馬以借與道也。百里奚不諫之，以其知虞公之不可諫而去之。遂往秦，時百里奚年已七十歲矣，豈不知食牛、干秦繆公之爲有汙辱也？荀如是，不知以食牛爲汙辱，可謂智者？言不可謂之智者矣。知虞公爲君不可得而諫，故不諫，可謂爲不智乎？言如此可謂爲智者也。又知虞公將亡其

---

❶「傅」原作「傳」，按阮校：「傳，『傅』之誤。宋本、孔本、韓本、《考文》古本正作『傅』，是也。閩、監、毛三本作『輔』。」據改。

❷「穆」，阮本作「繆」。

❸「宫」，原作「富」，據阮本改。

國，而乃先去之而之秦，不可謂之不智也。時得舉用於秦國，百里奚知秦繆公可與有行其道也，遂輔相之，可謂不智乎？言可謂之智者矣。及輔相秦繆公，而顯其君名揚於天下，不爲賢者而能如是乎？言百里奚眞賢者，乃能如是顯其君於天下，可傳於後世。如自賣而汙辱其身，乃爲成立其君，雖鄉黨邑里自喜好名者，尚亦不肯爲自鬻以汙身，今乃謂百里奚爲眞賢者而肯爲是乎？言百里奚不肯爲是也。蓋宮之奇者，按杜預《春秋傳》曰：「虞之忠臣也。」正義曰：《說文》云：「殺，夏羊牡曰羖也。」注「垂棘」至「晉道」。正義曰：《左傳》魯僖公二年云：「晉荀息請以屈產之乘與垂棘之璧，假道於虞以伐虢。」杜預曰：「荀息，荀叔也。屈地生良馬，垂棘出美玉，故以爲名。四馬曰乘。」《史記》云：「百里奚者，晉獻公既虜百里奚以爲秦繆公媵於秦，百里奚亡秦走宛，楚鄙人執之，繆公聞百里奚賢，欲重贖之，恐楚人不與，乃使人請以五羖羊之皮贖之。楚人許之，繆公乃釋其囚，授之以國政，號曰五羖大夫。」是其事矣。又傳公五年云：「晉侯復假道於虞以伐虢。宮之奇諫曰：『虢，虞之表也。虢亡，虞必從之。晉不可啓，寇不可翫，一之謂甚，其可再乎爲？』二年，假晉道，滅下陽是也。❶ 諺所謂『輔車相依，脣亡齒寒』，其虞、虢之謂也。宮之奇以其族行，曰：『虞不臘矣，在此行也。』冬十二月，晉滅虢，虢公醜奔京師。師還，館于虞，遂襲虞，滅之，執虞公及其大夫井伯，以媵秦穆姬。而脩虞祀，且歸其職貢於王。故書曰：『晉人執虞公。』」此孟子所以據是云焉

---

❶ 「二年假晉道滅下陽」，此爲杜預注，非《左傳》之文。

罪虞，且言易也」。

卷第九下　萬章章句上

三七一

孟子注疏解經卷第十上

趙氏注　孫奭疏

萬章章句下凡九章

疏　正義曰：此卷即趙注分上卷爲下卷也，此卷中凡九章。一章言聖人由力，力有常也，賢者由巧，巧可增也，仲尼天高不可階，他人丘陵猶可踰。二章言聖人制祿，上下差敍。三章言匹夫友賢，下之以德；三公友賢，授之以爵。四章言聖人憂民，樂行其道，不合則去，亦不淹久。五章言國有道則能者處卿相，國無道則聖人居乘田。六章言知賢之道，舉之爲上，養之爲次，不舉不養，賢惡肯歸？七章言君子之志，志於行道，不得其禮，亦不苟往。八章言好高慕遠，君子之道。九章言國須賢臣，必擇忠良，親近貴戚，或遭禍殃。凡此九章，合上卷九章，是《萬章》有十八章矣。

孟子曰：「伯夷目不視惡色，耳不聽惡聲。非其君不事，非其民不使。治則進，亂則退。橫政之所出，橫民之所止，不忍居也。思與鄉人處，如以朝衣朝冠坐於塗炭也。當紂之時，

居北海之濱，以待天下之清也。故聞伯夷之風者，頑夫廉，懦夫有立志。孟子反覆嗟伯夷、伊尹、柳下惠之德，以爲足以配於聖人，故數章陳之，猶詩人有所誦述。至於數四，蓋其留意者也。義見上篇矣。此復言不視惡色，謂行不正而有美色者，若夏姬之比也。耳不聽惡聲，謂鄭聲也。後世聞其風者，頑貪之夫，更思廉潔，懦弱之人，更思有立義之志也。伊尹曰：『何事非君？何使非民？』治亦進，亂亦進。曰：『天之生斯民也，使先知覺後知，使先覺覺後覺。予，天民之先覺者也。予將以此道覺此民也。』思天下之民，匹夫匹婦有不與被堯舜之澤者，如己推而內之溝中，其自任以天下之重也。說與上同。柳下惠不羞汙君，不辭小官，進不隱賢，必以其道，遺佚而不怨，阨窮而不憫，與鄉人處，由由然不忍去也。『爾爲爾，我爲我，雖袒裼裸裎於我側，爾焉能浼我哉？』故聞柳下惠之風者，鄙夫寬，薄夫敦。鄙狹者更寬優，薄淺者更深厚。孔子之去齊，接淅而行。去魯，曰：『遲遲吾行也，去父母國之道也。』可以速而速，可以久而久，可以處而處，可以仕而仕，孔子也。」淅，漬米也。不及炊，避惡呕也。魯，父母之國，遲遲不忍去也，是其道也。孔子，聖人，故能量時宜、動中權也。孟子曰：「伯夷，聖之清者也；伊尹，聖之任者也；柳下惠，聖之和者也；孔子，聖之時者也。孔子之謂集大成。集大成也者，金聲而玉振之也。金聲也者，始條理也。玉振之也者，終條理也。伯夷清，伊尹任，柳下惠和，皆得聖人之道也。孔子時行則行，時

止則止，孔子集先聖之大道，以成己之聖德者也，故能金聲而玉振之。振，揚也。故如金者之有殺，❶振揚玉音，終始如一也。始條理者，金從革，可治之使條理。終條理者，玉終其聲而不細也，合三德而不撓也。

始條理者，智之事也。終條理者，聖之事也。 智者智理物，❷聖人終始同。**智，譬則巧也。聖，譬則力也。由射於百步之外也，其至，爾力也；其中，非爾力也。** 智譬猶人之有技巧也，❸可學而益之。以聖，譬猶力之有多少，自有極限，不可強增。聖人受天性，可庶幾而不可及也。夫射遠而至，爾努力也，其中的者，爾之巧也。思改其手用巧意，乃能中也。

㊙「孟子曰：伯夷」至「非爾力也」。正義曰：此章言聖人由力，力有常也；賢者由巧，巧可增也。「孟子曰：伯夷目不視惡色，耳不聽惡聲」至「薄夫敦」，已說上篇詳矣。此言不視惡色，不聽惡聲者，言伯夷清潔其身，不欲以亂色留於明，姦聲留於聰也。於是使聞伯夷之清風者，頑貪之夫莫不變鄙狹而爲廉潔之人，懦弱之夫莫不變而能有立其剛志也。聞下惠之和風者，莫不變鄙狹而爲寬博，變淺薄而爲敦厚也。「孔子之去齊」至「孔子也」，言孔子之去齊急速，但漬米不及炊而即行，以其避惡，故如是也。所謂父母國者，孔子所生於魯國，故爲父母之國也。去魯國，則曰遲遲而不忍行去，此爲去父母國之道也。大抵孔

❶「者」，按阮校：「宋本、孔本、韓本、《考文》古本作『聲』，閩、監、毛三本作『音』。」

❷下「智」字，按阮校：「《考文》古本同，山井鼎云『恐非』。閩、監、毛三本，孔本、韓本作『知』。」

❸「智」上，按阮校：「廖本、孔本、韓本、《考文》古本有『以』字。」

子量時適變,其去國可以速則速,故於齊不待炊而行也。可以仕於其君則仕之,際可、公養之仕也。凡如此者,可以處此國則處之,故未嘗有三年之淹。可以久而未去則久之,故於魯國所以遲吾行也。故曰孔子如是也。「孟子曰」至「非爾力也」孟子又曰:伯夷之行,爲聖人之清者也,是其不以物污其己,而成其行於清也。伊尹之行,爲聖人之任者也,是其樂於自爲,而以天下之重自任也。柳下惠之行,爲聖人之和者也,是其不以己異於物,而成其行於和也。唯孔子者,獨爲聖人之時者也,是其行之可、可以清則清,可以任則任,可以和則和,不特倚於一偏也,故謂之孔子爲集其大成,得純全之行者也。蓋集夷、伊尹、下惠三聖之道,是爲大成耳。如所謂「危邦不入,亂邦不居」,是孔子之清,而不至伯夷一於清也。佛肸召而欲往,是孔子之任,而不至伊尹一於任也。南子見所不見,陽貨敬所不敬,是孔子之和,而不至下惠一於和也。然則伯夷、伊尹、下惠,是皆止於一偏,未得其大全也,而孟子亦皆取之爲聖者,蓋伯夷、伊尹、下惠各承其時之有弊,不得不如是而救也。以孔子觀之,又能集此三聖而爲大成者也。方伯夷之時,天下多進寡退,而伯夷所以如是而以天下爲己任。方伊尹之時,天下多退寡進,而伊尹所以如是而以天下爲己任。方下惠之時,天下多潔己而異俗,而下惠所以如是而俯身而同衆。故伯夷承伊尹之弊而救之清,下惠承伯夷之弊而救之和。孔子又承而集之,遂爲大成者。誰謂伯夷、伊尹、下惠救時弊如此,可不謂爲聖者耶?雖然,孟子取爲三聖,其言又不無意於其間也。言伯夷但聖之清者也,以其取清而言之矣。伊尹但聖之任者也,以其取任而言之矣。下惠但聖之和者也,以其取和而言之矣。孔子之聖則以時也,其時爲言,以謂時

然則然,無可無不可,故謂之集其大成,又非止於一偏而已。故孟子於下故取金聲玉振而喻之也,❶言集大成者,如金聲而玉振之者也。金聲者,是其始條理也,言金聲始則隆而終則殺者也,如伯夷能清而不能任,伊尹能任而不能和,下惠能和而不能清者也。玉振之者,是其終條理也,言玉振則終始如一而無隆殺者也,如孔子能清、能任、能和者也。所以合金聲而玉振之而言也,以其孔子其始如金聲之隆,而能清、能和,其終且如玉振無隆殺,又能清而且任、任而且和、和而且清,有始有終,如一者也。然則孟子於此,且合金聲玉振之條理而喻歸于孔子,是其宜也。然而始條理者,是為智者之事也;終條理者,是為聖人之事也。以智者而譬之,則若人之有巧也;以聖人而譬之,則若人之有力也。如射於百步之外,為遠其射至於百步之外,是人之力也;其所以中的者,非人之力也。蓋能至,亦射之善者矣;而能至能中者,又備其善者也。此譬伯夷、伊尹、下惠但如射於百步之外,能至而不能中;孔子於射能至,又能中者也。能清、能任、能和,是聖人之善者也;能時,是備其聖人之善者也。此一段則孟子總意而解其始終條理也,而始終條理又解金聲玉振又喻孔子集三聖之大成者耳。蓋條理者,條則有數而不紊,理則有分而不可易也。 注「夏姬、鄭聲」。 正義曰:云「夏姬」者,按《史記》云:「夏姬,夏徵舒之母,陳大夫御叔之妻,❷三為

❶ 下「故」字,阮本作「又」。
❷ 「御」原作「世」,據阮本改。

王后,二爲夫人,❶納之者無不迷惑。陳靈公與大夫孔寧、儀共通於夏姬,❷廢夫朝政,❸徵舒遂殺靈公。及申公盜將夏姬來奔於晉,❹晉人殺巫臣,又娶夏姬。」云「鄭聲」者,已說於《公孫丑》篇。注「伯夷清,伊尹任,柳下惠和,孔子時行則行,時止則止」者。凡此是也。 正義曰:已說於上篇。

北宮錡問曰:「周室班爵禄也,如之何?」北宮錡,衛人。班,列也。問周家班列爵禄,❺等差謂何。孟子曰:「其詳不可得聞也。諸侯惡其害己也,而皆去其籍,然而軻也嘗聞其略也。詳,悉也。不可得備知也。諸侯欲恣行,憎惡其法度妨害己之所爲,❻故滅去典籍。今《周禮》司禄之官無其職,是則諸侯皆去之,故使不復存也。軻,孟子名也。略,麤也。言嘗聞其大綱如此矣。今考之《禮記・王制》,則合也。天子一位,公一位,侯一位,伯一位,子、男同一位,凡五等也。公謂上公九命及二

❶「二」,《史記・陳杞世家》作「七」。
❷「儀」,據《左傳》及《史記》,當作「儀行父」。
❸「夫」,阮本作「失」。
❹「盜」,原作「蓋」,據四庫本及《史記・晉世家》改。
❺「問」,原作「門」,據阮本改。
❻「憎」,原作「增」,據阮本改。下疏同。

卷第十上　萬章章句下

三七七

王後也。自天子以下，❶列尊卑之位凡五等。君一位，卿一位，大夫一位，上士一位，中士一位，下士一位，凡六等。諸侯法天子，臣名亦有此六等，從君下至於士。天子之制，地方千里，公、侯皆方百里，伯七十里，子、男五十里，凡四等。❷天子封畿千里，諸侯方百里，象雷震也。不能五十里，不達於天子，附於諸侯，曰附庸。小者不能特達於天子，因大國以名通，曰附庸也。天子之卿受地視侯，大夫受地視伯，元士受地視子、男。視，比也。天子之卿、大夫、士所受采地之制。大國地方百里，君十卿祿，卿祿四大夫，大夫倍上士，上士倍中士，中士倍下士，下士與庶人在官者同祿，祿足以代其耕也。公、侯之國爲大國，卿祿居於君祿十分之一也，大夫祿居於卿祿四分之一也。士不得耕，以祿代耕也。❸次國地方七十里，君十卿祿，卿祿三大夫，大夫倍上士，上士倍中士，中士倍下士，下士與庶人在官者同祿，祿足以代其耕也。伯爲次國，大夫祿居卿祿三分之一也。小國地方五十里，君十卿祿，卿祿二大夫，大夫倍上士，上士倍中士，中士倍下士，下士與庶人在官者同祿，祿足以代其耕也。子、男爲小國，大夫祿居卿祿二分之一也。耕者之

❶「自」，原作「白」，據阮本改。
❷「土」，阮本作「制」。
❸「耕」，原作「祿」，據阮本改。

所獲，一夫百畝，百畝之糞，上農夫食九人，上次食八人，中食七人，中次食六人，下食五人。庶人在官者，其禄以是爲差。」獲，得也。一夫一婦佃田百畝，百畝之田加之以糞，是爲上農夫，其所得穀足以食九口。庶人在官者，食禄之等差，由農夫有上、中、下之次，亦有此五等，若今之斗食、佐史、除吏也。○「北宫」至「爲差」。

正義曰：此章言聖人制禄，上下等差，貴有常尊，❶賤有等威，諸侯僭越，滅籍從私。孟子略記言其大綱，以答北宫錡之問也。「北宫錡問曰：周室班爵禄，如之何」者，北宫錡問孟子，以謂周家班列其爵禄，高下等差，如之何？「孟子曰：其詳不可得而聞也」至「嘗聞其略也」者，孟子答之，❷謂其詳悉則不可得而聞，諸侯放恣，憎惡其法度有妨於己之所爲，盡滅去其典籍，故今不復有，然而軻也但嘗聞得其大綱也。❸「天子一位，公一位，侯一位，伯一位，子、男同一位，凡五等」至「上次食八人，中食七人，中次食六人，下食五人。庶人在官者，其禄以是爲差」者，此皆孟子言周室班爵禄之大綱也。云「天子一位」至「凡五等也」者，蓋父天母地，而爲之子者，天子也。爵位盛大，以無私爲德者，公也。斥候於外，以君人爲德者，侯也。體仁足以長人者，伯也。子，字也，字，養也，而其德足以養人者，故曰子也。男，任也，

❶「常」，原作「當」，據阮本改。
❷「答」，原作「合」，據阮本改。
❸「然」，原作「彼」，據阮本改。

任,安也,而其德足以安人者,故曰男也。❶自天子至於子、男,皆有君道,故尊卑之位凡有五等,然公、侯、伯、子、男皆臣乎天子,而爵位之列自天子始,所以與天子同其班。「君一位,卿一位」至「凡六等」者,蓋出命足以正衆者,君也。知進退而其道上達者,卿也。智足以帥人者,大夫也。才足以事人者,士也。自君以下至於士,皆有臣道焉,故尊卑之位凡六等,然卿、大夫、士皆臣乎國君,而爵位之列自國君,所以與國君同其班。凡此者,是皆孟子所謂班君臣之爵也。「天子之制,地方千里」至「附庸」者,此孟子言土地之等差也。故天子尊於公、侯,故制地方廣千里,蓋不方千里,則無以待天下之諸侯故也。公、侯卑於天子,故地廣百里,蓋不廣百里則無以守宗廟之典籍故也。伯又卑於公、侯,子、男又卑於伯,故其地之廣狹亦莫不有七十里、五十里之差。凡是四等,如其德不足以合瑞於天子,而其地又不足以敵廣於公、侯,其勢又難以特達於天子者,故因大國以名通,則謂之附庸。「天子之卿受地視侯,大夫受地視伯,元士受地視子、男」者,此言天子之卿、大夫、士所受采地之制也。《周禮》上公九命,侯、伯七命,子、男五命,王之三公八命,其卿六命,其大夫四命。鄭玄云「王之上士三命」,則元士者即上士也。蓋以六命之卿,其所受之地視七命之諸侯;以四命之大夫,則所受之地而視七命之伯,其所受之地則視五命之子、男故也。「大國地方百里,君十卿禄」至「禄足以代其耕也」者,蓋公、侯之國是爲大國者也,大國之地方百里,而國君之禄則十倍於卿,而卿之禄是爲居於君禄十分之一也。卿所居之禄又四倍於大夫,而大夫之禄是爲居卿禄四分之一也。

❶ 「曰」,原作「田」,據阮校改。

大夫所受之地則一倍於上士，而上士之祿是爲居大夫二分之一也。中士、下士，亦皆轉爲相倍。而下士與庶人在官者同祿者，蓋庶人在官者，是未命爲士者也，謂府史之屬，官長所除，不命於天子、國君者也。其祿比於上農夫，然而不耕之者，蓋以士勞力於事人，不爲無庸也，而祿已足以代其耕矣。「次國地方七十里，君十卿祿」至「祿足以代其耕也」者，蓋伯之國是爲次國者也，君、卿、大夫、士之祿亦同大國之君、大夫、士之祿相爲倍差，其下士與庶人在官者，亦以祿足以代其耕矣。「小國地方五十里，君十卿祿」者，蓋子、男是爲小國者也，君、卿、大夫、士之祿亦相爲倍差，與上同，其祿足以代其耕然。❶「耕者之所獲，一夫百畝，百畝之糞，上農夫食九人，上次食八人，中次食七人，下食五人。其庶人在官者，亦如農夫有其祿以是爲差」者，蓋耕者所得，一夫一婦佃田百畝，而百畝之田加之以糞，是爲上農夫，其所得之穀足以食養其九口，上次則食八人，中次則食六人，下食五人。❷中次則食六人，下食五人。諸侯之上大夫卿、下大夫、上士、中士、下士，凡五等。」其不及天子，又無六等，殆與孟子不合者，蓋以孟子所言則周制，而《王制》所言則夏、商之制也。《王制》云：「公、侯田方百里，伯七十里，子、男五十里，不能五十里者，不合於天子，附於諸侯，曰附庸。」而孟子不言田而言地者，蓋祿以田爲主，《王制》主於分田

---

❶ 「然」上，原有墨丁，阮本作「亦」。
❷ 「七」，原作「六」，據阮本改。

卷第十上　萬章句下

三八一

以制禄，孟子主於制地以分國，而國以地爲主，此所以有田、地之異也。《王制》云：「天子之三公視公、侯，天子之卿視伯，天子之大夫視子、男，天子之元士視附庸。」而孟子則言天子之公受地視侯，天子之卿受地視伯，元士受地視子，其視不同者，亦以周制與夏、商之制不同也。孟子所以不言天子之卿者，蓋卿與公同其所受，是所謂舉卑以見尊之意也。此又孟子所云班臣之禄也。 注「詳，悉也」至「則其合也」。

正義曰：云「諸侯欲恣行，憎惡其法度妨害己之所爲，故滅去典籍。今《周禮》司録之官無其職，是則諸侯皆去之」者，蓋自列國之後，先王之法浸壞，上無道揆，下無法守，而諸侯類皆以強吞弱，以大并小，而齊、魯之始封儉於百里，至孟子時，齊方百里者十，魯方百里者五，此諸侯所以惡其籍害己，而司録之職也。是時周室班爵禄之道，孟子所以不得聞其詳，特以大略而答北宮錡之問也。 云「今考《王制》則合也」者，蓋自《王制》推之，亦有不合者矣，已説於前歟。 注「公謂上公九命及二王後也」至「凡五等」。

正義曰：《周禮·典命》職云「上公九命爲伯」，鄭氏云「上公謂王之三公有德者，加命爲二伯，二王之後，亦爲上公」是也。 注「凡此四等，土地之等差也」至「曰附庸」。

正義曰：《周官》建王國，制其畿方千里，諸侯方百里。象雷震也」者，按《周易》云「震驚百里，象雷震也」是也。《王制》云：「天子之田方千里，公、侯田方百里，伯七十里，子、男五十里。不能五十里者，不合於天子，附於諸侯。」鄭氏云：「象日月之大，亦取略同也。附庸者，小城曰附庸，附庸者以國事附於大國，未能以其名通也。」 注「視，比也」至「制也」。

正義曰：《王制》云：「天子之三公之田視公、侯，天子之卿視伯，天子之大夫視子、男五十里，鄭氏注云：『星辰之大小也。』天子方千里，此謂縣内以禄公、卿、大夫、元士。」自公侯百里至子男五十里，鄭氏云：「象日月之大，亦取略同也。附庸者，小城曰附庸，附庸者以國事附於大國，未能以其名通也。」

卿視伯，天子之大夫視子、男，天子之元士視附庸。」鄭注云：「視猶比也。元，❶善士，謂命士也。此殷所因夏爵三等之制也。殷有鬼侯、梅伯。春秋變周之文，從殷之質，合伯、子、男以爲一，則殷爵三等者，公、侯、伯也，異畿內謂之子。周武王初定天下，更立五等之爵，增以子、男，而猶因殷之制，以九州之界尚狹也。周公攝政，致太平，斥大九州之界，制禮成武王之意，封王者之後爲公及有功之諸侯。大者地方五百里，其次侯四百里，其次伯三百里，其次子二百里，其次男百里。所因殷之諸侯亦以功黜陟之，其不合者，皆益之地爲百里焉。是有周世有爵尊而國小、爵卑而國大者，唯天子畿內，不用以祿群臣，不主爲治民也。」《周禮・大司徒》職云：「以土圭之法求地中，以建王國，制其畿方千里。諸公之地，封疆方五百里，其食者半。諸侯之地，封疆方四百里，其食者參之一。諸伯之地，封疆方三百里，其食者參之一。諸子之地，封疆方二百里，諸其食者四之一。諸男之地，封疆方百里，其食者四之一。」鄭注云：「凡造都鄙，制其地域而封溝之。以其室數制之，不易之地家受采地之制」者，按《周禮》云：「都鄙者，王子弟公卿大夫采地。其界曰都；鄙，所居也。」此蓋變時采地之數，周未聞曰：「天子之縣內方百里之國九，七十里之國二十有一，五十里之國六十有三。」注「公侯之國爲大國」至「代耕也」，又自「伯爲次國」至「三分之一也」，又「子、男爲小國」至「二分之一也」。 正義曰：《王制》云：「凡四海之內九州，州方千里，建矣。是宜孟子但言其大綱，而其詳所以未之聞也。

❶ 「元」下，阮本及《禮記注疏》有「善也」二字。

百里之國三十，七十里之國六十，五十里之國百有二十，凡二百一十國。名山大澤不以封，其餘以爲附庸間田。八州，州二百一十國。」鄭氏云：「立大國三十，十三公也。立次國六十，十六卿也。立小國百三十，十二少卿也。名山大澤不以封，與民同財，不得障管，亦賦稅矣。此大界方三千里，三三而九，方千里者九也。其一爲縣內，餘八，各立一州，此殷制也。其一爲畿內，餘四八。八州各有方千里者六，設法一州封地方五百里者不過四，謂之大國；又封方四百里者不過六，又封方三百里者不過十一，謂之次國；又封方二百里者不過二十五，及餘方百里者謂之小國。盈上四等之數，并四十六，一州二百一十國，則餘方百里者四十一，附庸地也。」又云：「大國三卿，皆命於天子，下大夫五人，上士二十七人。次國三卿，二卿命於天子，一卿命於其君，下大夫五人，上士二十七人。小國二卿，皆命於其君，下大夫五人，上士二十七人。」然而先王之制，列爵惟五，分土惟三，此所以有公、侯、伯、子、男，而又有大國、次國、小國之殊制爾。故三十里之遂，二十里之郊，九里之城，三里之宮，是大國之制如此也。自九里之遂，三里之郊，一里之城，以城爲宮，❸是小國之制如此也。大抵上縶於大國，下縶於小國，其地雖廣狹不同，其祿雖多寡有異，及君之所受，均十卿之祿之制如此也。

----

❶ 「千」，原作「十」，據《禮記注疏》改。
❷ 「二」，原作「三」，據阮本改。
❸ 「城」，原作「成」，據阮本改。

而已。自卿以下至於士，其祿各相殺，以一此卿祿居於君祿十分之一，大夫居大夫祿二分之一。次國大夫居卿祿三分之一，小國大夫居卿祿二分之一，上士居大夫祿二分之一。次國大夫居卿祿三分之一，小國大夫居卿祿二分之一也。其間《王制》《周官》與《孟子》雖有不合者，亦於前言其大概也。 注「獲，得也，一夫一婦，佃田百畝」至「若今之斗食、佐史、除吏也」。 正義曰：古者制民之産，以六尺爲步，步百爲畝，畝百爲夫。此耕者之所得，所以一夫受田百畝也。《王制》云：「農夫百畝。❶百畝之分，上農夫食九人，其次食八人，其次食七人，其次食六人。下農夫食五人。」鄭氏以謂農夫皆受田於公，田肥瘠有五等，收入不同。其説是矣。然孟子言上農夫食九人，中次食八人，下食五人。凡三等，又與此異。蓋以《周禮》以一易、再易、不易之地言之，❷所以有三等。《孟子》《王制》論所入食人之衆寡，此所以有五等也。《周禮》上地家七人，而孟子言上地、上農夫食九人，上次食八人者，蓋上農夫足以食九人，而其家七人者，亦得以受之，此民所以有餘財。自七人以下，則不得以次食八人者。先王之制祿，諸侯之下士視上農夫，祿足以代其耕，則庶人在官者與下士同祿。其多寡之數，一視五等農夫爲差，而班祿亦不外此。

萬章問曰：「敢問友？」問朋友之道也。 孟子曰：「不挾長，不挾貴，不挾兄弟而友。友也

❶ 「農夫」，《禮記・王制》作「農田」。
❷ 「一」，原爲空格，據阮本補。

者，友其德也，不可以有挾也。長，年長。貴，貴勢。兄弟，兄弟有富貴者。不挾是乃爲友，謂相友以德也。孟獻子，百乘之家也，有友五人焉：樂正裘、牧仲，其三人則予忘之矣。獻子之與此五人者友也，無獻子之家者也。此五人者亦有獻子之家，則不與之友矣。獻子，魯卿，孟氏也，有百乘之賦。樂正裘、牧仲其五人者，皆賢人無位者也。此五人者，自有獻子之家，富貴而復有德，不肯與獻子友也。獻子以其富貴下此五人，五人屈禮而就之也。非惟百乘之家爲然也，雖小國之君亦有之。費惠公曰：『吾於子思則師之矣，吾於顏般則友之矣。王順、長息，則事我者也。』小國之君，若費惠公者也。王順、長息，德不能見師友，故曰事我者也。晉平公於亥唐也，❶入云則入，坐云則坐，食云則食。大國之君，如晉平公者也。亥唐，晉賢人也，隱居陋巷，晉平公嘗往造之，❷亥唐言入，平公乃入，言坐乃坐，言食乃食也。蔬食，糲食也。不敢不飽，敬賢也。終於此，平公但以此禮下之而已。弗與共天位也，弗與治天職也，弗與食天禄也。士之尊賢者也，非王公尊賢也。❸位、職、禄，皆天之所以授賢者，而平公不與亥唐共之，而但卑身下之，是乃匹夫尊賢者之禮耳。王公尊賢，當與

❶ 「於」上，按阮校：「監、毛二本、孔本、韓本有『之』字。」
❷ 「嘗」，按阮校：「宋本作『當』。廖本作『常』，是。」
❸ 「尊」上，按阮校：「監、毛本、孔本、韓本有『之』字。」

共天職矣。舜尚見帝，帝館甥于貳室，亦饗舜，迭爲賓主，是天子而友匹夫也。尚，上也。舜在畎畝之時，堯友見之。舜上見堯，堯舍之於貳室。貳室，副宮也。堯亦就享舜之所設，更迭爲賓主。禮謂妻父曰外舅，謂我舅者吾謂之甥。堯以女妻舜，故謂舜甥。卒與之天位，是天子而友匹夫也。用下敬上謂之貴貴，用上敬下謂之尊賢，貴貴尊賢，其義一也。」下敬上，臣恭於君也。上敬下，君禮於臣也。❶

疏「萬章問曰」至「其義一也」。正義曰：此章言匹夫友賢，下之以德，王公友賢，授之以爵，大聖之行，千載爲法者也。「萬章問曰：敢問友」者，是萬章問孟子爲朋友之道如何也。「孟子曰」至「挾也」孟子答之，以謂不挾戴年長，又不挾戴其兄弟有富貴者而友朋友也，是友其德也，以其不可以有挾戴其勢而友之也。「孟獻子，百乘之家也」至「其義一也」，孟子又言孟獻子，魯卿，是有兵車百乘之家也，有友五人焉，其二人曰樂正裘、牧仲，其三人則我忘其姓名矣。夫獻子之與此五人者，是友也，以此五人無獻子之家富貴也。此五人如亦有獻子之家富貴，則以貴下賤故也，所謂好人之善而忘己之勢者爲之友矣。今五人與獻子爲友者，亦所謂樂己之道而忘人之勢者也。非惟百乘之家爲然也，雖爲小國之君亦有如是也。費惠公乃小國之君也，嘗云我於子思則事之矣，我於顏般則友之矣，王順、長息，則不足爲之師友，但事我者也。非惟小國之君爲如是也，雖大國之君亦有如是矣。晉平公者乃大國之君也，嘗往於亥唐之家，亥唐言入則入其

❶「而」，按阮校：「廖本、孔本、韓本、《考文》古本作『之』。」

門,言坐則坐,言食則食,雖蔬食菜羹之薄,亦未嘗不飽也,蓋爲不敢不飽也。然終於此以禮下之而已矣,而平公弗能與之共天位也,又弗能與之治天職也,抑又不與食其天禄也。且職、位、禄皆云天者,蓋此三者天之所以授於人也。故云國君之位必曰天位,云職必曰天職,云禄則曰天禄耳。言平公以身禮下之,是士者之尊賢矣,非所謂王公大人尊賢者也,以其王公大人尊賢,則當與共天位,不當以身禮下之也。夫舜於往日上見於堯帝,堯乃館舍之於副宮,堯亦就副宮而饗舜所設,更爲之賓主,然卒襌其天位,此天子之友其匹夫也。云匹夫者,蓋舜本則耕於歷山,但側微之賤者也,故云匹夫。云甥者,蓋堯爲舜之外舅,堯所以謂舜爲甥也。且用下敬上,如舜之上見於堯,故欽堯爲友,是謂貴其貴;用上敬下,如堯館于舜,故欽舜而與之爲友,是謂尊其賢。貴貴尊賢,禮皆所尚,故曰其義則一而無二也。獻子有五人者,《左傳》趙簡子云「魯孟獻子有鬬臣五人」,豈謂此五人者乎?然亦名字則未之詳。 注「妻父曰外舅」。 正義曰:此蓋案《禮記》而云也。

三八八

孟子注疏解經卷第十下

趙氏注　孫奭疏

萬章章句下

萬章曰：「敢問交際何心也？」際，接也。問交接道當執何心爲可也。❶孟子曰：「恭也。」當執恭敬爲心。曰：「卻之卻之爲不恭，何哉？」萬章問卻不受尊者禮，謂之不恭，何然也？曰：「尊者賜之。曰：『其所取之者，義乎？不義乎？而後受之，以是爲不恭，故弗卻也。」孟子曰：今尊者賜己，己問其所取此物寧以義乎？得無不義？乃後受之，以是爲不恭。故不當問尊者不義而卻之也。曰：「請無以辭卻之，以心卻之。曰：『其取諸民之不義也。而以他辭無受，不可乎？」萬章曰：請無正以不義之辭卻也，心知其不義，以他辭讓，無受之，不可耶？曰：「其交也以道，其接也

---

❶ 「也」，按阮校：「廖本、孔本、韓本、《考文》古本、足利本作『者』。」

以禮，斯孔子受之矣。」孟子言其來交求已以道理，其接待已有禮者若斯，孔子受之矣。蓋言其可受之也。❶萬章曰：「今有禦人於國門之外者，其交也以道，其餽也以禮，斯可受禦與？」禦人，以兵禦人而奪之貨，如是而以禮道來交接已，斯可受乎？曰：「不可。《康誥》曰：『殺越人于貨，閔不畏死，凡民罔不譈。』是不待教而誅者也。殷受夏，周受殷，所不辭也。於今為烈，如之何其受之？」孟子曰不可受也。《康誥》，《尚書》篇名。周公戒成王，康叔封。越、于，皆於也。殺於人，取於貨，閔然不知畏死者。譈，殺也，凡民無不得殺之者也。若此之惡，不待君之教命，遭人得討之。三代相傳以此法，不須辭問也。於今為烈烈明法。❷如之何受其餽也？曰：「今之諸侯取之於民也，猶禦也。苟善其禮際矣，斯君子受之，敢問何說也？」萬章曰：今之諸侯賦稅於民，不由其道，履畝強求，猶禦人也。欲善其禮以接君子，君子欲受之，❸何說也？君子謂孟子也。曰：「子以為有王者作，將比今之諸侯而誅之乎？其教之不改而後誅之乎？夫謂非其有而取之者，盜也，充類至義之盡

---

❶「交求」，按阮校：「岳本、孔本、韓本、《考文》古本作『求交』。」

❷「蓋言其可受之也」，按阮校：「宋本、廖本、孔本、韓本、《考文》古本作『言可受也』，足利本無『之也』二字。」

❸下「烈」字，按阮校：「韓本、《考文》古本作『然』。」

❹「欲受之」，按阮校：「孔本、韓本『欲』作『且』，『受』上重『受』字，《考文》古本同孔本，無『且』字。」

孔子之仕於魯也，魯人獵較，孔子亦獵較。獵較猶可，而況受其賜乎？」孟子謂萬章曰：子以爲後如有聖人興作，將比地盡誅今之諸侯乎？將教之，其不改者乃誅之乎？言必教之，誅其有而竊取之者爲盜。殷之衰，亦猶周之末。武王不盡誅殷之諸侯，滅國五十而已。知後王者亦不盡誅也。諸侯本當稅民之類者，今大盡耳，亦不可比於禦。孔子隨魯人之獵較。滿其類大過至者，但義盡耳，未爲盜也。獵較者，田獵相較，奪禽獸得之以祭，時俗所尚，以爲吉祥。孔子不違而從之，所以小同於世也。獵較尚猶可爲，況受其賜而不可也。

曰：「事道也。」孟子曰：孔子所仕者，欲事行其道也。「事道奚獵較也？」萬章問孔子之仕，非欲事行其道？

曰：「孔子先簿正祭器，不以四方之食供簿正。」孟子曰：孔子仕於衰世，不可卒暴改戾，故以漸正之，先爲簿書以正其宗廟祭祀之器，即其舊禮，取備於國中，不以四方珍食供其所簿正之器，度珍食難常有之，❶絕則爲不敬，故獵較以祭也。

曰：「奚不去也？」萬章曰：孔子不得行道，何爲不去也？

曰：「爲之兆也。兆足以行矣而不行，而後去，是以未嘗有所終三年淹也。兆，始也。孔子每仕，常爲之正本造始，欲以次治之，而不見用，占其事始而退。足以行之矣而君不行也，然後則孔子去矣。終，竟也。孔子未嘗得竟事一國也三年淹留而不去者也。

❶「之」，阮本作「乏」，屬下讀。

孔子有見

行可之仕，有際可之仕，有公養之仕。於季桓子，見行可之仕也。於衞靈公，際可之仕也。於衞孝公，公養之仕也。」行可，冀可行道也。魯卿季桓子秉國之政，孔子仕之，冀可得因之行道也。衞靈公接遇孔子以禮，故見之也。衞孝公以國君養賢者之禮養孔子，孔子故宿留以答之也。

「萬章問曰」至「公養之仕也」。正義曰：此章言聖人憂民，樂行其道，苟善辭命，不合則去，亦不淹久。蓋仲尼行止之節者也。「萬章問曰：敢問交際何心也」，萬章問孟子，凡交接之際，當執何心而交接也。「孟子曰：恭也」，孟子答之曰：但當執恭敬之心也。「何哉」者，是何然也。「曰：卻之卻之爲不恭，何哉」，萬章又問孟子，言卻去之、卻去之而不受，是爲不恭敬然也。「故弗卻也」，孟子又答之，言尊長賜己，己乃問之曰：其所取此物寧以義取之乎？不以義取之乎？乃方受之，以此是爲不恭敬也。謂宜受之，故不言也。「曰：請無以辭卻之」至「不可乎」，萬章又問曰：如尊長賜己之物，其所取之不義，但請無以直言不義之辭卻之，但以己心卻去而不受，爲取民之不義也，然後飾以他辭卻之道，其接也以禮，斯孔子受之矣」，孟子又答之曰：其以物來交己以道理，其接待於己亦以禮度，此孔子受之矣。言其如此交接，則可受之也。「萬章曰：今有禦人於國門之外」至「斯可以受禦與」，萬章又問曰：假使今有人以兵禦人於國門之外者，而奪得其貨物，其來交己也以道理，其餽賜己也亦以禮度，如此誠可以受禦奪之物與？「曰：不可」至「如之何其受之」，孟子又答之，以爲不可受也。且《尚書·康誥》之篇有云，殺於人而取于貨，暋然强暴，爲不畏死者，雖凡之衆民，無有不憝惡之也。如此者，是可不待教而後誅殺

之者也。言即殺之，更不必待其教命之後也。如若殷受夏之天下，周受殷之天下，所不辭也，無他，以其夏桀、殷紂無道義，當代之而受其天下也。❶於今乃竊比聖王之迹，而遂以殺人而受物於人，爲之暴烈，如之何可受？言不可受此之餓也。「曰：今之諸侯」至「敢問何也」，萬章又曰：今之諸侯賦稅於民，不以其道，亦如禦人而奪貨者也，苟善其禮以交接之，斯君子且受之，敢問何謂？「曰：子以爲有王者作，將比今之諸侯而盡誅之乎？其待教之，其不改者乃誅之乎」孟子又謂萬章曰：子今以爲後如有王者興作，將比今之諸侯無道而盡誅之乎？其待教之，其不改者乃誅之乎？言必待教之不改者也。故曰：夫所謂非其所有而取之者，是爲盜也，如充取民賦稅之類至大過者，但義之盡耳，亦未爲盜者也。夫所謂非其有而取之者，是爲盜也，充類至義之盡也。然孟子必以此言者，其意蓋謂今之諸侯雖取於民不以義，然而受教之，猶庶幾能省刑罰，薄稅斂，爲善政也，此固在所教而不誅。夫所謂非其有而取之者，是爲盜也，充類至義之盡也。然則萬章之所問乃云此者，是其繆也，宜孟子答之此耳。孔子之仕於魯國，魯國之人田獵較奪禽獸，孔子亦田獵較奪其禽獸。然而獵較而孔子猶尚可爲，而況受其賜而乃爲不可也。言此者，但有道禮以交接，❷則可受而不可辭卻也。「曰：然則孔子之仕也，非事道與」，萬章又問孟子，言如此則是孔子之爲仕也，非欲事其道與？「曰：事道也」，孟子答之，以爲孔子之仕是欲行其道也。「事道奚獵較也」，萬章又問曰：孔子既以欲行其道，何以田

❶ 「代」，阮本作「伐」。
❷ 「禮」，阮本作「理」。

獵較奪禽獸也？「曰：孔子先簿正祭器，不以四方之食供簿正」孟子又答曰：孔子所以獵較者，以其孔子仕於衰世，不可以卒暴更變，故先且即簿書而正宗廟之祭器，既欲正其祭器，又不以四方之珍食供簿正祭器，所以獵較而供簿正耳。然而孔子必以獵較禽獸而供簿正祭器，且不以四方之珍食者，但爲四方珍食難常有之，恐後人無珍食以供之，故又絕其祭之禮，所以如此也。「曰：奚不去也」，萬章又問曰：言孔子既仕於衰世，不可卒暴更變以行其道，何爲而不去而且獵較者，以其假爲行道之始也。孔子然後去之也。如此，是以孔子有見行之者，孔子遂大行其道，以輔佐其君，雖留而弗去也。兆，始也。然假獵較爲兆，既足以行之矣，而君乃不行之兆故也。「孔子有見行可之仕」至「公養之仕也」，孟子又因而言孔子有見行可之仕，有際可之仕，有公養之仕。如於魯卿季桓子再三時受，乃語魯君爲周道遊，往觀終日，怠於政事。子路曰：「夫子可以行矣。」孔子曰：「魯今且郊，如致燔乎大夫，則吾猶可以止。」桓子卒受女樂，又不致燔俎於大夫，孔子遂行宿于魯之南屯地，桓子喟然歎曰：「夫子罪我以群婢故也。」凡此是孔子有見行之後，乃且歎曰：「夫子罪我以群婢故也。」以其見行之仕也。今按《世家》又云：「衛靈公聞孔子來，喜，郊迎，問伐蒲之事。後又問陳於孔子，孔子曰：『俎豆之事，則嘗聞之矣，軍旅之事，未之學也。』凡此是孔子有際可之仕也，於衛孝公爲公養之仕者，《史記》諸家以其接遇孔子，而孔子因言之此，又孰謂非於衛靈公有際可之仕乎？於衛國並無孝公，所謂公養之仕，但言以養賢之禮養孔子也。今按《史記》紀孔子，則亦衛靈公也，據《春秋

年表》云：「衛靈公即位三十八年，孔子來，祿之。」又案《孔子世家》云：「孔子適衛，衛靈公問孔子：『居魯得祿幾何？』對曰：『奉粟六萬。』衛人亦致粟六萬。居頃之，或譖孔子，孔子遂去衛。」是則孔子於衛靈公之養之仕也。如衛孝公，則吾亦未能信，以其無以按據故也。以時推之，則孔子於季桓子受女樂之時，則靈公即位之三十七年也，魯定公十二年也。定公十三年，是衛靈公即位之三十八年也。問陳之時，則即位之四十三年，衛靈公是年卒。後之學者宜精究之。注「《康誥》《尚書》篇名。周公戒成王，封康叔」❶ 正義曰：案《尚書》云：「成王既伐管叔、蔡叔，以殷餘民封康叔，作《康誥》。」孔安國傳云：「命康叔之誥。康，圻內國名。叔，封字也。」云「殺越人于貨，暋不畏死，凡民罔弗憝」，注云：「殺人顚越人，於是以取貨利。暋，強也。自強爲惡，而不畏死，人無不惡之者。言當消絶之。」釋云：「越，于也，於也。」注「諸侯滅國五十」。正義曰：此蓋據經之文也，已在《滕文公》之篇説焉。注「魯卿季桓子秉國之政」至「答之」。正義曰：《左傳》定公五年夏，「季平子卒，桓子嗣立」。杜預云：「季孫斯也。」云「衛孝公養賢者之禮養孔子」，不知何據。

❶ 「封康叔」，上注文作「康叔封」。

　　孟子曰：「仕非爲貧也，而有時乎爲貧。娶妻非爲養也，而有時乎爲養。仕本爲行道濟民也，而有以居貧親老而仕者。娶妻本爲繼嗣也，而有以親執爨竈，不擇妻而娶者。**爲貧者，辭尊居卑，辭**

富居貧。為貧之仕，當讓高顯之位，無求重禄。辭尊居卑，辭富居貧，惡乎宜乎？抱關擊柝。辭尊富者，安所宜乎？宜居抱關擊柝監門之職也。柝，門關之木也。擊，椎也。或曰柝，行夜所擊木也。《傳》曰：「魯擊柝，聞於邾。」孔子嘗為委吏矣，曰：『會計當而已矣。』嘗為乘田矣，曰：『牛羊茁壯長而已矣。』位卑而言高，罪也。立乎人之本朝而道不行，恥也。」孔子嘗以貧而禄仕。委吏，主委積倉庾之吏也。不失會計當直其多少而已。乘田，苑囿之吏也，主六畜之芻牧者也，牛羊茁壯好長大而已。茁茁❶，生長貌也，《詩》云：「彼茁者葭。」位卑不得高言豫朝事，故但稱職而已。立本朝，大道當行，不行為己之恥。是以君子禄仕者，不處大位。

疏 「孟子曰」至「恥也」。正義曰：此章言國有道則能者處卿相，國無道則聖人居乘田。量時安卑，不受言責，獨善其身者也。「孟子曰：仕非為貧」至「道不行恥也」，孟子言為仕者，志在欲行其道，以濟生民，非為家貧乏財故為仕也。娶妻志在為繼嗣以傳業，非為其欲奉養其己故娶妻也。然而有以親執釜鬵，不擇妻而娶者，是娶妻亦有時乎為養也。然以孟子於此乃言娶妻之謂者，蓋妻亦臣之喻，故因言娶仕，而帶言之也。所以於下又復敘之，而獨繼之以為貧而言也。言為貧者不苟貪，但免朝不食、夕不食，飢餓不能出門户足矣。凡此者，以其爵有尊卑，禄有多寡故然也。以其尊慕也，故辭其尊而處卑。重禄非所慕也，故辭其富而處貧。此又知孟子立言之法也。言辭尊而處卑，辭富而居貧，是安禄之少者，則又以貧言之，非所謂家貧之貧也。

❶ 「茁茁」，按阮校：「孔本、韓本、《考文》古本無一『茁』字。」

萬章章句下

所而宜之乎？言抱關擊柝者是也。抱關擊柝之職，乃監門守禦之吏也，擊柝者，所以擊關門之木以警寇也。以其是爵之卑、祿之貧者也，故曰「惡乎宜乎？抱關擊柝」。又引孔子而證之，言孔子嘗以貧而祿仕，但爲委吏，以掌倉庾。又嘗爲乘田之吏，以掌苑囿，主芻牧也。爲委吏，則曰會計當料量多少斯已矣，未嘗侵官犯分也。爲乘田之助吏，則曰牛羊茁壯肥長斯已矣，又未嘗侵官犯分也。是皆但爲稱職耳。孟子於此遂因言之曰：如位處卑，而言在高位者，是罪之極也；如立乎人之朝，而道不得行者，君子之所恥辱也。孔子曰「不在其位，不謀其政」，又曰「邦無道，富且貴焉，恥也」，皆此之謂也。

正義曰：傳云「任重而道遠者，不擇地而息，家貧親老者，不擇官而仕」，是其意歟？注「親老而仕」至「娶者」。 正義曰：已說在敘篇。 注「孔子」至「道也」。 正義曰：案《孔子世家》云：「孔子貧且賤，嘗爲季氏史而料量平，嘗爲司職吏而畜息蕃，由是爲司空，已而去魯。」是其事也。云「《詩》云：彼茁者葭」，注云：「茁，出也。葭，蘆也。」箋云：「言蘆之始出者。」

萬章曰：「士之不託諸侯，何也？」託，寄也。 諸侯失國而後託於諸侯，禮也。 萬章曰：「士之託於諸侯，非禮也。」謂士位輕，本非諸侯敵體，故不敢比失國諸侯得爲寄公也。 萬章曰：「君餽之粟，則受之乎？」士窮而無祿，君餽之粟，則可受之乎？ 曰：「受之。」 「受之何義也？」萬章曰：受粟何義也？ 曰：「君之於氓也，固周之。」氓，民也。 孟子曰：君之於民，

固當周其窮乏，況於士乎？曰：「周之則受，賜之則不受，何也？」周者，謂周急稟貧民之常料也。❷賜者，謂禮賜賜橫加也。曰：「敢問其不敢何也？」萬章問何爲不敢。曰：「抱關擊柝者，皆有常職以食於上，無常職而賜於上者，以爲不恭也。」孟子曰：士不仕，自以不任職事而空受賜爲不恭，故不受也。曰：「君餽之則受之，不識可常繼乎？」將當輒更以君命將之也。曰：「繆公之於子思也，亟問，亟餽鼎肉。子思不悅，於卒也，摽使者出諸大門之外，北面稽首再拜而不受，曰：『今而後知君之犬馬畜伋。』蓋自是臺無餽也。」摽，麾也。麾使者出大門之外，再拜叩頭不受，曰：今而後知君以犬馬畜伋。伋，子思名也。責君之不優以不煩，而但數與之食物，若養犬馬。臺，賤官，主使令者。《傳》曰：「僕臣臺。」從是之後，臺不持餽來時也。摽，麾也。孟子曰：魯繆公時尊禮子思，數餽鼎肉。❹子思以君命煩，故不悅也。於卒者，末後復

❶「居」，按阮校：「廖本、孔本、韓本、《考文》古本作『君』。」屬下讀。
❷「料」，按阮校：「廖本、孔本、韓本、《考文》古本作『科』，是也。」
❸「有」，阮本作「禄」。
❹「數」上，阮本有「數問」二字。

悦賢不能舉，又不能養也，可謂悦賢乎？」孟子議繆公之雖欲有悦賢之意，而不能舉用使行其道，又不能優養終竟之，豈可謂能悦賢也。曰：「**敢問國君欲養君子，如何斯可謂養矣？**」萬章問國君養賢之法也。曰：「**以君命將之，再拜稽首而受。其後廩人繼粟，庖人繼肉，不以君命將之。**子思以爲鼎肉使己僕僕爾，亟拜也，非養君子之道也。將者，行也。孟子曰：始以君命行，禮拜受之。其後倉廩之吏繼其粟，將盡復送，廚宰之人日送其肉，不復以君命者，欲使賢者不答以敬，所以優之也。子思所以非繆公者，以爲鼎肉使己數拜故也。僕僕，煩猥貌，謂其不得養君子之道也。**堯之於舜也，使其子九男事之，二女女焉，百官牛羊倉廩備，以養舜於畎畝之中，後舉而加諸上位，故曰王公之尊賢者也。**」堯之於舜如是，是王公尊賢之道也。九男以下，已説於上篇。上位，尊帝位也。

<u>疏</u>「萬章曰」至「尊賢者也」。

正義曰：此章言知賢之道，舉之爲上，養之爲次，不舉不養，賢惡肯歸？是以孟子上陳堯舜之大法，下刺繆公之不弘者也。「萬章曰：士之不託諸侯何也」，萬章問孟子，言士之不寄公食祿於諸侯。是如之何？「孟子曰：不敢也」至「非禮也」者，孟子答之，以爲士之所以不託於諸侯者，以其不敢也。如諸侯失去其國，然後託於諸侯，是禮也。士之託於諸侯，非是禮也。以其諸侯失國，不得繼世，而託食祿於諸侯，則所託之諸侯不敢臣之也，以賓禮之而已，蓋爲諸侯，於諸侯有賓道

❶ 「繆公慍也慍恨也」，按阮校，經文似有奪，或注文作「繆公慍恨也」五字，「也慍」二字衍。

來，繆公慍也。慍，恨也。❶

焉。士之於諸侯，則臣道也，有臣之道，故不敢託也，如託於諸侯，則非禮也。「萬章曰：君餽之粟，則受之乎」，萬章又問孟子，士既窮而無禄，如國君餽賜之以粟，可受之乎？「曰：受之」，孟子以為可受之也。「受之何義也」，萬章又問受之是何義也。「曰：周之則受，賜之則不受」，萬章又問，謂國君周之則受之也，君所賜則不受，是如之何？「曰：不敢也」，孟子又答之，以為是不敢也。「曰：敢問其不敢何也」，萬章又以此問之。「曰：抱關擊柝者」至「恭也」，孟子又答之曰：抱關擊柝為監門之吏者，是皆有常職事，可以食於君也。以其受與不受，特在義之而已。「曰：君餽之則受之，不識可常繼乎」，萬章又問，以謂國君餽之以粟，則可以受之，不知可以常繼續而餽之與？「曰：繆公之於子思」至「可謂悦賢乎」，孟子又答之，言魯繆公尊於子思，數數問之，而又數數餽賜其鼎肉。子思以君命如是之煩，故愠而不居悦。❶於卒末後復來餽之時，子思乃麾使者出諸大門之外，嚮北稽首，再拜辭之而不受，曰：至今而後乃知魯君以犬馬畜養其伋也。伋，子思自稱其名也。❷蓋自子思如是辭之之後，僕臣臺從此不持餽來也。孟子於此，又因而譏繆公既能悦其子思之賢，而不能舉而用之，又不能以禄養之，可謂能悦賢者乎？言不可為悦賢之君也。「曰：敢問國君欲養君子，如何斯可謂養矣」，萬章又問國君今欲養賢，如

❶「居」，阮本作「喜」。
❷「子思」，原作「曾子」，據四庫本及阮校改。

之何可以謂之養也。「曰：以君命將之」至「王公之尊賢者也」，孟子答之，以爲始以君命賜行，禮拜而受之，其後倉庚之吏繼其粟，將盡又送餼之，廚宰之人繼送其肉而不絕，又不以君命，欲使賢者不答以敬，以是爲優其養。所以非繆公以爲鼎肉，使己數數拜而僕僕然也。僕僕即煩猥貌也。如此，是非所以養賢之道也。且堯帝於舜也，乃使九男事之，二女女焉。女者，以女嫁人謂之女也。又以百官牛羊倉廩備，以養舜於畎畝側微之中，後能舉用而加諸帝位。如此，則爲王公大人所以尊賢者也。孟子引此，適所以譏繆公不能舉用子思，徒使鼎肉有迫子思之煩猥也。抑又所以救時之弊者焉。注「託，寄也。謂若寄公」。正義曰：案《禮記·大喪服》云「君之喪未斂爲寄公者」是也。　注「九男」「二女」，更不復説。

萬章曰：「敢問不見諸侯，何義也？」問諸侯聘請而夫子不見之，於義何取也？　孟子曰：「在國曰市井之臣，在野曰草莽之臣，皆謂庶人。庶人不傳質爲臣，不敢見於諸侯，禮也。」在國謂都邑也，民會於市，故曰市井之臣。在野居之，曰草莽之臣。❶莽亦草也。庶，衆也。庶民衆之人，❷未得爲臣。傳，執也。見君之質，執雉之屬也。未爲臣，則不敢見之，禮也。　萬章曰：「庶人召之役則往役，

❶「故曰」至「草莽之臣」，按阮校：「廖本、《考文》古本作『故曰市井之人在野野居之人』，孔本、韓本同廖本，上『人』作『臣』」。

❷「庶衆」，按阮校：「宋本、孔本、韓本、《考文》古本作『衆庶』」。

君欲見之，召之則不往見之，何也？」庶人召使給役事，則往供役事，君召之見，不肯往見，❶何也？
曰：「往役，義也。往見，不義也。且君之欲見之也，何爲也哉？」孟子曰：庶人法當給役，故往役，義也。庶人非臣也，不當見君，故往見，不義也。且君何爲欲見而召之？
曰：「爲其多聞也，爲其賢也。」萬章曰：君以是欲見之也。
曰：「爲其多聞也，則天子不召師，而況諸侯乎？爲其賢也，則吾未聞欲見賢而召之也。孟子曰：安有召師，召賢之禮，而可往見？
繆公亟見於子思，曰：『古千乘之國以友士，何如？』子思不悅，曰：『古之人有言曰：事之云乎！豈曰友之云乎？』子思之不悅也，豈不曰：『以位，則子君也，我臣也，何敢與君友也？以德，則子事我者也，奚可以與我友？』千乘之君，求與之友而不可得也，而況可召與？魯繆公欲友子思，子思不悅，而稱曰：古人曰見賢人當事之，豈云友之邪？孟子云：子思所以不悅者，豈不謂臣不可友君，弟子不可友師也。若子思之意，亦不可友，況乎可召之？
齊景公田，招虞人以旌，不至，將殺之。志士不忘在溝壑，勇士不忘喪其元，孔子奚取焉？取非其招不往也。」曰：「敢問招虞人何以？」萬章問招虞人當何用也。
曰：「以皮冠。庶人以旃，士以旂，大夫以旌。孟子曰：招

---

❶「肯」，原作「月」，按阮校：「岳本、廖本、孔本、韓本、《考文》古本作『肯』，是也。閩、監、毛三本作『肎』，亦非。」據改。

禮若是。皮冠，弁也。旃，通帛也，因章曰旃。旐，旌有鈴者。旌，注旄首者。❶以大夫之招招虞人，虞人死不敢往。以士之招招庶人，庶人豈敢往哉？況乎以不賢人之招招賢人乎？以貴者之招招賤人，賤人尚不敢往，況以不賢人之招招賢人乎？不賢之招，是不以禮者也。❷欲見賢人而不以其道，猶欲其入而閉之門也。夫義，路也；禮，門也。惟君子能由是路，出入是門也。欲人之入而閉其門，何得而入乎？《詩》云：『周道如砥，其直如矢。君子所履，小人所視。』《詩》，《小雅•大東》之篇。砥，平。矢，直。視，比也。周道平直，君子履直道，小人比而則之。以喻人能效君子守死善道也。❸閉門如閉禮也。❹《詩》云：『周道如砥』至『小人所視』。孔子不待駕而應君命也，孔子為之非與？曰：『孔子當仕，有官職，而以其官召之也。』孟子言孔子不待駕者，孔子當仕位，有官職之事，君以其官名召之，豈得不顛倒。《詩》云：『顛之倒之，自公召之。』

萬章曰：「孔子君命召，不俟駕而行，然則孔子非與？」俟，待也。

曰：「孔子當仕，有官職，而以其官召之也。」孟子言孔子所以不待駕者，孔子當仕位，有官職之事，君以其官名召之，豈得不顛倒。

⟨疏⟩「萬章曰」至「召之也」。○正義曰：此章言君子之志，志於行道，不得其禮不謂賢者無位而君欲召見也。

❶「注旄首者」，按阮校：「下『者』字衍。宋本、岳本、廖本、《考文》古本作『注旄首者』，閩、監、毛三本作『注旄千首者』，孔本、韓本作『注旄千首者』。按作『千』是也。」

❷「是不以禮者也」，按阮校：「廖本、孔本、韓本、《考文》古本作『不以禮也』，足利本有『是』字。」

❸「何」，廖本、孔本、韓本作「可」。

❹「門」，原作「閉」，據阮本改。

禮，亦不苟往者也。「萬章曰：敢問不見諸侯，何義也」，萬章問孟子所以不見諸侯，其義謂何？「孟子曰：在國曰市井之臣」至「禮也」，孟子答之，以謂凡在都邑謂之市井之臣，在郊野謂之草莽之臣，然總而言之，皆謂之衆庶之人。如衆庶之人未得傳質爲臣者，故不敢就見於君也，以其無禮也。傳質者，所執其物以見君也。如公執桓圭，侯執信圭，伯執躬圭，子執穀璧，男執蒲璧。又諸侯世子執纁，孤執玄，附庸之君執黃，卿執羔，大夫執鴈，士執雉，是所以爲贄也。「萬章曰：庶人於君，召之役，則庶人往就其役事，今君欲見，召之乃不往見，是如之何也？萬章見齊王召孟子，孟子不往，所以有是問也。「曰：往役，義也。往見，不義也」，孟子答之曰：庶人往應其役，是其義當當往也。以其庶人於君，其法當爲之役故也。往而見君者，是不義也，以其庶人非臣也，義不當往見君故也。「且君之欲見之也者，何爲也哉」，孟子又以此問萬章，言且國君所欲見之者，何爲也哉？「曰：爲其多聞也，爲其賢也」，萬章答之曰：君之所以欲見之者，❶是爲多聞，又爲其賢有德也。「曰：爲其多聞也」至「而召之也」，孟子又曰：如是爲其多聞也者，則雖天子，亦且不召其師，而況諸侯可召而見之乎？如是賢爲有其德也，則我未曾聞知有欲見賢者而以召之也。「繆公亟見子思」至「不往也」，孟子又引繆公而證之，言魯繆公數數見於子思，乃曰：古者千乘之國君以友其士，何如？子思遂慍而不喜，曰：古之人有言曰：見賢人則當事矣，豈嘗云友之乎？然而子思所以不悅者，其意豈不謂以位推之，則子是爲君，尊矣，而

❶「者」下，原衍「何爲也哉」至「欲見之者」二十七字，與前文重複，據阮本刪。

我則臣小也，❶何敢與君爲之交友也？以有德論之，則子事我，爲之師也，奚可以與我爲友？是則千乘之國君求賢者與之爲友，而尚且不可得也，而況諸侯於今可召賢者而見之乎？「齊景公」至「不往也」，說於上篇矣，此更不云。「曰：敢問招虞人何以」，萬章見孟子言齊景公招虞人之事，遂因問之，曰：招虞人當用何物而招之。「曰：以皮冠，庶人以旃」至「賢人乎」，孟子以答之，曰：招虞人當以皮弁而招之也，❷庶人則以通帛招之，士以旂，大夫以旌。如以大夫之旌招虞人，虞人雖死亦且不敢往應其招也，以其士之旌而招庶人，庶人豈敢往而應之哉？而況以不賢之招而招賢人乎？不賢之招，即不以禮之謂也。「欲見賢人而不以道」至「小人所視」孟子又言：今之諸侯欲見賢人而不以其道，是若欲人入其門而反閉其門也，如此，尚何可得而見乎？夫義是若路也，禮若門也，惟君子之人能由行此義之路，出入此禮之門，人所常視而則法之矣。然以此證之者，蓋謂賢人所以不往見於諸侯者，是所守以義，而爲衆人所矜式耳。而《小雅·大東》之詩，有云周道平直，如砥之平，箭之直也，君子亦所履行此平直之道，而爲小人所常視而則法之矣。然以此證之者，蓋謂賢人所以不往見於諸侯者，是所守以義，而爲衆人所矜式耳。「萬章曰：孔子君命召不俟駕而行，然則孔子非與」，萬章又問孟子，以謂孔子常於君命召，則不敢坐待駕而後行。如此，則孔子誠爲非與？「曰：孔子當仕，有官職，而以其官召之也」孟子又答之曰：孔子所以不俟

──────

❶ 「小」，阮本作「下」。
❷ 「弁」，原作「升」，據上注文及阮本改。

駕而行者,以其當於爲仕有官職,而國君以其官而召之也,豈得爲非耶? 注「質,執雉之屬」。 正義曰:案《士冠禮》注云:「皮弁以白鹿爲之。」舊《禮圖》云:「以鹿皮淺毛黃白者爲之,高尺二寸。」今虞人以皮弁者,皮弁以田故也。又案《周禮·司常》職云:「交龍爲旂,通帛爲旜,析羽爲旌。」鄭注云「通帛謂大赤,從周,正色,無飾,析羽,皆五采繫之於旞旌之上,❶所謂注旄於首」是也。 注「《詩》,《小雅》」至「善道也」。 正義曰:此《詩》蓋刺亂之詩也。譚國在東,其大夫作是詩,故云《大東》。注云:「如砥貢財,平均也;如矢賞罰,不偏也。」言君子皆法傚,履而行之,其如砥矢之平直,小人又皆視之,共之無怨也。 注「《詩》云「顛之倒之,自公召之」,此乃《國風·東方未明》之章文也。」箋云:「群臣顛倒衣裳而朝,人又從君所來而召之也。」《詩》云「顛之倒之」至「豈可見也」。 正義曰:《語》云:「君命召,不俟駕而行。」是時孔子爲中都宰,以其有官職也。 注「孟子言孔子所以不待駕」至「首者」。 正義曰:案《士冠禮》注云:「皮弁以白鹿爲之象」。 ❷云「沮溺耦耕,接輿佯狂」,按《論語》云:「長沮、桀溺耦而耕。」鄭注云:「長沮、桀溺,隱者也。耜廣五寸,二耜爲耦。」又云:「楚狂接輿歌而過孔子,曰:『鳳兮鳳兮。』」蓋楚狂接輿是楚人,姓陸名通,字接輿也。昭王時政令無常,乃被髮佯狂,不仕,時人謂之楚狂也。趙注引而證其解。

---

❶ 「旞」,阮本作「旂」。
❷ 「其」,原作「亦」,據阮本改。

孟子謂萬章曰：「一鄉之善士，斯友一鄉之善士。一國之善士，斯友一國之善士。天下之善士，斯友天下之善士。鄉，一鄉之善者。國，一國之善者。天下，四海之內，各以大小來相友，自爲疇匹也。以友天下之善士爲未足，又尚論古之人。頌其詩，讀其書，不知其人，可乎？是以論其世也，是尚友也。」好善者以天下之善士爲未足極其善道也。尚，上也。乃復上論古之人，頌其詩。詩歌頌之，故曰頌。❷ 讀其書者，猶恐未知古人高下，故論其世以別之也。在三皇之世爲上，在五帝之世爲次，在三王之世爲下，是爲好上友之人也。

疏「孟子」至「尚友也」。○正義曰：此章言好高慕遠，君子之道，樂其崇茂者也。「孟子謂萬章曰」至「是尚友也」。孟子謂萬章，言一鄉之中有善者，所友者亦一鄉之善士者也。一國之中有善士，所友者亦一國之善士者也。天下於四海之內，有其善士者，所友亦以天下之善士者也。如友天下之善士者爲未足以極其善道，則又上論古之人，而頌歌其詩，看讀其書，如此，不知其善士者爲未足以極其善道，抑又當論其人所居之世如何耳。能以此，乃是尚友之道也。孟子所以謂之以此者，蓋欲教當時之人尚友也。孔子云「無友不如己者」，與其《詩》云「高山仰止，景行行止」，亦其意歟。

---

❶ 「一國」，按阮校：「廖本、孔本、韓本、《考文》古本『一國』作『國中』。」

❷ 「頌之」，原作「國近」，按阮校：「廖本、孔本、韓本、《考文》古本作『頌之』，是。」據改。

齊宣王問卿。孟子曰：「王何卿之問也？」王問何卿也。曰：「不同。有貴戚之卿，有異姓之卿。」孟子曰：卿不同，貴戚之卿謂內外親族也，異姓之卿謂有德命爲王卿也。❶王曰：「請問貴戚之卿。」問貴戚之卿如何。曰：「君有大過則諫，反覆之而不聽，則易位。」孟子曰：貴戚之卿，反覆諫君，君不聽，則欲易君之位，更立親戚之貴者。❷王勃然變乎色。王聞此言，慍怒而驚懼，故勃然變色。

王問臣，臣不敢不以其正義對。曰：「王勿異也。王問臣，臣不敢不以正對。」孟子言異姓之卿諫君不從，王而待旅，復問異姓之卿。❸遂不聽之，則去而之他國也。

疏「齊宣」至「則去」。正義曰：此章言國須賢臣，必擇忠良，親近貴戚，或遭殃禍者也。

「齊宣王問卿」，是齊王問孟子爲卿者如之何也。「孟子曰：王何卿之問也」，孟子答之，以謂王問何卿也。「王曰：卿不同乎」，宣王見孟子以爲問何卿，故問之曰：「然是卿有不同而卿之乎？」「曰：不同，有貴戚之卿，有異姓之卿也。」孟子又答之，曰：「卿不同也，以其有貴戚內外親族之卿，有異姓有德之卿也。」「王曰：請問貴戚之卿」，宣王又問貴戚之卿是如之何也。曰：「君有過謬則諫諍，以至反覆數諫，君不聽從，則欲更易君位，更

---

❶ 「王」，按阮校：「廖本、孔本、韓本、《考文》古本作『三』。」
❷ 「貴」，按阮校：「閩、監、毛三本作『賢』，是。」
❸ 「王而待旅」，按阮校：「廖本，《考文》古本『王』作『三』，『旅』作『放』，是也。」

立其君者也。「王勃然變乎色」,宣王聞此言,遂憤而驚恐,乃勃然變乎顏色。「曰:王勿異也,王問臣,臣不敢不以正對」,孟子又曰:王勿怪異我之言也,王之所以問臣,臣不敢不以正義對王也。「王色定,然後請問異姓之卿」,宣王見孟子此言,顏色遂解,而心且安定,故無驚恐,然後又問其異姓之卿是如之何。「曰:君有過則諫,反覆之而不聽,則去」,孟子又答之,曰:國君有過謬則諫諍之,以至反覆數諫而不聽從,則去之他國者是也。如紂之無道,微子、比干諫之而不聽,一則雖為之見剖,一則抱祭器而從周。伊尹發於有莘之野,而為殷湯興治天下,蓋亦本湯立賢無方故也,宜孟子有是而告齊王。

孟子注疏解經卷第十一上

孫奭疏

告子章句上凡二十章

趙氏注告子者，告，姓也；子，男子之通稱也；名不害。兼治儒墨之道者，嘗學於孟子，而不能純徹性命之理。《論語》曰：「子罕言命。」謂性命難言也。以告子能執弟子之問，故以題篇。

疏 正義曰：此篇首論告子言性，所以次於《萬章》者，以其為孝之道，其本在性也，故此篇首以告子之言性，遂為篇題，次於《萬章》，不亦宜乎？此篇凡三十六章，趙氏分之以成上下卷。此卷凡二十章而已。一章言養性長義，順夫自然，殘木為器，變而後成。二章言人之欲善，由水好下，迫勢激躍，失其素真。三章言人之性與善俱生。四章言明仁義由內，以曉告子。五章言公都告子受命，然後乃理。六章言天之生人，皆有善性，引而趨之，善惡異衢。其七章言人稟性俱有好憎，或為君子，或為小人，猶薺麥不齊，雨露使然也。八章言秉心持正，使邪不干，猶止斧斤，不伐牛山，則山木茂，人則稱仁。九章言弈為小數，不精

不能，一人善之，十人惡之，若竭其道，何由智哉？十一章言舍生取義，義之大者也。十二章言舍大惡小，不知其要。十三章言莫知養身，而養其樹木。十四章言其行，治其正，俱用智力，善惡相厲，是以君子居處思義，飲食思禮。十五章言天與人性，先立其大。十六章言古人修天爵，自樂之也，今要人爵，以誘時也，得人弃天，道之忌也，或以招之，小人事也。十七章言所貴在身，人不知求。十八章言爲仁不至，不反求諸己，謂水勝火，熄而後已，不仁之甚，終爲亡矣。十九章言功毁幾成，人在慎終，五穀不熟，荑稗是勝，是以爲仁，必其成也。二十章言穀張規矩，以喻爲仁，學不爲人，由是二教，失其法而行之者也。其餘十六章，趙氏分在下卷，疑爲告子，姓名不害，以浩生爲字。趙注又云：浩生姓，名不害。又爲二人。其他經傳未詳甚人。云《論語》「子罕言命」，❶蓋《論語》第九篇首云也，故以題其篇。

告子曰：「性，猶杞柳也；義，猶桮棬也。以人性爲仁義，猶以杞柳爲桮棬。」告子以爲人性爲才幹，義爲成器，猶以杞柳之木爲桮棬也。杞柳，柜柳也。一曰杞，木名也，《詩》云：「北山有杞。」桮棬，梧素也。

孟子曰：「子能順杞柳之性而以爲桮棬乎？將戕賊杞柳而後以爲桮棬也？戕

---

❶ 「命」，原作「合」，據阮本改。

卷第十一上　告子章句上

猶殘也，《春秋傳》曰：「戕舟發梁。」所能順完杞柳，❶不傷其性，而成其桮棬乎？❷將斤斧殘賊之，❸乃可以爲桮棬乎？言必殘賊之。**如將賊杞柳而以爲桮棬，❹則亦將戕賊人以爲仁義與？率天下之人而禍仁義者，必子之言夫！**以告子轉性爲仁義，若轉木以成器，必殘賊之，故言率人以禍仁義者，必子之言。夫，蓋歎辭也。

疏「告子」至「言夫」。正義曰：此章言養性長義，順夫自然，殘木爲器，變而後成。孟子拂之，不假以言也。「告子曰」至「爲桮棬」，告子言人之性譬若杞柳，義若桮棬也。以人之性爲其仁義之道，若以杞柳之木爲之桮棬也。杞，枸杞也。柳，少楊也。桮，素樸也。棬，器之似屈轉木作也。以其杞柳可以糅而作桮也。「孟子曰：子能順杞柳之性爲桮棬乎」至「必子之言夫」，孟子乃拂之曰：子能順杞柳之性以爲桮棬乎？以其將以斤斧殘賊其杞柳然後爲之桮棬也。如將斤斧殘賊杞柳而以爲之桮，是亦將殘賊人之形軀然後以爲仁義與。且驅率天下之人而殘禍仁義之道者，是亦必子之此言也。孟子所以拂之以此，蓋謂人之性仁義，仁義與。

❶「所」，按阮校：「廖本、孔本、韓本、《考文》古本、足利本作『子』」。
❷「其桮棬」，按阮校：「孔本、韓本、《考文》古本無『其』字」。
❸「將」，按阮校：「岳本有『以』字」。
❹「賊」上，宋槧大字本有「戕」字。按阮校：「此本脫『戕』字」。

固有不可比之梧棬以杞柳爲之也。注「杞柳，柜柳」至「素」。❶ 正義曰：案《說文》云：「杞，枸杞。」「柳，少楊也。」「梧，檻也。」「棬，屈木盂也，所謂器似升屈木作是也」《詩》云「北山有杞」《南山有臺》文也。

告子曰：「性猶湍水也，決諸東方則東流，決諸西方則西流。人性之無分於善不善也，猶水之無分於東西也。」湍水圜也，謂湍水潆水也。❷ 告子以喻人性若是水也，善惡隨物而化，無本善不善之性也。孟子曰：「水信無分於東西，無分於上下乎？人性之善也，猶水之就下也。人無有不善，水無有不下。今夫水搏而躍之，可使過顙，激而行之，可使在山。是豈水之性哉？其勢則然也。人之可使爲不善，其性亦猶是也。」水豈無分於上下乎？水性但欲下耳。人性生而有善，猶水之欲下也。所以知人皆有善性，似水無有不下者也。躍，跳。❸ 顙，額也。人以手跳水，可使過顙，激之可令上山，皆迫於勢耳，非水之性也。人之可使爲不善，非順其性也，亦安爲利欲之勢所誘迫耳，猶是水也。言其本性非不善也。

疏 「告子」至「是也」。正

❶ 「素」下，據上注文當有「也」字。
❷ 「湍水圜也謂湍水潆水也」，按阮校：「廖本、孔本、韓本、《考文》古本上『湍水』作『湍者』，下『湍水』無『水』字，『潆』作『瀠』。案僞疏亦作『湍者圜也』《音義》出『瀠』字。」
❸ 「顙」，原作「顉」，據經文及阮本改。

義曰：此章言人之欲善，猶水好下，迫勢激躍，失其素真，是以守正性爲君子，隨曲折爲小人者也。「告子曰：性猶湍水也」至「東西也」，告子言人之性猶縈迴之水也。湍，圜，縈迴之勢也。縈迴之水，決之使流於東方則東流之，使之流西方則西流之。而人之性無分於爲善爲不善也。「孟子曰」至「是也」，孟子言：水之性無分於東西上下乎？言有分於東西上下也。人之性所以可使爲不善者，搏而跳之，可使過顙；激而行之，可令上山，豈水性如是哉？是其勢如是也。人性之善也，猶水之就下也。以其人之性不善，乃利慾而誘迫之也，亦搏激其水之謂也。 注「湍者圜也」。 正義曰：《說文》云：「湍，急瀨水。」又云：「瀨，水流沙上也。」今謂縈迴之水者，❶言其水流沙上，❷縈迴之勢，湍湍然也。

告子曰：「生之謂性。」凡物生同類者皆同性。孟子曰：「生之謂性也，猶白之謂白與？」猶見白物皆謂之同白，無異性。曰：「然。」告子曰然。「白羽之白也，猶白雪之白；白雪之白，猶白玉之白歟？」孟子以爲羽性輕，雪性消，玉性堅，雖俱白，其性不同。問告子以三白之性同邪？❸曰：

❶「今」，原作「令」，按阮校：「『今』之誤。」監、毛本不誤。據改。
❷「言」，原作「然」，按阮校：「『言』之誤。」監、毛本不誤。據改。
❸「子」，按阮校：「廖本、孔本、韓本、《考文》古本疊『子』字。」

「然。」告子曰然，誠以爲同也。

「然則犬之性猶牛之性，牛之性猶人之性歟？」孟子言犬之性豈與牛同所欲，牛之性豈與人同所欲乎？

疏　「告子曰生之」至「性歟」。

正義曰：此章言物雖有性，性各殊異，惟人之性，與善俱生者也。「告子曰：生之謂性也」，告子言人之生與物之生皆謂之性，以其爲同也。「孟子曰：生之謂性，猶白之謂白歟」，孟子見告子以爲凡物之生皆謂同白，無異性也。「曰然」告子以爲誠如是也。「白羽之白也，猶白雪之白；白雪之白，亦如白玉之白歟」，孟子又言：是則白羽毛之白，亦如白雪之白；白雪之白，亦如白玉之白歟？故以此三者問告子。然孟子以謂羽毛之白，則其性輕；白雪之白，其性易消；白玉之白，其性堅，是其性有不同其白也。「曰然」，告子不知爲有異，故亦以爲誠然也。言則同也。「然則犬之性猶牛之性，牛之性亦猶人之性與？」孟子所以言此者，以其犬之性，金畜也，故其性守；牛之性，土畜也，故其性順；夫人受天地之中，萬物俱備於我者也，是其禀陰與陽之氣所生也，故其性能柔能剛，是爲不同者。告子不知，但知其麤者也。

告子曰：「食、色，性也。仁，内也，非外也。義，外也，非内也。」人之甘食、悦色者，人之性也。仁由内出，義在外也，不從己身出也。

孟子曰：「何以謂仁内義外也？」孟子怪告子是言也。

曰：「彼長而我長之，非有長於我也。猶彼白而我白之，從其白於外也，故謂之外也。」告子言

見彼人年老長大，❶故我長敬之。長大者，非在我者也，猶白色見於外者也。曰：「異於白馬之白也，無以異於白人之白也。不識長馬之長也，無以異於長人之長歟？且謂長者義乎？長之者義乎？」孟子曰：長異於白，白馬白人，同謂之白可也，不知敬老馬無異於敬老人邪。且謂老者爲有義乎？將謂敬老者爲有義乎？且敬老者，己也，何以爲外也？曰：「吾弟則愛之，秦人之弟則不愛也，是以我爲悅者也，故謂之內。長楚人之長，亦長吾之長，是以長爲悅者也，故謂之外也。」告子曰：愛從己則己心悅，故謂之內。所悅喜老者在外，故曰外也。曰：「耆秦人之炙，無以異於耆吾炙。夫物則亦有然者也，然則耆炙亦有外歟？」孟子曰：耆炙同等，情出於中。敬楚人之老，與敬己之老，亦同己情性敬之。雖非己炙，同美，故曰物則有然者也。如耆炙之意，豈在外邪。言楚、秦，喻遠也。疏「告子曰：食色」至「亦有外歟」。正義曰：此章言事者雖從外，行其事者，皆發於中。明仁義由內，所以曉告子之惑者也。「告子曰：食、色，性也。仁，內也，非外也。義，外也，非內也」告子言人之嗜其甘食，悅其好色，是人之性也。仁在我爲內，非自外入者也；義在彼非在我，故爲外也，非內也。「孟子曰：何以謂仁內義外也」孟子見告子以爲仁內義外，故問之曰：何以謂仁內義外？「曰：彼長而我長之，至『故謂之外也』」告子言彼人之年老，而我從而敬長之，非有長在我也。如彼物之色白，而我從而白之，是

❶「彼」，原作「被」，據阮本改。

從其白於外也,我故謂義爲在外也。「曰:異於白馬之白也,無以異於白人之白也。不識長馬之長也,無以異於長人之長歟?且謂長者義乎,長之者義乎」孟子又闢之曰:彼長而我長之,異於彼白而我白之也。以其是則有異於白馬之色白,無以異於白人之色白也,是則同也,不知長老馬無以異於長人之長老乎?以其是則有異也。蓋白馬之白,與白人之白者,彼白而我白之耳,我何容心於其間哉,固無異也。長馬之長,與長人之長,則有欽不欽之心矣,此所以有異焉。以其長人之長者有欽,長馬之長者無欽,是則長者在彼,長之者在我,而義自長之者生,非自長者生也。如此,告子何得謂之外乎?故問之曰:且謂長者爲有義乎,長之者爲有義乎?「曰:吾弟則愛之」至「故謂之外也」,告子又謂我之弟親愛之,秦人之弟我不愛,是愛以我爲悦者也,愛主仁,故謂仁爲內也。敬楚人之長者,亦敬吾之長者,是以長爲悦者也,長主義,故謂義爲外也。「耆秦人之炙」至「亦有外歟」,孟子又以秦人之炙而排之,曰:好秦人之炙,無以異於耆吾之炙,秦人之弟則我不愛,是愛以我爲悦,其秦人之弟則不愛,吾之弟則愛之,是皆自我者也,告子謂之以我爲悦,則是矣。吾之長者吾長之,楚人之長吾亦長之,亦皆自我者也,告子又謂之以長爲悦,則非矣。是亦猶秦人之炙與吾之炙雖不同,而嗜之者,皆自我也。如是,則義果非生於外者也。云炙實,❶《周書》曰「黄帝始燔肉爲炙」是也。秦、楚,所以喻外。

❶ 「實」,監、毛本作「者」。

孟季子問公都子曰：「何以謂義内也？」季子亦以爲義外也。曰：「行吾敬，故謂之内也。」

公都子曰：以敬在心而行之，故言内也。「鄉人長於伯兄一歲，則誰敬？」季子曰：敬誰也？曰：「先酌鄉人。」公都子曰：「敬兄。」「酌則誰先？」季子曰：酌酒則誰先酌？❶「所敬在此，所長在彼，果在外，非由内也。」季子曰：所敬者兄也，所酌者鄉人也。

公都子不能答，以告孟子。孟子曰：「敬叔父乎？敬弟乎？」彼將曰：「敬叔父。」曰：「弟爲尸則誰敬？」彼將曰：「敬弟。」子曰：『在位故也。』子亦曰：『在位故也。』庸敬在兄，斯須之敬在鄉人。」孟子使公都子答季子如此，言弟以在尸位，故敬之。鄉人以在賓位，故先酌之耳。庸，常也。

季子聞之，曰：「敬叔父則敬，敬弟則敬，果在外，非由内也。」湯、水雖異所在而敬之，果在外也。

公都子曰：「冬日則飲湯，夏日則飲水，然則飲食亦在外也。」隨敬常敬在兄，其得寒、溫者中心也。雖隨敬之所在，亦中心敬之，猶飲食從人所欲，豈可復謂之外也？

疏「孟季」至「内也」。正義曰：此章言凡人隨形，不本其原，賢者達情，知所以然。季子信之，猶若告子，公都受命，然後乃理者也。「孟季子問公都子曰：何以謂義内也」，孟季子猶若告子，以爲義外，故問孟子弟子公都

❶「則誰先酌」，按阮校：「岳本、孔本、韓本、《考文》古本作『則先酌誰』。」

子曰：何以謂義爲内也？「曰：行吾敬，故謂之内也」公都子答之，「曰：所敬在心而行之，故謂義爲内也。

「鄉人長於伯兄一歲，則誰敬」季子又問之曰：鄉之人有長於己之伯兄一歲，則當敬誰？「曰：敬兄」公都子曰：當敬己之兄。「酌則誰先」季子又問之，曰：如在筵則酌酒先酌誰。「曰：先酌鄉人」公都子曰：當先酌鄉人也。「所敬在此，所長在彼，果在外，非由内也」季子又言：所敬在此，是敬在兄；酌在鄉人，是所長在彼，是義果在外者也，非由内而出之也。「乃告於孟子。」至「斯須之敬在鄉人」孟子謂公都子曰：敬叔父乎？彼季子將曰敬叔父；則問之曰弟爲主，則誰敬？子亦與之曰：所以先酌鄉人者，亦以在賓主位，故先酌之也。「季子聞之」至「非由内也」季子聞孟子此言，故謂之曰：如敬弟，則安在敬其叔父也？彼季子將曰弟在位，故敬之也。子亦與之曰：所以先酌鄉人者，亦以在賓主位，❶故先酌之也。❷以此乃曉其理，故自又以冬夏所飲比喻而曉季子之惑也。「公都子曰：冬日則飲湯」至「亦在外也」公都子由孟子教須少頃之敬在鄉人也。「孟子曰」至「斯須之敬在鄉人」孟子謂公都子曰：敬叔父乎？彼季子將曰敬叔父，則亦敬之，是隨敬所在，則敬在外，非由内也。

則飲食亦有在外者也。蓋謂湯、水雖異名，然得其寒、熱而飲之者，在我之中心然也，猶敬叔父、敬弟雖有異，然而能敬之者在我而已。敬在我，則敬在心而出之者也，安得謂之在外乎？季子即下卷所謂季任，爲

❶「主」，阮本作「之」。
❷「由」，阮本作「因」。

任處守者。

公都子曰：「告子曰：『性無善無不善也。』公都子道告子以爲人性在化，無本善不善也。或曰：『性可以爲善，可以爲不善。』是故文、武興則民好善，幽、厲興則民好暴。」公都子曰：或人以爲可教以善、不善，亦由告子之意也。故文、武聖化之起，民皆喜爲善；幽、厲虐政之起，民皆好暴亂。「有性善，有性不善。是故以堯爲君而有象，以瞽瞍爲父而有舜，以紂爲兄之子且以爲君而有微子啟、王子比干。」公都子曰：或人者以爲人各有性之爲善；瞽瞍爲父，不能化舜爲惡，紂爲君，又與微子、比干有兄弟之親，亦不能使其二子爲不仁，❶是亦各有性也矣。「今曰性善，然則彼皆非歟？」公都子曰：告子之徒，其論如此，今孟子曰人性盡善，然則彼之所言皆爲非歟？孟子曰：「乃若其情，則可以爲善矣，乃所謂善也。若夫爲不善，非才之罪也。若，順也。性與情相爲表裏，性善勝情，情則從之。《孝經》云「此哀戚之情」，情從性也。能順此情，使之善者，真所謂善也。若隨人而強作善者，非善者之善也。若爲不善者，非所受天才之罪，物動之故也。惻

❶ 「者」，按阮校：「孔本、韓本無『者』字。」
❷ 「其」按阮校：「岳本、孔本、韓本、《考文》古本作『此』。」

隱之心，人皆有之。羞惡之心，人皆有之。恭敬之心，人皆有之。是非之心，人皆有之。惻隱之心，仁也。羞惡之心，義也。恭敬之心，禮也。是非之心，智也。仁、義、禮、智，非由外鑠我也，我固有之也，弗思耳矣。故曰求則得之，舍則失之。或相倍蓰，而無算者，不能盡其才者也。仁、義、禮、智，人皆有其端，懷之於內，非從外銷鑠我也。自盡其才性也。故使有惡人，非天與此人惡性。其有下愚不移者也，譬若乎被疾不成之人，所謂童昏也。所以惡乃至是者，不能自盡其才性也。故人之善、惡，或相倍蓰，或至於無筭者，不得相與計多少，言其絕遠也。亡失之矣。

《詩》曰：『天生蒸民，有物有則。民之秉彝也，故好是懿德。』孔子曰：『爲此詩者，其知道乎！故有物必有則，民之秉彝也，故好是懿德。』」《詩》，《大雅·蒸民》之篇。言天生蒸民，❶有物則有法則，人法天也。民之秉彝，彝，常也，常好美德，孔子謂之知道。故曰人皆有是善者也。

疏「公都子曰」至「懿德」。○正義曰：此章言天之生人，皆有善性，引而趨之，善惡異衢，高下自懸，賢愚行殊，尋其本者，乃能一諸者也。「公都子曰」至「然則彼皆非歟」者，公都子問孟子，以謂告子言人之性無有善，亦無有不善，但在人之所爲如何耳。或有謂人性可以爲善，又可以爲不善，但在上所化如何耳，如此，故文王、武王興起，常

❶「蒸」，按阮校：「廖本、孔本、韓本、《考文》古本作『衆』。」

以善養人，則民人皆好善。至幽王、厲王興起，常以政暴虐於民，❶則民亦皆好其暴亂。或有人又謂人有性善，有性不善，非在所化，稟之於天而已，如此，故以堯帝之爲君，而有象之傲爲父，而有舜之聖爲子；以紂爲兄之子且以爲君，而有微子啓、王子比干之賢爲臣。今孟子乃曰性皆善，是則彼告子與或人之言者皆不是歟？❷故以此問孟子。「孟子曰：乃若其情，則可以爲善矣」至「好是懿德」，孟子言：人之乃順其情，則皆可以爲善矣，是所謂性善也。若夫人爲不善者，非天之降才爾殊也，其所以爲不善者，乃自汨喪之耳，故言非稟天才之罪也。且情、性、才三者，合而言之，則一物耳，分而言之，則有三名，故曰性，曰情，曰才。蓋人之性，本則善之，而欲爲善者，非性也，以其才有以達乎天，下有以達乎地，中有以貫乎人，其有不能爲善者乎？此孟子所以曰：「乃若其情，則可以爲善矣，乃所謂善也。若夫爲不善，非才之罪也。」言「惻隱之心，人皆有之」至「智也」者，已説於前矣。蓋以惻隱、羞惡、恭敬、是非之心也，人能順此而爲之，是謂仁、義、禮、智也，仁、義、禮、智即善也。然而仁、義、禮、智之善，非自外銷鑠我而亡之也，我有生之初固有之也，但人不思而求之耳，故曰求則得而存，舍而弗求則亡之矣。然人所以有善有惡，其善惡相去之遠，或相倍蓰，或至於不可計其多少，如此之絕遠

❶「政」，原作「攻」，據阮本改。
❷「歟」，原作「歟」，據阮本改。

者，是不能自盡其性才者也。言才無有不能爲善者矣，但不能盡其才而爲之耳。故《詩·大雅·烝民》之篇有曰：「上天之生衆民，有物則有所法，則民之秉執其常善，故好是美德者也。」謂美德者，即仁、義、禮、智是也。然所謂物者，即自人之四肢、五臟、六腑、九竅，達之於君臣、父子、夫婦、兄弟、朋友，無非物也。所謂則者，即仁之於父子，義之於君臣，禮之於夫婦、兄弟，信之於朋友，是無非有物則有則也。由此觀之，孟子所以言至此者，豈非人性皆善者邪？故有物必有則，是謂性之善也；能秉其彝，是謂才也；好是懿德，是謂情也。「有物有則，民之秉彝，好是懿德」，是能順其情以爲善而從之者也。孔子嘗亦云爲此詩之人，其能知道者也，故言有物必有則，民之秉彝亦紂之親戚也」。是知有兄弟之親矣。

注「《大雅·烝民》之詩」。正義曰：此蓋尹吉甫美宣王之詩文也。

正義曰：案《史記》世家云：「微子啓者，殷帝乙之首子，而紂之庶兄也。」又云：「王子比干者，亦紂之親戚也」。

孟子曰：「富歲，子弟多賴；凶歲，子弟多暴。富歲，豐年也。凶歲，飢饉也。子弟，凡人之子弟也。賴，善。暴，惡也。非天之降才爾殊也，其所以陷溺其心者然也。非天降下才性與之異也，以飢寒之厄陷溺其心，使爲惡者也。今夫麰麥，播種而耰之，其地同，樹之時又同，浡然而生，至於日至之時，皆熟矣。雖有不同，則地有肥磽，雨露之養、人事之不齊也。麰麥，大麥也。《詩》云：「貽我來麰」。言人性之同，如此麰麥，其不同者，人事、雨澤有不足，地之有肥、磽耳。磽，薄也。故凡同類者舉相似也，何獨至於人而疑之？聖人與我同類者。聖人亦人也，其相覺者，以心知耳。

孟子注疏

故體類與人同，故舉相似也。

故龍子曰：『不知足而為屨，我知其不為蕢也。』屨之相似，天下之足同也。龍子，古賢人也。雖不知足小大，作屨者猶不更作蕢。蕢，草器也。以屨相似，天下之足略同故也。口之於味有同耆也，易牙先得我口之所耆者也。人口之所耆者相似，故皆以易牙為知味，言口之同也。至於味，天下期於易牙，是天下之口相似也。人口之所耆者相似，故皆以易牙為知味，言口之同也。如使口之於味也，其性與人殊，若犬馬之與我不同類也，則天下何耆皆從易牙之於味也。耳亦猶口也，天下皆以師曠為知聲之微妙也。惟耳亦然。至於聲，天下期於師曠，是天下之耳相似也。目亦猶耳也。惟目亦然。至於子都，天下莫不知其姣也。不知子都之姣者，無目者也。子都，古之姣好者也。《詩》云：「不見子都，乃見狂且。」儻無目者，乃不知子都好耳，言目之同也。故曰：口之於味也，有同耆焉；耳之於聲也，有同聽焉；目之於色也，有同美焉。至於心，獨無所同然乎？言人之心性皆同也。心之所同然者何也？謂理也，義也。聖人先得我心之所同然耳。故理、義之悅我心，猶芻豢之悅我口。理者，得道之理。聖人先得理義之要耳。理義之悅心，如芻豢之悅口，誰不同也。❶

疏「孟子曰」至「我口」。

正義曰：此章言人稟性俱有好憎，耳目口心，所悅者同，或為君

❶「同也」下，按阮校：「宋本、廖本、孔本、韓本、《考文》古本下有『草食曰芻，穀養曰豢』八字。宋本『食』作『性』。」

子，或爲小人，猶麰麥不齊，雨露使然者也。」「孟子曰：富歲，子弟多賴」至「猶芻豢之悅我口」者，孟子言：豐熟之年，凡人之子弟，多好善。賴，善也。凶荒之年，凡人之子弟，多好暴惡。無他，所謂禮義生於富足，盜賊起於貧窮是也。且譬夫今之大麥也，人播種而耰鋤之，其地高下以同，藝殖之時又同，浮浮然而生長秀茂，至於日至可以收割之時，❶皆熟矣。雖有不同，爲不熟者，則是地有肥薄與雨露之不均，而人事之所加有不齊也。故凡物有同其類者，皆相似也，何獨至於人而疑爲不然？雖聖人亦則與我同其類者也。故龍子之賢人有曰：人不知天下人之足而爲草屨者，我知其人不能爲之蕢也。蕢，草器也。其所以爲屨皆相似者，以其天下人之足則同也。故口之於食味，人有同嗜也，然而易牙先得我口之所好者也。如使人口於味，天下之人殊異，有若狗馬之與我不同其形類也，則天下何以嗜其味皆從易牙所好之味也。至於食味，天下之人所以皆期指於易牙者，是天下之人口相似也。不特口之於味然也，惟耳於聲亦如是也。耳於聲，天下之人所以皆期指於師曠爲知聲之妙者，是天下之人耳相似也。又不特耳於聲如是也，惟天下之目亦如是也。至於目，天下之人無有不知其姣好也，不知子都之姣好者，是無目之人也。故曰：人口之於味，以其有所同好者焉；耳之於聲，以其有同聽者焉；目之於色，以其有同美者焉。至於心，獨無所同亦如乎？言人心性亦若口耳，皆有同而無異也。然人心有所同然者何也？是謂理也，義也，惟聖人者但先得我心之所同然耳。故曰：

---

❶ 「日」，原作「百」，據阮本改。

卷第十一上　告子章句上

理義之有喜悅於我心者,如芻豢之味有悅於我口耳。蓋理出於性命,天之所爲也;義出於道德,人之所爲也。而理、義又出於人心所同然也。天之所爲雖妙,然而未嘗不有理焉,如此,豈非其理有出於性命者乎?人之所爲道德雖妙,然而未嘗不有義焉,如此,則豈非其義有出於人心者乎?合而言之,則性命道德是爲理義,出於性命道德者耳。

注「芻麥」至「薄也」。正義曰:釋云:蘱麥,大麥也,又短粒麥也。《說文》云:「磽,石地名也。」「《詩》云:貽我來蘱」此蓋《周頌·思文》之篇,言后稷配天之詩也。

注「易牙爲知味」。正義曰:案《左傳》云:易牙,齊桓公大夫也。淄、澠二水爲食,易牙亦知二水之味。桓公不信,數試始驗。是易牙爲知味者也。

注「師曠爲知聲之妙」。正義曰:案《呂氏春秋》云:已說在《離婁》篇首,《左傳》杜氏注云「晉樂師子野者」是也。

注「子都」,《詩》云:「不見子都,乃見狂且。」箋云:「人之好色,不往覿子都,反往覿狂醜之人。」凡此是知子都爲美好者也。

○「草牲曰芻,穀養曰豢」。正義曰:《說文》云:「牛馬曰芻,犬豕曰豢。」是其解也。

孟子注疏解經卷第十一下

趙氏注　孫奭疏

告子章句上

孟子曰：「牛山之木嘗美矣。以其郊於大國也，斧斤伐之，可以為美乎？是其日夜之所息，雨露之所潤，非無萌蘗之生焉，牛羊又從而牧之，是以若彼濯濯也。人見其濯濯也，以為未嘗有材焉，此豈山之性也哉？牛山，齊之東南山也。邑外謂之郊。息，長也。濯濯，無草木之貌。牛山木嘗盛美，❶以在國郊，斧斤牛羊使之不得有草木耳，非山之性無草木也。雖存乎人者，豈無仁義之心哉？其所以放其良心者，亦猶斧斤之於木也，旦旦而伐之，可為美乎？❷其日夜之所息，平旦之氣，其好惡與人相近也者幾希。存，在也。言雖在人之性，亦猶此山之有草木也，人

---

❶「木」，原作「未」，按阮校：「岳本、孔本、韓本、《考文》古本作『木』。」據經文及阮校改。

❷「可」下，按盧宣旬補校：「各本『可』下有『以』字。」

豈無仁義之心邪？其日夜之思欲息長仁義，平旦之志氣，其好惡，凡人皆有與賢人相近之心。幾，豈也。豈希，言不遠也。**則其旦晝之所為**，有梏亡之矣。梏之反覆，則其夜氣不足以存，則其違禽獸不遠矣。**人見其禽獸也，而以為未嘗有才焉者，是豈人之情也哉？夜氣不足以存，則其違禽獸不遠矣。**人見其禽獸之行，以為未嘗存善才性，❸此非人之情也。**故苟得其養，無物不長，苟失其養，無物不消。孔子曰：『操則存，舍則亡。出入無時，莫知其鄉。』惟心之謂與？**誠得其養，若雨露於草木，法度於仁義，何有不長也。誠失其養，若斧斤牛羊之消草木，利欲之消仁義，何有不盡也。孔子曰：持之則存，縱之則亡，莫知其鄉。鄉猶里，以喻居也。獨心為若是也。

[疏]「孟子曰：牛山」至「之謂與」。正義曰：此章言秉心持正，使邪不干，猶止斧斤，不伐牛山，則山木茂，人則稱仁也。「孟子言：牛山之木，常為秀美矣，然以其為郊國之外也，殘之以斤斧之伐，可以為秀美乎？言以其斤斧常伐之，則不可為美也。雖為斤斧所伐，然以其日夜之所長息，雨露之所潤澤，非無萌牙

---

❶ 「日晝」，按阮校，廖本、孔本、韓本、《考文》古本、足利本作「晝日」。

❷ 「干」，監、毛、阮本作「于」。

❸ 「存善才性」，按阮校，廖本、孔本、韓本、《考文》古本「存」作「有」；閩、監、毛三本「存」作「有」，「才」作「本」。

絲蘗生焉，奈何萌蘗既生，而牛羊之畜，又從而牧養於其間，是以牛山若彼。濯濯，無草木之貌也。人見其濯濯然無草木，以爲牛山未嘗有材木焉，是豈牛山之性無草木哉？言牛山之本常有其材木耳，其所以無之者，但斧斤牛羊從而殘滅之矣。言雖存在乎人者，豈無仁義之心哉？然人之所以放去其良心而無仁義者，亦如斧斤之伐於牛山之木也。是日日而伐滅之，可爲美材乎？言不可爲美材也。言牛山日夜之所息長草木，與人平旦之氣，其好惡與人相近者不遠矣。以其牛山日夜所息長草木，莫不欲秀茂爲美，而惡其斧斤牛羊殘害之爲惡也。人之平旦之氣，尚未有利欲事緒以動之，則未必不善矣。以其萌蘗生焉，而美固已有矣，奈何斧斤牛羊又從而殘滅之，亦若旦晝所爲利欲以殘害之，則未必不美矣。以其善固存於此時也，平旦則未至於晝，旦晝所以爲日之中矣。且人於平旦之時，其氣靜，未有利欲事緒以動之，則氣猶靜，莫不欲爲之善也。而惡爲之惡也。但人平旦之氣，則其旦晝之所爲利欲有以梏亡之矣。梏亡之者焉。梏，手械也。利欲之制善，使不得爲，猶梏之制手也。以其違異於禽獸之行不遠矣。其情緒不一，則夜於平旦之氣不足以存。既不足以存，而爲未嘗有才性焉，是豈人之情爲如是哉？言非人之情也，言人情本欲爲善矣，其所以終而爲惡者，但利欲從而梏亡之矣。故苟得其所養，無物不長；苟失其所養，無物不消。如牛山苟爲牛羊從而牧之，與旦晝所爲而梏亡之，是失所養者也，是則無物不消矣。孟子又引孔子云：操持之則存，縱舍之則亡，其出入徇物，而不有常時，莫知其所向之鄉，惟獨心爲若是也。凡此孟子所以言人心性本善，但當有常操而存之者矣。注「牛

山，齊之東南山」。

正義曰：蓋亦以理推之，亦自可見。故傳所謂齊景遊於牛山之上，是亦知之爲齊之山矣。

孟子曰：「無或乎王之不智也。王，齊王也。或，怪也。時人有怪王不智而孟子不輔之，故言此也。雖有天下易生之物也，一日暴之，十日寒之，未有能生者也。吾見亦罕矣，吾退而寒之者至矣，吾如有萌焉何哉？種易生之草木五穀，一日暴溫之，十日陰寒以殺之，物何能生？我亦希見於王，既見而退，寒之者至，謂左右佞諂順意者多。譬諸萬物，何由得有萌牙生也？今夫弈之爲數，小數也，不專心致志，則不得也。弈，博也；或曰圍棋。《論語》曰：「不有博弈者乎？」數，技也。雖小技，不專心則不得也。弈秋，通國之善弈者也，使弈秋誨二人弈，其一人專心致志，惟弈秋之爲聽，一人雖聽之，一心以爲有鴻鵠將至，思援弓繳而射之，雖與之俱學，弗若之矣。爲是其智弗若與？曰：非然也。」有人名秋，通一國皆謂之善弈，曰弈秋。使教二人弈，其一人惟秋所善而聽之，其一人志欲射鴻鵠❶故不如也。爲是謂其智不如也，曰：非也，以不致志也。故齊王之不智，亦若是。

<u>疏</u>「孟子曰：無或」至「非然也」。

正義曰：此章言弈爲小數，不精不能，一人善之，十人惡之，雖竭其道，

❶「志」，按阮校：「岳本、孔本、足利本作『念』，韓本、《考文》古本『志』下有『念』字。」

何由能成者也。「孟子曰:無或乎王之不智也」至「非然也」,孟子言:時人無怪齊王之不智也,以其孟子不輔佐之,故云之此。言雖有天下易生之物,如一日温煖以暴之,乃十日寒凍以殺之,是以未有能生者也。雖有能生之者,然於我見之亦少矣。我自輔佐齊王而退歸,而姦佞諂諛齊王者至多矣,然而我尚如有心欲使王萌而爲善,是如之何哉?孟子之以此者,蓋謂吾君不能者,是謂賊其君者也,所以言時人無或乎王之不智也。當輔佐君爲之而已。孟子輔佐齊王,既退,而姦佞之臣又陷君於爲惡,故有激而云此也。蓋天下易生之物,譬齊王以爲善也。一日暴之,喻孟子一人輔之齊王也。十日寒之,喻姦佞臣之衆陷君於爲惡也。陷君於爲惡者如是之衆,則齊王所以不智也。今夫譬之弈秋,但爲技數雖小技,如不專一其心,致其篤志,亦不得精也。是故弈人名秋者,通一國皆稱爲善能弈者也,使秋誨其二人弈,其一人專心致之志,唯弈秋之言是聽。一人雖聽之,其一心以爲有鴻鵠之鳥將至,乃思援弓繳矢而射之,雖與皆學夫弈秋,然亦不若其專心致志者精矣。爲是弗若之者,非謂其智弗若也,以其不專心致志而聽弈秋之誨故也。此所以曰「爲是其智弗若與」?繼之曰「非然也」,言不然也。孟子所以引爲比者,蓋謂齊王如能專心致志,惟賢者是聽,則孰不與王爲善乎?奈齊王不能專心致志,惟賢是聽,但爲姦臣之所諛佞,所以如有鴻鵠將至、思援弓繳矢而射之者,故弗若彼之精,而遂不爲善矣。然則時人亦不可謂齊王不智,特當輔之而已。既輔之,亦當聽從爲善耳。故孟子所以既退而尚如有萌焉,奈何終輔之,而齊王姦佞諂諛之衆而不能聽從爲善耳。此故以鴻鵠喻姦佞,而以鴻鵠喻姦佞,雖聽己之言,然不專心致志,惟在於鴻鵠耳。

注「弈,博也」至「不得也」。正義曰:案《陽貨》《論語》第

十七之篇，云「不有博弈者乎」，而解弈爲博也。《說文》云弈作「簙」，「局戲也。六箸十二棋也。古者烏曹作簙」。❶ 圍棋謂之弈。《說文》弈從廾，❷ 言速兩手而執之。棋者，所執之子，圍而相殺，故謂之圍棋。稱弈者，又取其落弈之義也。 注「有人名秋善弈」。 正義曰：案傳記有云，弈秋，通國之善弈也，有過者上而聽之，❸ 則弈敗。笙汨之也。又云疑首，天下之善算也，有鴻鵠過，彎弧擬問以三五，則不知。鴻鵠亂之也。

是亦孟子之言與？

孟子曰：「魚我所欲也，熊掌亦我所欲也，二者不可得兼，舍魚而取熊掌者也。生亦我所欲也，義亦我所欲也，二者不可得兼，舍生而取義者也。生亦我所欲，所欲有甚於生者，故不爲苟得也。死亦我所惡，所惡有甚於死者，故患有所不辟也。如使人之所欲莫甚於生，則凡可以得生者，何不用也？使人之所惡莫甚於死者，則凡可以辟患者，何不爲也？由是則生，而有不用也；由是則可以辟患，而有不爲也。是故所欲有甚於生者，所惡有甚於死者，非獨賢者有是心也，人皆有之，賢者能勿喪耳。 熊掌，熊蹯也，以喻義。魚以喻生也。

❶ 二「簙」字，按清陳昌治刻本《說文解字》皆作「簙」；「曾」作「胄」。
❷ 「廾」，原作「升」，據《說文解字》改。
❸ 「上」，阮本作「止」。

是則可以辟患,而有不為也。是故所欲有甚於生者,所惡有甚於死者,非獨賢者有是心也,人皆有之,賢者能勿喪耳。

有甚於死,惡甚於死也。凡人皆有是心,賢者能勿亡之也。有不為,不為苟生也。有不為,不為苟惡而辟患也。有甚於生,義甚於生也。有甚於死,惡甚於死也。

一簞食,一豆羹,得之則生,弗得則死。嘑爾而與之,行道之人弗受;蹴爾而與之,乞人不屑也。

行道之人,凡人以其賤己,❷故不肯受也。蹴,踢也。以足踐蹋與之,乞人不潔之,亦由其小,故輕而不受也。嘑爾,猶嘑爾咄啐之貌也。❶

萬鍾則不辯禮義而受之,萬鍾於我何加焉?為宮室之美,妻妾之奉,所識窮乏者得我與?

言一簞食則貴禮,至於萬鍾則不復辯別有禮義與不。鍾,量器也。己身不能獨食萬鍾,豈不為廣美宮室,供奉妻妾,施與所知之人窮乏者也。

鄉為身死而不受,今為宮室之美為之;鄉為身死而不受,今為妻妾之奉為之;鄉為身死而不受,今為所識窮乏者得我而為之,是亦不可以已乎?此之謂失其本心。

鄉者不得簞食而食則身死,尚不受也,今為此三者為之,是不亦可以止乎?所謂失其本心者也。

㊟「孟子曰:魚」至「失其本心」。

正義曰:此章言舍生取義,義之大者也,簞食、萬鍾,用有輕重,縱彼納此,蓋違其本,凡人皆然,君心」。

❶ 「嘑」,按阮校:「廖本、孔本、韓本、《考文》古本作『呼』,按『呼』是。」
❷ 「凡」上,按阮校:「岳本、孔本、韓本、《考文》古本有『道中』二字。」

子則否，所以殊也。「孟子曰：魚我所欲也」至「失其本心」者，孟子言：魚之為味，我之所欲者也，熊蹯之味，亦我所欲者也。然而魚與熊蹯，二者不可兼得，但捨去魚而取熊蹯也。以其熊蹯之味又美於魚也。魚在水之物，熊蹯在山之物，欲在水，不可兼得於在山者，在山又不可兼得於在水者，故為二者不可兼得也。魚所以喻生也，熊蹯所以喻義，故曰生亦我所欲也，義亦我所欲也，然而生與義二者亦不可兼得之，但捨生而取義也，以其義又有勝於生也。如勇士不忘喪其元，志士不忘在溝壑，有殺身以成仁，是皆以義有勝於死而取義也，是舍生而取義也。然而生亦為我心之所欲，其以所欲有甚於生者，故不為苟得也；死亦為我心之所惡疾者，其以所惡有甚於死者，故患禍有所不逃辟也。如令人之所欲有甚於生，則凡可以得生者，何不用而行之也；令人之所惡無有甚於死者，故患有所不辟也，何不為而為之也。蓋可以得生，可以辟患者，皆是不義也。故不為苟得，故患有所不辟也，是皆有義也。由此言之，則生而有不用，是不為苟生也；死而有不用以辟患而有不為也，是不苟受以辟患也。如此，故所欲有甚於生，所惡者有甚於死，非獨賢者有此心也，人皆有此心也，但賢人能常存之而勿喪亡之耳。蓋所欲有甚於生者，是義也；所惡有甚於死者，是不義也。且以一簞所盛之食，一豆所盛之羹，得而食之者，則養其生，不得此而食之者，則餓而死，然而嘑爾叱咄而與之，雖行道塗之中凡人，且不肯受而食之也。如蹴爾踐蹋而與之，雖乞丐之賤人，且以為不潔而不肯受而食之也。言萬鍾之祿，則不責辨禮義而受之者，雖萬鍾之多，然於我何足為益焉？於我何益，以其己身不能獨食之也。己不能獨食，則為宮室之廣美，供奉妻妾，施與所知之人窮乏者而已。如是，則向日不得簞食豆羹則身死尚不受，今乃為宮室廣美，供奉妻妾與施所知之人窮乏者而受，為之如此，是亦不可以止乎？言此

可以止而不止者也,是謂失其本心者矣,是忘其義者矣。故本心即義也,所謂賢者但能勿喪亡此本心耳。

注「熊蹯」。 正義曰:按《史記》世家云:「宰夫胹熊蹯不熟,晉靈公怒而殺之。」裴駰注云:「服虔曰:蹯,熊掌,其肉難熟。」 注「鍾,量器也」。 正義曰:齊大夫晏子云,已説在《梁惠》篇。

孟子曰:「仁,人心也。義,人路也。舍其路而弗由,放其心而不知求,哀哉!不行仁義者,不由路,不求心者也,可哀憫哉。**人有雞犬放,則知求之;有放心,而不知求。學問之道無他,求其放心而已矣。**」人知求雞犬,莫知求其心者,❶惑也。學問所以求之矣。

疏 「孟子曰」至「而已矣」。 正義曰:此章言由路求心,爲得其本,追逐雞犬,務其末也。「孟子曰」至「而已矣」者,孟子言:仁者是人之心也,是人人皆有之者也。義者是人之路也,是人人皆得而行之者也。今有人乃舍去其路而不行,放散其心而不知求之者,可哀憫哉。且人有雞犬放之則能求追逐之,有心放離之而不求追復。然而學問之道無他焉,但求其放心而已矣。能求放心,則仁義存矣。以其人之所以學問者,亦以精此仁義也。

❶ 「莫」原作「其」,據阮本改。

孟子曰：「今有無名之指，屈而不信，非疾痛害事也。如有能信之者，則不遠秦、楚之路，爲指之不若人也。無名之指，手之第四指也。蓋以其餘指皆有名。無名指者，非手之用指也，雖不疾痛妨害於事，猶欲信之。不遠秦、楚，爲指之不若人故也。指不若人，則知惡之。心不若人，則不知惡，此之謂不知類也。」心不若人，可惡之大者也，而反惡指，故曰不知其類也。類，事也。

疏「孟子曰」至「不知類也」。正義曰：此章言舍大惡小，不知其要，憂指忘心，不鄉於道。是以君子惡之者也。「孟子曰」至「此之謂不知類也」，孟子言：今人有第四指，爲無名之指，屈而不信，且非疾痛有妨害於爲事也。如有人能伸者，則不遠秦、楚之路而求伸之，以爲惡其指之不若人也。且以無名之指爲無用之指，則恥惡之不若人，其心不若人，則不知恥惡之，是之謂爲不知類者也。《荀子》云「相形不如論心」，同其意也。蓋云秦、楚者，以其秦、楚相去最爲遠者也。❶ 故取爲己言，指屈尚不遠秦、楚之路而求伸，況心即在於己爲最近者也，尚不能求之邪？此孟子所以爲不知類者也。

孟子曰：「拱把之桐梓，人苟欲生之，皆知所以養之者。至於身而不知所以養之者，豈愛身不若桐梓哉？弗思甚也。」拱，合兩手也。把，以一手把之也。桐、梓，皆木名也。人皆知灌溉而

❶ 「相」，原爲空格，據阮本補。

養之，至於養身之道，當以仁義，而不知用，豈於身不若桐梓哉？不思之甚者也。❶

正義曰：此章言莫知養身而養其樹木，失事違務，不得所急，詒未達者也。孟子言：桐梓之木，方於可拱把之時，人誠欲其生，民皆知所以灌溉而養之者。至於己之身，而不知以仁義之道養之者，豈人之愛保其身反不若桐梓之為急哉？但人弗思忖之而已。❷ 故以甚者也，宜誠之以此。

疏 「孟子」至「甚也」。

孟子曰：「人之於身也，兼所愛。兼所愛，則兼所養也。無尺寸之膚不愛焉，則無尺寸之膚不養也。人之所愛則養之，於身也，一尺一寸之膚養也。所以考其善不善者，豈有他哉？於己取之而已矣。考知其善否，皆在己之所養也。體有貴賤，有小大，無以小害大，無以賤害貴。養其小者為小人，養其大者為大人。養小則害大，養賤則害貴。小，口腹也。大，心志也。頭頸，貴者也。指拇，賤者也。不可舍貴養賤也。務口腹者為小人，治心志者為大人。今有場師，舍其梧檟，養其樲棘，❸

❶「也」下，閩、監、毛、阮本有「宜孟子有是以言之歟」九字。

❷「弗思」二字，原重文，據阮本刪。

❸「樲棘」，按阮校：「古書皆作『樲棗』。《爾雅》『遵羊棗』注引《孟子》『養其樲棗』，古本《爾雅》皆同。詳《爾雅》校勘記。唐宋人《本草》注皆作『樲棗』。毛傳曰『棘者，棗也，統言之也』，故羊棗雖小而得稱棗。」

則爲賤場師焉。場師，治場圃者。場以治穀。圃，園也。梧，桐；檟，梓，皆木名。樲棘，小棘，❶所謂酸棗也。言此以喻人舍大養小，故曰賤場師也。養其一指，而失其肩背而不知也，則爲狼疾人也。謂醫養人疾，治其一指，而不知其肩背之有疾，以至於害之，此爲狼藉亂不知治疾之人也。飲食之人，則人賤之矣，爲其養小以失大也。飲食之人，無有失也，則口腹豈適爲尺寸之膚哉？❷爲其養口腹而失道德耳。如使不失道德，存仁義以往，不嫌於養口腹，故曰口腹豈但爲肥長尺寸之膚哉？亦以懷其道德也。

疏 「孟子曰：人之於身」至「膚哉」。正義曰：此章言養其行，治其正，俱用智力，善惡相厲，是以君子居處思義，飲食思禮者也。「孟子曰：人之於身」至「於己取之而已矣」，孟子言：人之於一身也，無有所不愛也，以其兼愛之矣。兼所愛，則必兼有所養也。是則一身之中，無有一尺一寸之肌膚不愛焉，則亦無有一尺一寸之肌膚不養之也。以其兼所愛，必兼所養而已。然而所以考究其有善、其有不善者，亦豈有他爲哉？但亦於一己取之而已矣。所謂從其大體，則爲大人，從其小體，則爲小人，豈非己自取之謂乎？蓋孟子但云尺寸之膚者，則心在乎中，又有居待而言者也，且心爲一身之君，所謂心爲天君者也。《荀子》云「心居中虛，以治五官」，此之謂也。言人既愛尺寸之膚，雖心亦在所愛焉。既養尺寸之膚，雖心亦在所養焉。所謂愛養心者，亦以仁義之道愛養之而已。人之心，由人所趨向如

❶ 「樲棘小棘」，按阮校：「按此是『樲棗小棗』之誤，不可不正。『小棘』之語尤爲不通。」
❷ 「所」下，按阮校：「岳本、孔本、韓本、《考文》古本、足利本有『以』字。」

何耳，故曰所以考其善不善，於己取之而已矣。「體有貴賤」至「尺寸之膚哉」，孟子又言：人體有貴亦有賤，有小亦有大，於人之一身，合而言之則謂之體；自體而言之，又有耳、目、口、鼻、形、心者也。以貴大，則心爲一體之貴者大者，以賤小，則耳、目、口、鼻、形爲一體之賤者小者，以害其貴者大者也。如養其小者，則爲之小人，養其大者，則爲之大人。以其耳、目、口、鼻、形五者所好，不過利慾而已；而心稟於有生之初，仁義之道俱存於其間。是以養心者爲大人君子，養耳、目、口、鼻、形者以利慾爲小人耳。故孟子所以有是言也。今有場師治場圃者，如舍其梧檟之良木，而特養其樲棘，爲賤場師焉。梧，桐也。檟，山楸也。樲棘，小酸棗也。梧、檟可以爲琴瑟材，是良木。小酸棗，無用之才也，是賤木也。此所以喻養體不養其貴者，而養其賤者也。又如養其一指之小，而失其肩背之大，則爲狼疾藉亂而不知醫治者也，此所以比喻養體不養其大者，而養其小者也。且務飲食之人，則人皆賤之者矣，無他，是爲其養小而失去其大也。如飲食之人亦無有失其養大，則口腹豈但肥長適尺寸之膚爲哉？言是亦懷仁義之道者也。 注櫃、樲棘爲桐梓、酸棗。 正義曰：《說文》云：「梧檟，山楸。」又云：「楸，梓也。」「樲棘，小酸棗也。」是所以案此爲之云。

公都子問曰：「鈞是人也，或爲大人，或爲小人，何也？」鈞，同也。言有大有小，何也？孟子曰：「從其大體爲大人，從其小體爲小人。」大體，心思禮義。小體，縱恣情慾。曰：「鈞是人也，或從其大體，或從其小體，何也？」公都子言人何獨有從小體也。曰：「耳目之官不思，而蔽

於物，物交物，則引之而已矣。心之官則思，思則得之，不思則不得也。此天之所與我者，❶先立乎其大者，則其小者弗能奪也，此爲大人而已矣。」孟子曰：「人有耳目之官，不思，故爲物所蔽。官，精神所在也，謂人有五官六府。物，事也。利慾之事來交引其精神，心官不思善，故失其道而陷爲小人也。此乃天所與人情性，❷先立乎其大者，謂生而有善性也。小者，情慾也。善勝惡，則惡不能奪。❸

疏 「公都子」至「已矣」。 正義曰：此章言天與人性，先立其大，心官思之，邪不乖越，故謂之大人者也。

「公都子問曰」至「何也」。 鈞是人也，公都子問孟子曰：「世之人皆是人者也，或有名爲大人，或有名爲小人者，是如之何也。」孟子曰：「從其大體爲大人，從其小體爲小人」，孟子答之曰：「從事於大體，而以仁義養其心，是從其大體，故謂之大人也。從其小體，以利慾養其耳目之官，是從其小體，故謂之小人也。」「曰：鈞是人也，或從其大體，或從其小體，何也」，公都子未曉，是皆是人也，或以從養其大體，或從養其小體，是如之何？「曰：耳目之官」至「此爲大人而已矣」，孟子又答之曰：人有耳目之官，不以心思主之，而遂蔽於耆慾之物，既蔽於物，則已亦已失矣。已已失，則是亦爲物而已。是則物交接其物，不以心思主之，喪其所得矣。惟心之官則爲主於思，如心之所思，則有所得而無所喪，如不思，則失其所得而有以喪之耳。是以

---

❶ 「此」，按阮校，岳本、孔本、韓本作「比」。阮校以爲作「比」是。
❷ 「此乃」，按阮校：「岳本、孔本、韓本作『比方』。按『比方』是。」
❸ 「奪」下，閩、監、毛、阮本有「之而已矣」四字。

天之所與付於我者，所以先與立其大者，則心是也。既與立其大者，則小者斯不能奪之矣，小者則耳目是也。是以爲之大人而已矣。蓋耳目主視聽，是以爲官者也。心，君，主官者也，亦謂之官者，以其亦主思，故亦爲官矣。荀子云：心，君也，居中虛而治五官者也。是以心思之大者，而小者不能奪，則耳目不爲利慾之所蔽，茲所以從其大體，而爲大人也。彼小人者，以其不思而爲利慾所蔽故也。

孟子曰：「有天爵者，有人爵者。仁義忠信，樂善不倦，此天爵也。公卿大夫，此人爵也。天爵以德，人爵以祿。古之人脩其天爵，而人爵從之。今之人脩其天爵以要人爵，既得人爵而棄其天爵，則惑之甚者也。終亦必亡而已矣。」棄善忘德，終必亡之。

疏 「孟子」至「已矣」。正義曰：此章言古脩天爵，自樂之也，今要人爵，以誘時也；惑以招亡，小人之事者也。「孟子曰：有天爵者」至「終亦必亡之而已矣」，孟子言：有所謂天爵者，有所謂人爵者，仁義忠信四者，又樂行其善而不厭倦者，是所謂天爵也。自公卿大夫者，是所謂人爵。此孟子所以自解之也。自古之人脩治其天爵，而人爵自然從之，如舜耕於歷山，樂取諸人以爲善，而堯自然禪其祿位，是脩其天爵而人爵從之者也。又如伊尹之徒亦是也。今之人脩其天爵，以要求人爵，既得其人爵，而又棄其天爵，則蔽或之甚者也，如登龍斷以罔市利，乞墦間之祭者，是其類也。此孟子所以指今之人而言也。如此者，終亦必亡其人爵而已矣。是故孟子所以有是言而勸誠之。

孟子曰：「欲貴者，人之同心也。人人有貴於己者，弗思耳。人之所貴者，非良貴也。趙孟之所貴，趙孟能賤之。人皆同欲貴之心，人人自有貴者在己身，不思之耳。在己者，謂仁義廣譽也。凡人所貴富貴，故曰非良貴者。趙孟，晉卿之貴者也，能貴人，又能賤人。人之所自有者，他人不能賤之也。《詩》云：『既醉以酒，既飽以德。』言飽乎仁義，所以不願人之文繡也。」《詩》，《大雅·既醉》之篇。言飽德者，飽仁義之於身，身之貴者廣譽施於身，所以不願人之文繡也。令聞廣譽者是也。且以趙孟晉卿之貴，雖爲所優，趙孟所貴，何能比之。是以君子貧而樂也。「孟子曰：欲貴者」至「文繡也」。正義曰：此章言所貴在身，人不知求，膏粱文繡，己之所優，趙孟所貴，何能比之。人之同心也。」至「文繡也」，孟子言：凡所願欲其貴者，世人所同其心也，以其人皆欲之也。然而人人有貴，只在其己者，但不思之耳。凡人所貴者，非是良貴也。良貴者，不以爵而貴也，是謂良貴，如下文所謂仁義是也。「趙孟之所貴，趙孟能賤之」，是人之所貴者，非是良貴也。此孟子所以引而喻也。以其趙孟者，即晉襄公之臣趙盾者是也，是爲晉卿。然入爲盟主，出則爲盟主，故曰「趙孟之所貴特人爵之貴耳，如此得無賤邪？其賢則不及趙襄，其良則不及宣子，則所貴特人爵之貴耳，如此得無賤邪？」也。《詩·大雅·既醉》之篇有云：「既醉之以酒，既飽之以德。」是言飽乎仁義者也。是亦所謂「德將無醉」之意，同謂德則仁義是也。言飽乎仁義，所以不願人之膏粱之味乎。案《禮》云公食大夫則稻粱，爲加膳

則膏粱，味之至珍者也。然而不願人之膏粱，則以仁義爲膏粱。令聞廣譽之名聲既施飾於身，所以不願人之文繡也。案《詩》以一裳爲顯服，則文繡爲服之至美者也。然而不願人之文繡，則以令聞廣譽爲文繡也。蓋令聞者，以其內有仁義之德，則人不特見而善之，又有以聞而善之者也，故云令聞。令，譽令，❶善也。聞，名聲，而人所聞之也。廣譽者，亦以內有仁義之德，則人不特近者美喻之，而遠者又有以美譽焉，故云廣譽。廣，遠大也。譽，美稱也。凡此孟子所以教時人之云耳。故論君子貧而樂，如顏子在陋巷，而不改其樂者，是之謂也。

孟子曰：「仁之勝不仁也，猶水勝火。今之爲仁者，猶以一杯水救一車薪之火也，不熄，則謂之水不勝火。此又與於不仁之甚者也，亦終必亡而已矣。」

疏 「孟子」至「已矣」。 正義曰：此章言爲仁不至，不反諸己，謂水勝火，熄而後已。不仁之甚，終必亡矣。爲道不卒，無益於賢者也。孟子言：爲仁勝強於不仁，若水之勝火矣。今之爲仁者，不知反本心而爲仁，如以一杯杓水而救一車薪之火也。火不熄滅，則謂水不勝火，以爲不仁勝仁，此又與於不爲仁者又甚之也。以其有過於不爲仁者也，是亦終必亡其仁矣。且如湯、武之至仁，然後勝桀、紂之至不仁。今之爲仁者亦若是，則與作不仁者之甚者也，亡猶無也，亦終必亡仁矣。❷以此則謂水不勝火。能救一車薪之火也，

❶「譽令」，按文意，二字疑爲衍文。
❷「能救」，按阮校，廖本作「勝」，孔本、韓本、《考文》古本、足利本「救」作「勝」。

爲仁，但以轉粟移民之爲仁，而望民多於鄰國；以羊易牛之仁❶而欲朝秦、楚而撫四夷，是若一杯水而望救一車薪之火也，此所以終必亡其仁矣。此吾孟子所以有激而云。

孟子曰：「五穀者，種之美者也。苟爲不熟，不如荑稗。夫仁亦在乎熟之而已矣。」熟，成也。五穀雖美，種之不成，則不如荑稗之草其實可食。爲仁不成，猶是也。

疏 「孟子」至「已矣」。正義曰：此章言功毀幾成，人在慎終，五穀不熟，荑稗是勝，是以爲仁必其成也。苟五穀不成，則不勝荑稗之所奮。夫仁者，亦天下道之美者也，苟爲仁不成，則不勝不仁之所害。故云夫仁亦在乎成之而已矣。此章與前章相類，亦若齊宣有愛牛之仁，而功不至於百姓，梁惠有移民之仁，而民不加多於鄰國，是爲仁不成之過也。五穀已說於前矣。云荑稗者，即禾中之莠草也。

孟子曰：「羿之教人射，必志於彀。學者亦必志於彀。羿，古之善射者❷。彀，張弩向的

❶「牛」字，原無，按阮校：「『易』下脱『牛』字，閩本剜增『牛』字，是也。監、毛本同閩本。」據補。
❷「善」，按阮校：「岳本、孔本、韓本、《考文》古本作『工』。疏引作『攻』。」

者，用思要時也。❶學者志道，猶射者之張也。**大匠誨人，必以規矩。學者亦必以規矩。**」大匠，攻木之工。規所以爲圓也，矩所以爲方也。誨，教也。教人必須規矩，學者以仁義爲法式，亦猶大匠以規矩者也。

疏 「孟子」至「規矩」。

正義曰：此章言事各有本，道有所隆，彀張規矩，以喻爲仁，學不爲仁，猶是二教，失其法而行之者也。孟子言：羿爲善射者，其教人射，必志在於勢。勢者，張弓也，張弓以其力分之所至處也。言羿雖善射，其教人亦必求於力分之内也。大匠爲攻木之工者，其教誨人爲匠，必在於規矩。規所以爲圓之度，矩所以爲方之度，以其規矩爲法度之至者也。大匠誨人，既求之於法度之内，則學之者，亦必求之於法度内也。羿教人既求之於力分之内，則學之者亦必求於力分之内矣。然必皆求於力分之内者，以其力分所不到，則射亦未如之何矣。法度者亦如是矣。此喻人以道教人，而學之者亦如此耳。如皆不求之於力分之内與法度之内，則於道終亦不得矣。

注「羿，古之攻射者」與匠爲「攻木之工」。

正義曰：此已說於前矣。

---

❶「彀張弩向的者」，阮本「向」作「付」。按阮校，閩、監、毛三本同阮本，廖本、孔本、韓本作「彀張也張弩向的者」。

❷「要時」，按阮校：「廖本『時』作『專』，孔本、韓本『要』作『專』。」

孟子注疏解經卷第十二上

赵氏注　孙奭疏

告子章句下 凡十六章

疏　正義曰：此卷趙氏分爲下卷者也。此卷十有六章。其一章言臨事量宜，權其輕重，以禮爲先，食色爲後，若有偏殊，從其大者。二章言天下大道，人病不由，不患不能，是以曹交請學，孟子辭焉。三章言生之膝下，一體而分，當親而疏，怨慕號天，是以《小弁》之怨，未足以爲愆也。四章言上之所欲，下以爲俗。五章言君子交接，動不違道，享見之儀，冘答不差。六章言機而作，不俟終日，孔子將行，冕不及稅。七章言王道浸衰，轉爲罪人。八章言招攜懷遠，貴以德禮，義勝爲上，戰勝爲下。九章言善爲國者，必藏於民，賊民以往，其餘何觀。十章言先王典禮，萬世可遵，什一供貢，下富上尊。十一章言君子除害，普爲人也。十二章言民無信不立。十三章言好善從人，聖人一概。十四章言仕雖正道，亦有量宜，聽言爲上，禮貌次之，困而免死，斯爲下矣。十五章言聖賢困窮，天堅其志，次賢感激，乃奮其意。十六章言學而見賤，恥之大者，教誨之方，或折或引。凡此十六章，合上卷二十章，是《告子》之篇有三十六章矣。

任人有問屋廬子曰：「禮與食孰重？」任國之人問孟子弟子屋廬連，問二者何者為重。曰：「禮重。」答曰：禮重。「色與禮孰重？」曰：「禮重。」重如上也。曰：「以禮食則飢而死，不以禮食則得食，必以禮乎？親迎則不得妻，不親迎則得妻，必親迎乎？」任人難屋廬子，云若是則必待禮乎？屋廬子不能對。明日之鄒，以告孟子，孟子曰：「於！答是也何有？於，音烏，歎辭也。何有為不可答也。不揣其本，而齊其末，方寸之木，可使高於岑樓。岑樓，山之銳嶺者，寧可謂寸木高於山邪？金重於羽者，豈謂一鉤金與一輿羽之謂哉？取食之重者與禮之輕者而比之，奚翅食重？取色之重者與禮之輕者而比之，奚翅色重？孟子言：夫物當揣量其本，以齊等其末。知其大小輕重乃可言也。不節其數，累積方寸之木，可使高於岑樓。一帶鉤之金，豈重一車羽邪？如取食、色之重者，比禮之輕者，何翅食、色重哉？翅，辭也，若言何其不重也。往應之曰：『紾兄之臂而奪之食則得食，不紾則不得食，則將紾之乎？踰東家牆而摟其處子則得妻，不摟則不得妻，則將摟之乎？』」教屋廬子往應任人如是。紾，戾也。摟，牽也。處子，處女也。則是禮重，食、色輕者也。

疏「任人」至「摟之乎」。

正義曰：此章言臨事量宜，稱其輕重，以禮為先，食色為後者也。「任人有問屋廬子曰：禮與食孰重」，任人，任國之人有問屋廬子曰：禮與食二者，何者為重？「曰：禮重」，屋廬子，孟子弟子也。「曰：禮重」，屋廬子答答之以為禮重。「曰：以禮食則飢而死」至「必親迎乎」，任人又問之曰：人若待

有禮然後食，則飢餓而死，不待禮而食者，則得其食而不見飢餓，必待以禮然後食乎？任人意以為不待禮而食也。行親迎之禮，則不得其妻，不待親迎之禮，則得其妻，必待親迎之禮乎？任人意又以為不待親迎也。所謂禮食者，案《禮》云：「主人親饋則客祭，主人不親饋則客不祭。」故君子苟無禮，雖美不食焉，凡此之謂。所謂親迎者，又案《禮》云「夏氏迎於庭，商人迎於室，❶周人迎於户」，凡此是也。今任人不知此為重，故以食、色並而問之。「屋廬子不能對，明日之鄒，以告孟子」，屋廬子未有言以答應，故不能對任人之問，乃明日往鄒國，以任人此言告於孟子。「孟子曰：於！答是也何有」至「則將摟之乎」，孟子見屋廬子不能答此言，乃而歎之曰：答此之言何有難乎？何為不可答也？言凡物有常，如不揣量其本，但齊等其末，則雖方寸之木，可令高於岑樓。岑樓，山之鋭峰也。此乃齊等其末，而不量其本之謂也。鉤之金與一車羽毛之謂也。以其揣之以本，則方寸之木不能過於岑樓。言雖可謂之一帶鉤之金不能重於一車羽毛，是亦不揣其本，而齊其末之謂也。如不揣其本，則取食之重者與禮之輕者比並之，則何啻為色重也。如此，是猶積累方寸之木，可使高於岑樓；積疊一車之羽毛，可使重於一鉤金也。是則任人不揣其本，❷而齊其末也。且為不以禮食則飢而死，則人誰不以食為重也？不親迎則得妻，則人誰不以色為重也？故孟子所以於此又教之屋廬子，使往應於任人曰：紾戾其兄之臂而

❶ 「室」，《春秋公羊傳注疏》何注作「堂」。
❷ 「人」，原作「任」，據阮本改。

奪之食，則得其食，不紾戾之，則不得其食，不紾戾兄之臂乎？踰越東家之墻而摟其處女，則得爲之妻，不摟之則不得爲之妻，則將可以摟處女乎？言不可如是也，故以「乎」言之。所謂東家則託此言之矣，如謂鄰家也。然而鄰亦有西、南、北，何不言之？蓋言東，則西、南、北不言而在矣。 注「岑樓，山之銳嶺」。 正義曰：釋云：山小而高者曰岑。是知岑樓即知爲銳嶺之峰也。曰樓者，蓋重屋曰樓，亦取其重高之意也。 注云「處女」。 正義曰：未嫁者也。

曹交問曰：「人皆可以爲堯舜，有諸？」孟子曰：「然。」曹交，曹君之弟。交，名也。答曰然者，言人皆有仁義之心，堯舜行仁義而已。「交聞文王十尺，湯九尺。今交九尺四寸以長，食粟而已，如何則可？」交聞文王與湯皆長而聖。今交亦長，獨但食粟而已，當如何？曰：「奚有於是？亦爲之而已矣。有人於此，力不能勝一匹雛，則爲無力人矣。今曰舉百鈞，則爲有力人矣。然則舉烏獲之任，是亦爲烏獲而已矣。夫人豈以不勝爲患哉？弗爲耳。孟子曰：何有於是言乎？仁義之道，亦當爲之乃賢耳。人言我力不能勝一小雛，則謂之無力之人。人言能舉百鈞，百鈞，三千斤也，則謂之有力之人。烏獲，古之有力人也，能移舉千鈞。人能舉其所任，是爲烏獲才也。夫一匹雛不舉，豈患不能勝哉？但不爲之耳。徐行後長者謂之弟，疾行先長者謂之不弟。夫徐行者，豈人所不能哉！所不爲也。長者，老者也。弟，順也。人誰不能徐行者，患不肯爲也。堯舜之道，孝

弟而已矣。子服堯之服，誦堯之言，行堯之行，是堯而已矣。子服桀之服，誦桀之言，行桀之行，是桀而已矣。」孝弟而已，人所能也。堯服，衣服不踰禮也。堯言，仁義之言。堯行，孝弟之行。桀服，譎詭非常之服。桀言，不行仁義之言。桀行，淫虐之行。爲堯似堯，爲桀似桀。❶ 曰：「交得見於鄒君，可以假館，願留而受業於門。」交欲學於孟子，願因鄒君假館舍，備門徒也。曰：「夫道，若大路然，豈難知哉？人病不求耳。子歸而求之，有餘師。」孟子言堯舜之道，較然若大路，豈有難知，人苦不肯求耳。子歸曹而求行其道。有餘師，師不少也，不必留此學也。❷

疏 「曹交」至「餘師」。 正義曰：此章言天下大道，人病不求，不患不能，是以曹交請學，孟子辭之者也。「曹交，曹君之弟也，姓曹名交。曹交問曰：凡人皆可以爲堯舜二帝，有諸否乎？」「孟子曰：然」，孟子答之，以爲誠如是也。「交聞文王十尺」至「如何則可」者，曹交又言，交嘗聞文王身長十尺，湯王身長九尺，今交身亦長九尺四寸，但獨食粟而已，當如之何則可以爲堯舜。「曰：奚有於是」至「是桀而已矣」，孟子答之曰：何有於此言之謂乎。言非論身長短之謂也。❸所以爲堯舜者，是亦爲之而已。且託今有人於此，其

❶ 「似桀」下，閩、監、毛、阮本有「而已矣」三字。
❷ 「此」，閩、監、毛、阮本作「館」。
❸ 「短」，原作「知」，據阮本改。

力不能舉任一匹夫之雛小,則爲無筋力之人也。如是言之,則能舉烏獲千鈞之重任者,此亦足爲烏獲之徒而已矣。❶今又曰能舉任三千鈞之重,則爲有筋力之人也。如是言之,則勝矣。以言人之所欲爲堯舜者,豈患其不能爲之哉!且夫人豈以不能舉勝一匹夫之雛小爲憂患哉!但不爲之耳。如用力舉之,則勝矣。以言人之所欲爲堯舜者,豈患其不能爲之哉?亦但不爲之耳。且以徐緩而行,後於長者,是謂之悌順。急疾而行,先於長者,謂之不悌順。夫徐緩而行者,豈凡人所不能如是哉。但所不爲徐行之矣。夫堯舜二帝之道,亦本於孝弟而已,子今若身用堯之法言,以其言有法度,所行則行堯所行之迹,以其行不淫虐,如此,是亦爲堯之徒矣。若子於今身乃服桀非常之服,口誦桀詭僻❷之言,所行乃行桀淫虐之行,如此,是亦爲桀而已矣。「交得見於鄒君」至「於門」,曹交聞孟子言至此,乃曰:交得見鄒君,可以因而假館舍,願留止而受業於夫子之門,而學於孟子也。「曰:夫道若大路」至「餘師」,孟子乃答之曰:夫道若大路,較然易行也,豈爲難知者哉?言不難知也。但人病不求之耳。子歸曹而自能求之而行其道,亦不少師也,何必願受業於我。孟子所以答之此者,蓋爲曹交欲挾鄒君而問,是挾貴而問者也,是以辭之而已,抑亦不屑教誨之謂也。

注「鈞」,❹三千斤」。正義

❶ 「則」上,阮本有「是」字。
❷ 「用」,阮本作「服」。
❸ 「僻」,阮本作「懦」。
❹ 「鈞」,按阮校:「『鈞』上當有『百』字。」

卷第十二上 告子章句下

四五一

曰：已前篇說之矣。注「烏獲，有力人也」。正義曰：案皇甫士安《帝王世說》云：❶「秦武王好多力之人，烏獲之徒並皆歸焉。秦王於洛陽舉周鼎，烏獲兩目血出。」六國時人也。孟子假是而開闢曹交之蔽而已矣。

公孫丑問曰：「《小弁》，小人之詩也。」孟子曰：「何以言之？」曰：「怨。」高子，齊人也。《小弁》《小雅》之篇，伯奇之詩也。怨者，怨親之過，故謂之小人。曰：「固哉，高叟之爲詩也。有人於此，越人關弓而射之，則己談笑而道之，無他，疏之也。其兄關弓而射之，則己垂涕泣而道之，無他，戚之也。《小弁》之怨，親親也。親親，仁也。固矣夫，高叟之爲詩也。」固，陋也。高子年長，孟子曰：陋哉，高叟之爲詩也。疏越人，故談笑。戚，親也。親其兄，故號泣而道之，怪怨之意也。伯奇，仁人，而父虐之，故作《小弁》之詩曰：何辜于天？親親而悲怨之辭也。重言固陋，傷高叟不達詩人之意甚也。曰：「《凱風》何以不怨？」《詩·邶風·凱風》之篇也。公孫丑曰：《凱風》亦孝子之詩，何以獨不怨？曰：「《凱風》，親之過小者也。《小弁》，親之過大者也。親之過大而不怨，是愈疏也。親之過小而怨，是不可磯也。愈疏，不孝也。不可磯，亦不孝也。孔子

---

❶「說」，按阮校：「案『說』當作『紀』。」

曰：『舜其至孝矣，五十而慕。』」孟子曰：「《凱風》言『莫慰母心』，母心不悅也，知親之過小也。《小弁》曰「行有死人，尚或墐之」，而曾不閔己，知親之過大也。愈，益也。過已大矣，而孝子不怨思其親之意何爲如是。是益疏之道也，故曰不孝。磯，激也。過小耳，而孝子感激，輒怨其親，是亦不孝也。孔子以舜年五十而思慕其親不殆，稱曰孝之至矣，孝之不可以已也，知高叟譏《小弁》爲不得矣。

疏 「公孫丑」至「而慕」。

正義曰：此章言生之膝下，一體而分，喘息呼吸，氣通於親，當親而疏，怨慕號天，是以《小弁》之怨，未足以爲愆也。「公孫丑問曰：《小弁》，小人之詩也」高子、齊人也，公孫丑問孟子曰：高子有云《小弁》之詩，是小人之詩也。「孟子曰：何以言之」，孟子又問公孫丑，以謂高子何以言爲小人之詩。「曰怨」，孫丑又答之，曰爲其有怨也。「曰：固哉高叟之爲詩也」又至「爲詩也」固，陋矣，高子老，孟子稱曰叟，蓋叟，長老之稱也。孟子曰：陋哉，高叟之謂此詩爲小人之詩也。今且託以有人於此，是爲越南蠻人，被人彎弓而射之，則己見之，則但談笑而道之，此無他，是與越人疏也。其兄如被人彎弓而射之，則己見之必垂涕淚，號泣而道之，此亦他，是與兄爲親也。《小弁》之詩，其辭有怨，是親親之故也。親親，仁道也。陋矣夫，高子之謂此詩爲小人之詩也。然孟子所以重言之，深誚高子不達詩人之意之甚者也。「以不怨」公孫丑然則《凱風》亦孝子之詩也，何以獨不怨？《凱風》《邶風》之詩也。「曰：《凱風》何以不怨」至「五十而慕」者，孟子又答之曰：《凱風》之詩，親之過小者也。《小弁》之詩，親之過大者也。《凱風》之詩，是親之過小者也，以詩觀之，有曰「何辜于天，我罪伊何」，是則怨以責己，爲親之過大者也。《小弁》之詩，是親之過大者也，以詩觀之，有曰「有子七人，莫慰母心」，是爲親之過小者也。親之過大而不怨慕之，是益疏其親也。親之過小而怨之，是懟其親

也，是謂父母不可以磯激之者也。蓋親之過大者，以其幽王信褒姒讒言，疏太子宜臼之親，非特疑之，又將以殺之，是以《小弁》爲太子之傅作焉，而著父之過大者也。親之過小者，疏以其先王制禮，夫死，妻穉子幼，然後其妻始與適人，今七子之母，則非穉齒子幼者也，乃反不安其室而欲去嫁，是以《凱風》美孝子，以著母之過爲小者也。故曰：益疏其親而不怨慕之者，是不孝者也；謂父母不可激之者，是亦不爲者也。云磯者，激也，若微切以感激之，以幾諫者也，譬如石之激水，順其流而激之耳。所以云愈疏不孝也，不可磯亦不孝也。孟子又引以此，蓋謂至孝則當怨慕之於吾孟子矣。注「伯奇，仁人，而父虐之」至「何辜于天」。正義曰：按《史記》云：「幽王嬖愛褒姒，姒生子伯服。幽王欲廢太子。太子母申侯女而爲后，後幽王得褒姒，愛之，欲廢申后，并去太子宜臼，以褒姒爲后，以伯服爲太子。」後立爲平王者，是宜臼也。以此推之，則伯奇，宜臼也。故《小弁》之詩注云「幽王娶申女，生太子宜臼。又娶褒姒，生子伯服，立以爲后，而放宜臼，將殺之」故也。○《凱風》曰：「行有死人，尚或墐之」。正義曰：《凱風》美孝子之詩也。云「莫慰母心」者，注云：「慰，安也。」言有子七人，無以安母之心也。云「行有死人，尚或墐之」者，注云：「墐，路塚也。」箋云：「相視投掩行道也，視彼人將掩兔，尚有先驅走之者，道中有死人，尚有覆掩之成其墐者，言其心所不忍也。」

❶「孔」，原作「孟」，據上經文及阮本改。

宋牼將之楚，孟子遇於石丘，曰：「先生將何之？」宋牼，宋人，名牼，學士年長者，故謂之先生。石丘，地名也。道遇，問欲之也。曰：「吾聞秦、楚構兵，我將見楚王說而罷之。楚王不悅，我將見秦王說而罷之。二王我將有所遇焉。」牼自謂往說二王，必有所遇，得從其志也。曰：「軻也請無問其詳，願聞其指，說之將何如？」孟子敬宋牼，自稱其名曰軻。不敢詳問，願聞其志也。曰：「我將言其不利也。」牼曰：我將為二王言興兵之不利也。曰：「先生之志則大矣，先生之號則不可。先生以利說秦、楚之王，秦、楚之王悅於利，以罷三軍之師，是三軍之士樂罷而悅於利也。為人臣者懷利以事其君，為人子者懷利以事其父，為人弟者懷利以事其兄，是君臣、父子、兄弟終去仁義，懷利以相接，然而不亡者，未之有也。先生以仁義說秦、楚之王，秦、楚之王悅於仁義而罷三軍之師，是三軍之士樂罷而悅於仁義也。為人臣者懷仁義以事其君，為人子者懷仁義以事其父，為人弟者懷仁義以事其兄，是君臣、父子、兄弟去利懷仁義以相接也，然而不王者，未之有也。何必曰利？」以仁義之道，不忍興兵，三軍之士悅，國人化之，咸以仁義相接，可以致王，何必以利為名也。

疏「宋牼」至「何必曰利」。正義曰：此章言上之所欲，下以為俗，俗化於善，久而致平，俗化於惡，久而致傾者也。「宋牼將之楚，孟子遇於石丘，曰：先生將何之」，宋牼，宋國之人，姓宋名牼，孟子尊老之曰先生。宋牼將欲往楚國，孟

子相逢於石丘之地，石丘則宋國地也。孟子乃問之曰：先生將何往？「曰：吾聞秦楚構兵」至「我將有遇焉」，宋牼答孟子曰：我聞秦、楚二國交兵，我將見楚王說而罷之。秦、楚二王，我將有所得從其志也。「曰：軻也」至「將何如」，孟子敬宋牼，故自稱名，曰：軻也請無敢問其詳悉，願聞其指，意說之將如何說之。「曰：我將言其不利」牼答之，以言其興兵之不利也。「曰：先生之志則大矣」至「何必曰利」，孟子又答之，曰：先生之志誠為大矣，先生之名號則不可用也。先生今以利說秦、楚二王，秦、楚二王悅於利，是必罷三軍之眾，萬二千五百人為軍，三軍之眾乃三萬七千五百人也。如此，是三軍之士卒樂罷兵而悅利也。利以事其父；為人弟者，又懷抱利以奉其兄，是則君臣、父子、兄弟終皆去仁義，懷抱利以相接待，然而不亡者，未之有也。言必亡其身矣。先生將以仁義之道說秦、楚之王，秦、楚之王悅從仁義而罷三軍之眾也。如此，是三軍之士卒樂罷兵而悅從於仁義也。為人臣者，苟懷抱利以奉其君，為人子者，懷抱利以奉其父，為人弟者，又懷抱利以奉其兄，是則君臣、父子、兄弟乃去其利，而抱仁義以相接也。既懷抱仁義而相接待，則父父子子、君君臣臣、兄兄弟弟，如此則為王者，未之有也。言如此則可以為王矣，何必曰利以說之乎。蓋為利則其害至於亡身，為仁義則其利至於王，故曰「何必曰利」也。此孟子所以持仁義之道教宋牼事其秦、楚，譏其欲以利說秦、楚也。

正義曰：案荀卿《非十二子》云：「不知壹天下、建國家之權稱，曾不足以容辨異、懸君臣」。楊倞云：「宋鈃，宋人，與孟子、尹文子、彭蒙、慎到而其持之有故，其言之成理，足以欺惑愚眾，是宋鈃也」。宋人，名牼」。

同時。」《孟子》作「宋牼」，牼與鈃同，口莖反，是也。

孟子居鄒，季任爲任處守，以幣交，受之而不報。任，薛之同姓小國也。季任，任君季弟也。任君朝會於鄰國，季任爲之居守其國也，致幣帛之禮以交孟子，受之而未報也。處於平陸，儲子爲相，以幣交，受之而不報。平陸，齊下邑也。儲子，齊相也，亦致禮以交孟子，而未答也。他日，由鄒之任，見季子；由平陸之齊，不見儲子。屋廬子喜曰：「連得間矣。」問曰：「夫子之任見季子，之齊不見儲子，爲其爲相與？」連，屋廬子名也。見孟子答此二人有異，故喜曰：連今日乃得一見夫子與之開隙也。俱答二人，獨見季子，不見儲子者，以季子當君國子民之處，儲子爲相，故輕之邪？孟子曰：非也。曰：「非也。《書》曰：『享多儀，儀不及物，曰不享。惟不役志于享。』爲其不成享也。」孟子答曰：非以儲子爲相，故不見。《尚書·洛誥》篇曰「享多儀」，言享見之禮多儀法也。物，事也。儀不及事，謂有闕也，故曰不成享禮。儲子本禮不足，故我不見也。屋廬子悅。或問之，屋廬子曰：「季子不得之鄒，儲子得之平陸。」屋廬子已曉其意，聞義而服，故悅也。人問之曰：何爲若是？屋廬子曰：季子守國，不

❶ 「而未答也」，阮本作「孟子亦不答之也」。按阮校，閩、監、毛三本同阮本。孔本、韓本、足利本作「受而未答也」。

得越境至鄒，不身造孟子可也。儲子爲相，得循行國中，但遥交禮，爲其不尊賢，故答而不見。❶「孟子居鄒」至「平陸」。　正義曰：此章言君子交接，動不違禮，享見之儀，亢答不差，是以孟子或見或否，各以其宜者也。「孟子居鄒」至「而不報」，言孟子居處鄒國，❷季任爲任國居守者也。以其任國之君朝會於齊，季任爲居守其國也。季任爲居守，以幣帛之禮以交孟子，孟子受而不答。孟子爲齊卿相之時，居處於平陸，齊之下邑，儲子爲齊相，以幣帛交孟子，孟子亦受之而不答。「他日由鄒之任」至「不見儲子」，言孟子異日自鄒之任國，乃見其季子；自平陸往齊國，乃不見儲子，故喜而言曰：連於今日得間隙與夫子爲語矣。故問孟子曰：「屋廬子喜曰」至「爲相與」，言孟子往任國乃見季子，往齊國乃不見儲子，是爲其儲子爲齊相，故欲輕之歟？「曰：非也」至「爲其不成享也」，孟子答之曰：非爲其爲相，故不見而輕之耳。以其《尚書·洛誥》篇有云「享多儀」，言享見之禮多儀法也。如儀不及享獻之物，是曰不享。以其無儀法，雖有物以享之，但亦如不享耳。惟在上者，不役使下之志於享也，是以我所以不見儲子者，爲其儀不及物，不成享也。我所以受之幣而不見答也。或人見屋廬子，故問之曰：此《洛誥》云，是何之謂？屋廬子答之曰：季子以其守國，故不得越境親至鄒國見孟子，故但以幣交孟子，孟子所以往而見答也。儲子爲齊相，得循行國中，可以親至平陸見孟子，然

❶「故答而不見」，閩、監、毛、阮本作「故禮答而不見之也」。
❷「言」，原作「官」，據阮本改。

以不親見之，但亦以幣交之，是其不尊賢者也，爲不成享也，孟子所以之齊，故不見而答之也。注「任，薛之同姓」。正義曰：案魯隱公十一年《左傳》云：「滕侯、薛侯來朝，❶爭長，公使羽父請於薛侯曰：『周之宗盟，異姓爲後，寡人若朝于薛，❷不敢與諸任齒。』」杜預云：「薛，任姓也。齒，列也。」是知薛與任爲同姓也。注「《洛誥》之篇也」。正義曰：此篇召公既相宅，周公往營成周，使來卜，作此《洛誥》之篇也。孔安國云：「既成洛邑，將致政成王，告以居洛之義也。」云「享多儀」至「惟不役志于享」者，案安國傳云：「奉上謂之享，言奉上之道多威儀，威儀不及於禮物，❸惟曰不奉上。人君惟不役志於奉上，則凡人化之，惟曰不奉上矣。」

淳于髡曰：「先名實者，爲人也。後名實者，自爲也。夫子在三卿之中，名實未加於上下而去之，仁者固如此乎？」淳于，姓。髡，名也。齊之辨士。名者，有道德之名。實者，治國惠民之功實也。齊，大國，有三卿，謂孟子嘗處此三卿之中矣。未聞名實，下濟於民，上匡其君，而速去之。仁者之道，固當然邪？孟子曰：「居下位，不以賢事不肖者，伯夷也。五就湯，五就桀者，伊尹也。不

---

❶ 「滕」，原作「勝」，據阮本及《左傳》改。
❷ 「于」，原作「丁」，據阮本改。
❸ 「威」，原作「成」，據阮本改。

惡汙君，不辭小官者，柳下惠也。三子者，不同道，其趨一也。」伊尹爲湯見貢於桀，桀不用而歸湯，湯復貢之，如此者五。思濟民，冀得施行其道也。此三人雖異道，所履行則一也。「一者何也？」髡問一者何也。曰：「仁也。君子亦仁而已矣，何必同？」孟子言君子進退行止，未必同也，趨於履仁而已。髡譏其速去，❶故引三子以喻意也。曰：「魯繆公之時，公儀子爲政，子柳、子思爲臣，魯之削也滋甚。若是乎賢者之無益於國也？」髡曰：魯繆公時，公儀休爲執政之卿。子柳、泄柳也。子思，孔子之孫伋也。❷二人爲師傅之臣，不能救魯之見削奪，亡其土地者多。若是，賢者無所益於國家者，何用賢爲？曰：「虞不用百里奚而亡，秦繆公用之而霸。不用賢則亡，削何可得與？」孟子云：百里奚所去國亡，所在國霸，無賢國亡，何但得削？豈可不用賢也。曰：「昔者王豹處於淇，而河西善謳。有諸内必形諸外，爲其事而無其功者，髡未嘗覩之也。是故無賢者也，有則髡必識之。」王豹，衛之善謳者。淇，水名。縣駒處於高唐，而齊右善歌。華周、杞梁之妻善哭其夫，而變國俗。《衛詩・竹竿》之篇曰：「泉源在左，淇水在右。」《碩人》之篇曰：「河水洋洋，北流活活。」衛地濱於淇水，在北流河之西，故曰處淇水而河西善謳，所謂鄭衛之聲也。縣駒，善歌者也。高唐，齊西邑。縣駒處之，故曰齊右善歌。華周，華旋也。杞梁，杞殖也。二人，齊大夫，死於戎事者，其妻哭之哀，城爲之崩，國俗化之，則效

───

❶「譏」，閩、監、毛、阮本作「爲」。
❷「子之孫」按阮校，廖本、孔本、韓本、《考文》古本無此三字。

其哭。髡曰：如是歌、哭者尚能變俗，有中則見外。爲之而無功者，髡不聞也。有功，乃爲賢者，不見其功，故謂之無賢者也。如有之，則髡必識知之。❶ 曰：「孔子爲魯司寇，不用，從而祭，燔肉不至，不税冕而行。不知者以爲爲肉也，其知者以爲爲無禮也。乃孔子則欲以微罪行，不欲爲苟去。君子之所爲，衆人固不識也。」孟子言孔子爲魯賢臣。不用，不能用其道也。從魯君而祭於宗廟，當賜大夫以胙，燔肉不至。膰炙者爲燔，《詩》云：「燔炙芬芬。」反歸其舍，未及税解祭之冕而行，出適他國。不知者以爲不得燔肉而愠也。知者以爲君無禮，乃欲以微罪行。燔肉不至，我黨從祭之禮不備，有微罪乎。乃聖人之妙旨，不欲爲，誠欲急去也。衆人固不能知君子之所爲，❷謂髡不能知賢者之志也。

疏 「淳于」至「不識也」。正義曰：此章言見機而作，不俟終日，孔子將行，冕不及税。庸人不識，課以功實。淳于雖辯，終亦屈服，正者勝也。「淳于髡曰」至「固如是乎」，淳于髡，齊國之辯士也，淳于髡問孟子曰：「先名實者，爲人也，後名實者，自爲也」，言名生於實者，斯有功利之實，進而治國濟民，則名利在所先，故先名實者爲人。退而獨善其身，則功利在所後，故後名實者爲自爲。今夫子嘗處於三卿之中，而名實未加及於上下而去之，仁人固肯如是乎？髡之意以爲仁人必不如是也，故以此譏之。蓋名實未加於上下，以其上無以輔佐君而治國，下無以惠澤而濟於民也。「孟子曰」至「其趨一也」者，孟子乃答曰：居臣下之

❶「知之」，閩、監、毛、阮本作「之矣」。
❷「能知」，閩、監、毛、阮本作「識」。

位,不肯以賢而奉事不肖者,是伯夷也,所謂「伯夷非其君不事」是矣;五就於湯,五就於桀者,是伊尹也,所謂「何事非君,治亦進,亂亦進」是矣;不恥汙君,不辭小官者,謂柳下惠也,所謂「爾爲爾,我爲我,爾焉能浼我哉」?陋窮而不憫,遺佚而不怨」是矣。此三子者,雖進退之道不同,然其所履則一而已。髡又問孟子所謂其趨一者是何也。言三子進退行止皆一於仁者是何也。「曰:仁也,君子亦仁而已矣,何必同」孟子又答曰:其一者,是一於仁也。「曰:仁也,君子亦仁而已矣,何必同」孟子又答曰:其一者,是一於仁,則見於不必進、亦不必退而爲和。如此,則君子進退行止,亦履仁而已。伯夷之仁,則見於必退以爲清;伊尹之仁,則見於必進退而爲任;下惠之仁,則見於不必進、亦不必退而爲和。如此,則君子進退行止然後爲仁也。孟子所以引此三子而喻者,蓋謂之去齊,是亦伯夷之清者也,是亦有仁而已。故以是答淳于髡。「曰:魯繆公之時,公儀子爲政」至「無益於國也」,髡又曰:魯繆公之時,公儀休爲執政之卿,泄柳、孔伋爲師傅之臣,而魯國爲敵國所侵削益甚,如此,是賢者無所益於國家也。至「何可得與」者,孟子又答之,曰:虞君不能信用百里奚而亡其國,秦繆公任用之而得爲霸,是則不能用賢則國亡矣,何特止於見削歟?故曰「削何可得與」。蓋百里奚知虞公之不可諫而去之秦,而穆公釋其囚,授之以國政,號曰五羖大夫,是其事也,又說於《萬章》首卷之末詳矣。「曰:昔者王豹處於淇上」至「識之」者,髡又曰:❶往日衛之善謳詠者王豹居於淇水,❷而西河之人又善歌;齊之善謳詠者緜駒居於高唐,而齊右

❶「又」,原作「文」,據阮本改。
❷「淇」,原作「其」,據上經文及阮本改。

之人又能善歌，❶凡此是皆以謳相尚，故然也。齊之二大夫華周、杞梁皆死於戎事，其二人妻哭哀，城爲之崩，國俗化之，而皆效其哭，是以如此歌、哭者，尚能變化其俗，則有諸中必見於外。如無其功者，髡未曾見之也。如此，是故無賢者也，有賢者則髡必知之矣。淳于髡所以又言之此者，以其不知繆公不能師公儀休、泄柳、子思三子之道，徒疑之以爲不賢，又以此明孟子名實未加於上下而去之亦若是矣。故引而言之，復譏於孟子。淇水、河西、高唐、齊右，皆地名也。「曰：孔子爲魯司寇」至「衆人固不識也」孟子又答曰：孔子嘗爲魯國司寇之官，不得用其道，從魯君祭於宗廟，當賜大夫以胙燔肉，且不至孔子，孔子遂反歸其舍，未及脫祭祀之冕而適它國。不知孔子者，以謂孔子不得燔肉，故爲此而行也。其知孔子者，以謂爲君無禮，乃欲以微罪行。微罪之所爲者，庸衆之人固不能識而知也。然則君子之所爲者，以其孔子爲司寇大夫之官，凡有祭，則大夫之黨當從君祭，既從祭之，禮有不備，所以有罪君子之道也，豈淳于髡所識也。注「淳于髡」至「然邪」。孟子言此者，又有以譏誚髡也。意謂吾之去齊，是亦堉也。長不滿七尺，滑稽多辯，數使諸侯，未嘗屈辱。齊威之時喜隱，好爲淫樂長夜之飲，沈湎不治，委政卿大夫，百官荒亂，諸侯並侵，國且危亡，左右莫敢諫。淳于髡曰『國中有大鳥』云云。文恐煩，更不具述。注「髡曰：魯繆公」至「賢爲」。 正義曰：云「公儀休爲執政之卿」者，案《史記》云：「公儀休，魯博士，以高第爲魯相，奉法循理，無所變更，百官自正。使食祿者不得與下民争利，受大者不得取小。」《漢書》曰：「公

❶ 「又」，阮本作「皆」。

卷第十二上　告子章句下

儀子相魯，之其家，見織帛，怒而出其妻，食於舍而茹葵，慍而拔其葵，曰：『吾已食祿，又奪園夫紅女利乎？』」是公儀休執政之事也。云「子柳，泄柳也」，《檀弓》云「子柳，魯敬仲皮之子，子碩兄也」。子思、孔伋，已說於前矣。 注「孟子云『百里奚去國』至『賢也』」。 正義曰：云「百里奚所去國」至「知國霸者，即經所謂知虞之將亡而先去之，相秦而顯其君是也。云何但得削者，如楊子云「或人問魯用儒而削，雄曰：魯不用真儒故也」❶如用真儒，無敵於天下，安得削」，亦是意也。 注「王豹，衞之善謳」至「知之」。 正義曰：云「豹，衞之善謳者」，注案《衞詩》，以淇水在衞地。《說文》云：「淇水出河內，其北山東入河。」又《晉世家》云「晉西有河，西與秦接境，北邊翟，東至河內」是也。《竹竿》《碩人》皆衞國之詩也。云「高唐，齊西邑」，案齊莊公元年「晉伐齊，至高唐」，杜氏曰「高唐在祝阿縣西北」是也。云「華周，華旋也。杞梁，杞殖也。二人，齊大夫」，案魯襄公二十三年「齊莊公還自晉，不入，遂襲莒，杞梁，杞殖也。明日，先遇莒子於蒲侯氏」。杜注云：「近莒之邑也。」「莒子重賂之，使無死，曰：『請有盟。』華周對曰：『貪貨棄命，亦君所惡也。昏而受命，日未中而棄之，何以事君？』莒子親鼓之，從而伐之，獲杞梁。莒人行成，齊侯歸，遇杞梁之妻於郊，使弔之。辭曰：『殖之有罪，何以辱命焉？若免於罪，猶有先人之弊廬在，下妾不得與郊弔。』齊侯弔諸其室。」杜注云：「杞梁，杞殖也。華周即華旋也。」或云齊莊公襲莒，逐而死，其妻孟姜向城而哭，城為之崩。 注「孔子爲魯賢臣，從魯君而祭於宗廟，燔肉不至」者。 正義曰：案《孔子

❶ 「用」，原作「問」，據阮本改。

《世家》云:魯定公九年,孔子爲中都宰,一年四方皆則之。由中都宰爲司空,由司空爲大司寇。定公十三年,季氏將墮費。十四年,孔子由大司寇行攝相事,有喜色。門人曰:「聞君子禍至不懼,福至不喜。」孔子曰:「有是言也。」於是誅大夫亂政者少正卯。齊人歸女樂,定公日怠政事,子路曰:「夫子可以行矣。」孔子曰:「魯今且郊,如致燔乎大夫,則吾猶可止。」於是不致燔俎於大夫,孔子遂行,宿于屯。屯,魯國之南地也。王肅曰:「燔,祭肉也。」孔子因適衛矣。

孟子注疏解經卷第十二下

趙氏注　孫奭疏

告子章句下

孟子曰：「五霸者，三王之罪人也。五霸者，大國秉直道以率諸侯，齊桓、晉文、秦繆、宋襄、楚莊是也。三王，夏禹、商湯、周文王是也。今之諸侯，五霸之罪人也。今之大夫，今之諸侯之罪人也。謂當孟子之時諸侯及大夫也。諸侯臣，總謂之大夫。罪人之事，下別言之。天子適諸侯曰巡狩，諸侯朝於天子曰述職。春省耕而補不足，秋省斂而助不給。入其疆，土地荒蕪，遺老失賢，掊克在位，則有讓。一不朝則貶其爵，再不朝則削其地，三不朝則六師移之。是故天子討而不伐，諸侯伐而不討。五霸者，摟諸侯以伐諸侯者也。故曰五霸者，三王之罪人也。巡狩、述職，皆以助人民。慶，賞也。養老尊賢，能者在位，賞之以地，益其地也。掊克不良之人在位，則責讓之。不朝而至三，則討之以六師。移之，就之也。討者，上討下也。伐者，敵國相征伐也。五霸強摟牽諸侯以伐諸侯，不以王命也，於三

王之法，乃爲之罪人也。五霸，桓公爲盛。葵丘之會諸侯，束牲載書而不歃血。初命曰：『誅不孝，無易樹子，無以妾爲妻。』再命曰：『尊賢育才，以彰有德。』三命曰：『敬老慈幼，無忘賓旅。』四命曰：『士無世官，官事無攝，取士必得，無專殺大夫。』五命曰：『無曲防，無遏糴，無有封而不告。』曰：『凡我同盟之人，既盟之後，言歸于好。』今之諸侯皆犯此五禁，故曰今之諸侯，五霸之罪人也。齊桓公，五霸之盛者也，與諸侯會于葵丘，束縛其牲，但加載書，不復歃血。言畏桓公，不敢負之，不得專誅不孝。樹，立也。已立世子，不得擅易也。仕爲大臣，不得世官，賢臣乃得世祿也。官事以彰明有德之人。敬老愛小，恤矜孤寡，賓客羇旅勿忘忽也。無攝，無曠庶僚也。取士必得賢，立之無方也。無專殺大夫，不得以私怒行戮也。無敢違王法而以己曲意設防禁也。❶無遏止穀糴不通鄰國也，無以私恩擅有所封賞而不告盟主也。言歸于好，無搆怨也。桓公施此五命，而今諸侯皆犯之，故曰罪人也。**長君之惡其罪小，逢君之惡其罪大。今之大夫皆逢君之惡，故曰今之大夫，今之諸侯之罪人也。**」君有惡命，臣長大而宣之，其罪在不能距逆君命，故曰小也。君之惡心未發，臣以諂媚逢迎之，❸而導君爲非，故曰罪大。今諸侯之大夫皆逢君之惡，故曰罪

❶「曲」，閩、監、毛、阮本無此字。
❷「所」，閩、監、毛、阮本無此字。
❸「媚」，原作「娟」，據阮本改。

卷第十二下 告子章句下

四六七

人也。【疏】「孟子」至「罪人也」。正義曰：此章言王道浸衰，轉爲罪人，孟子傷之，是以博思古法，以匡時君者也。「孟子曰：五霸者，三王之罪人也」，又至「今之諸侯之罪人也」者，孟子言齊桓、晉文、秦繆、宋襄、楚莊五霸者，乃爲夏禹、商湯、周文之罪人也。今之大夫，亦謂孟子時之大夫，乃爲今之時諸侯之罪人也。此一段是孟子自解五霸爲三王之罪人也。「天子適諸侯曰巡狩」至「助不給」，已説在《惠王》篇。自「天子適諸侯」至「三王之罪人也」者，謂古天子行巡狩之禮，巡諸侯所守之地，至入其諸侯疆境，見其土地開辟而不蕪，田野耕治而不荒，言入其疆，養其耆老，尊敬賢者，有俊傑之才能在位行政事。如此，則有慶賞，以其慶賞益其地也。入其封疆，見土地荒蕪而不開辟，又遺棄其耆老，失其賢人，惟以掊克多取聚斂之臣在其位以殘民。如此，則有責讓之，又其一不朝觀述所職，則貶損其爵；至二不朝，則削減其土地；以至三不朝，則命六師以移易其位也，以其不能保安社稷也。是故天子於諸侯，有其罪則討，而不行兵征伐。諸侯之於諸侯，則行兵征伐而不討。且五霸者，牽率諸侯者也，故曰「五霸者，三王之罪人也」。以其五霸擅自專權，不待天子錫之弓矢然後征，錫之鈇鉞然後殺者，特牽率諸侯以伐諸侯而已，是則豈非三王之罪人歟？故齊桓率諸侯以伐楚，晉文率諸侯以伐曹，秦繆率諸侯以伐晉，宋襄率諸侯以伐楚，楚莊率諸侯以伐陳，是摟諸侯以伐諸侯者也。蓋彼有罪，而布令陳辭以責之，是謂討也；彼有罪而用兵行師以加之，是謂伐也。「五霸，桓公爲盛」至「五霸之罪人也」，此一段是孟子自解今之諸侯乃五霸之罪人也。言齊桓公爲五霸最盛者也，以其土地之廣，甲兵之衆，強制諸侯，懼其未盡從己也，於是期約諸侯，爲葵丘之會。葵丘，杜預曰：「陳留外黄縣有葵丘，宋地

也。」諸侯皆束縛其牲，但加載書，而不復歃血。歃血，歃血也，言不敢負桓公之約也。桓公於是初命之曰「誅不孝」，言所誅在不孝矣；「無易樹子」，言世子已立，更不得擅自變易也；「無以妾爲妻」，言不得以愛幸之妾而立嫡妻也。其再命之曰「尊賢育才，以彰有德」，言賢者常尊之於朝，以崇其才，德者當養之於學，以成其德，是所謂以彰明有德者也。其三命之曰「敬老慈幼，無忘賓旅」，言當敬重其耆長，慈憫其幼少，又當無忘忽其賓客羈旅。其四命之曰「士無世官，官事無攝」，以其一官不專，則一事不舉也；「取士必得」，言所取之士，必得其賢，不得使之群小殽亂之也；「無專殺大夫」，言大夫有罪者，當皆請命於天子，而諸侯不得專殺之也。其五命之曰「無曲防」，言不得曲防其水，以專利也，當通水利而防障之而已；「無遏糴」，言不得遏止穀糴不通於鄰國也，「無有封而不告」，言不得有私自封賞而不告於天子也。五命之後，於是又布告之，曰：「凡我同會盟之人，自今既盟誓之後，言當歸於交好，無更搆怨也。」然今之諸侯，皆犯此桓公之五禁，故曰「今之諸侯，五霸之罪人也」。五禁即五命是也。「長君之惡」至「今之諸侯之罪人者」，此一段孟子自解今之大夫爲今之諸侯罪人者也，蓋自諸侯之下，皆爲大夫者也。「君之惡未著，而爲之臣乃諂媚逢迎而導君爲非，故其罪宣布之，其罪猶小，以其但不能距逆君之命也；君之惡已著，而爲之臣長益而大，以其有以啓之也。然今之大夫，皆有以迎君之惡而啓之，故曰「今之大夫，今之諸侯之罪人也」。注「五霸」至「是也」。 正義曰：云齊桓、晉文至楚莊五者，今案《史記・諸侯年表》云：周莊王十二年，齊桓公小白即位，周釐王三年始霸，會諸侯於鄄，周惠王二十三年諸侯伐鄭，周襄王元年夏，會諸侯于葵丘，天子使宰孔賜胙，命無拜，襄王九年卒。是桓公自釐王三年始霸，至卒，凡得四十三年。晉文公重耳自周襄王十六

年即位，五年率諸侯以伐曹，襄王二十四年薨，即位凡得九年而已。宋襄公茲父自周襄王二年即位，十三年伐楚，十四年死泓戰，是歲襄王十五年矣。秦繆公任好自周惠王十八年即位，二十八年會晉伐楚朝周，是歲周襄王二十年，三十五年伐晉報殽，敗于崤，三十九年卒，以人從死，是歲襄王三十一年矣。楚莊王侶自周頃王六年即位，十三年伐陳，十六年率諸侯誅陳夏徵舒，立陳成公午，三十三年薨，是歲周定王十六年矣。云「夏禹、商湯、周文」已說於前矣。注「齊桓」至「罪人也」。正義曰：云與諸侯會于葵丘，案魯僖公九年《左傳》云：「夏會諸侯于葵丘，尋盟，且脩好，禮也。秋，齊桓盟諸侯于葵丘，曰：『凡我同盟之人，既盟之後，言歸于好。』是之謂也。是歲所謂周襄王元年矣。云「誅不孝」者，如衛世子輒拒其父蒯聵，楚世子商臣弒其父，凡此之類，是不孝者也。云「無易其世子」者，如晉獻公立奚齊，以易申生，是易世子者也。云「無以妾爲嫡」者，如晉獻公於驪姬，是以愛妾爲嫡也。云「尊賢養才」者，如《南有嘉魚》之詩云「樂育才也」。云「敬老愛幼，恤矜寡孤獨」，如《周禮‧大司徒》之職云「以保息六養萬民，一曰慈幼，二曰養老」；孟子曰「文王發政施仁，必先鰥寡孤獨」，是其旨也。云「賓客羈旅，無忽忘也」，《周禮‧太宰》職云「以禮待賓客之治」，是不忘賓客也；孟子曰「關市譏而不征」，是不忘忽羈旅也。云「仕爲大臣，不得世官，乃得世禄」者，如魯有臧孫氏、仲孫氏、叔孫氏、季孫氏，晉有狐氏、趙氏、荀氏、郤氏、欒氏、范氏，齊有高氏、國氏、崔氏，衛有甯氏、孫氏，是皆

❶ 「位」下，阮本有「是爲霸」三字。

世官之類也。孟子曰「文王治岐，❶士無世祿」，是世祿之謂也。云「無曠庶僚」者，孔安國云：「僚，官也」，「曠，空也」。《尚書》注云「無曠庶官，天工人其代之」，❸「位非其人爲空官，言人代天理官，不可以天官私非其人」，亦具官而事無攝，則爲非禮。孔子曰「管仲官事不攝，焉得儉」，所以譏誚之矣。云「取士必得，立之無方」者，如桓公取管仲於賊國，湯立賢無方是矣。若晉奚齊之於里克，陳靈公於夏徵舒，是取士不得處父」；成公八年，晉殺其大夫趙括，如文公六年《左傳》云「賈季怨陽子之易其班，而知其無援於晉，乃使續鞠居殺矣。云「不得以私怒行戮」者，如文公六年《左傳》云「賈季怨陽子之易其班，而知其無援於晉，乃使續鞠居殺《春秋》書之四十有七，是專殺大夫也。十五年，宋殺其大夫山，十六年，楚殺其大夫公子側是也。凡此之類，據其下文曰「遏糴」，則無曲防，是爲無曲防障水以專利者矣。故先王制畎遂溝澮，所以爲此矣。云「無止糴」，如秦會諸侯于陽穀，《公羊》改爲無障谷；會諸侯于葵丘，《穀梁》以爲無雍泉，凡此可見矣。云「無遏糴，無易饑，晉閉之糴是也。云「無以私恩擅有封賞」，如成公十八年楚取彭城以封魚石是也。案《公羊》《穀梁》述葵丘會，有云「無遏糴，無易文則曰「凡我同盟之人，既盟之後，言歸于好」而不及五命。案《公羊》《穀梁》述葵丘會，有云「無遏糴，無易立子，無以妾爲妻，無使婦人與國事，無雍泉而不及，誅不孝，尊賢育材，士無世官，官事無攝，取士必得，無

❶「岐」，原作「歧」，據阮本改。
❷「無」，按盧宣旬補校：「監、毛本作『者』，不誤。」
❸「代」，原作「伐」，據阮本改。
❹「私」，據上注文此字當衍。

專殺大夫，無有封而不告」。案《公羊》述桓公陽穀之會，則云「無障谷，無貯粟，無易立子，無以妾爲妻」而不及「無使婦人與國事」。其詳略與此不同，蓋所以相終始而已。又案《春秋》凡書諸侯會有四十九，而齊桓十有八焉；内臣會凡二十有六，而齊居四焉；書外相會凡十有三，而齊居六焉。案《史記》云「兵車之會三，乘車之會六」。孔子曰「桓公九合諸侯，一匡天下」。《穀梁傳》云「衣裳之會十有一」，范注云「十三年會北杏，十四年會鄄，十五年會鄄，十六年會幽，二十七年又會幽，僖公元年會檉，二年會貫，三年會陽穀，五年會首戴，七年會甯母，九年會葵丘」凡十一會也。

魯欲使慎子爲將軍。孟子曰：「不教民而用之，謂之殃民。殃民者，不容於堯舜之世。一戰勝齊，遂有南陽，然且不可。」慎子，善用兵者。不教民以仁義而用之戰鬬，是使民有殃禍也。堯舜之世，皆行仁義，故好戰殃民者，不能自容也。就使慎子能爲魯一戰，取齊南陽之地，且猶不可。山南曰陽，岱山之南謂之南陽也。慎子勃然不悦，曰「此則滑釐所不識也。」滑釐，慎子名。不悦，故曰我所不知此言何謂也。曰：「吾明告子：天子之地方千里，不千里，不足以待諸侯。諸侯之地方百里，不百里，不足以守宗廟之典籍。周公之封於魯爲方百里也，地非不足也，而儉於百里。太公之封於齊也，亦爲方百里也，地非不足也，而儉於百里。今魯方百里者五，子以爲有王者作，則魯在所損乎，在所益乎？徒取諸彼以與此，然且仁者不爲，況於殺人以求之乎？

孟子見慎子不悅，故曰：明告子，天子諸侯地制如是。諸侯當來朝聘，故言守宗廟。典籍，謂先祖常籍法度之文也。周公、太公，地尚不能滿百里，儉而不足也，後世兼侵小國，今魯乃五百里矣。有王者作，若文王、武王者，子以爲魯在所損之乎，在所益之乎？❶ 言其必見損也。但取彼與此爲無傷害，仁者尚不肯爲，況戰鬭殺人以求廣土地乎？其君以當正道者，仁也。志仁而已，欲使慎子輔君以仁。**君子之事君也，務引其君以當道，志於仁而已。」**言君子事君之法，牽引其君以當正道者，仁也。志仁而已。

（疏）「慎子」至「而已」。 正義曰：此章言招攜懷遠，貴以德禮，賤其用兵，廟勝爲上，戰勝爲下，明賤戰者也。「魯欲使慎子爲將軍」，慎子名滑釐，善用兵者也，魯國遂欲使慎子爲將軍戰鬭。孟子曰：不教民以仁義之道，而用之戰鬭，是謂殃禍以殘害民也，故好戰而殃禍殘害其民者，不容於堯舜二帝之世也。以其堯舜之世，民皆仁義，但如四凶者，則誅戮之，是不容殃民者也。今欲使慎子爲將軍，雖爲魯一戰而遂取南陽之地，然且猶不可，況有不勝者乎？慎子勃然不悅，曰：此則滑釐之所不識也。❷ 慎子見孟子此言，乃勃然變顔而不悅，而憤之曰：此言則滑釐所不知也。故自稱名爲滑釐，是以知滑釐爲慎子名也。「曰：吾明告子」至「於仁而已」，孟子乃與之曰：我分明告子以其不可之意也，且天子之地，方闊千里，不濶千里，則其中無可以待諸侯。諸侯之地，方闊百里，不闊百里，則其中無以守宗廟之典籍。典籍，常籍法度之文也，謂先祖之典籍也。周公之封於魯也，其地爲方闊百里

❶ 二「乎」字，按阮校：「廖本、孔本、韓本、《考文》古本上「乎」作「中邪」二字，下「乎」作「中也」二字。」
❷ 「所不識」，阮本作「罪」。

者也,非其地不足,而儉用於百里,然亦不敢縱欲以敗王制也。❶太公之封於齊亦然。今魯國方百里之地有五,以其方五百里者也,子今且以爲有王者興作,則此魯國之地在所益之中乎?言必在所損也。是則徒務戰鬪,取彼以與此也,是則仁者且不肯爲,而戰鬪殺人以求廣土地乎?注「慎子善用兵者矣」至「南陽也」。 正義曰:「慎到,趙人也。學黃老道德之術,著十二論。」❷徐廣曰:「今《慎子》劉向所定,有四十一篇。」《墨子》云:「公輸子意不欲殺臣,殺臣,宋莫能守,可攻也。然臣之弟子滑釐等三百人,已持守國之器在宋城上,而待楚寇也。雖殺臣,不能絕也。」於是楚王曰:善哉,吾請無攻宋城矣。」是慎子即慎到矣,荀卿《非十二子》篇注云「慎子與宋銒,孟子同時」是也。《墨子》之云,則又知是爲善用兵者矣。云「山南曰陽,岱山之南謂之南陽」者,案《尚書·禹貢》「岳陽」,孔安國云:「山南曰陽。」岱山即太山,在齊國之南也。周公封於魯,太公封於齊。案《周禮》上公之地五百里,齊、魯是爲上公之封,則百里實封之,五百里兼附庸之地也。今魯方五百里,非兼附庸也,安詩自廣而已。《禮記》曰「周公封於曲阜百里」,《史記》云「周封伯禽於魯,四百里;太公於齊,兼五侯地」,是皆臆説,不足取信也。

孟子曰:「今之事君者皆曰:『我能爲君辟土地,充府庫。』今之所謂良臣,古之所謂民

---

❶ 「亦」,原作「以」,據阮本改。
❷ 「論」,阮本作「篇」。

賊也。辟土地，侵鄰國也。❶充府庫，重賦斂也。今之所謂良臣，於古之法爲民賊者也。爲惡君聚斂以富之，爲富桀也。賊，傷民也，❷故謂之賊也。君不鄉道，不志於仁，而求富之，是富桀也。『我能爲君約與國，戰必克。』今之所謂良臣，古之所謂民賊也。連諸侯以戰，求必勝之也。❸謂若夏桀也。君不鄉道，不志於仁，而求爲之強戰，是輔桀也。天下，不能一朝居也。説與上同。由今之道，無變今之俗，雖與之朝之間居其位也。

疏「孟子」至「居也」。

○正義曰：此章言善爲國者，必藏於民，賊民以往，其餘何觀，變俗移風，非樂不化，以亂齊民，不知其善者也。「孟子曰」至「不能一朝居也」。孟子言：今之世爲臣而奉事君者，皆曰我能爲君廣闢土地，充實府庫，以其皆掊克之人也。今之所謂忠臣良臣者，皆古之先王治世所謂殘賊民者也。孟子於此，又言君既不趨向慕於道，❹其心之所之又不志於仁，是爲惡也。而爲臣者，又掊克聚斂而求富之，是如富於夏桀之君也。又且曰我能爲君期與敵國戰鬭，必能勝，如此，是今之所謂良臣，即

❶「鄰」，閩、監、毛、阮本作「小」。
❷「賊傷民也」，按阮校：「廖本、孔本、韓本、《考文》古本無『賊』字、『也』字。」
❸「之」，按阮校：廖本、孔本、韓本、《考文》古本無此字。
❹「至」，原作「止」，按阮校：「監、毛二本『止』改『至』。」據改。
❺「慕」原作「業」，據阮本改。

古之所謂民賊者也。君既不向慕道，不志於仁，而爲臣者又求爲之強鬭於敵國，是輔桀也。若由用今之不善之道，又不能變更令之世俗，如此者，雖與之以天下，亦且不能自安一朝之間以居其位也。是以孟子於魯欲使慎子爲將軍，所以深闢之也。

白圭曰：「吾欲二十而取一，何如？」白圭，周人也。節以貨殖，欲省賦利民，使二十而税一。孟子曰：「子之道，貊道也。萬室之國，一人陶，則可乎？」以此喻白圭所言也。曰：「不可，器不足用也。」白圭曰：「一人陶，則瓦器不足以供萬室之用也。」曰：「夫貊，五穀不生，惟黍生之。無城郭宮室、宗廟祭祀之禮，無諸侯幣帛饔飧，無百官有司，故二十取一而足也。貊在北方，其氣寒，不生五穀。黍早熟，故獨生之也。無中國之禮，如此之用，故可二十取一而足也。今居中國，去人倫，無君子，如之何其可也？陶以寡，且不可以爲國，況無君子乎！欲輕之於堯舜之道者，大貊小貊也。今之居中國，當行禮義，而欲效夷貊無人倫之叙，無君子之道，豈可哉？陶器者少，尚不可以爲國，況無君子之道乎！欲重之於堯舜之道者，大桀小桀也。」堯舜以來，什一而税，足以行禮，故以此爲道。今欲

❶「所言也」，閩、監、毛、阮本作「之所言而已矣」。

輕之，二十稅一者，夷貊爲大貊，子爲小桀也。欲重之，過什一，則是夏桀爲大桀，子爲小桀也。「白圭」至「小桀也」。 正義曰：此章言先王典禮，萬世可遵，什一供貢，下富上尊。裔王簡惰，二十而稅，夷狄有君，不足爲貴。圭欲法之，孟子斥之以王制者也。「白圭曰：吾欲二十而取一，何如」白圭，周人也，白圭言於孟子曰：我今欲省賦利民，但二十中而稅一，如之何？「孟子曰：子之道，貊道也。萬室之國，一人陶，則可乎」孟子欲闢之，故與之曰：子以二十而稅一之道，乃荒服北裔貊之道也。故託喻以問之，曰：萬家之國，但以一人陶瓦器而供使用，則可乎。「曰：不可，器不足用也」白圭答之，曰：一人陶器而供萬室之國，則器不足用也，是爲不可也。「曰：夫貊，五穀不生」至「大桀小桀也」孟子又與之言曰：夫貊居於北方，其地寒燥，而五穀不生長，惟黍爲熟於寒燥❶，故生之。又以其無中國之城郭宮室，又無宗廟祭祀之禮，又無幣帛饔飧之費，又無百官之衆供贍。朝食曰饔，夕食曰飧。如此，無有費用供贍，故於貊但二十而稅一亦足給也。今居中國之地，如去人倫之敘，使無君子之道，如何爲可乎！然而陶器之少，且尚不可以爲供國之用，況於國而無君子之道乎！且自堯舜二帝以來，皆以什一之道也，今欲輕於堯舜什一之道，而欲二十而取一，則夷貊爲大貊，而子爲小貊也。如欲重於堯舜什一之道，而過於什一，則夏桀爲大桀，而子爲小桀也。以其桀暴於賦斂者也。此孟子所闢之白圭也。 注「白圭，周人也」。 正義曰：案班固志《貨殖傳》云：「白圭，周人也。當魏文侯時，李克務盡地力，而白圭樂觀時變，故人棄我取，人取我與。能薄飲食，

---

❶ 「爲」，阮本作「早」。

忍嗜慾，節衣服。曰吾治生，與伊尹、呂尚之謀，孫吳用兵，商鞅行法是也。」又《公羊傳》曰：「古者什一而藉。古者曷爲乎什一而藉？什一者，天下之中正也。什一行而頌聲作矣。」《穀梁》云：「古者什一，藉而不稅。」《孟子》曰：「多取於民，比於桀。❶蠻貊無宗廟社稷百官制度之費，稅薄。」《穀梁》云：「古者什一，藉而不稅。」何休云：「多取於民，比於桀。多乎什一，大桀小桀；寡乎什一，大貊小貊。什一者，天下之中正也，什一行而頌聲作矣。」何休云：「多取於民，比於桀。夏氏五十而貢，殷人七十而助，周人百畝而徹。」凡書傳云什一者衆矣。杜預曰：「公田之法十取其一，謂十畝内取一」。舊法既以十畝取一矣，《春秋》魯宣公十五年初稅畝，又履其餘畝，更復十取其一，乃是什取其二。故魯哀公問有若曰：「二，吾猶不足，如之何其徹也？」《周禮・載師》云：「凡任地近郊十一，遠郊二十而三，甸、稍、縣、都皆無過十二，漆林之征二十而五。」彼謂王畿之内所共多，故賦稅重，諸書所言什一，皆謂畿外之國。不言畿内亦什一也。❷孟子云：「方百里爲井，井九百畝，其中爲公田，八家皆私百畝，同養公田，公事畢，然後敢治私事。」鄭玄云：《詩》箋云：「井稅一夫，其田百畝。」則九而稅一，其意又異於《漢・食貨志》。云井田方一里，是爲九夫八家共之，各受私田百畝，公田十畝，是爲八百八十畝，餘二十畝爲廬舍。然而諸儒多用孟子爲義，如孟子所言，則家別一百一十畝，❸是爲十外稅一也，是爲鄭玄有異於此也。又孟子對滕公「請野九一而助，國中什一使自賦」鄭玄《周禮・匠人》注：孟子此言乃云

❶ 「桀」下，原衍「后」字，據阮本删。
❷ 「一」，原作「二」，據阮本改。
❸ 「畝」，原作「里」，據阮本改。

「是邦國亦異外內之法」。則鄭玄以爲諸侯郊外郊內，使自賦其一，郊外九而助一，是爲二十取稅一。故鄭玄又云：「諸侯謂之徹者，通其率以十一爲正。」郊內郊外相通，其率爲十稅一也。惟謂一夫百畝，以十畝歸公。趙注不解夏五十、殷七十而助，助七畝也。好惡取於此。鄭注《考工記》云：「周人畿內用夏之貢法，邦國用殷之助法也。」

白圭曰：「丹之治水也，愈於禹。」丹，名；圭，字也。當諸侯之時有小水，白圭爲治除之，因自謂過乎禹也。孟子曰：「子過矣。禹之治水，水之道也，是故禹以四海爲壑。今吾子以鄰國爲壑，水逆行，謂之洚水。洚水者，洪水也。仁人之所惡也，吾子過矣。」子之所言過矣，禹除中國之害，以四海爲溝壑以受其害水，故後世賴之。今子除水，近注之鄰國，觸於洚水之名，仁人惡爲之，自以爲愈於禹，子亦過甚矣。

○正義曰：此章言君子除害，普爲人也，白圭壑鄰，亦以狹矣。

「白圭」至「過矣」。

○疏

○「白圭曰：丹之治水也，愈於禹」，丹，圭名也，趙注所以知其爲「圭」字也。孟子與之曰：子此言有過謬矣，夫大禹之治水，因水道而疏通歸於海也，此故禹以四海爲溝壑，以受其水害，故當時民皆得平土而居之。今吾子以鄰國爲壑以受害，而又有逆其水道，且逆水者，所以謂之洚水，謂洚水之害，以四海爲溝壑以受其害水，故後世賴之。今子如是，乃云有愈於大禹，是吾子之過謬矣。白圭云所以言此者，即洪大之水也，是爲仁人之所惡之也。今子以鄰國爲壑以受之，是又不知大禹不自滿假，不自伐之所謂也。於禹治水之功，是又白圭未得禹萬分之一也。宜其孟子辭而闢之，以爲過謬者矣。抑亦不思天下有溺者由己溺之謂也。

孟子曰：「君子不亮，惡乎執？」亮，信也。《易》曰：「君子履信思順。」若爲君子之道，捨信將安執之？「孟子曰」至「乎執」。○正義曰：此章言重信之至者也。孟子言：君子之道如不以信爲主，則君之道惡乎執？言執君子之道，特在乎信也。亮，信也。然言亮而不言信者，蓋亮之爲義，其體在信，其用在明。君子之道，惟明爲能，明善在信爲能。誠身不明乎善，不能誠其身矣。是則君子不亮，又惡乎執歟？以其誠也者，擇善而固執之者也。故《論語》云：「自古皆有死，民無信不立。」是重信之至也。

魯欲使樂正子爲政。樂正子，克也，魯君欲使之執政於國。公孫丑曰：「樂正子強乎？」曰：「否。」「有知慮乎？」曰：「否。」「多聞識乎？」曰：「否。」丑問樂正子有此三者之所能乎？孟子皆曰否，不能有此也。「然則奚爲喜而不寐？」丑問人無此三者，何爲喜而不寐。曰：「其爲人也好善。」孟子言樂正子之爲人也能好善，故爲之喜。「好善足乎？」丑問人但好善，足以治國乎？曰：「好善優於天下，而況魯國乎？夫苟好善，則四海之内，皆將輕千里而來告之以善。夫苟不好善，則人將曰：『訑訑，予既已知之矣。』訑訑之聲音顏色，距人於千里之外。孟子曰：好善，樂聞善言，是采用之也。以此治天下，可以

優之，虞舜是也，何況於魯不能治乎？人誠好善，四海之士皆輕行千里以善來告之；❶誠不好善，則其人將曰訑訑，賤他人之言。訑訑者，自足其智，不嗜善言之貌。訑訑之人，發聲音，見顏色，人皆知其不欲受善言也。道術之士聞之，止於千里之外而不來也。**士止於千里之外，則讒諂面諛之人至矣。與讒諂面諛之人居，國欲治，可得乎？**」懷善言之士止於千里之外，不肯就之，則邪惡順意之人至矣。與邪惡居，欲使國治，豈可得乎？

疏「魯欲」至「得乎」。

正義曰：此章言好善從人，聖人一概，禹聞讜言，答之以拜。訑訑距之，善人亦逝，善去惡來，道若合符者也。魯欲使樂正子執政，故言於弟子曰：我聞魯欲使樂正子爲政，遂喜而不寐。以其樂正子將得行其道也。「公孫丑曰：樂正子強乎」至「曰否」，公孫丑見孟子此言以爲喜而不寐，乃問孟子曰：樂正子有強力勝乎？「曰否」，孟子答，無以力勝也。公孫丑問曰：有多聞見識乎？「曰否」，孟子又答曰：無智慮謀也。「然則奚爲喜而不寐？」曰：其爲人也好善」，孟子曰：樂正子爲人能好善言，故爲之喜也。「好善足乎」，又問，言樂正子但好善言，足以治國乎？「曰：好善優於天下」至「可得乎」，孟子與之曰：能好善言，足優爲於天下也，而況魯國乎？夫人苟好善，則四海之内，有善言之士，皆得不遠千里而來告之也。苟不能好善，則四海之内，人將曰彼人之訑訑自足其智，不好善言，我既已知之，如此，則訑訑之人，發聲音，形顏色，以距止人於千里之外。是則善言之士既止於千里之外而不來告之，則讒惡諂佞面從之人至矣。然

❶「士」，阮本作「内」。

卷第十二下　告子章句下

而與讒惡諂佞面諛之人居，國欲使之治，尚可得乎？言不可得而治也。《莊子》云：「好言人之惡以爲讒，希意導言以爲諂，不擇是非而言以爲諛。」注「樂正子克」。正義曰：已說於前矣。注「聞善言，虞舜是也」。正義曰：孟子曰：「舜聞一善言，見一善行，若決江河，沛然莫之能禦。」是之謂也。注「禹聞讜言，答之而拜」至「此之謂也」。正義曰：禹聞讜言則拜。《尚書》「讜言」，說於前矣。「《詩》曰：雨雪瀌瀌，見晛曰消」者，❶此蓋《角弓》之詩文也。注云：「晛，日也。」❷「瀌瀌，雨雪之盛貌。」❸

陳子曰：「古之君子何如則仕？」陳臻問：古之君子得何禮可以仕也？孟子曰：「所就三，所去三。迎之致敬以有禮，言將行其言也，則就之。禮貌衰，則去之。其次，雖未行其言也，迎之致敬以有禮，則就之。禮貌未衰，言弗行也，則去之。其下，朝不食，夕不食，飢餓不能出門戶，君聞之，曰：『吾大者不能行其道，又不能從其言也，使飢餓於我土地，吾恥之。』周之，亦可受也，免死而已矣。」所去就，謂下事也，禮者，接之以禮也；貌者，顏色和順，有樂賢之容。

❶ 「晛」，原作「晛」，據阮本改。下一「晛」字同。
❷ 「曰」下，《毛詩注疏》有「氣」字。
❸ 「詩曰」至「盛貌」，此爲釋章指語。按阮校，閩、監、毛三本無此三十一字。
❹ 「得」，閩、監、毛、阮本作「謂」。

禮衰，不敬也；貌衰，不悅也。其下者，困而不能與之祿，則當去。矜其困而周之，苟免死而已。此三就三去之道。窮餓而去不疑也，故不言去，免死而留，爲死故也。

【疏】「陳子」至「已矣」。

正義曰：此章言仕雖正道，亦有量宜，聽言爲上，禮貌次之，困而免死，斯爲下矣。滿此三利，無疑者也。

「陳子之曰：古之君子何如則仕」，陳臻問孟子：古之君子何如則可進爲之仕。「孟子曰：所就三，所去三」，是解所去、就有三矣。言國君迎接之，致其敬以有禮，言將行用其言也，則就而仕之，是所謂行可之仕也。如禮貌接之以禮，又有樂賢之容未衰，而言弗得行也，則當退而去之，以其爲道而仕，道不行則去矣。其次國君雖未行用其言，然而接之致敬以有禮，是則退而去之，以其禮貌衰也。其下朝旦無以食，夕昏又無以食，以至飢餓困乏不能出其門戶，國君聞之，乃曰吾大爲之君者，不能使之得行其道，又不能聽從其言，而使飢餓於我之土地，吾羞恥之也。如此，國君有以周賜之，亦可以受之而不辭也。無他，免其餓死而已矣。以其爲貧而仕，是公養之仕也。是以昔之孔子去就如是，此孟子答陳臻之問，所以執此而詳悉告之。

孟子曰：「舜發於畎畝之中，傅說舉於版築之間，膠鬲舉於魚鹽之中，管夷吾舉於士，孫叔敖舉於海，百里奚舉於市。故天將降大任於是人也，必先苦其心志，勞其筋骨，餓其體膚，空乏其身，行拂亂其所爲，所以動心忍性，曾益其所不能。

舜耕歷山，三十徵庸。傅說築傅

巖，武丁舉以爲相。膠鬲，殷之賢臣，遭紂之亂，隱遁爲商，文王於鬻販魚鹽之中得其人，舉之以爲臣也。管仲自魯囚執於士官，桓公舉以爲相國。孫叔敖隱處耕於海濱，楚莊王舉之以爲令尹。百里奚亡虞適秦，隱於都市，穆公舉之於市而以爲相也。言天將降下大事以任聖賢，必先勤勞其身，餓其體而瘠其膚，使其身乏資絕糧，所行不從拂戾而亂之者，所以動驚其心，堅忍其性，使不違仁，困而知勤，曾益其素所以不能行。❶ **人恆過，然後能改。困於心，衡於慮，而後作。徵於色，發於聲，而後喻。** 人當以有繆思過行，❷ 不得福，然後乃更其所爲，以不能爲能也。困瘁於心，衡塞其慮於胸臆之中，❸ 而後作爲奇計異策，憤激之說也。徵驗見於顏色，若屈原憔悴，漁父見而怪之；發於聲而後喻，若甯戚角歌❹ 桓公異之。❺ **入則無法家拂士，出則無敵國外患者，國恆亡。** 入，謂國內也。無法度大臣之家、輔弼之士。出，謂國外也。無敵國可難，無外患可憂，則凡庸之君驕慢荒怠，國常以此亡也。故知能生於憂患，死於安樂也。死，亡也。安樂怠惰，使人亡其知能也。

❶「行」下，閩、監、毛、阮本有「之者也」三字。
❷「當」，阮本作「常」。
❸「臆之」，閩、監、毛、阮本無此二字。
❹「角」，阮本作「商」。
❺「之」下，閩、監、毛、阮本有「是而已矣」四字。

正義曰：此章言聖賢困窮，天堅其志。次賢感激，乃奮其意。凡人佚樂，以喪知能。賢愚之敘者也。「孟子曰：舜發於畎畝之中」至「死於安樂也」者，孟子言：舜初起發自歷山畎畝之中，而堯禪其位，傅說築於傅巖之間，而高宗舉之爲相；膠鬲鬻販於魚鹽之中，而周文王舉爲賢臣；管仲爲士官之囚，而桓公舉爲相國；孫叔敖隱遁於海濱，而楚莊王舉爲令尹，百里奚亡虞歸秦，而秦繆公任之以爲相。故天欲降其大任，與之卿相之位於此六人也，必先所以如是苦楚其心志，劬勞其身，已餓其體，使之焦枯瘦瘠其皮膚，又使其身空乏無資財，所行不遂，而拂戾其所爲，又所以驚動其心，堅忍其性，增益其素所不能而已。又言人常以過謬，然後更改而遷善。困瘠於心而無所通，則其操心也危，橫塞其慮而思慮無所達，而後乃能興作，其大憔悴枯槁之容而驗於色，而後有吟詠歎息之氣而發於聲，則人見其色，聞其聲，而後喻曉其所爲矣。又言國君者入於國內，❶無大夫循守其職而爲之法家，又無輔弼諫諍之士；出於國外，則無強敵之大國爲危難之警，如是者，其國未爲不喪亡矣，故曰國常亡。以安樂怠惰而死也，故曰：「生於憂患，而死於安樂也。」

注「若屈原憔悴」至「不能行」。正義曰：自「舜耕歷山」至「繆公舉之以爲相也」，是皆案《史記》之文也。案《史記》：「屈原名平，與楚同姓，事懷王，爲三閭大夫，王甚任之。上官大夫與之同列，爭寵而心害其能，因讒之。王怒而疏平，復遂放之。平乃遊江濱，被髮行吟澤畔，顏色憔悴，形容枯槁。時有漁父釣於

---

❶「於」，原作「爲」，據阮本改。下「出於國外」同。

孟子曰：「教亦多術矣，予不屑之教誨也者，是亦我教誨之而已矣。」教人之道多術。予，我也。屑，絜也。我不絜其人之行，故不教誨之。其人感此，退自修學而爲仁義，是亦我教誨之一道也。

疏

「孟子曰」至「已矣」。

正義曰：此章言學而見賤，恥之大者，激而厲之，能者以改，教誨之方，或折或引，同歸殊途，成之則一也。❶ 孟子言：教人之道，非特一術耳，以其多有也。我之所以於不絜人之行而不教之者，此亦我有以教之也。以其使彼感激自勉脩爲之而已，是以亦爲教誨之者也。蓋謂教亦多術者，有君子之五教，或三隅不反，則不復也；或叩兩端而竭，於鄙夫或瀆則不告，或謂子之歸求有餘師，或爲挾貴而不答。是教之多術矣。

❶「則」下，按阮校：「毛本有『一』字。」

孟子注疏解經卷第十三上

孫奭疏

盡心章句上 凡四十五章 ❶

趙氏注盡心者，人之有心，爲精氣主，思慮可否，然後行之。《論語》曰：「北辰居其所而衆星共之。」心者，人之北辰也。苟存其心，養其性，所以事天也，故以「盡心」爲篇題。❷

疏正義曰：前篇章首論告子之言性，此篇章首以論盡心，蓋以情性有主於心，故次之以《盡心》也。言

❶「四十五章」，按阮校：「《音義》、宋本『五』作『七』。章指當爲四十七章。作『四十五』者，僞疏改。疏以『王子宮室』章并入上章，又失數『莫非命也』一章，故爲四十五也。」

❷「爲篇題」，按阮校：「孔本、韓本、《考文》古本作『題篇』。」

盡己之心，與天道通，是道之極者，故《孟子》七篇所以終於《盡心》也。此篇凡八十四章，趙氏分成上下卷，此卷即有四十五章而已。一章言盡心竭性。❶二章言為仁由己，富貴在天。三章言每必以誠，恕己而行。四章言人有仁端，達之為道。五章言遠辱不為憂。六章言不慕大人，何能有恥。七章言王公尊賢，以貴下賤。八章言內定常滿，賤不失道，達善天下。九章言小人待化。十章言人情富盛，莫不驕矜。十一章言勞人欲以佚之，❷殺人欲以生之。十二章言王政浩浩，與天地同道，霸者德小，民人速覩。十三章言明法審令，崇寬務化。十四章言本性良能，仁義是也。十五章言聖人潛隱。十六章言孤蘖自危，故能顯達。十七章言容悅凡言。❸社稷股肱，天民行道，大人正己。十八章言育養賢才，樂過萬乘。十九章言臨莅天下，君子之樂，尚不與焉。二十章言王政普大，二老聞歸。二十一章言教民之道，富而節用。二十二章言能大明者無不照。二十三章言好善從舜，好利從跖。二十四章言楊墨放蕩，子莫執中。❹二十五章言飢不安食者無不照。二十六章言下惠不恭。二十七章言為仁由己，必在究之。二十八章言仁在性體，其次假道。二十九章言放惡攝政，伊周有為，凡人志異，則生篡心。三十章言君子正己，以立於世。三十一章言人當尚志，善之所由，仁與義也。三十二章言事有輕重，行有小大。三十三章言奉法承天，政不可枉，大孝榮父，遺棄天下。三十

❶「竭」，阮本作「知」。
❷「佚」，原作「使」，據本章疏文及阮本改。
❸下「言」字，按阮校：「監、毛本作『臣』，是也。」
❹「中」，原作「二」，據阮本改。

四章言人性皆同，居使之異。三十五章言興服器用，人用不殊，尊貴居之，志氣以舒。三十六章言取人之道，必以恭敬。三十七章言聖人踐形。三十八章言禮斷三年，孝者欲益，富貴怠厭，思滅其日。三十九章言教人之術，莫善五者。四十章言道大難追，人能弘道。四十一章言窮達卷舒，屈伸異變。四十二章言學尚虛己。四十三章言賞僭及淫，刑濫及士，季文三思。四十四章言君子布德，各有所思。四十五章言振裘持領，正羅惟綱。其餘三十九章，趙氏分在下卷，❶各有敘焉。

注「盡心者」至「篇題」。

正義曰：云「人之有心，爲精氣主，思慮可否，然後行之，猶人法天」者，蓋以性之得於天，心之生於性者，性也。性則湛然自得，所以爲主者，心也。則人之心爲精氣主，思慮可否然後行，由人法天也。云「天之執持維綱，以正二十八舍者，北辰也」者，案《五行》《天文志》云：❷東方：角、亢、氐、房、心、尾、箕；北方：斗、牛、女、虛、危、室、壁，西方：奎、婁、胃、昴、畢、觜、參。南方：井、鬼、柳、星、張、翼、軫。凡此四七之星，分布四方，是二十八舍也。然所以正之者，蓋在乎北辰。《論語》曰：「北辰之不移，而衆星共之。」《爾雅・釋天》云：「北極謂之北辰。」郭璞曰：「北極，天之中以正四時。」然則極，中也。辰，時也。以其居天之中，故曰北極。以正四時，故曰北辰。又按《漢書・天文志》云：「中宮太極星，其一明者，太一之常居也。旁三星，三公。環之匡衛十二星，藩臣。皆曰紫宮。北斗七星，所

❶「趙」原作「言」，據阮本改。
❷「五行」原作「一首」，按阮校：「監、毛本作『五行』，不誤。」據改。

謂『璇、璣、玉衡，以齊七政』。斗爲帝車，運於中央，臨制四方。分陰陽，建四時，均五行，移節度，定諸紀，皆係於斗。」是衆星所拱也。

孟子曰：「盡其心者，知其性也。知其性，則知天矣。性有仁、義、禮、智之端，心以制之，惟心爲正。人能盡極其心，以思行善，則可謂知其性矣。能存其心，養育其正性，可謂仁人。天道好生，仁人亦好生。知其性，則知天道之貴善者也。存其心，養其性，所以事天也。人能盡極其心，以思行善，則可謂知其正性。能存其心，養育其性，此所以能承事其天者也。以其天之賦性，人所以得於天也，然而心者又生於性，性則湛然自得，而心者又得以主之也。蓋仁、義、禮、智根於心，是性本固有而爲天所賦也。盡者又生於性，性則湛然自得，而心者又得以主之也。蓋仁、義、禮、智根於心，是性本固有而爲天所賦也。盡吾性固有此者，則知天實賦之者也。如存此惻隱、羞惡、恭敬、是非之心，則是知仁、義、禮、智之性。知吾性固有此者，則知天實賦之者也。如存此惻隱、羞惡、恭敬、是非之心，以長育仁、義、禮、智之性，是所以事天者也，是性即天也。故存心養性，是爲事天矣。

夭壽不貳，脩身以俟之，所以立命也。」夭若顏淵，壽若邵公，皆歸之命。修正其身，以待天命，此所以立命之本。人或夭或壽，終無二心改易其道，故曰所以事天。

疏「孟子」至「命也」。

正義曰：此章言盡心竭性，足以承天，夭壽禍福，秉心不違，立命之道，惟是爲珍者也。「孟子」至「所以立命也」者，孟子言：人能盡極其心以思之者，是能知其性也。知其性，則知天道矣。知天道之貴善者也。天道無親，惟仁是與。行與天合，故曰所以事天。夭若顏淵，壽若邵公，皆歸之命。修正其身，以待天命，此所以立命之本。仁人之行，一度而已。雖見前

又言人之於命，雖有或殀或壽，但操執其心而不仁也。❶既殀壽不二，而修其身以待其在天者如何耳，如是所以爲能立命之本也。以其殀壽皆定於未形有分之初，亦一而不二也，不可徼求之矣，但修其在我以待之，是爲立命也。如於殀壽而二其心，以廢其所以修其在我者，則非所以立命者也。《商書》云：「我生不有命在天。」是其意也。

孟子曰：「莫非命也，順受其正。莫，無也。人之終，無非命也。命有三名，行善得善曰受命，行善得惡曰遭命，行惡得惡曰隨命。惟順受命爲受其正也。是故知命者不立乎巖牆之下。盡其道而死者，正命也。知命者欲趨於正，故不立於巖牆之下，恐壓覆也。盡修身之道，以壽終者，得正命也。桎梏死者，非正命也。」畏，壓、溺死，禮所不弔，故曰非正命也。

<u>疏</u> 「孟子曰」至「非正命也」。○正義曰：此章言人必趨命，貴受其正，巖牆之疑，❷君子遠之也。「孟子曰：莫非命」至「非正命也」者，❸孟子言人之死，無非是命也，然當順受其正，盡道以生死也。《書》云：「惠迪吉。」是其順受其正之旨也。是故知命之君子，不立身於巖牆危險之下，以其能壓覆人也。是以盡其修身之道而死亡者，乃爲受正命而死也；陷於刑

---

❶「仁」，按阮校：「『仁』爲『二』譌。」
❷「正巖」，原作「命也」，據阮本改。
❸「至」，原作「止」，據阮本改。

卷第十三上　盡心章句上

四九一

獄，爲桎梏而死者，非受正命而死也，以其不能盡修身之道而順受其命而死也。桎，足械也。梏，手械也。今刑獄匣手足者也。案孔子云：「人有三死而非命：飲食不節，勞逸過度，是病共殺之者也；居下位而上諫其君，嗜慾無厭，是刑共殺之也；以少犯衆，以弱侮强，是兵共殺之者也。」又云：「人有三死而不弔：有畏而死者，有壓而死者，有溺而死者。」注「莫，無也」至「正也」。正義曰：云「命有三，❶行善得善曰受命」者，如舜聞一善言，見一善行，沛然若決江河莫之禦，而終得升于帝而崩是也。「行善得惡曰遭命」，如淮南子《伯牛有癩》，包曰「伯牛有惡疾」是也。「行惡得惡曰隨命」，如舜之四凶之類是也。《論語》曰「伯牛有疾，孔子自牖執其手，曰：亡之命矣夫，斯人也而有斯疾也」，包曰「伯牛有惡疾」是也。「行惡得惡曰隨命」，如舜之四凶之類是也。

正義曰：《禮》於《檀弓》云：「死而不弔者三，畏、壓、溺。」鄭氏云：「謂輕身忘孝也。畏，人或時以非罪故己，❷不能有以説之，死之者，孔子畏於匡是也。壓，行止危險之下是也。溺，不乘橋船是也。」《荀子》曰：「夏首之南，有人曰涓蜀梁，其爲人善畏，明月而宵行，俯見其影，以爲伏鬼也。仰視其髮，以爲立魅。背而走，比至其家，失氣而死。」是亦畏死者也。又秦武王時，大蛇從身出，復入穴，五女示之，五丁拔蛇，壓殺五女，是壓死者也。尾生與女子期於梁下，水至不去，抱梁柱而死，是溺死者也。孟子之言，其趨則一也。

❶「云」，原作「亡」，據阮本改。
❷「故」，據《禮記正義》當作「攻」。

孟子曰：「求則得之，舍則失之，是求有益於得也，求在我者也。謂修仁行義，事在於我。求之有道，得之有命，是求無益於得也，求在外者也。」謂賢者修其天爵而人爵從之，故曰求之有道也。修天爵者，或得或否，故曰得之有命也。爵禄須知己，知己者在外，非身所專，是以云求無益於得也，求在外者也。

疏「孟子」至「者也」。正義曰：此章言爲仁由己，富貴在天者也。孟子言仁、義、禮、智，性之所有，如就性而求之則得，舍而不求則亡。以其仁、義、禮、智，有生之初性固有者，是爲在我者也，是爲天爵也。求之有道，則修其天爵而人爵從之故也。既修其天爵，而人爵或有不得者，是或得或否，是得之有命也。是則人爵求之無益於得也，是求之在外者也。以其人爵非身所專，故爲在外者也。如《論語》云「求仁而得仁」，是求則得之之謂也。《易》云「舍爾靈龜，凶」，是舍則失之之謂也。《詩》云「愷悌君子，求福不回」，是求之有道者也。《荀子》云「君子能爲可用，不能使人必用己」，是得之有命者也。孟子所以言之以此。

孟子曰：「萬物皆備於我矣。反身而誠，樂莫大焉。物，事也。我，身也。普謂人爲成人已往，皆備知天下萬物，常有所行矣。誠者實也。反自思其身所施行，能皆實而無虚，則樂莫大焉。強恕而行，求仁莫近焉。」當自強勉以忠恕之道，求仁之術，此最爲近。

疏「孟子」至「莫近焉」。正義曰：此章言每必以誠，恕己而行，樂在其中，仁之至者也。孟子言：人之生也，萬物皆備足於我矣，但能反己思之以

誠，不爲物之喪己，是有得於內矣，有得於內，則爲樂亦莫大焉。以其外物爲樂，則所樂在物，不在於我，故爲樂也小。以內爲樂，則所樂在己，不在物，其爲樂也大。又言勉強以忠恕之道而行之，以求仁之術爲最近，故傳有云「仁者必恕而後行」，是之謂也，斯亦「力行近乎仁」之意歟！

孟子曰：「行之而不著焉，習矣而不察焉，終身由之而不知其道者，衆也。」人皆有仁義之心，日自行之於其所愛，而不能著明其道以施於大事。仁妻愛子亦以習矣，而不能察知可推以爲善。由，用也。終身用之，以爲自然，不究其道可成君子。此衆庶之人也。

疏 「孟子」至「衆也」。

正義曰：此章言人有仁端，達之爲道，凡人用之，不知其爲寶也。孟子言：仁義之道人皆有之，然而行之而不著，能彰明；習此仁義之道而不察，則其理不能推明，終身用而行之，而不知其是爲道。凡如此者，非君子者也，是則爲凡衆者矣。故孟子以此閔之。

孟子曰：「人不可以無恥。人不可以無所羞恥也。《論語》曰：「行己有恥。」無恥之恥，無恥矣。」人能恥己之無所恥，是爲改行從善之人，終身無復有恥辱之累也。

疏 「孟子」至「恥矣」。

正義曰：此章言恥身無分，獨無所恥，斯必遠辱，不爲憂矣。孟子言：人之不可無其羞恥也。人能無恥而尚有羞恥，是爲遷善遠罪之人，終身無復有恥辱累之矣。案《禮》云：「君子有五恥：朝不坐，燕不

義❶君子恥之；居其位，無其言，君子恥之；有其言，無其行，君子恥之；既得之，又失之，君子恥之；地有餘而民不足，君子恥之。」如此，則人可以無恥乎？此孟子所以有此言，而救時之弊歟？

孟子曰：「恥之於人大矣！爲機變之巧者，無所用恥焉。恥者爲不正之道，正人之所恥爲也。今造機變阱陷之巧以攻戰者，非古之正道也。取爲一切可勝敵也宜，❷無以錯於廉恥之心也」。不恥不若人，何若人有？」不恥不如古之聖人，何有如賢人之名也？ 疏 「孟子」至「人有」。 正義曰：此章言不慕大人，何能有恥者也。孟子言：人之所以恥者，以其爲不正之道也。不正之道，人宜羞恥而無爲之也，是爲恥之於人爲大者也。今之人乃造機變阱陷，藏兵之巧，以爲攻戰者，是爲不正之道也，是無所用而恥之也。如不恥不若古之聖賢，何能有古聖賢之名也。 注「隰朋、顔淵」。 正義曰：凡於趙注有所要者，雖於文段不錄，然於事未嘗敢棄之而不明。今有以「隰朋不及黃帝，顔淵慕虞舜，仲尼歎庶幾」也。案杜預《春秋傳》云：「隰朋，齊大夫也。」《史記》注云：「徐廣曰：朋，或作崩」。「顔淵慕虞舜」，案經云：「顔淵曰：『舜何人也？予何人之爲人，後齊桓得之，爲佐桓公，❸四十一年卒。」

❶ 「義」，阮本作「善」，《禮記‧檀弓下》作「與」。
❷ 「也」，閩、監、毛、阮本作「之」。
❸ 「爲」，阮本作「輔」。

卷第十三上　盡心章句上

四九五

也？有爲者亦若是。』」孔子所以曰：「回也其庶乎！屢空。」是其歎也。趙注所以引而爲解文。

孟子曰：「古之賢王好善而忘勢。樂善而自卑，若高宗得傅説而稟命也。古之賢士何獨不然？樂其道而忘人之勢。何獨不然，何獨不有所忘也。樂道守志，若許由洗耳，可謂忘人之勢矣。故王公不致敬盡禮，則不得亟見之。見且由不得亟，而況得而臣之乎？」亟，數也。若伯夷非其君不事，伊尹樂堯舜之道，不致敬盡禮，可數見之者乎？❷

疏「孟子曰」至「之乎」。正義曰：此章言王公尊賢，以貴下賤，樂道忘勢，不以富貴動其心者也。

「孟子曰」至「而況得而臣之乎」，孟子曰：古之賢者之君，好人之善而忘己之勢，古之爲賢士者亦然，以其但樂己之樂而忘人之貴勢也。❸如此，故有王公大人不致其敬而盡其禮，則不得數數見其賢者。然而見之且猶尚以爲不可，而況得臣之而卑下者乎？注「高宗得傅説而稟命」。正義曰：案《尚書·説命》篇云：「高宗夢得説，使百工營求諸野，得諸傅巖，爰立作相，王置諸其左右，曰：臣下罔有稟命」孔安國傳云：「名説。稟，受也。令，命也。」注「許由洗耳，可謂忘人之勢矣」。正義曰：案《高士傳》云：「許由，潁川人

❶ 「由」，閩、監、毛本作「猶」。
❷ 「者乎」，按阮校，廖本、孔本、韓本、《考文》古本無此二字。
❸ 「但」，閩、監、毛本作「能」，阮本原爲墨丁，據以上三本補。

也，隱箕山。堯聞之，躬聘爲九州長。由不赴，遂洗耳於河。巢父見之，曰：「吾欲飲牛，污吾牛口。」於是牽牛上流飲之。由大慙而隱。」是也。注「作者七人」者，案《論語》之文也。云「作者七人」。正義曰：云伯夷、伊尹者，此蓋本《孟子》之正文也，已說之詳矣。七人，包注云：「凡七人，長沮、桀溺、丈人、石門、荷蕢、儀封人、楚狂接輿是也。」王弼云「七人，伯夷、叔齊、虞仲、夷逸、朱張、柳下惠、少連」，是此七人者也。

孟子謂宋句踐曰：「子好遊乎？吾語子遊，人知之亦囂囂，人不知亦囂囂。」宋，姓也；句踐，名也。好以道德遊，欲行其道者。囂囂，自得無欲之貌。曰：「何如斯可以囂囂矣？」句踐問何執守可囂囂也。曰：「尊德樂義，則可以囂囂矣。尊，貴也。孟子曰：能貴德而履之，樂義而行之，則可以囂囂無欲矣。故士窮不失義，達不離道。窮不失義，故士得己焉。達不離道，故民不失望焉。窮不失義，不爲不義而苟得，故得己之本性也。達不離道，思利民之道，故民不失其望也。古之人得志，澤加於民；不得志，脩身見於世。窮則獨善其身，達則兼善天下。」古之人得志君國，則德澤加於民人。不得志，謂賢者不遭遇也。見，立也。獨治其身以立於世間，不失其操也，是故獨善其身。達謂得行其道，故能兼善天下也。

○【疏】「孟子」至「天下」。正義曰：此章言內定常滿，囂囂無憂，可出可處，故云以遊。脩身立世，賤不失道，達善天下，乃用其實。句踐好遊，未得其要，孟子言之，然後乃喻者也。「孟

子謂宋句踐曰」至「囂囂」，宋句踐，宋人，姓宋名句踐。孟子謂句踐曰：子好逸遊乎？我今語以教子之遊也，言人之知己，亦但囂囂然自得；人不知己，亦但囂囂然自得。「曰：尊德樂義」至「達則兼善天下」孟子又與之曰：尊貴其德，所樂以義，以當何如此可以囂囂自得矣。蓋德有所得於内，義有所不爲於外。既所貴在德，而樂在義，而窮理此則可以囂囂自得矣。「曰：尊德樂義」至「達則兼善天下」孟子又與之曰：尊貴其德，所樂以義，以於外，是以樂天知命，故人知不知，斯囂囂然自得矣。如此，故士窮而在下，則不失義，而不爲苟得，達而在上，則不離道，而常思利民。窮不失義而不爲苟得，故得己之本性，達不離道而常思利民，故民不失其所望。是以古之人得志遭遇其時，則布恩澤而加被於民，不得志，則修治其身以立於世間。是其窮則獨善身，達則得行其道而兼善天下也。言古之人以是者，如顏子之徒窮而不得志，則不改其樂而獨善其身，伊尹之徒得志而澤加於民也。

孟子曰：「待文王而後興者，凡民也。若夫豪傑之士，雖無文王猶興。」凡民，無知者也，故由文王之大化，乃能自興起以趨善道。若夫豪傑之才知千萬於凡人者，雖不遭文王，猶能自起以善，守身正行，不陷溺也。

疏 「孟子」至「猶興」。 正義曰：此章言小人待化，乃不邪僻，君子特立，不爲俗移，故稱

❶ 「身」上，按阮校：「閩、監、毛三本有『其』字。」
❷ 「由」，按阮校，廖本、孔本、韓本、《考文》古本作「須」。

孟子曰：「附之以韓、魏之家，如其自視欿然，則過人遠矣。」附，益也。韓、魏，晉六卿之富者也。言人既自有家，復益以韓、魏百乘之家，其富貴已美矣。而其人欿然不足，自知仁義之道不足也，此則過人甚遠矣。

疏「孟子」至「遠矣」。正義曰：此章言人情富盛，莫不驕忼，有若欿然，謂不如人，非但免過，卓絕乎凡也。孟子言：人自有富，復附益以韓、魏晉六卿百乘之家富而貴之，如其自視已於仁義之道欿然不足，則超絕有過乎眾人遠矣。

注「韓、魏，晉六卿，百乘之家」。正義曰：已說於《梁惠》首篇。

孟子曰：「以佚道使民，雖勞不怨。謂教民趨農，役有常時，不使失業，當其雖勞[1]後獲其利則佚矣，若「叿其乘屋」之類也，故曰不怨。以生道殺民，雖死不怨殺者。」謂殺大辟之罪者，以坐殺人故也。殺此罪人者，其意欲生民也。故雖伏罪而死，不怨殺者。

疏「孟子」至「殺者」。正義曰：此章言勞人欲以佚之，殺人欲以生之，則民不怨者也。孟子言：國君如使民趨於農耕，是以佚道使民，是農耕時雖爲

[1]「其」，按阮校：「岳本、孔本、韓本、《考文》古本作『時』，是也。」

勞，然後有所獲稼，則又有以佚樂矣。如是則何怨恨其勞乎？故曰：「以佚道使民，雖勞不怨。」又言國君殺戮其罪人者，以其恐有害於民，故殺之，而意有在於欲生其民也，是則罪人被殺，雖死且不怨恨殺者也。故曰：「以生道殺民，雖死不怨殺者。」注「若亟其乘屋之類」。 正義曰：已於《滕文公》説之矣。 注「大辟之罪」。 正義曰：孔云：「大辟之罪，死刑也。」前已説。

孟子曰：「霸者之民，驩虞如也。王者之民，皞皞如也。殺之而不怨，利之而不庸，民日遷善而不知爲之者。霸者行善恤民，恩澤暴見易知，故民驩虞樂之也。王者道大法天，浩浩而德難見也。殺之不怨，故曰殺之而不怨。庸，功也。利之使趨時而農，六畜繁息，無凍餓之老，而民不知獨是王者之功。修其庠序之教，又使日遷善，❶亦不能覺知誰爲之者。言化大也。夫君子所過者化，所存者神，上下與天地同流，豈曰小補之哉！」君子通於聖人，聖人如天。過此世能化之，存在此國，其化如神，故言與天地同流也。天地化物，歲成其功，霸者德小，民人速覩，是以賢者志其大者也。 疏 「孟子曰」至「小補之哉」。 正義曰：此章言王政皞皞，與天地同流也。❷霸者行善政以及民，以其恩澤暴見，故民驩虞而樂也。王者道大，故若天浩浩而難知難見者，孟子言：霸者行善政以及民，以其恩澤暴見，故民驩虞而樂也。王者道大，故若天浩浩而難知難見者

❶「又」，按阮校，孔本、韓本、《考文》古本無此字。
❷「言化大也」，閩、監、毛、阮本作「言化遷善爲之大道者也」。

也，故民皞皞然自得而已矣。是以王者之民，殺之而不怨，以其生道殺之故也；利而不知爲王者之功，以其佚道使之故也。自迹觀之，則君子過之而不守拘其一，自妙道觀之，則其所感而遂通天下之故者未嘗不有存焉，故曰「君子所過者化，所存者神」。今夫天地之化者，始乎春而終乎冬，而萬物皆得以移易者是也。天地之神者，始乎震而終乎艮，而陰陽不可測之者是也。然則王者之於民，所過者以化，所存者以神，宜其與天地上下同流而無間也。則是天地之化，以神而存之，豈曰使萬物知其有小補益之哉！王者之化，亦存以神，又豈曰使民知其有小補益之哉！如此，故王者之民所以皞皞如也。蓋虞之爲德度無患，然後爲驩，則其樂淺；皞皞如也，以其使民舒通太平，自得而已，故於驩虞又有以間矣。❶ 此孟子所以抑區區之霸，而尊崇其王者也。

孟子曰：「仁言不如仁聲之入人深也。仁言，政教法度之言也。仁聲，樂聲雅頌也。仁言之政雖明，不如雅頌感人心之深也。善政不如善教之得民也。善政使民不違上，善教使民尚仁義。心易得也。善政，民畏之。善教，民愛之。善政得民財，善教得民心。」畏之，不違息，故賦役舉而財聚於一家也。愛之，樂風化而上下親，故歡心可得也。

疏 「孟子」至「民心」。 正義曰：此章言明法審令，民趨

❶ 「又」，原作「入」，據阮本改。

卷第十三上　盡心章句上

五〇一

君命，崇寬務化，民愛君德，故曰移風易俗，莫善於樂者也。「孟子曰」至「善教得民心」，孟子言：「人言爲政教法度之言，❶不若仁聲樂聲雅頌感人心之深也。善政使民不違上，又不若善教得民之易也。以其善政出於法度之粗，有刑威以行之，故民有以畏之。善教本人之德性，有仁恩以懷之，故民有以愛之。亦以善政，有九職繫萬民，有九兩以繫萬民。九職任萬民，故一曰三農，以平地山澤，生黍、稷、禾、稻、麻、大小麥之九穀；二曰園圃，以育草木；三曰虞衡，作山澤之材；四曰藪牧，養蕃鳥獸；五曰百工，飭化八材，鄭司農云『珠、象、玉、石、金、木、草、羽』是也；六曰商賈，阜通貨賄；七曰嬪婦，化治絲枲，鄭玄云『金玉曰貨，布帛曰賄，嬪，婦人之美稱也』；八曰臣妾，聚斂疏財；九曰閒民，無常職，轉移執事。鄭玄云：『疏材，百草根實可食者。』九兩繫萬民：一曰牧，以地得民；二曰長，以貴得民；三曰師，以賢得民；四曰儒，以道得民；五曰宗，以族得民；六曰主，以利得民；七曰吏，以治得民；八曰友，以任得民；九曰藪，以富得民。凡此善政，爲民財而已。善教因民心以教之，故能得民心矣。此所以爲仁言不如仁聲之入人深也。❷善政不如善教之得民。然而善政非不能得民，但得民財而已，又不若善教得民之心矣。蓋「移風易俗，莫大乎樂」，此禮之文然也，孟子所以同其趨焉。

❶「人」，阮本作「仁」。
❷「之」，原作「以」，據阮本改。

孟子曰：「人之所不學而能者，其良能也。所不慮而知者，其良知也。孩提之童，無不知愛其親者，及其長也，無不知敬其兄也。親親，仁也。敬長，義也。無他，達之天下也。」

【疏】「孟子」至「天下也」。

正義曰：此章言本性良能，仁義是也，達之天下，恕乎己者也。「孟子曰：人之所不學而能者」至「達之天下也」者，孟子言：人之所以不學而性自能，是謂之天下人也。

注「襁褓」者。

正義曰：釋云：襁褓，負也，負兒衣也。織縷爲之，廣八寸，長二尺，以負兒於背上者也。是亦知孩提爲二三歲。

孟子曰：「舜之居深山之中，與木石居，與鹿豕遊。其所以異於深山之野人者幾希。

❶ 上「親」字，阮本作「厚」。
❷ 「欲」，阮本作「之」。

卷第十三上　盡心章句上

五〇三

耕歷山之時，居木石間。鹿豕近人，若與人遊也。希，遠也。當此之時，舜與野人相去豈遠哉？**及其聞一善言，見一善行，若決江河，沛然莫之能禦也。**舜雖外與野人同其居處，聞人一善言則從之，見人一善行則識之，沛然不疑，若江河之流，❶無能禦止其所欲行也。

孟子言：虞舜初起於歷山耕時，居於木石之間，以聖人潛隱，辟若神龍，亦能飛天，亦能潛藏，同舜之謂也。孟子言：其近木石故也，與鹿豕遊，以其鹿與豕近於人也。然而舜於此，其所以有異於深山之野人不遠，但能及其聞一善言，見一善行，其從之若決江河之水，沛然其勢，莫之能禦止之也。

注「聖人潛隱若神龍」者。正義曰：此蓋《周易・乾卦》之文也，趙注引之以解其經。

孟子曰：「無爲其所不爲，無欲其所不欲，如此而已矣。」無使人爲己所不欲爲者，無使人欲己之所不欲者，每以身況之，❷如此則人道足也。

疏 正義曰：此章言己所不欲，勿施於人，仲尼之道也。孟子言：人無爲其所不爲，以其所不爲者不義也。無欲其所不欲者，以其不欲爲不善也。人能無爲不義，又不欲其所不善，則人道於是足矣，故曰如此也。

❶ 「若」上，按阮校：「各本同，孔本有『辟』字。案此采《音義》也。」

❷ 「況」，閩、監、毛、阮本作「先」。

孟子曰：「人之有德慧術知者，恒存乎疢疾。人所以有德行智慧道術才智者，以其在於有疢疾之人，❶疢疾之人又力學，故能成德。獨孤臣孽子，其操心也危，其慮患也深，故達。」此即人之疢疾也，自以孤微，懼於危殆之患而深慮之，勉爲仁義，故至於達也。**疏**「孟子」至「故達」。正義曰：此章言孤孽自危，故能顯達，膏粱自正，多用沈溺，是故在上不驕，以戒諸侯也。孟子言：人之所以有德慧術智者，常在於疢疾之人也。疢疾，人之有小疾，常霑在身不去者，是爲疢疾也。此孟子所以執此喻以自解也。言孤臣不得於其君者也，如孤臣孽子，其操心常危，慮患常深，述而行之謂之術，然德又以慧連，術又以智連之者，以其德以慧明，術以智擇耳，是則所謂智慮生於憂患，豈非德慧術智存於疢疾之意有同歟？此孟子所以有是言之，而戒當時之人者也。

孟子曰：「有事君人者，事是君則爲容悅者也。事君，求君之意，爲苟容以悅君者也。有安

❶ 「以其」按阮校，廖本、孔本、韓本、《考文》古本無此二字。
❷ 「瘡痍」，阮本作「疢疾」。

社稷臣者，以安社稷爲悅者也。忠臣志在安社稷，而後爲悅者也。有天民者，達可行於天下而後行之者也。天民，知道者也。可行而行，可止而止。正己物正，象天不言而萬物化成也。有大人者，正己而物正者也。大人，大丈夫不爲利害動移者也。

疏「孟子」至「者也」。正義曰：此章言容悅凡臣，社稷股肱，天民行道，大人正身。凡四科優劣之差者也。「孟子曰：有事君人者，事是君則爲容悅者也」，孟子言：有人事其君以求君之意者，是爲苟容以悅君者也。「有安社稷臣者，以安社稷而後爲悅者也」，孟子又言：有忠臣者，爲安社稷而後爲悅者也。「有天民者，達可行於天下而後行之者也」，有天民爲之先覺者，志在於行道，然而既達而在位，可以行其道於天下，然後乃行之也。以其若窮而在下，未可行其道，則亦止而不行矣。是其窮、達一歸於天而已。「有大人者，正己而物正者也」，言有大丈夫不爲利害之所易動，❶是則自正治其己，而物後自取正於我也。凡此是其四科優劣差等也。

孟子曰：「君子有三樂，而王天下不與存焉。父母俱存，兄弟無故，一樂也。仰不愧於天，俯不怍於人，二樂也。得天下英才而教育之，三樂也。天下之樂不得與此三樂之中。兄弟無故，無他故。不愧天，又不怍人，心正無邪也。育，養也。教養英才，成之以道，皆樂也。君子有三樂，而

---

❶「易」，阮本作「移」。

王天下不與存焉。」君子重言，❶是美之也。

疏「孟子曰」至「存焉」。正義曰：此章言保親之養，兄弟無他，誠不愧天，育養英才，賢人能之，樂過萬乘，孟子重焉，一章再云者也。「孟子曰：君子有三樂，而王天下不與存焉」者，孟子言：君子有三樂，而爲王天下者不得與於其間。父母皆在，兄弟無有他故者，以其無嫌隙之事也，❸此乃一樂也。存誠於己，而上無以有愧恥於天，❹下無以有慚怍於人，❺此乃二樂也。己之有成，❻又得天下英才大賢，而推己以教而養育之，此乃三樂也。三樂如此，故孟子又重言之。然君子有三樂，而王天下不與存焉，以其王天下之樂不若此三樂矣，故重言之而美此三樂也。是以舜得天下而無足解憂。楊子云：「紆朱懷金之樂，不如顏氏子之樂。」是亦與此同意也。

孟子曰：「廣土衆民，君子欲之，所樂不存焉。中天下而立，定四海之民，君子樂之，所

❶〔君〕，按阮校：「宋本、孔本、韓本、《考文》古本作『孟』。」
❷〔焉〕原作「爲」，據阮本改。
❸〔嫌〕原漫漶不清，監、毛二本作「嫌」，阮本據補，今從之。
❹〔上〕，監、毛二本作「仰」；「愧恥」監、毛二本作「羞愧」。
❺〔下〕，監、毛二本作「俯」。
❻〔成〕，監、毛二本作「德」。

性不存焉。廣土衆民，大國諸侯也。所樂不存，樂行禮也。君子所性，雖大行不加焉，雖窮居不損焉，分定故也。君子所性，仁、義、禮、智根於心，其生色也，睟然見於面，盎於背，施於四體。四體不言而喻。」四者根生於心，色見於面。睟然，潤澤之貌也。盎，視其背而可知，其背盎盎然盛❸流於四體。四體有匡國之綱，雖口不言，人以曉喻而知也。

疏「孟子曰」至「而喻」。正義曰：此章言臨蒞天下，君國子民，君子之樂，尚不與存。仁義内外充，❹身體履方，四體不言，蟠辟用張，心邪意溺，進退無容於是之際，知其所不同也。「孟子曰：廣土衆民」至「不言而喻」，孟子言：廣土地之大，衆人民之多，以爲大國之諸侯，君子者欲好之，然其所樂不在此也。中天下之中而立，以安四海之民，是爲之王，君子者雖樂於此，然而禀天性不在此焉。蓋君子欲廣土衆民，以其足以行道於一國故也，然其所樂又在於定四海之民，而未樂於此一國而已。雖樂在於中天下而立，定四海之民，得以行道於天下，奈何所性不在此焉，是所性者特在仁、義、禮、智耳。故言於下文是也。是則君子所禀天之性，雖大而行道於天下，且不能加益其性；雖

- ❶「樂」，閩、監、毛、阮本作「欲」。
- ❷「政」，閩、監、毛、阮本作「之」。
- ❸「背」，原作「肯」，據阮本改。
- ❹「外」字，疑衍，按阮校：「章指無『外』字。」

窮居在下,而不能損滅其性,以其所生之初,受之於天,有其分定故也。故君子所性,是仁、義、禮、智,四者根生於心,顯而形諸德容,其生於色,則睟然潤澤見於面,又有輝光乎其前,盎盎然見於背,又有充實乎其後,而旁溢流通乎左右上下四體。則一動靜,一行止,固雖不言,而人以曉喻而知其所存,是其不言仁而喻其能仁,不言義而喻其能義,以至禮也,智也亦若是矣。此所以故云「四體不言而喻」。《荀子》云:「君子之學入乎耳,著乎心,布乎四體,形乎動靜。」又曰:「君子至德,默然而喻。」同意。

孟子注疏解經卷第十三下

趙氏注　孫奭疏

盡心章句上

孟子曰：「伯夷辟紂，居北海之濱，聞文王作興，曰：『盍歸乎來？吾聞西伯善養老者。』太公辟紂，居東海之濱，聞文王作興，曰：『盍歸乎來？吾聞西伯善養老者。』_{天下有能若文王者，仁人將復歸之矣。}天下有善養老，則仁人以為己歸矣。_{已說於上篇。}五畝之宅，樹墻下以桑，匹婦蠶之，則老者足以衣帛矣。五母雞，二母彘，無失其時，老者足以無失肉矣。_{五雞，二彘，八口之家畜之，足以為畜產之本也。}百畝之田，匹夫耕之，八口之家足以無飢矣。_{五母雞，二母彘，八口之家畜之。}所謂西伯善養老者，制其田里，教之樹、畜，導其妻子，使養其老。五十非帛不煖，七十非肉不飽。不煖不飽，謂之凍餒。文王之民，無凍餒之老者，此之謂也。」_{所謂無凍餒者，教導之使可以}

養老者耳,非家賜而人益之也。其老,使不餒乏。二老聞之,歸身自己,❷所謂眾鳥不羅,翔鳳來集之類者也。「孟子曰:伯夷辟紂」至「此之謂也」,已說於上篇矣。此以大同小異,更不復說焉。然其類亦孔子所云「刳胎殺夭,則麒麟不至,覆巢毀卵,則鳳凰不翔」,此亦類也。

疏 「孟子」至「此之謂也」。 正義曰:此章言王政普大,❶教其常業,各養

孟子曰:「易其田疇,薄其稅斂,民可使富也。食之以時,用之以禮,財不可勝用也。易,治也。疇,一井也。庶民治其田疇,❸薄其稅斂,不踰什一,則民富矣。食取其征賦以時,用之以常禮,故畜積有餘,財不可勝用也。民非水火不生活,昏暮叩人之門戶求水火,無弗與者,至足矣。聖人治天下,使有菽粟如水火。菽粟如水火,而民焉有不仁者乎?」水火能生人有不愛者,至饒足故也。菽粟饒多若是,民皆輕施於人,而何有不仁者也。

疏 「孟子」至「者乎」。 正義曰:此章言教民之道,富而節用,蓄積有餘,焉有不仁,故曰倉廩實知禮節也。「孟子曰:易其田疇」至「不可

❶ 「政」,原作「故」,據阮本改。
❷ 「己」,按阮校:「章指作『託』是也。」
❸ 「庶」,按阮校:「宋本、孔本、韓本、《考文》古本作『教』。」

卷第十三下 盡心章句上

五一一

勝用也」，孟子言：如使在下者易治其田疇而不難耕作，則地無遺其利。又在上者又薄其賦斂而無橫賦，則民皆可令其富足也。又食之以時而其用不屈，用之以禮而其欲不窮，則財用有餘而不可勝用也。「民非水火不生活」至「焉有不仁者乎」，孟子又言：人民非得其水火則不能生活，然而昏暮之時，有擊人之門户而求之水火，無不與之者，以其水火至多矣。聖人如能治其天下，使民有其菽粟亦如水火之多，則民人孰不以有餘而補其不足，而爲仁者乎？故曰：「菽粟如水火，而民焉有不仁者乎？」此所謂倉廩實而知禮節者也。

注「疇，一井也」。正義曰：《説文》云：「爲耕治之田也。」不知一井何據。

孟子曰：「孔子登東山而小魯，登太山而小天下，故觀於海者難爲水，遊於聖人之門者難爲言。所覽大者意大，觀小者志小也。觀水有術，必觀其瀾。瀾，水中大波也。日月有明，容光必照焉。容光，小隙也。言大明照幽微也。流水之爲物也，不盈科不行。君子之志於道也，不成章不達。」盈，滿也。科，坎也。流水滿坎乃行，以喻君子之學必至成章，乃仕進也。

疏 「孟子」至「不達」。○正義曰：此章言弘大明者無不照，包聖道者成其仁也。「孟子曰：孔子登東山」至「難爲言」者，孟子言：孔子登魯國之東山，而所覽者大，故小其魯國，以魯國莫大於東山也。登太山而能小其天下，亦所覽

❶「至」，原作「止」，據阮本改。

者大，而天下亦莫大於太山也。如此故觀之於海者難爲水也，以海爲百谷王；遊聖人之門者難爲言，以其道之所同出又同歸於此者也。「觀水有術，必觀其瀾」者，孟子又言：揚子云「視日月而知衆星之蔑如，仰天庭而知天下之居卑」，亦與此同意。「觀水有術，必觀其瀾」者，孟子又言：❶「人之觀於水，以其有術也，有術者，所謂觀水必觀其波瀾，是爲能觀水者也。「觀水有術，必觀其瀾」者，以其人之觀書亦若是也，言觀書亦當觀其五經而已矣，五經所以載聖人之大道者也。「日月有明，容光必照焉」者，又言日月之有明，凡於幽隙，❷但有容其光者，則必照之，亦道之在天下無往而不在也。「流水之爲物也，不盈科不行」者，又言流水爲物，所流遇於科坎，不盈滿其科坎則不流進而行也。如君子之學志在於道也，不成章則不達而進仕。以其君子於道，至於成章則充實，美在其中，暢於四支，發於事業，爲美之至者也。此孟子所以有水爲之喻焉。

孟子曰：「雞鳴而起，孳孳爲善者，舜之徒也。雞鳴而起，孳孳爲利者，跖之徒也。欲知舜與跖之分，無他，利與善之間也。」跖，盜跖也。跖、舜之分，故以此別之。❸【疏】正義曰：此章言好善從舜，好利從跖，明明求之，常若不足，君子小人，各一趣也。「孟子曰」至「間也」者，孟子言：人之雞鳴而

❶「又」，原作「人」，據阮本改。
❷「幽」，阮本作「幾」。
❸「故」，按阮校，宋本、孔本、韓本、《考文》古本無此字。

起，孳孳但勤篤於爲善者，乃爲舜之徒黨也。如雞鳴而起，孳孳但勤篤於爲利者，乃爲盜跖之徒也。儻言欲知舜與盜跖爲君子小人之分別，無他事焉，特一趨於利、一趨於善之間而已。注「盜跖」。正義曰：案李奇《漢書傳》云：「盜跖乃是秦之大盜也。」

孟子曰：「楊子取爲我，拔一毛而利天下，不爲也。楊子，楊朱也。爲我，爲己也。拔己一毛以利天下之民，不肯爲也。墨子兼愛，摩頂放踵利天下，爲之。墨子，墨翟也。兼愛他人，摩突其頂下至於踵，以利天下，己樂爲之也。子莫執中。子莫，魯之賢人也。執中和，近聖人之道，然不權。聖人之重權。執中爲近之。執中而不知權，猶執一介之人，不知時變也。所惡執一者，爲其賊道也，舉一而廢百也。」所以惡執一者，爲其不知權，以一知而廢百道也。

疏「孟子」至「百也」。正義曰：此章楊、墨放蕩，子莫執一，聖人量時，不取此術，孔子行止，唯義所在者也。「孟子曰：楊子取爲我，拔一毛而利天下，且不爲也。墨子兼愛他人，雖摩突其頂而至於踵而利天下，且以爲之。「子莫執一」，子莫，魯賢人也，言子莫執中爲近聖人之道者以利天下，且不爲也。墨翟兼愛他人，雖摩突其頂而至於踵而利天下，且以爲之。故曰「執中爲近之」，言子莫執中和之性而專一者也，以其無爲己、兼愛之過而已，故曰「執中爲近之」，言子莫執中爲近聖人之道者也。如執中而不知權變，但若執一介之人，不知時變者也。然而所以惡疾其執一者，是爲其有以賊害其道也，如舉一道而廢其百道也，故曰：「執中無權，猶執一也。」所惡執一者，爲其賊道，舉一而廢其百也。」

孟子曰：「飢者甘食，渴者甘飲，是未得飲食之正也，飢渴害之也。飢渴害其本所以知味之性，令人強甘之。豈惟口腹有飢渴之害？人心亦皆有害。為利欲所害，亦猶飢渴得之。人能無以飢渴之害為心害，則不及人不為憂矣。」人能守正，不為邪利所害，雖謂富貴之事不及逮人，猶為君子。不為善，人所憂患也。

疏「孟子」至「憂矣」。正義曰：此章言飢不妄食，忍情抑欲，賤不失道，不為苟求。能無心害，夫將何憂者也。「孟子曰：飢者甘食」至「不為憂矣」，孟子言：人之飢餓則易為食，故以甘之；渴者易為飲，故以甘之。然而未得飲食味之正者也，以其但為飢渴害其本性耳。豈獨飲食於口腹為有飢渴以害之？言人心亦皆有以害之也，以其利慾害之故也。人能無以飢渴之害為心之害，則所養不及於人，亦不足為可憂矣。蓋無以飢渴為心害，則孟子以飢渴之害亦猶利欲之害，故假託而言之也。

孟子曰：「柳下惠不以三公易其介。」介，大也。柳下惠執弘大之志，不恥污君，不以三公榮位易其大量也。

疏「孟子曰」至「其介」。正義曰：此章言柳下惠不恭，用志大也，無可無否，以貴為賤者也。

孟子言：柳下惠不以三公之榮位而移易己之大志也，以其所守之介，任道而已，是所以不羞小官者焉。今夫三公者，乃百僚之師師也。❶ 人臣之位極者也，衣則服袞，圭則執桓圭，而世之所謂富貴崇顯者，無以

❶ 下「師」字，阮本作「帥」。

過也。

孟子曰:「有爲者辟若掘井,掘井九軔而不及泉,猶爲棄井也。」有爲,爲仁義也。軔,八尺也。雖深而不及泉,喻有爲者中道而盡棄前行者也。己,必在究之,九軔而輟,❶無益成功者也。孟子曰:今之有爲之道者,譬如掘井者也,掘井至九軔之深,而不及泉則止之,是棄其前掘井之功者,喻爲仁義之道而不及之,則止而不爲,是亦棄其仁義之道者也。孔子曰:「爲山未成一簣,止,吾止也。」與此同意。

注「軔,八尺也」。

正義曰:案釋云:七尺曰軔。

孟子曰:「堯、舜,性之也。湯、武,身之也。五霸,假之也。性之,性好仁,自然也。身之,體之行仁,視之若身也。假之,假仁以正諸侯也。久假而不歸,惡知其非有也?」五霸而能久假仁義,譬如假物久而不歸,安知其不真有也。

疏「孟子」至「非有也」。

正義曰:此章言仁在性體,而行仁本性之自然者也。湯、武利而行仁,視之若身也。五霸強而行仁,則力假之而已。然而久假而行之,而不歸止,安知其非真有也。揚子曰「假儒衣書,服而讀之,三月不歸,孰曰非儒也」,亦同其旨。

---

❶ 「軔」,原作「軌」,據阮本改。

公孫丑曰：「伊尹曰：『予不狎于不順。』放太甲于桐，民大悅。太甲賢，又反之，民大悅。賢者之爲人臣也，其君不賢，則固可放與？」丑怪伊尹賢者而放其君，何也？孟子曰：「有伊尹之志則可，無伊尹之志則篡也。」人臣秉忠，志若伊尹，❶欲寧殷國，則可放惡而不即立君，宿留冀改而復之。如無伊尹之忠，見間乘利，篡心乃生，何可放也。

疏「公孫」至「篡也」。 正義曰：此章言憂國忘家，意在出身，放惡攝政，伊周有焉。凡人志異，則篡心生也。公孫丑問孟子，謂伊尹有言我不逆于順己者，故放太甲于桐宫，而民心大悅。及太甲悔改其過而歸賢，則伊尹又迎而反之以復君位，商民大悅。且賢者之爲人臣也，其君有不賢者，則固可以放之也？孟子對曰：如賢者有伊尹愛君之志，則可以放君；如無伊尹秉忠心以愛君，則放君而生篡奪君位之心者也，以爲不可矣。

公孫丑曰：「《詩》曰：『不素餐兮。』君子之不耕而食，何也？」《詩》，魏國《伐檀》之篇也。無功而食，謂之素餐，世之君子有不耕而食，何也？孟子曰：「君子居是國也，其君用之，則安富尊榮；其子弟從之，則孝悌忠信。不素餐兮，孰大於是？」君子能使人化其道德，移其習俗，身安國

---

❶ 「志」，按阮校：「廖本、孔本、韓本疊『志』字。」則一屬上讀。

富而保其尊榮，❶子弟孝悌而樂忠信，不素餐之功，誰大於是？何爲不可以食禄。疏「公孫丑」至「於是」。

正義曰：此章言君子正己，以立於世，世美其道，君臣是貴，所過者化，又何素餐之謂也。公孫丑問孟子曰：魏國《伐檀》之詩有云「不素餐兮」，言無功而食謂之素餐，然而君子有不自耕而食禄者，是如之何？孟子對之曰：君子居處此國，其君任用之，則安富尊榮，言安國保其尊榮，子弟從之，則能孝悌忠信，是則不素餐兮，誰有大於此者？言何爲而不可食禄。 注「魏國《伐檀》之篇」。 正義曰：此詩蓋刺在位貪鄙，無功而受禄，君子不得進仕爾。

王子墊問曰：「士何事？」齊王子名墊也，問士當何事爲事也。孟子曰：「尚志。」尚，上也。❷士當貴上於用志也。曰：「何謂尚志？」曰：「仁義而已矣。殺一無罪，非仁也。非其有而取之，非義也。居惡在？仁是也。路惡在？義是也。居仁由義，大人之事備矣。」孟子言：志之所尚，仁義而已矣。不殺無罪，不取非有者爲仁義，欲知其所當居者仁爲上，所由者義爲貴，大人之事備矣。 正義曰：此章言人當尚志於善也，善之所由，仁與義也。欲使王子無過差者

矣。 「王子」至「備矣」。

❶「身」，按阮校：「宋本、孔本、韓本作『君』。」

❷「上」，閩、監、毛、阮本作「貴」。

也。「王子墊問曰：士何事」者，王子墊，齊王之子，名墊也。「曰：尚志」，孟子答之，曰：爲士者當以志爲尚也。「曰：何爲尚志」，王子又問孟子何以謂之尚志。「曰：仁義而已矣」至「大人之事備矣」，孟子又答之，曰：尚志則以仁義而已矣。言能以仁義爲尚，則爲尚志也。如殺一人之無罪，是爲非仁也；非己之所有取之，是爲非義也。如此非仁非義者，亦以所居所行有惡疾，在於仁，所行有惡疾，在於義是也。如仁以爲居，義以爲行，則大人之事亦備矣。此孟子所以欲使王子墊於無過之地也。

孟子曰：「仲子，不義與之齊國而弗受，人皆信之，是舍簞食豆羹之義也。仲子，陳仲子處於陵者，人以爲廉，謂以不義而與之齊國，必不受之。孟子以爲仲子之義，若上章所道簞食豆羹無禮則不受，萬鍾則不辨禮義而受之也。人莫大焉亡親戚君臣上下。以其小者信其大者，奚可哉！」人當以禮義爲正，陳仲子避兄離母，不知仁義親戚上下之敘，何可以其小廉信以爲大哉？

疏「孟子曰」至「奚可哉」。正義曰：此章言事有輕重，行有大小，以大包小可也，以小信大未之聞者也。孟子言：陳仲子以不義雖與之齊國之大而且不受，國人皆信之以爲廉，是爲舍簞食豆羹之小義也。人之所尚，當以莫大爲尚焉者，是其知以親戚君臣上下之敘者也。今陳仲子避兄離母，處於陵而不仕，是棄親戚君臣上下之大分爾，徒取其辭受之小節而已。而信廉之大，又安可哉？以其非義之本耳，宜孟子以是闢之。

注「陳仲子」至「受之也」。正義曰：此於前篇已説矣。

桃應問曰：「舜爲天子，皋陶爲士，瞽瞍殺人，則如之何？」桃應，孟子弟子。問皋陶爲士官，主執罪人，瞽瞍惡暴而殺人，則皋陶如何？ 孟子曰：「執之而已矣。」孟子曰：皋陶執之耳。「然則舜不禁與？」❶桃應以舜爲天子，使有司執其父，不禁止之邪？ 曰：「夫舜惡得而禁之？夫有所受之也。」夫，辭也。夫天下乃受之於堯，當爲天理民，王法不曲，豈得禁之也？「然則舜如之何？」應問舜爲之將如何。 曰：「舜視棄天下猶棄敝蹝也。竊負而逃，遵海濱而處，終身訢然，樂而忘天下。」舜棄天下如捐棄敝蹝。蹝，草履可蹝也。❷敝喻不惜。舜必負父而遠逃，終身訢然，忽忘天下之爲貴也。❸

疏 「桃應」至「天下」。 正義曰：此章言奉法承天，政不可枉，大孝榮父，遺棄天下，虞舜之道，趨將若此。 孟子之言，揆聖意者也。 桃應問曰：舜爲天子，皋陶爲士，瞽瞍殺人，則皋陶之士當如何殺人，則如之何 桃應問孟子曰：舜爲天子，命皋陶爲士官以執罪人，舜父瞽瞍殺人，但當執而不縱也。 「然則舜不禁與」桃應問曰：如是則舜爲天子，使有司執其父，而不禁之耶？ 「曰：夫舜惡得而禁之，夫有所受之也」，孟子又答之，曰：夫舜豈得而禁止之

❶「以」下，按阮校：「宋本、孔本、韓本有『爲』字。」
❷「可蹝」阮本無此二字。按阮校，閩、監、毛三本同阮本，廖本、孔本、韓本《考文》古本作「可蹝者」。
❸「貴」上，閩、監、毛、阮本有「至」字。

哉？夫以其法有所受之而已。「然則舜如之何」，桃應問曰：如是，舜不敢禁止皋陶無執其父，則舜將如之何？「曰：舜視棄天下」至「忘天下」，孟子又答之曰：舜視天下如捐棄敝蹝而不惜也，必將竊負戴其父而逃，循海濱而處以逃之，且終身訢然，樂而忘去天下。是以舜得天下不足解憂，唯順父母可以解憂也。

孟子自范之齊，望見齊王之子，喟然歎曰：「居移氣，養移體。大哉居乎！夫非盡人之子與？」范，齊邑。王庶子所封食也。孟子之范，見王子之儀，聲氣高涼，不與人同。還至齊，謂諸弟子，喟然歎曰：居尊則氣高，居卑則氣下。居之移人氣志使之高涼，若供養之移人形身使充盛也。「大哉居乎」者，言當慎所居，人必居仁也。凡人與王子豈非盡是人之子也，王子居尊勢，故儀聲如是也。○「孟子曰」至「子與」。○正義曰：趙云：此章言人性皆同，居使之異，君子居仁，小人處利，譬猶王子，殊於衆品者也。

孟子嘗自范邑見齊王之子，儀體聲氣高爽，不與人同，乃往歸齊，而於弟子之間喟然歎息之曰：夫居足以移易人之氣，所養足以移易人之體。以其王子之儀體聲氣如是者，亦以所居所養之大移之使然也。「大哉居乎」，言人當慎所居，以仁為廣居。凡衆之人，豈非盡人之子與？言齊王之子亦人子也，凡人亦人子也。下文觀宜合此章。

孟子曰：「王子宮室、車馬、衣服多與人同，而王子若彼者，其居使之然也。況居天下之

廣居者乎？言王子宮室、乘服皆人之所用之耳，然而王子若彼高涼者，居勢位故也，況居廣居。謂行仁義，仁義在身，不言而喻也。**此無他，居相似也。魯君之宋，呼於垤澤之門。守者曰：「此非吾君也，何其聲之似我君也？」此無他，居相似也。** 垤澤，宋城門名也。人君之聲相似者，以其俱居尊勢，故音氣同也。以城門不自肯夜開，故君自發聲耳。

疏「孟子曰」至「似也」。○正義曰：此章宜與上章合而爲一，不當分而爲二也。孟子言：王子所居宮室與車馬之乘、衣服之飾，是皆與人同所用之也，然而王子若彼儀體聲氣高涼者，必其居勢位，使之如是與人不同耳。言王所居勢位能如此，而況居天下之廣居，以仁爲居者乎？且以魯國之君往宋，乃呼於垤澤之門，守者曰此非吾君之身也，何其呼聲似我君也。[1] 言此亦無他事異焉，亦以皆居尊勢，故其聲之如是相似也。垤澤，宋城門之名。守者，監門之官也。是言能以大人之所居者處己，而與大人相似者也。

孟子曰：「**食而弗愛，豕交之也。愛而不敬，獸畜之也。恭敬者，幣之未將者也。恭敬而無實，君子不可以虛拘。**」人之交接，但食之而不愛，若養豕也。愛而不敬，若人畜禽獸，但愛而不能敬也。且恭敬者如有幣帛，當以行禮，而未以命將行之也。恭敬貴實，如其無實，何可虛拘致君子之心也。

---

[1]「聲」下，原衍「似其呼聲」四字，按阮校：「閩、監、毛三本刪此四字，是也。」據刪。

【疏】「孟子曰」至「虚拘」。

正義曰：此章言取人之道，必以恭敬，恭敬貴實，虛則不應。實者謂敬愛者也。

孟子言：人之交接，但飲食爲備，而歡意弗加者，非以愛相接者也，是爲豕交之也。犬馬者，人所愛而畜者也，如愛誠雖至，而敬心弗加者，是謂愛而弗敬，以爲獸畜之也。然而恭敬者，是幣帛之禮未行之也。蓋以恭敬爲先，而幣帛從之也，如恭敬而無幣帛之實以將之，是又君子不可以徒虛而行耳，必以恭敬修於内而爲之本，幣帛以將之而爲之末，則君子交接之道畢矣。

孟子曰：**形、色，天性也。** 形，謂君子體貌尊嚴也，《尚書·洪範》「一曰貌」。色，謂婦人妖麗之容，《詩》云「顏如舜華」。此皆天假施於人也。**惟聖人然後可以踐形。** 踐，履居之也。《易》曰「黄中通理」。聖人内外文明，然能以正道履居此美形。❶ 不言居而言踐，❷ 尊陽抑陰之義也。

【疏】「孟子曰」至「踐形」。

正義曰：此章言體德正容，大人所履者也。孟子言：人之形與色，皆天所賦，性所有也。惟獨聖人能盡其天性，然後可以踐形而履之，不爲形之所累矣。蓋形有道之象，色爲道之容，人之生也，性出於天命，道又出於率性，是以形之與色皆爲天性也。惟聖人能因形以求其性，體性以踐其形，故體性以踐目之形，而道盡於天性矣。

---

❶ 「然」下，按阮校：「廖本、孔本、韓本、《考文》古本有『後』字。」

❷ 「而言踐」，按阮校：「廖本、孔本、韓本、《考文》古本作『色主名』，是也。」

得於性之明；踐耳之形，而得於性之聰，以至踐肝之形以爲仁，踐肺之形以爲義，踐心之形以通於神明。凡於百骸、九竅、五藏之形，各有所踐也，故能以七尺之軀，方寸之微，六通四闢，茲其所以爲聖人與。然而形與色皆天性，乃獨踐形而不踐色，何耶？蓋形則一定而不易者也，色則有喜怒哀樂之變，以其無常者也，不可以踐之矣。亦以聖人吉凶與人同，何踐之以爲異哉。是又孟子之深意然也。 注「形謂君子」至「抑陰之義也」。 正義曰：云《洪範》「一曰貌」者，蓋以五事之一者也。孔安國云：「貌，容儀也。」謂婦人妖麗之容。《詩》云顔如舜華」者，此蓋《有女同車》之篇文也，注云：「舜，木槿也。」《易》曰君子黃中通理」者，蓋《坤》之卦文也，謂君子黃中通理，正位居體，美在其中，而暢於四支，發於事業，美之至也。是亦以正道履居此美形，不言居而言踐，尊陽而抑陰也。

齊宣王欲短喪。公孫丑曰：「爲朞之喪，猶愈於已乎。」齊宣王以三年之喪爲太長久，欲減而短之，因公孫丑使自以其意問孟子：既不能三年喪，以朞年，差愈於止而不行喪者也。孟子曰：「是猶或紾其兄之臂，子謂之姑徐徐云爾，亦教之孝悌而已矣。」紾，戾也。孟子言：有人戾其兄之臂，爲不順也，而子謂之曰：且徐徐云爾。是豈教之以孝悌，勿復戾其兄之臂者乎？不若教之以孝悌，勿復戾其兄之臂也。今欲行其朞喪，亦猶曰徐徐之類也。王子有其母死者，其傅爲之請數月之喪。公孫丑曰：「若此者，何如也？」丑曰：王之庶夫人死，迫於適夫人，不得行其喪親之數，其傅爲請之於君，欲使得

行數月長，❶如之何？

曰：「是欲終之而不可得也，雖加一日愈於已，謂夫莫之禁而弗爲者也。」孟子曰：如是王子欲終服其子禮而不能者也，加益一日則愈於止，況數月乎？所謂不當者，謂無禁自欲短之，故譏之也。

【疏】「齊宣」至「者也」。正義曰：此章言禮斷三年，孝者欲益，富貴怠厭，思減其月，君子正言，不可阿情。丑欲譽之，故譬以紾兄徐徐者也。「齊宣王欲短喪。公孫丑曰：爲朞之喪，猶愈於已乎」，齊宣王欲短三年之喪，公孫丑勸之，以爲朞年之喪，猶勝於止而不爲者矣。朞年，十二月也。「孟子曰：『是猶或紾其兄之臂者，子謂之姑徐徐云爾。但當教之以孝悌，不復戾兄之臂也。今子欲勸齊宣王短其三年之喪，而且謂爲朞年之喪，亦若徐徐紾其兄之臂之謂也。「王子有其母死者，其傳爲之請數月之喪。公孫丑曰：若此何如也？」王子有母死之者，其傅相者爲之請行數月之喪，如此者，是如之何也。「曰：是欲終之而不可得也，雖加一日，亦足勝於止而不爲者矣」，孟子答之，曰：是王子庶生之母死，迫於嫡母，而不敢終喪者也。以其王子欲終之喪，有所禦而不可得而爲者也，雖加益之，是謂夫莫之禁止而自弗爲者也。此孟子所以不取之也。《論語》「宰我問三年之喪，期已久矣」，孔子所以責之曰「予之不仁也」，汝安之則爲之乎，是亦孟子於此不取公孫丑之意也。

❶「長」，阮本作「喪」。

孟子曰：「君子之所以教者五。」教民之道有五品。有如時雨化之者，教之漸漬而沾洽也。❶有成德者，有達財者，有答問者，有私淑艾者。私，獨。淑，善。艾，治也。君子獨善其身，人法其仁，此亦與教法之道無差也。此五者，君子之所以教也。」申言之，孟子貴重此教之道也。疏「孟子」至「教也」。正義曰：此章言教人之術，莫善五者，養育英才，君子所珍，君子言：君子之所以教人之道有五品也，聖所不倦，其惟誨人者也。「孟子曰：君子之所以教者五」至「所以教也」者，孟子言：君子所以教人之道有五品也，有如時雨之教者，以其人漸漬浹洽，如時雨之澤也，是其潤之以德，漸之以仁，善有萌芽，則誘之使敷秀，性有其材，則養之使長茂。凡此因其大以成大，小以成小，是爲有若時雨而教者也。有成德者，以其因固有之德，但教而成之也，是其能仁不能反者，則教之以克己復禮；能勇不能怯者，則教之以臨事而懼，是爲有成德者也。有財之具而不能用者，則教而達之也，「子貢問曰：賜也何如？子曰：女，器也。曰：何器也？曰：瑚璉也」；子謂子夏曰「女爲君子儒，無爲小人儒」，是爲有達財之教者也。有答問者，以其在於答問之間也，「不憤不啓，不悱不發，舉一隅不以三隅反，則不復也」，「子曰：我非生而知之者，好古，敏以求之者也」，「子不語怪力亂神」，凡此之類，是有答問之教也。有私淑艾者，以其獨善其身，使彼法之也。故重言之，曰此五者之教，乃君子之所以教者也。《論語》云「有教無類」同。

❶「沾」，閩、監、毛、阮本作「浹」。

公孫丑曰：「道則高矣美矣，宜若登天然，似不可及也。何不使彼爲可幾及而日孳孳也？」丑以爲聖人之道太高遠，將若登天，人不能及也，何不少近人情，令彼凡人可庶幾，使日孳孳自勉也。

孟子曰：「大匠不爲拙工改廢繩墨，羿不爲拙射變其彀率。君子引而不發，躍如也。中道而立，能者從之。」大匠不爲新學拙工故，爲之改鑿廢繩墨必正也，羿不爲新學拙射者變其彀率之法也。彀弩張嚮表率之正體，望之極思用巧之時，不可變也。君子謂於射則引弓彀弩而不發，以待彀偶也。於道則中道德之中，不以學者不能故卑下其道，將以須於能者往取之也。

疏「公孫丑」至「從之」。正義曰：此章言曲高和寡，道大難追，然而履正者不枉，執德者不回，故曰人能弘道。丑欲下之，非也。「公孫丑曰」至「孳孳也」者，公孫丑問孟子，謂聖人之道則至高至美矣，學者跂慕之，宜如登天之難，似其不可得而跂及也，何不使彼之道幾近，令人可庶幾能及，而使之日孳孳自勉而至也。「能者從之」，孟子答之，曰：大匠之師不爲新學拙工改去其繩墨之正，羿之善射不爲新學拙射更變其彀率之法。君子循循善誘而引人於道，不以開發者，又且躍如，使進而無退也。是其不高不卑，但於中道而立教，使賢愚智者皆能從而學之也。此孟子所以譏於公孫丑也。

孟子曰：「天下有道，以道殉身。天下無道，以身殉道。未聞以道殉乎人者也。」殉，從也。天下有道，得行王政，道從身施功實也。天下無道，道不得行，以身從道，守道而隱。不聞以正道從俗也。

人也。

疏「孟子曰」至「者也」。○正義曰：此章言窮達卷舒，屈伸異變者也。孟子言：天下有治道之時，則當以道從身，以施其功實也。以其身顯而道彰也。天下無治道之時，則當以身從道，而卷藏守伏也。以其道藏則身伏也。未聞於此無道之時，以道從人，而饕富貴也。《論語》云：「天下有道則見，無道則隱。」同意。

公都子曰：「滕更之在門也，若在所禮。而不答，何也？」滕更，滕君之弟，來學於孟子也。孟子曰：「挾貴而問，挾賢而問，挾長而問，挾有勳勞而問，挾故而問，皆所不答也。滕更有二焉。」挾，接也。接己之貴勢，接己之有賢才，接己長老，接己當有功勞之恩，❶接己與師有故舊之好，凡恃此五者而以學問，望師之待以異意而教之，皆所不當答。滕更有二焉，接貴、接賢，故不答矣。

疏「公都」至「二焉」。○正義曰：此章言學尚虛己，誨貴平。❷是以滕更恃二，孟子弗應者也。「公都子曰」至「何也」，公都子問孟子，謂滕君之弟滕更者，樂在門人中，宜若在所禮敬之，然而有所問而夫子不答，是如之何也。「孟子曰：挾貴而問」至「滕更有二焉」，孟

❶ 「當」，按阮校：「孔本、韓本作『嘗』。」
❷ 「平」，原作「乎」，據阮本改。

子答之，曰：有挾己之貴勢而問者，有挾己之賢才而問者，有挾己之長老而問者，有挾己有功勞之恩而問者，有挾己與師友故舊之好而問者，凡恃此五者而問，我皆所不答也。今滕更有二於此五者之中，以恃己之貴勢與恃賢才，我所以不答之也。挾，接也。此孟子於滕更所以不答者，是亦不屑教之道也。奈何公都子不知以此，故有復而問焉。

孟子曰：「於不可已而已者，無所不已。於所厚者薄，無所不薄也。其進銳者，其退速。」已，棄也。於義所不當棄而棄之，則不可，所以不可而棄之，使無罪者咸恐懼也。於義當厚而反薄之，何不薄也？不憂見薄者，亦皆自安矣。不審察人而過進不肖越其倫，悔而退之必速矣。當翔而後集，慎如之何。

疏「孟子曰」至「退速」。正義曰：此章言賞僭及淫，刑濫傷害，不僭不濫，詩人所紀。是以季文三思，而後行之者也。孟子言：人君於不可棄去之者而反棄去之，是其餘之類無所不棄也。不可棄者，以其無罪之人也。所以棄之者，以其有罪者也，故棄之使人有所懼也。如堯去四凶之罪，是可以棄而棄之者也。其於賞，當所厚者反而薄之，是其餘之類亦無所不薄也。其於無所不棄、無所不薄之君，是所厚而厚之也。其於無所不棄、無所不薄之君，得銳進而為仕，則其被退黜亦必急速矣。無他，以其君不能鑒其賢否，不能信任，所以如是矣。故《詩》之《商頌》所以於《殷武》之篇有云「不僭不濫」，《論語》「翔而後集」「季文子三思而後行也」。

孟子曰：「君子之於物也，愛之而弗仁。物，謂凡物可以養人者也，當愛育之，而不加之仁，若犧牲不得不殺也。於民也，仁之而弗親。臨民以非己族類，故不得與親同也。親親而仁民，仁民而愛物。」先親其親戚，然後仁民，仁民然後愛物，用恩之次也。

疏「孟子曰」至「愛物」。正義曰：此章言君子布德，各有所施，事得其宜，故謂之義者也。孟子言：君子於凡物也，但當愛育之，而弗以仁加之也，若犧牲不得不殺也。於民也，當仁愛之，而弗當親之也，以愛有差等也。是則先親其親而後仁愛其民，先仁愛其民然後愛育其物耳，是又見君子用恩有其倫序也，故揚子所以「事得其宜之謂義」也。

孟子曰：「知者無不知也，當務之為急。仁者無不愛也，急親賢之為務。知者，知所務善也。仁者，務愛其賢也。堯舜之知而不徧物，急先務也。堯舜之仁不徧愛人，急親賢也。物，事也。堯舜不徧知百工之事，不徧愛眾人。先愛賢使治民，不二三自往親加恩惠也。❶ 不能三年之喪，而緦、小功之察；放飯流歠，而問無齒決，是之謂不知務。」知者，知所務善也。尚不能行三年之喪，而復察緦麻、小功之禮。放飯，大飯也。流歠，長歠也。齒決，斷肉置其餘也。於尊者前賜食，大飯長歠，不敬之大者，齒決，小

❶ 「二三」，按阮校：「閩、監、毛三本作『一二』」。

過耳。言世之先務,捨大譏小,若此類也。❶

疏「孟子」至「不知務」。 ○正義曰:此章言君子百行,先務其崇,是以堯舜親賢,大化以隆道爲要者也。「孟子曰:知者無不知也,當務之爲急」至「是之謂不知務」者,孟子言:爲之知者,以其多知,故無所有而不知者也,然而但當知要務爲之急耳。爲之仁者,以其汎愛,故無所有而不愛者也,然而但當急親其賢爲之要務。是以堯舜二帝之智不能徧知百工之事,但急於知賢之爲先務也;爲仁不能徧愛於衆人,但能急親任其賢能,使之以治民也。今夫不能三年之喪,爲不孝之大者也,而察緦、小功之禮,是孝之小者也。放飯流歠,不敬之大者也,問無齒決,責其不敬之小者也。如不能以知賢爲先務,而務徧知百工之事爲之先,不能以親賢爲急務,而務徧愛衆人之爲急,是若執親之喪不能去不敬之大者,而乃反察孝之小者;食於尊者之前,不能去不敬之大者,而乃反責問不敬之小者也。如此,又安知先後之務爲緩急乎? 蓋緦麻,三月之服者;小功,五月之服者也。《荀子》云:「若挈裘領,屈五指而頓之,順者不可勝數。」史云:「綱舉而網疏,提其綱則衆目張。」與此同意。

❶「若此」,阮本作「有若大飯長歠而問無齒決」。按阮校,廖本、孔本、韓本、《考文》古本作「若此之」,閩、監、毛三本同阮本。

孟子注疏解經卷第十四上

赵氏注　孙奭疏

盡心章句下凡三十九章❶

疏　正義曰：此卷即趙注分上卷爲之者也，此卷凡三十九章。一章言發政施仁，一國被恩，好戰輕民，災及所親。二章言《春秋》撥亂，時多戰爭。三章言文之過實，聖人不改，録其意也。四章言民思明君，若旱望雨，以仁伐暴，誰不欣喜。五章言規矩之法，喻若典禮。六章言陋窮不憫，貴而思降。七章言恕以行仁，遠禍之端，暴以殘民，招咎之患。八章言修正關梁，譏而不征。九章言率人之道，躬行爲首。十章言務利蹈姦，務德蹈仁。十一章言廉貪相殊，名亦卓異。十二章言親賢正禮，明其五教。十三章言王者當天，然後處之。十四章言得民爲君，爲臣❷重民敬祀，治之所先。十五章言伯夷、下惠變貪厲薄。十六章言仁恩及

❶「三十九章」，按阮校：「《音義》『九』作『七』。案此當作『三十八章』。疏亦數至三十八章，又云『凡此三十九章』，舛錯殊甚。」

❷「爲臣」上，按阮校：「毛本有『得君』二字。」

人，人能弘道。十七章言孔子周流，不遇則去。十八章言君子固窮，窮不變道，上下無交，無賢援也。十九章言正己信心，不患衆口。❶二十章言以明照暗，暗者以開，以暗責明，暗者愈迷。二十一章言聖人之道，學而時習，仁義在身，當常被服，舍而不修，猶茅是塞。二十二章言前聖後聖，所向者同，三王一體，何得相踰。二十三章言可爲則從，不可則止。❷非時逆指，猶若馮婦，暴虎無已，必有害也。二十四章言尊德樂道，治性勤禮。二十五章言神聖以下，優劣異差，樂正好善，猶下四等。❸二十六章言驅邪反正，正斯可矣；來者不拒，追其前罪，君子甚之以爲過。二十七章言養民輕斂，君子道也。二十八章言實此三者，以爲國珍。二十九章言小知自私，藏怨之府，大雅先人，福之所聚。三十章言教誨之道，受之如海，百川移流，不得有拒。三十一章言善恕仁義，充其大美，無受爾汝，何施不可。三十二章言道之善，以心爲原。三十三章言君子之行，動合中禮，湯武之隆，不是過。三十四章言富貴而驕，自遺咎也；茅茨采椽，聖堯表也；以賤說貴，懼有蕩心。三十五章言清淨寡欲，行之高者；畜聚積實，穢行之下；廉者招福，濁者速禍。三十六章言曾參至孝，思親異心，羊棗之感，終身不嘗。三十七章言士行有科，人有等級，中道爲上，狂狷不合，似是而非，屬而内荏，鄉原之惡，聖人所甚戒。三十八章言三皇已來，人倫攸敘，聖人不出，名世承間，雖有斯限，蓋有遇不遇焉。是以仲尼止於獲麟，孟子終於無有乎爾。凡此三十九章，合前四十五章，是《盡心》篇有八十四

❶「口」，原作「心」，據阮本改。
❷「止」，原作「凶」，據阮本改。
❸「四等」，阮本作「二科」。

卷第十四上　盡心章句下

五三三

孟子曰：「不仁哉梁惠王也。仁者以其所愛，及其所不愛。不仁者以其所愛，及其所不愛。」梁，魏都也。以，用也。仁者用恩於所愛之臣民，王政不偏，普施德教，所不親愛者并蒙其恩澤也。用不仁之政加於所不親愛，則有災傷，所親愛之臣民亦并被其害。惠王好戰殺人，故孟子曰不仁哉。公孫丑問曰：「何謂也？」丑問及所愛之狀何謂也。「梁惠王以土地之故，糜爛其民而戰之，大敗，將復之，恐不能勝，故驅其所愛子弟以殉之，是之謂以其所不愛及其所愛也。」孟子言：惠王貪利鄰國之土地而戰，其民死亡於野，骨肉糜爛而不收，兵大敗而欲復戰，恐士卒少不能用勝，故復驅其所愛近臣及子弟而以殉之。殉，從也。所愛從其所不愛而往趨死亡，故曰及其所愛也。東敗於齊，長子死焉。

[疏]「孟子曰」至「愛也」。正義曰：此章言發政施仁，一國被恩；好戰輕民，災及所親。著此魏王，以戒人君者也。「孟子曰：不仁哉梁惠王也」至「及其所愛也」，孟子言：世稱不仁之人是梁惠王也；仁者之君以其用恩於所愛親幸者，以加及於所不親愛，是自近及遠之謂也。不仁之君以其用不仁之政加於所不親愛幸者，則有災傷及其所親愛也。「公孫丑問曰：何謂也」，公孫丑未曉其旨，乃問孟子曰：及所愛之狀，是何所謂也？「梁惠王以土地之故」至「及其所愛也」，孟子解其旨，以曉公孫丑之問也。言梁惠王貪利鄰國之土地而戰鬥，其民戰死於野，糜爛其骨肉，及兵大敗，將欲復戰之，恐懼其不能戰勝，以其士卒之少，故驅率其

所愛幸之親臣及親愛之子弟以從之，而往趨於戰死，是謂以其所不愛及其所愛者也。此所以見梁惠王不仁之甚也。《左傳》云：「未陣而薄之曰敗某師，大崩曰敗績。」今梁王之敗，獨謂之大敗者，以其敗某師與敗績不足言，故稱爲大敗。抑又言梁王不以義戰，以見梁王不仁之甚也。

注「梁，魏都」及「東敗於齊，長子死焉」。

正義曰：此蓋首篇説矣。

孟子曰：「《春秋》無義戰，彼善於此，則有之矣。征者，上伐下也，敵國不相征也。」《春秋》所載戰伐之事，無應王義者也。彼此相覺有善惡耳，孔子舉毫毛之善，貶纖芥之惡，故皆錄之於《春秋》也。上伐下謂之征，諸侯敵國不相征。❶

疏「孟子」至「征也」。正義曰：此章言《春秋》撥亂，時多爭戰，事實違禮，以之反正。誅紂征伐，❷不自王命，故曰無義戰者也。❸「孟子曰」至「敵國不相征也」。孟子言：春秋之世，凡兵之所起，皆小役大，弱役強。或因怒興師，或棄禮貪利，未嘗有禁暴救亂之義也，是以春秋無義戰。然而春秋雖謂無義戰，其彼國之戰有善於此國，未嘗無也。是以彼善於此，則有之矣。夫征者以上伐下，無有敵於我師，所以正彼之罪也。如抗敵之

❶「不」下，按阮校：「廖本、孔本、韓本、《考文》古本、足利本有『得』字。」
❷「誅紂征伐」，阮本作「征伐誅討」。
❸「故」，原在上句「不」字上，據阮本改。

國，則相爲強弱以結禍亂，非上之所以伐下、罔有敵于我師者也，其勢皆足以相抗，皆出於交惡者也，故曰敵國不相征也。　注「孔子舉毫毛」至「春秋也」。　正義曰：此蓋言春秋無義戰之謂也，如有之，則孔子必書，故有是之言也。

孟子曰：「盡信《書》，則不如無《書》。吾於《武成》，取二三策而已矣。仁人無敵於天下，以至仁伐至不仁，而何其血之流杵也？」《書》，《尚書》。經有所美，言事或過，若《康誥》曰「冒聞于上帝」，《甫刑》曰「皇帝清問下民」❶《梓材》曰「欲至于萬年」，又曰「子子孫孫，永保民」。人不能聞天，天不能問於民，❷「萬年」「永保」，皆不可得爲，《書》豈可案文而皆信之哉？《武成》，《逸書》之篇名，言武王誅紂，戰鬪殺人，血流舂杵。孟子言武王以至仁伐至不仁，殷人簞食壺漿而迎其王師，❸何及於血流漂杵乎？故吾取《武成》兩三簡策可用者耳，其過辭則不取之也。　疏　正義曰：此章言文之過實，聖人不改，錄其意也，是故取於《武成》二三策而已。　孟子言：《尚書》之文不可盡信之也，如盡信其《書》之文，則不若無

❶　「皇」，按阮校：「宋本、廖本、孔本、韓本、《考文》古本、足利本無『皇』字。按無者是。《困學記聞》所引正同。」
❷　「天」，原作「下」，阮本作「天」。按阮校，閩、監、毛三本、廖本、韓本、《考文》古本亦作「天」。據改。
❸　「王」，按阮校，廖本、孔本、韓本、《考文》古本無此字。

《書》而已。以其辭之有過,適所以疑惑於人也。故孟子言我於《書》之《武成》篇特取二三策而爲不盡信之而已,蓋《尚書》之過辭多矣,所以不暇具言之,故於《武成》但取二三策而言耳。且仁人用兵,故前徒倒戈,無有敵於我師也,是以至仁之人而誅伐其至不仁之人,而何其武王誅紂,戰鬭殺人乃至於血流舂杵也?❶此孟子於《武成》所以執此而言《書》之不可盡信矣。 注 《書》,《尚書》。 正義曰:《康誥》曰「冒聞于上帝」者,蓋成王伐管叔、蔡叔,以殷餘民封康叔,作此《康誥》也,云「我西土,惟時怙冒聞于上帝,帝休」,孔安國云:「我西土岐周,❷惟是怙恃文王之道,故其政教冒被四表,上聞于天也。」云「甫刑》曰:皇帝清問於下民」者,蓋呂侯見命爲天子司寇,後爲甫侯,蓋以穆王命作夏禹贖刑之法,以布告天下也。「皇帝清問下民」者,孔安國云:「堯帝詳問民患也。」云「《梓材》曰:子子孫孫,永保民」者,蓋康叔爲政之道,亦如梓人治材,故曰《梓材》。言欲至于萬年,惟王子子孫孫永保民也。孔注云:「我周家惟欲使至於萬年,承奉王室,又欲令子孫累世長居國以安民也。」餘已見前說。

孟子曰:「有人曰:『我善爲陳,我善爲戰。』大罪也。國君好仁,天下無敵焉。南面而征,北夷怨,東面而征,西夷怨。曰:『奚爲後我?』」此人欲勸諸侯以攻戰也,故謂之有罪。好仁無

❶「乃」,原作「力」,據阮本改。
❷「岐」,原作「歧」,據阮本改。

敵，四夷怨望遲，願見征，何謂而後我。❶已說於上篇矣。武王之伐殷也，革車三百兩，虎賁三千人。

王曰：『無畏，寧爾也，非敵百姓也。』若崩厥角稽首。征之爲言正也，各欲正己也，焉用戰？」革車，兵車也。虎賁，武士爲小臣者也。《書》云：「虎賁、贅衣、趣馬、小尹。」三百兩，三百乘也。武王令殷人曰：無驚畏，我來安止爾也。百姓歸周，若崩厥角，額角犀厥地。稽首拜命，亦以首至地也。欲令武王來征己之國，安用善戰陳者。

疏「孟子曰」至「焉用戰」。

正義曰：此章言民思明君，若旱望雨，以仁伐暴，誰不欣喜。❷是以殷民厥角，周師歌舞，焉用善戰者也。「孟子曰：有人曰：我善爲陳，我善爲戰」至「焉用戰」者，孟子言：有人謂我善爲行陣，我善爲戰鬭，以其是欲勸諸侯以攻戰者也，是爲大罪之人也。且國君好行仁政以及民人，凡有所征，天下無敢有敵者也，故南面而征則北夷怨，東面而征則西夷怨，曰「奚爲後我」。說已在上篇矣。武王之誅伐商紂，有兵車三百乘，虎賁之勇士有三千人。百姓各欲武王來征己之國，爲用爲善戰者乎？❸此孟子所以有是而戒時君好以爲無敵之道而已，故征之所以言正彼之罪也。百姓皆崩摧其角，若無所容頭，乃稽首拜命。故不敢抗敵之，百姓皆崩摧其角，若無所容頭，乃稽首拜命。故征之所以言正彼之罪也，是又戒時之臣無以戰事言於時君耳。

注「革車」至「戰陣者」。

正義曰：革車者，以皮爲飾者也。《牧

❶「何謂而後我」，按阮校：「宋本『謂』作『爲』」，廖本無『而』字。孔本、韓本、《考文》古本作『何爲後我』」。
❷「喜」，原作「善」，據阮本改。
❸「戰」，原作「載」，據阮本改。下「戰陣者」同。

誓》言武王戎車三百兩，虎賁三千人。」孔安國云：「兵車，百夫長所載。車稱兩。一車步卒七十二人，凡二萬一千人，舉全數。虎賁，勇士稱也。若虎賁獸，言其猛也，皆百夫長也。」又案《太誓》篇云：「百姓懍懍，若崩厥角。」孔安國言民畏紂之虐，危懼不甯，❶若崩厥角，角無所容頭者也。」❷

孟子曰：「梓匠輪輿，能與人規矩，不能使人巧。」梓匠輪輿之功，能以規矩與人。人之巧在心，拙者雖得規矩之法，❸亦不能成器也。蓋喻人不志仁，雖誦典憲，不能以善者也。孟子言：梓匠輪輿之工，能與人規矩法度，而不能使人之巧。以其人之巧在心，如心拙，雖得規矩法度，亦不能成美器也。喻當時之君，如心不在仁，雖誦憲籍，亦不能成美政也。「梓匠輪輿」，已說於上篇矣。

孟子曰：「舜之飯糗茹草也，若將終身焉。及其為天子也，被袗衣，鼓琴，二女果，若固

❶「甯」，《尚書注疏》孔傳作「安」。
❷「角」，疑衍。《尚書注疏》孔傳不重「角」字。按阮校，閩本剜去空一字，監、毛本無。
❸「之法」，按阮校，廖本、孔本、韓本、《考文》古本無此二字。
❹「蓋喻」至「以善」，按阮校，廖本、孔本、韓本、《考文》古本無此十四字。

有之。」糗飯，乾糒也。衽，畫也。果，侍也。舜耕陶之時，飯糗茹草，若將終身如是。及爲天子，被畫衣黼黻絺繡也，鼓琴以協音律也，以堯二女自侍，亦不佚豫，如固自當有之也。

疏 正義曰：此章言陋窮不憫，貴而思降，凡人所難，舜降聖德，❶所以殊者也。孟子言：❷舜初於耕歷山、陶河濱之時，以糗而飯，以草而茹，若終身如是焉。及堯禪位，爲之天子，所被以畫衣黼黻絺繡，鼓五絃之琴，以堯帝二女事之，實若固自當有之也。注「糗飯，乾糒也」至「黼黻絺繡也」。❸正義曰：云「糗，糒也」，按《釋名》云「糗，乾飯屑也」。云「衽，畫也」，《說文》云「衽，玄衣也」，孔傳云：「黼若斧形。黻爲兩己相背。葛之精曰絺，五色備曰繡。」云「果，侍也」，按許慎謂女侍曰倮，今釋果爲侍，謂二女之侍舜，是以有惑於許慎之說而遂誤歟。蓋木實曰果，云果者，取其實而言也。

孟子曰：「吾今而後知殺人親之重也。殺人之父，人亦殺其父。殺人之兄，人亦殺其兄。然則非自殺之也，一間耳。」父仇不同天，兄仇不同國，以惡加人，人必加之，知其重也。一間者，我往彼來間一人耳，與自殺其親何異哉。

疏 正義曰：此章言恕以行仁，遠禍之端，暴以殘民，招咎之患。

❶ 「降」，按阮校：「當依章指作『隆』。」
❷ 「子」字，原無，按阮校：「閩、監、毛三本有『子』字。」據補。
❸ 「糒」，原作「備」，據阮本改。下一「糒」字同。

是以君子好生惡殺，反諸身者也。孟子言：我於今然後知殺人之親之爲最重者也，殺彼人之父，彼人亦殺己父而報之；殺彼人之兄，彼人亦殺己兄而報之。如是，則非己之殺，但一間耳，以其與自殺之無異也。注「父仇不同天，兄仇不同國」。正義曰：案《禮》云：「父之讎弗與共戴天，交遊之讎不反兵。」蓋所以避之也。《周官》云：「父之讎，避諸四海之外。」所謂不與共其國，蓋非《周禮》歟。又《周官》謂人凡殺人而義者勿令讎，❶讎則殺之而不義。在邦法不可殺者，必避之而已。

孟子曰：「古之爲關也，將以禦暴。今之爲關也，將以爲暴。」古之爲關，將以禦暴亂，譏閉非常也。今之爲關，反以征稅出入之人，將以爲暴虐之道也。疏正義曰：此章言修理關梁，譏而不征，如以稅斂，非其程式，懼將爲暴，故譏之也。孟子言：古之爲關，譏而不稅，將以禦暴亂，非常之人而已。今之爲關，乃征稅而不譏，將以爲暴亂之道也。按《周禮‧司關》云：「凡四方之賓客叩關，❷則爲之告，有內外之送，則以節傳出納之。」是以爲關將以禦暴也。孟子之時，司關征取其稅，適所以爲暴。此孟子所以有是言歟。

❶ 「讎」，原作「勿」，據閩、監、毛本改。
❷ 「客」，原作「容」，據阮本及《周禮》改。

卷第十四上　盡心章句下

五四一

孟子曰：「身不行道，不行於妻子；使人不以道，不能行於妻子。」身不自履行道德，而欲使人行道德，雖妻子不肯行之，言無所則效。使人不順其道理，不能使妻子順之，而況他人乎？

疏正義曰：此章言率人之道，躬行爲首者也。孟子言：人身自不履行其道德，雖妻子之間且有所不行，以其無所傚法者也。使人如不以道理，雖妻子且有不順，況能行於民乎？荀況云：「有分義，則合天下而治，無分義，則一妻一妾而亂。」亦與同意。《論語》曰：「其身正，不令而行。其身不正，雖令不從。」亦其意也。

孟子曰：「周于利者，凶年不能殺。周于德者，邪世不能亂。」周達於利，營苟得之利而趨生，雖凶年不能殺之。周達於德，身欲行之，雖遭邪世，不能亂其志也。

疏正義曰：此章言務利蹈姦，務德蹈仁，舍生取義，其道不均者也。孟子言：人積備其利物，以爲周于利者，則所養常厚，故凶荒之年且不能殺死。喻人之能盡其性，以爲周于德者，則所守彌篤，故姦邪之世不能亂其志。蓋以戰國之時，無富而教之之術，此孟子所以救之以此。

孟子曰：「好名之人能讓千乘之國。苟非其人，簞食豆羹見於色。」好不朽之名者，輕讓千

乘，伯夷、季札之類是也。誠非好名者，爭簞食豆羹變色，訟之致禍，鄭公子染指黿羹之類是也。❶

疏 正義曰：此章言廉貪相殊，名亦卓異者也。孟子言：好不朽之名者，則重名輕利，故云能讓千乘之國而不受。苟非好名之人，則重利而輕名，而簞食豆羹之小節，且見爭奪而變見於顏色。注「伯夷、季札」與「鄭公子」之類。○正義曰：案《史記》列傳云：「伯夷、叔齊，孤竹君之二子，父欲立叔齊。及父卒，叔齊讓伯夷，伯夷曰：『父命也。』遂逃去。叔齊亦不肯立，而逃之。」案《春秋少陽篇》：「伯夷姓墨名允，字公信。伯，長也。夷，謚也。叔齊名智，字公達，伯夷之弟，齊亦謚也。」《世家》云：「王餘昧卒，欲授弟季札，札讓，逃去於是吳人曰：先王有命，兄卒弟代立，必致季子。今逃位，則王餘昧後立。今卒，其子當代。乃立王餘昧之子僚爲王。」凡此是伯夷、季札之讓千乘之國也。云「鄭公子染指黿羹」者，案魯宣公四年《左傳》云：「楚人獻黿於鄭靈公。公子宋與子家將見，子公之食指動，以示子家曰：『他日我如此，必嘗異味。』及入，宰夫將解黿，相視而笑。公問之，子公以告。及食大夫黿，召子公而弗與。子公怒，染指於鼎，❷嘗之而出。公問，欲殺子公。子公與子家謀先，子家曰：『畜老猶憚殺之，而況君乎？』反譖子家，子家懼而從之。夏，弑靈公。故經書曰「鄭公子弑其君夷」是也。❸

---

❶ 「鄭公子」，按阮校：「廖本、孔本、韓本、《考文》古本作『鄭子公』是也。《左傳》作『子公』。」

❷ 「染」，原作「淚」，據阮本改。

❸ 「是」，原作「之」，據阮本改。

孟子曰：「不信仁賢，則國空虛。無禮義，則上下亂。無政事，則財用不足。」不親信仁賢，仁賢去之，國無賢人，則曰空虛也。無禮義以正尊卑，則上下之敘泯亂。無善政以教人農時，貢賦則不入，故財用有所不足故也。❶

疏 正義曰：此章言親賢正禮，明其王教，爲政之源，聖人以三者爲急也。孟子言：人君不親信仁賢，則仁賢去之，仁賢去則國無賢人，是爲空虛之國也。無禮義以正尊卑，則上下之序泯亂。無政事以理財，則財用乏而不足。蓋禮義由賢者出，政事由賢者出，不信仁賢則禮義不興，禮義不興則政事不行，而國之財用於是乎不足。此孟子言之，亦其敘之然。

孟子曰：「不仁而得國者有之矣。不仁而得天下者，未之有也。」不仁得國者，謂象封於有庳，❷叔鮮、叔度封於管、蔡，以親親之恩而得國也。雖有誅亡，其世有土。丹朱、商均，天下元子，以其不仁，天下不與，故不得有天下焉。

疏 正義曰：此章言王者當天，然後處之。桀、紂、幽、厲，雖得猶失，不爲仁，天下不與，故不得有天下焉。「孟子曰：不仁而得國有之矣，不仁而得天下未之有也」者，孟子言：世有不仁之者，❸而得其國而得者也。

❶「故財用有所不足故也」，按阮校：「宋本、孔本、韓本、《考文》古本作『故財用不足』。」
❷「謂」下，按阮校，宋本、孔本、韓本、《考文》古本、足利本有「若」字。「庳」，原作「痺」，據下疏文及阮本改。
❸「者」，按盧宣旬補校：「監、毛本作『人』是也。」

爲臣者有之矣。❶不仁之人而得天下而爲王者，故未之有也。是以桀、紂、幽、厲，雖得而終亦失之，亦且不爲臣者也。 正義曰：云象封有庳，孟子於《萬章》篇言之詳矣。 注「象封有庳，叔鮮、叔度封於管、蔡」與「丹朱、商均」者。云叔鮮、叔度者，案世家《史記》云：❷「管叔鮮、蔡叔度，周文王子而武王之弟也。武王克殷紂，平天下，封功臣、昆弟，於是封鮮叔於管，❹封叔度於蔡。」杜預云：「管在滎陽京縣東北。」《世本》曰：「居上蔡。」丹朱、商均者，丹朱、堯之子也；商均、舜之子也。又言於上篇已詳矣。

孟子曰：「民爲貴，社稷次之，君爲輕。是故得乎丘民而爲天子，君輕於社稷，社稷輕於民。丘，十六井也。天下丘民皆樂其政，則爲天子，殷湯、周文是也。得乎天子爲諸侯，得天子之心，封以爲諸侯。得乎諸侯爲大夫。得諸侯之心，諸侯能以爲大夫。❺諸侯危社稷，則變置，諸侯爲危社稷之行，則變更立賢諸侯也。犧牲既成，粢盛既絜，祭祀以時，然而旱乾水溢，則變置社稷。」犧牲已成

❶「臣」，按盧宣旬補校：「監、毛本作『君』。」
❷「者」，原作「人」，據阮本改。
❸「記」，原作「也」，據阮本改。
❹「鮮叔」，據上文及《史記·管蔡世家》，當作「叔鮮」。
❺「能」，按阮校：「宋本、孔本、韓本作『封』。」

肥腯，粱稻已成絜精，祭祀社稷常以春秋之時，然而其國有旱乾水溢之災，則毀社稷而更置之。○「孟子」至「社稷」。正義曰：此章言得民為君，得君為臣，論君民、社稷之輕重也。「孟子曰」至「則變置社稷」者，孟子言：民之為貴，不可賤之者也，社稷次之於民，而君比於民，猶以為輕者。得乎天子之心，則為諸侯，以有其國。得乎諸侯之心，以為大夫，有其家。如諸侯不能保安其社稷而以危之，則變更立置其賢君，是社稷有重於君也。犧牲既成以肥腯，粢盛既成以精絜，祭祀又及春秋所報之時，然而其國尚有旱乾水溢之災，則社稷無功以及民，亦在所更立有功於民者為之也，是民又有貴於社稷也。此孟子所以自解「民為貴，社稷次之，君為輕」之敘也。云社稷者，蓋先王立五土之神，祀以為社；立五穀之神，祀以為稷。及湯之旱，以棄易其柱。是亦知社稷之變置，又有見於湯之時然也。注「君輕於社稷」至於「殷湯、周文也」。正義曰：此云「丘，十六井也」者，案《司馬法》云：「六尺為步，步百為畝，夫三為屋，屋三為井，井十為通，通十為成。」是一丘為十六井，而一井為九夫之地也。今云十六井，蓋有一萬四千四百畝，為一百四十四夫所受者也。云「殷湯、周文」者，蓋引此二王皆自百里而起為天下王，是得乎民心者也。

孟子曰：「聖人，百世之師也，伯夷、柳下惠是也。<small>伯夷之清，柳下惠之和，聖人之一概也。</small>故聞伯夷之風者，頑夫廉，懦夫有立志。聞柳下惠之風者，薄夫敦，鄙夫寬。奮乎百世之上，百世之下聞者莫不興起也。非聖人而能若是乎？而況於親炙之者乎？」<small>頑，貪。懦，弱。鄙，</small>

狹也。百世，言其遠也。興起，志意興起也。非聖人之行，何能感人若是。喻聞尚然，況於親見而熏炙之者乎！

疏 「孟子」至「者乎」。正義曰：此章言伯夷、柳下惠變貪厲薄，千載聞之，猶有感激，謂之聖人，美其德也。「孟子曰」至「而況於親炙之者乎」者，此言伯夷、下惠之爲聖人也。言聖人之道無窮，爲百世之師法者也，伯夷、柳下惠二人是也，故千載之下，聞伯夷之清風者，頑貪之夫化而爲廉儉，懦弱之夫化而有立毅之志。聞下惠之和風者，鄙薄之夫化而爲敦厚寬大。是則二人清和之風，奮發乎百世之上，而使百世之下聞其風者，無有不感激，而志意興起而化之也。然而非聖人，其能若是，使百世之下莫不興起者也。聞而化者尚如此，況當時有親見熏炙之者乎！

注「頑貪」至「美其德」，此蓋於上篇言之詳矣。

孟子曰：「仁也者，人也。合而言之，道也。」能行仁恩者，人也。人與仁合而言之，可以謂之有道也。

疏 正義曰：此章言仁恩須人，人能弘道也。孟子言：爲仁者，所以盡人道也，此仁者所以爲人也。蓋人非仁不立，仁非人不行。合仁與人而言之，則人道盡矣。楊子云：「仁以人同。」

孟子曰：「孔子之去魯，曰『遲遲吾行也』，去父母國之道也。去齊，接淅而行，❶去他國

---

❶「淅」，原作「浙」，據阮本及卷十上經文改。下注「浙」字同。

孟子注疏

之道也。」遲遲、接淅，說已見上篇言矣，此不復說焉。❶ 疏 此章蓋言孔子周流不遇，則去者也。其說俱見上篇。

孟子曰：「君子之戹於陳、蔡之間，無上下之交也。」君子，孔子也。《論語》曰：「君子之道三，我無能焉。」孔子乃尚謙，不敢當君子之道，故可謂孔子爲君子也。孔子所以戹於陳、蔡之間者，其國君臣皆惡，上下無所交接，故戹也。 疏 「孟子」至「交也」。 正義曰：此章言孔子見戹，謂孔子固窮，窮不變道，上下無交，無賢援也。孟子言：孔子見戹於陳、蔡二國之間，幾不免死，以無上下之交而已。以其上無所事，雖死不爲諂；下無所可與，雖死不爲瀆。是爲無交接也。《論語·衛靈公》之篇云：「孔子在陳絕糧，從者病，莫能興。子路慍見曰：『君子亦有窮乎？』子曰：『君子固窮，小人窮斯濫矣。』」豈非窮不變道者能如是乎！ 注「君子道者三，我無能焉」。 正義曰：所謂乎仁者不憂，智者不惑，勇者不懼，是三者也。

貉稽曰：「稽大不理於口。」貉，姓；稽，名。仕者也。爲眾口所訕。理，賴也。謂孟子曰：稽大不

❶ 「說已見」至「說焉」，按阮校：「廖本、孔本、韓本、足利本作『注意見萬章下首章』，《考文》古本無『言矣』已下七字。」

賴人之口,如之何?孟子曰:「無傷也,士憎茲多口。審己之德,口無傷也。離於凡人,而仕者益多口。《詩》云『憂心悄悄,慍于群小』孔子也。『肆不殄厥慍,亦不殞厥問』,文王也。」《詩》、《邶風・柏舟》之篇。曰「憂心悄悄」,憂在心也。「慍于群小」,怨小人聚而非議賢者也。孔子論此詩,孔子亦有武叔之口,故曰孔子之所苦也。《大雅・緜》之篇曰「肆不殄厥慍」,殄,絶;慍,怒也。「亦不殞厥問」,殞,失也。言文王不殞絶畎夷之慍怒,亦不能殞失文王之善聲問也。

疏 「貉稽」至「文王也」。正義曰:此章言正己信心,不患衆口。衆口讙譁,大聖所有,況於凡品之所能禦者也。「貉稽曰:稽大不理於口」貉,姓,稽,名,亦當世之士也。貉稽自稱名,問於孟子曰:稽大不能治人之口,使不訕其己者,如之何?「孟子曰:無傷也」至「文王也」者,孟子答之,以爲審己之德已修,雖人之口訕,亦不能傷害其己之德也。以其爲士者益此多口,不能免人之訕也。故《邶風・柏舟》之詩有云「憂心悄悄,慍于群小」,言憂悄悄常在心,見怒于群小衆小人也。此所以答貉稽大不理於口,以爲無傷也。此所以答貉稽大不理於口,以爲無傷也。以其孔子刪此詩,亦不能免武叔之毀,故曰孔子尚如是憎多口也。《大雅・緜》之詩有云「肆不殄厥慍,亦不殞厥問」,言不能殄絶畎夷之慍怒,然亦不能殞失文王之善聲,故曰文王尚如此,亦憎多口也。

注云:「慍,怒也。悄悄,憂貌。」《論語》云:「叔孫武叔毀仲尼。子貢曰:『仲尼不可毀也。』」注《邶風・柏舟》之篇」至「聲聞也」。正義曰:此篇蓋言仁人不遇也。人雖欲自絶,其何傷於日月乎?多見其不知量也。」云《大雅・緜》之篇者,蓋此篇言文王之興,本由太王也。注:「肆,故今也。慍,恚也。殞,墜也。」畎夷,狄國也。

孟子曰：「賢者以其昭昭，使人昭昭。今以其昏昏，使人昭昭。」賢者治國，法度昭明，❶明於道德，是躬行之道可也。❷今之治國，法度昏昏，亂潰之政也，身不能治，而欲使人昭明，不可得也。

疏「孟子」至「昭昭」。正義曰：此章言以明照闇，闇者以開，以闇責明，闇者愈迷，賢者可遵，譏今之非也。「孟子曰」至「昭昭」者，孟子言：有諸己然後求諸人之道也。賢者之君治國，以其昭昭，明己之道德，然後使人昭昭。今之治國者，乃以昏昏，不能自明己之道德，而欲使他人昭明，故不可得也。是亦所謂曲其表而求影之正，濁其源而求流之清，同其旨。

孟子謂高子曰：「山徑之蹊間介然，用之而成路，爲間不用，則茅塞之矣。今茅塞子之心矣。」高子，齊人也，嘗學於孟子，鄉道而未明，去而學於他術。孟子謂之曰：山徑，山之領有微蹊介然，人遂用之不止，則蹊成爲路。爲間，有間也，謂廢而不用，則茅草生而塞之，不復爲路。以喻高子學於仁義之道，當遂行之而反中止，正若山路。❸故曰：「茅塞子之心也。」

疏「孟子」至「心矣」。正義曰：此章言

❶「明」，按阮校：廖本、孔本、韓本、《考文》古本作「昭」。
❷「行」，按阮校：廖本、孔本、韓本、《考文》古本作「化」。
❸「正」，按阮校：廖本、孔本、韓本、《考文》古本作「比」。

聖人之道，學而時習，舍而弗修，猶茅是塞，明爲善之不可倦者也。孟子謂於高子曰：山嶺有微蹊，其間之微小介然而已，如用而行之，則蹊成大路。不用而行之，茅草生塞之，不能成其路也。喻高子之爲善，正於中道而其心爲利欲之所充塞，❶亦若茅塞其路矣。故曰「今茅塞子之心矣」。蓋高子嘗於爲詩，而不通乎意，是塞其心之一端也。

高子曰：「禹之聲尚文王之聲。」孟子曰：「何以言之？」高子以爲禹之尚聲樂過於文王。孟子難之，曰何以言之。曰：「以追蠡。」高子曰：禹時鐘在者，追蠡也。追，鐘鈕也，鈕磨齧處深矣。蠡，❷欲絕之貌也。文王之鐘不然。以禹爲尚樂也。曰：「是奚足哉？城門之軌，兩馬之力與？」孟子曰：是何足以爲禹尚樂乎？先代之樂器，後王皆用之，禹在文王之前千有餘歲，用鐘日久，故追欲絕耳。譬若城門之軌豈其限切深者，用之多耳，豈兩馬之力使之然乎？兩馬者，《春秋外傳》曰：「國馬足以行關，公馬足以稱賦。」是兩馬也。

〔疏〕「高子」至「力與」。正義曰：此章言前聖後聖，所尚者同，三王一體，何得相踰。欲以追蠡，未達一隅。孟子言之，將以啓其蒙者也。「高子曰：禹之聲尚文王之聲」者，高子言於孟子，曰：禹王之尚聲樂過於文王之聲樂也。「孟子曰：何以言之」者，孟子見高子蔽惑，故難之曰：何以言禹

---

❶「正」，阮本作「止」。
❷「蠡」，按阮校：「廖本、孔本、韓本、《考文》古本疊『蠡』。」

之聲尚文王之聲也？「曰：以追蠡」，高子曰：以其追蠡，鐘鈕之鋭欲絶，故云然也。「孟子曰：是奚足哉，城門之軌，兩馬之力與」，孟子又以此解高子之蔽也，言此追蠡何足爲禹之聲尚樂過於文王乎？且譬之城門之軌轍其限之深處，豈以兩馬之力能使之然？亦以積漸之久故使然也，非特兩馬之力即如是之深也。言禹王至文王，❶其鐘用之亦以日久，故能磨鋭至於欲絶也。此又見高子之蔽不獨於詩也。所謂太山之溜，久而穿石；單極之綆，久而斷幹，其來非一日也。「兩馬」即如注所謂《春秋外傳》云「國馬」「公馬」是也。

齊饑。陳臻曰：「國人皆以夫子將復爲發棠，殆不可復。」棠，齊邑也。孟子嘗勸齊王發棠邑之倉，以振貧窮，時人賴之。今齊人復饑，陳臻言一國之人皆以爲夫子將復若發棠時勸王也，殆不可復言之也。孟子曰：「是爲馮婦也。晉人有馮婦者，善搏虎，卒爲善士。則之野，有衆逐虎，虎負嵎，莫之敢攖。望見馮婦，趨而迎之。馮婦攘臂下車，衆皆悦之。其爲士者笑之。」馮，姓；婦，名也。勇而有力，能搏虎。卒，後也。善士者，以善搏虎有勇名也，故進以爲士。之於野外，復見逐虎者。攖，迫也。虎依隅而怒，無敢迫近者也。馮婦恥不如前，見虎走而迎，❷攘臂下車，欲復搏之，衆人悦其勇猛。其士之黨笑其不知止也。故孟子謂陳臻今欲復使我如發棠時言之於君，是則我爲馮婦也，必爲知者

❶ 「禹王」，原作「萬二」，據阮本改。
❷ 「迎」下，按阮校：「宋本、孔本、韓本、《考文》古本有『之』字。」

所笑也。「齊饑」至「笑之」。　正義曰：此章言可爲則從，不可則止，言善見用，得其時也。非時逆指，猶若馮婦，搏虎無已，必有害也。「齊饑。陳臻曰」至「殆不可復」者，蓋齊國之人時皆被飢，孟子嘗勸齊王發粟以賑之。今者復飢，而孟子不復發棠邑之粟以賑。陳臻爲孟子之弟子，乃問孟子，言齊國之人皆以爲夫子將復發棠邑之粟以賑救之❶，今夫子不復發棠，殆爲齊王不可復勸，是爲如何？故以此問孟子。「孟子曰」至「其爲士者皆笑之」者，孟子乃以此馮婦之喻而比言於陳臻也。言如將復發棠，是爲馮婦者也。馮婦能暴虎也。言晉國有馮婦之人，善能搏虎，後爲之善士。望見馮婦來，乃皆趨進而迎之，馮婦人皆莫敢攖而搏之者。則之於野外，見有衆人逐其虎，虎倚山嵎而怒，衆人皆悦其勇猛，其爲士之黨者知道，則笑其不知止也。是以孟子將復爲發棠，言今齊王恃威虐以斂民，亦若虎之負嵎，以難合之説，述於暴人之前，又若迎而搏虎也。是以孟子將復爲發棠，非不足以悦衆，自君子觀之，亦若爲士者之笑馮婦也，以其不知止矣。　注「棠，齊邑也」。　正義曰：案《齊世家》《史記》云：「棠公妻好。」裴駰云：「賈逵曰：棠公，齊邑大夫也。」是棠之爲齊邑明矣。

孟子曰：「口之於味也，目之於色也，耳之於聲也，鼻之於臭也，四肢之於安佚也，性也，有命焉，君子不謂性也。口之甘美味，目之好美色，耳之樂五音，鼻之喜芬香。臭，香也。《易》曰：「其

❶ 「齊」，原作「之」，據阮本改。

卷第十四上　盡心章句下

五五三

臭如蘭。」四體謂之四肢,四肢懈倦,則思安佚不勞苦。此皆人性之所欲也,得居此樂者,有命禄,人不能皆如其願也。凡人則觸情從欲而求可樂,君子之道則以仁義爲先,禮節爲制,不以性欲而苟求之也,故君子不謂性也。**仁之於父子也,義之於君臣也,禮之於賓主也,知之於賢者也,聖人之於天道也,命也,有性焉,君子不謂命也。」**仁者得以恩愛施於父子,義者得以義理施於君臣,好禮者得以禮敬施於賓主,知者得以明知賢達善,聖人得以天道王於天下,此皆命禄,遭遇乃得居而行之,不遇者不得施行。然亦才性有之,故可用也。凡人則歸之命禄,任天而已,不復治性。以君子之道,則修仁行義,修禮學知,庶幾聖人亹亹不倦,不但坐而聽命,故曰君子不謂命也。

疏 「孟子曰」至「命也」。 正義曰:此章言尊德樂道,不追佚性,治性勤禮,不專委命。君子所能,小人所病。究言其事,以勸戒者也。「孟子曰」至「君子不謂性也」者,孟子言:人口之於美味,目之於好色,耳之於五聲,鼻之於芬芳,四肢之於安佚無事以勞之,凡此五者,皆人性所欲也。然而得居於此樂者,以其有命存焉。君子以爲有命,在所不求,而不可以幸得也,是所以不謂之性也。「仁之於父子也」至「君子不謂命也」者,孟子又言:仁以恩愛施之於父子,義以義理施之於君臣,禮以禮敬施之於賓主,知以明智施之於賢者,而具四端,聖人兼統四體,而與於天道以王天下者也,凡此五者,禮以明智施之於賢者,而具四端,聖人兼統四體,而與於天道以王天下者也,凡此五者,皆稟乎天性也,以其有性焉。君子以爲有性,在所可求,而不可不勉也,是所以不謂之命也。孟子言之,所以分別凡人、君子,以勸戒時人。

浩生不害問曰：「樂正子何人也？」浩生，姓；不害，名。齊人也。見孟子聞樂正子爲政於魯而喜，故問樂正子何等人也。孟子曰：「善人也，信人也。」樂正子爲人有善有信也。「何謂善？何謂信？」不害問善信之行謂何。曰：「可欲之謂善，有諸己之謂信，❷充實之謂美，充實而有光輝之謂大，大而化之之謂聖，聖而不可知之之謂神。樂正子二之中，四之下也。」己之可欲，乃使人欲之，是爲善人。己所不欲，勿施於人也。有之於己，乃謂人有之，是爲信人。充實善信而宣揚之，使有光輝，是爲大人。美德之人也。大行其道，使天下化之，是爲聖人。有聖知之明，其道不可得知，是爲神人。人有是六等，樂正子能信，在二者之中，四者之下也。❸

○疏「浩生」至「下也」。○正義曰：此章言神聖以下，優劣異差，樂正好善，應下二科，是以孟子爲之喜者也。「浩生不害問曰：樂正子何人也」者，浩生不害問孟子，曰樂正子何等人也。以其見孟子聞樂正子爲政於魯而喜，故有此問之也。「孟子曰：善人也，信人也」，孟子答之，以爲樂正子是善人、信人者也，以其有善有信故也。「何謂善」，「何謂信」，不害又問之，曰何以謂之善，何以謂之信也。「曰：可欲之謂善，有諸己之謂信」至「四之下也」者，孟子又答而詳爲之解之，曰：己之可欲，使人欲之，是爲善，有是善於己，謂人亦

❶ 「魯」原作「曾」，據阮本改。
❷ 「信」原作「性」，據阮本改。
❸ 「也」原作「下」，據阮本改。

有之,是謂之信。所謂善即仁義禮智也,是爲可欲之善矣。充實其善,使之不虛,是爲美人,故謂之美。充實其善而宣揚之,使有光輝于外,是爲大人,故謂之大人。其此善,不特充實於己,而推之以化人,自近以及遠,自内以及外,是爲聖人,故謂之聖。以此之善,又至經緯萬方,使人莫知其故,是爲神人,故謂之神。凡是六等,而樂正子能善能信,是在二之中,而在美、大、聖、神四者之下也,但不能充實而至神也。注「孟子聞樂正子爲政於魯」。❶ 正義曰:此蓋經文,説見上矣。

❶「聞」,原作「問」,據阮本改。

孟子注疏解經卷第十四下

趙氏注　孫奭疏

盡心章句下

孟子曰：「逃墨必歸於楊，逃楊必歸於儒。歸，斯受之而已矣。墨翟之道兼愛，無親疏之別，最爲違禮。楊朱之道爲己愛身，雖違禮，尚得不敢毀傷之義。逃者，去也，去邪歸正，故曰歸。去墨歸楊，去楊歸儒，則當受而安之也。今之與楊、墨辯者，如追放豚，既入其苙，又從而招之。苙，欄也。招，罥也。今之與楊、墨辯争道者，譬如追放逸之豕豚，追而還之入欄則可，又復從而罥之，亦云太甚。以言去楊、墨歸儒則可，又復從而罪之，以爲過者也。」

[疏]「孟子」至「招之」。正義曰：此章言驅邪反正，斯可矣，來者不綏，追其前罪，君子甚之，以爲過者也。❶「孟子曰：逃墨必歸於楊」至「歸，斯受之而已矣」者，墨翟無親疏之別，楊朱尚得父母生身不敢毁傷之義。❶儒者之道，幼學所以爲己，壯而行之所以爲人。故能兼愛，無親

---

❶「不」原作「乃」，據阮本改。

親疏之道,必歸於楊朱爲己,逃去楊朱爲己之道,必歸儒者之道也。然而歸之儒道,則當斯受而安之矣。「今之與楊墨」、「又從而招之」者,孟子又言:今之人有與楊、墨辯爭其道者,如追放逸之豕豚,既還入其欄,又從而罪之,無以異於追放逸之豕豚,既入其欄,又從而答之者也。以其逃墨而歸儒,則可受之而已,而乃又從而罪之,無以異於追放逸之豕豚,既入其欄,又從而答之也。以其爲亦太甚矣,此孟子所以比之。

孟子曰:「有布縷之征,粟米之征,力役之征。征,賦也。國有軍旅之事,則橫興此三賦也。布,軍卒以爲衣也。縷,紩鎧甲之縷也。粟米,軍糧也。力役,民負荷廝養之役也。**君子用其一,緩其二。用其二而民有殍,用其三而父子離。**」君子爲政,雖遭軍旅,量其民力,不並此三役,更發異時。急一緩二,民不苦之。若並用二,則路有餓殍。若並用三,則分崩不振,父子離析,忘禮義矣。 疏 「孟子曰:有布縷之征」至「用其三而父子離」。 正義曰:此章言原心量力,政之善者,繇役並興,以致離殍,養民輕斂,君之道也。「孟子曰:有布縷之征」至「父子離」者,此所以薄稅斂之言,而有以救時之弊者矣。孟子言有布縷之征,❶有粟米之征,有力役之征。布所以爲衣,縷所以紩鎧甲,粟米所以爲糧,力征所以荷負廝養之役。然而君子爲政,其於此三者之賦未嘗並行也,用其一則緩其二。今夫三者之賦,皆取民之類也,如用其二則

❶「有」,原作「直」,據阮本改。

有傷財而民至於餓死，用其三則有害民而至於父子離散，是豈君子之爲政然歟！蓋征之者義也，緩之者仁也，惟君子以仁是守，以義是行，然而充類太至而義之盡者，君子所不爲也。此孟子不得不權時而救時之弊也。

孟子曰：「諸侯之寶三：土地、人民、政事。寶珠玉者，殃必及身。」諸侯正其封疆，不侵鄰國，鄰國不犯，寶土地也。使民以時，居不離散，❶寶人民也。修其德教，布其惠政，實政事也。若寶珠玉，求索和氏之璧、隋氏之珠，與强國爭之，强國加害，殃及身也。◯正義曰：此章言寶此三者，以爲國珍；寶於爭玩，以殃其身。諸侯如茲，永無患也。孟子言：諸侯之所寶者有三，曰土地、曰人民、曰政事。使鄰國無侵犯其封疆，是寶其土地也；撫恤鰥寡煢獨，使民以時，民不離散，是寶人民也；修德布惠，是寶政事也。若不以此三者爲寶，而寶珠玉者，殃禍必及身矣。此孟子見當時之君爭城殺人，横賦重斂，不以土地、人民、政事爲寶，所以有是言而救之耳。◯和氏之璧、隋侯之珠」。正義曰：案《韓詩》❷云：「楚人和氏得玉璞於楚山中，獻武王。武王使人琢之，果得寶，名曰和氏之璧。」又隋侯姓祝，字元暢，往齊國，見一蛇在沙中，頭上血出，隋侯以杖挑於水

❶「居」，按阮校：「廖本、孔本、韓本、《考文》古本作『民』」。
❷「韓詩」，據下引文當爲「韓非子」。

中而去,後回還到蛇處,乃見此蛇銜珠來隋侯前,隋侯意不懌。是夜夢脚踏一蛇,驚起,乃得雙珠。後人稱爲隋侯珠矣。

盆成括仕於齊。孟子曰:「死矣,盆成括!」盆成,姓;括,名也。嘗欲學於孟子,問道未達而去,後仕於齊。孟子聞而嗟歎曰:死矣盆成括。知其必死。**盆成括見殺,門人問曰:「夫子何以知其將見殺?」**門人問孟子,何以知之也。**曰:「其爲人也小有才,未聞君子之大道也,則足以殺其軀而已矣。」**孟子答門人,言括之爲人,小有才慧,而未聞君子仁義謙順之道,適足以害其身也。㋈「盆成括」至「而已矣」。

正義曰:此章言小知自私,藏怨之府,勞謙終吉者也。「盆成括仕於齊,孟子曰:死矣,盆成括」者,盆成括嘗學於孟子,未達其道而去之,後仕於齊國,孟子聞之,乃曰:死矣盆成括。以其盆成括之必見死也。「盆成括見殺,門人乃問孟子曰:夫子何以知其將見殺」者,言盆成括果見殺死,門人乃問孟子曰:夫子何以知其盆成括將見殺死?「曰:其爲人也小有才,未聞君子之大道也,則足以殺其軀而已矣」者,孟子答之,曰:盆成括之爲人,小有才慧,而未知聞君子仁義謙順之大道,是則足以知其將見殺其身。

孟子之滕，館於上宮。館，舍也。上宮，樓也。孟子舍止賓客所館之樓上也。❶有業屨於牖上，館人求之弗得。屨，扉屨也。業，織之有次，業而未成也。置之窗牖之上，客到之後，求之不得。有來問孟子者曰：是客從者之廢？廢，匿也。孟子與門徒相隨，從車數十，故曰侍從者所竊匿也。或問之曰：「若是乎從者之廢也？」曰：「子以是爲竊屨來與？」孟子謂館人曰：子以是爲竊屨故來邪？曰：「殆非也。」館人曰：殆非爲是來事夫子也。自知問之過也。「夫子之設科也，❷往者不追，來者不拒。苟以是心至，斯受之而已矣。」孟子曰：夫我設教授之科，教人以道德也，其去者亦不追呼，來者亦不拒逆。誠以是學道之心來至，我則斯受之，亦不知其取之與否。君子不保其異心也。❸亦云不能保知，謙以益之而已。❹

疏「孟子」至「而已矣」。正義曰：此章言教誨之道，受之如海，百川移流，不得有拒。雖獨竊屨，非己所絕。順答小人，小人自咎者也。「孟子之滕，館於上宮」者，孟子往至滕國，乃舍止於賓客所館之樓上。「有業屨於牖上，館人求之弗得。或問之曰：若是乎從者之廢也」者，言業織之有次，業而未成之屨，置之於窗牖之上，自客到之後，館主之人求之不得，或問於孟

❶「止」，原作「上」，據阮校改。
❷「子」，按阮校：「宋本、岳本、廖本作『予』。」阮校以爲作「予」是，蓋字形相涉而譌。
❸「殆」，按阮校：「廖本、孔本、韓本、《考文》古本有『言』字。」
❹「謙以益之而已」，按阮校：「廖本、孔本、韓本、《考文》古本作『謙以答之』。」

子曰：若此屨之不見，爲從者之廢匱也？」「曰：子以是爲竊屨來與」者，孟子見館主乃問己，以爲從者之廢匱其屨，乃謂之曰：子以是從者來隨事我，本欲竊子之屨故來與，？」「曰：殆非也」館主自知責己問之過也，乃曰殆非爲是來事夫子也。「夫子之設科也」至「斯受之而已矣」者，孟子又曰：夫我之設科以教人，往去之者則不追呼而還，來者則不拒逆，誠以是學道之心來至，我則斯容受之而教誨，亦且不保其異心也。然則不拒從者之匿屨，亦何累之有？《論語》云：「不保其往，有教無類。」其斯之謂與？

孟子曰：「人皆有所不忍，達之於其所忍，仁也。人皆有所愛，不忍加惡，推之以通於所不愛，皆令被德，此仁人也。**人皆有所不爲，達之於其所爲，義也。**人皆有所不喜爲，謂貧賤也，通之於其所喜爲，謂富貴也。抑情止欲，使若所不喜爲此者，義人也。**人能充無欲害人之心，而仁不可勝用也。**人皆有不害人之心，能充大之以爲仁，仁不可勝用也。**人能充無穿窬之心，❶而義不可勝用也。**穿牆踰屋，姦利之心也。人既無此心，能充大之以爲義，義不可勝用也。**人能充無受爾汝之實，無所往而不爲義也。**爾汝之實，德行可輕賤，人所爾汝者也。既不見輕賤，不爲人所爾汝，能充大而以自行，所至皆可以爲義也。**士未可以言而言，是以言餂之也。可以言而不言，是以不言餂之也。**是皆

❶「窬」，按阮校：「宋九經本、岳本、咸淳衢州本、廖本、孔本、韓本作『踰』。」

穿踰之類也。」䛷,取也。人之爲士,見尊貴者未可與言而強與之言,❶欲以言取之也,是失言。而見可與言者而不與之言,不知賢人可與之言,而反欲以不言取之,是失人也。是皆趨利入邪無知之人,故曰穿踰之類也。

疏「孟子曰」至「類也」。 正義曰:此章言善恕行義,充大其美,無受爾汝,何施不可。取人不知,失其臧否,比之穿踰之類也。「孟子曰:人皆有所不忍」至「是皆穿踰之類也」者,❷孟子言:人皆有所惻隱而不忍,如能推之所不忍於其所忍者,仁人也,以其所愛及其所不愛,仁之爲道如是也。人皆有所不喜爲,謂貧賤也,如能推之所不喜爲,而達之於所喜爲,謂富貴也,是爲有義之人也。人能充大不欲害人之心而爲仁,則仁道於是乎備,故不可勝用也。人能充大其無穿踰姦利之心以爲義,則義於是乎盡,故義不可勝用也。人能充大其不受人爾汝之實,是不爲人所輕賤,故無所行而不爲義者也,言所爲皆可以爲義矣。蓋惻隱有不忍者,仁之端也;羞惡有不爲者,義也:但能充而大之,則爲仁、義矣。人之爲士,於尊貴者未可與言而與之言,是失言也,以其失之詔也;可以與之言而不與之言,是失人也,以其失之均也。❸如此者,是皆爲穿牆踰屋趨姦利之類也。

❶ 「見」上,原有「未」字,據阮本刪。又「見」上,阮本有「者」字,屬上讀。
❷ 「有所」,原無,按阮校:「閩、監、毛三本『皆』下有『有所』二字。」據上經文及阮校補。
❸ 「均」,閩、監、毛、阮本作「詉」。

孟子曰：「言近而指遠者，善言也。守約而施博者，善道也。君子之言也，不下帶而道存焉。言近指遠，近言正心，遠可以事天也[1]。守約施博，約守仁義，大可以施德於天下也。二者可謂善言善道也。正心守仁，皆在胸臆，吐口而言之，四體不與焉。故曰不下帶而道存焉。君子之守，脩其身而天下平。身正物正，天下平矣。❶ 人病舍其田而芸人之田，所求於人者重，而所以自任者輕。」芸，治也。田以喻身，舍身不治，而欲責人治，是求人太重，自任太輕也。

[疏]「孟子曰」至「自任者輕」。正義曰：此章言道之善以心為原，當求諸己而責於人，君子尤之，況以妄芸。言失務者也。「孟子曰：言近而指遠者」至「所以自任者輕」，孟子言：辭之近而指意已遠者，乃為善言者也；所守簡約，而所施博大者乃為善道。「君子之言也，不下帶而道存焉」，是所謂言近而指遠也，是孟子自解其旨也。以其君子於其言也，皆在胸臆，以其不遠於心而道存焉。蓋帶者所以服之，近於人心也，故取而喻之，曰不下帶而道存，抑又見君子之言非特騰口說而已。「君子之守，脩其身而天下平」，是所謂守約而施博也，是孟子又自解其旨也。且人病在舍其己之田，而耕耘他人之田也，是所求於人者為重，而所以自任其在己者太輕耳。芸，治也。田所以喻人之身也，言人病在舍其己身，而治他人之身也，故為是云。

❶ 「天」，原作「太」，據阮本改。

孟子曰：「堯舜，性者也。堯舜之體性自善者也。湯武，反之也。殷湯、周武，反之於身，身安乃以施人，謂加善於民也。動容周旋中禮者，盛德之至也。人動作容儀周旋中禮者，盛德之至。哭死而哀，非爲生者也。死者有德，哭者哀也。經德不回，非以干禄也。經，行也。體德之人，行其節操自不回邪，非以求禄位也。庸言必信，非必欲以正行爲名也，性不忍欺人也。君子行法以俟命而已矣。」君子順性蹈德，行其法度，夭壽在天，行法以待之而已矣。

疏「孟子」至「而已矣」。❷

正義曰：此章言君子之行，動合禮中，不惑禍福，脩身俟終。堯舜之盛，湯武之隆，不是過也。「孟子」止於「君子行法以俟命而已矣」者，❸孟子言：堯舜之體性自然善也，湯王、武王反之於身，身安乃以施人，謂加善於人而反之者也。一則體性之自然，一則反之於身，身安乃以施人，謂加善於人而反之者也。至者，以其盛德至矣盡矣，不可以有加矣。蓋「哭死而哀，非爲其生者也」，言哭其死而哀之者，非爲其生者也，是孟子自解之旨也。「經德不回，非以正行爲名也」，是謂周旋中禮者也，是孟子自解之旨也，言行德不回邪，非欲干求爵禄而然也，以其周旋中禮，德行然也，亦以周旋中禮，德言如干求爵禄而然也，以其周旋中禮，德行然也，言語必以正，非欲以正行爲名故然也，言語必信，非以正行也。是孟子自解之旨也，言哭其死而哀之者，非爲其生者也，以其動容中禮，德性然也。「經德不回」，是爲動容中禮者，是爲盛德之至也。

❶「行法以待之而已矣」，按阮校：「廖本、孔本、韓本、《考文》古本作『待命而已矣』。」「法」，阮本作「命」。
❷「孟子」，原作「君子」，據阮本改。
❸「止」，阮本作「至」。

卷第十四下　盡心章句下

五六五

是也。 君子者，順性蹈德，行其禮法，脩身以俟命而已。 然則堯、舜、禹、湯爲盛德之至，亦不是過也。

孟子曰：「説大人則藐之，勿視其巍巍然。大人，謂當時之尊貴者也。孟子言説大人之法，❶心當有以輕藐之，勿敢視之巍巍富貴若此而不畏之，則心舒意展，言語得盡而已。堂高數仞，榱題數尺，仞，八尺也。榱題，屋霤也。堂高數仞，榱題數尺，奢太之室，使我得志，不居此堂也。大我得志弗爲也。屋無尺丈之限，故言數仞也。食前方丈，侍妾數百人，我得志，弗爲也。極五味之饌食，列於前方一丈，侍妾衆多至數百人也。般樂飲酒，驅騁田獵，後車千乘，我得志，弗爲也。般，大也。大作樂而飲酒，驅騁田獵，後車千乘，❷般于遊田也。在彼者皆我所不爲也，在我者皆古之制也，吾何畏彼哉！」在彼貴者驕佚之事，我所恥爲也。在我所行，皆古聖人所制之法，謂恭儉也。我心何爲當畏彼人乎哉！

疏「孟子」至「彼哉」。 正義曰：此章言富貴而驕，自遺咎❸茅茨采椽，聖堯表也。以賤説貴，懼有蕩心，心謂彼陋，以寧我神，故以所不爲爲之實玩者也。「孟子曰：説大人則藐之」至「吾何畏彼哉」者，孟子

❶ 「説」下，按阮校：「廖本、孔本、韓本、《考文》古本有『此』字。」
❷ 「後」，按阮校：「孔本、韓本、《考文》古本作『從』。」
❸ 「咎」下，按盧宣旬補校：「依章指有『也』字。」

孟子曰：「養心莫善於寡欲。其爲人也寡欲，雖有不存焉者，寡矣。養，治也。寡，少也。欲，利欲也。雖有少欲而亡者，謂遭橫暴，若單豹卧深山而遇飢虎之類也，然亦寡矣。其爲人也多欲，雖有存焉者，寡矣。」謂貪而不亡，蒙先人德業，若晉國欒黶之類也。❶ 然亦少矣，不存者衆。

疏 「孟子」至「寡矣」。

正義曰：此章言清淨寡慾，德之高者，畜聚積實，穢行之下。廉者招福，濁者速禍，雖有不然，蓋非常道，是以正路不可不由也。「孟子曰」至「雖有不存焉者寡矣」者，❷ 孟子言：此以教時人養心之術也。言人之治其心，莫善於少欲也。其爲人也少欲，則不爲外物之汩喪，雖有遭橫暴而亡者，蓋亦百無二三也。

❶ 「欒」，原作「樂」，據阮本改。
❷ 「不」，按阮校：「案『不』字衍。」

言：説當時之尊貴爲之大人者，當輕藐之，勿視其巍巍然尊貴之，以其如是，則心意舒展，得盡其言也。又言「堂高數仞」，仞，八尺也，至霤高數尺，是爲奢汰之室也，如我之得志於行道，不爲此室也。食之前有方丈之廣，以極五味之饌而列之，又有所侍之妾至數百人之衆，如我之得志於行道，亦不爲之也。大作樂而飲酒，驅騁田獵，有後車千乘之多，如我得志於行道，亦不爲之也。以其在彼驕貴之事者，皆於我所恥而不爲之也；在我所行之事，又皆是古聖王之制度者也，是皆恭儉而有禮也。如是，則於我何有畏於彼之富貴乎哉。是以「説大人則藐之，而勿視其巍巍然也」。

然而未必全無也,以其少也,是如單豹為人少欲,獨隱處於深山而卧,乃遭遇於飢虎而亡之,是也。其為人也多欲,則常於外物之所汨喪,雖間有不亡其德業於身者,蓋亦百無一二三也。然而未必多有者焉,以其亦少也,是如欒黶為人多貪,乃為卿於晉國者,是也。《荀子》云:「養心莫善於誠。」蓋亦與此孟子同其旨也。

曾皙嗜羊棗,而曾子不忍食羊棗。公孫丑問曰:「膾炙與羊棗孰美?」羊棗,棗名也。曾子以父嗜羊棗,父没之後,唯念其親,不復食羊棗,故身不忍食也。孟子曰:「膾炙哉!」言膾炙固美也,何比於羊棗。獨曾子父嗜羊棗耳,故曾子不忍食也。曰:「膾炙所同也,羊棗所獨也。諱名不諱姓,姓所同也,名所獨也。」人所同嗜。

疏 「曾皙」至「所獨也」。

正義曰:此章言曾參至孝,思親異心,羊棗之感,終身不嘗,孟子嘉之。

「曾皙嗜羊棗,而曾子不忍食羊棗」者,曾皙,曾子父也,曾皙為人專好羊棗。羊棗,棗名也。曾皙既没,而曾子常思念其親,而不忍食羊棗。公孫丑怪之,乃問孟子,以謂膾炙與羊棗此二味孰為美。「孟子曰:膾炙哉」,言膾炙固美於羊棗也,而羊棗何可比於膾炙哉。「公孫丑曰:然則曾

❶ 「諱」下,按阮校:「廖本、孔本、韓本、《考文》古本有『之也』二字。」

子何爲食膾炙而不食羊棗」，公孫丑又問孟子，曰：「如是則曾子何爲獨食於膾炙而不忍食羊棗所同也，羊棗所獨也。諱名不諱姓，姓所同也，名所獨也」，孟子又答之，曰：「膾炙雖美，人所同好者也，羊棗獨曾子好之，❶故曾子所以思念之而不忍食也。譬如君父之名，不諱其姓者，以其姓爲族之所同，名爲君父之所獨，故諱之也。　注「羊棗，棗名也」。　正義曰：蓋樲與棗一物也，然而有二名，是樲小而棗大，樲酸而棗甘耳。云羊棗，則羊棗之爲大棗甘者矣，其類則樲棗之屬也。曾晳者，曾子父也。　案《史記・弟子傳》曰「曾蒧音點，字晳」是也。孔傳云：「曾參父名點。」　注「上章稱曰：豈有非義而曾子言之」者。　正義曰：此謂公孫丑疑曾子爲非義，而乃不知膾炙之所同，羊棗之所獨，而曾子之心言之是或一於孝道，故云然也。

萬章問曰：「孔子在陳，曰：『盍歸乎來！吾黨之小子，❷狂簡進取，不忘其初。』孔子在陳，何思魯之狂士？」孔子厄陳，❸不遇賢人，上下無所交，蓋歎息思歸，欲見其鄉黨之士也。簡，大也。狂者進取大道而不得其正者也。不忘其初，孔子思故舊也。《周禮》「五黨爲州，五州爲鄉」，故曰吾黨之士

❶「曾子」，按阮校：「閩、監、毛三本『子』改『晳』。」
❷「小子」，按阮校：「宋本、孔本、韓本作『士』。」
❸「厄」，閩、監、毛、阮本作「在」。

萬章怪孔子何爲思魯之狂士者也。孟子曰:「孔子『不得中道而與之,必也狂獧乎。狂者進取,獧者有所不爲也』。❶孔子豈不欲中道哉?不可必得,故思其次也。」中道,中正之大道也。狂者能進取,獧者能不爲不善。時無中道之人,以狂、獧次善者,故思之也。

萬章曰:「人行何如斯則可謂之狂矣?」孟子言:人行如此三人者,孔子謂之狂也。琴張,子張也。曾晳,曾參父也。子張之爲人,蹭踱譎詭,《論語》曰「師也僻」,❷故不能純善而稱狂也,又善鼓琴,號曰琴張。曾晳、牧皮者,行與二人同,皆事孔子學者也。

曰:「其志嘐嘐然,曰『古之人,古之人』。夷考其行,而不掩焉者也。」萬章問何以謂此人爲狂。嘐嘐,志大言大者也。重言古之人,欲慕之也。夷,平也。考察其行,不能掩覆其言,是其狂也。

「狂者又不可得,欲得不屑不絜之士而與之,是又其次也。」孔子曰:「過我門而不入我室,我不憾焉者,其惟鄉原乎!鄉原,德之賊也。」屑,絜也。不絜,污穢也。既不能得狂者,欲得有介之人,能恥賤汙行不絜者,❸則可與言矣。是獧人次於狂者也。憾,恨也。人過孔子之門不入,則孔子

❶「獧」,按阮校:「各本『獧』作『獮』。案《音義》出『狂獮』,云『與獧同』,則經、注並當作『獮』,作『獧』者誤。」
❷「僻」,阮本作「辟」。
❸「汙」,閩、監、毛、阮本作「惡」。

恨之,獨鄉原不入者無恨心耳。以其賊德故也。❶曰:「何如斯可謂之鄉原矣?」萬章問鄉原之惡如何。曰:「何以是嘐嘐也?言不顧行,行不顧言,則曰古之人,古之人,行何爲踽踽涼涼?生斯世也,爲斯世也,善斯可矣。閹然媚於世也者,是鄉原也。」孟子言:鄉原之人言何以是嘐嘐,若有大志也?其言行不顧,則亦稱曰古之人,古之人,行何爲踽踽涼涼。鄉原者,外欲慕古之人,而其心曰:古之人何爲空自蹋蹋涼涼,而生於今之世無所用之乎?以爲生斯世,但當取爲人所善,善人則可。以其實但爲合衆之行。媚,愛也。故閹然大見愛於世也,若是者謂之鄉原也。萬子曰:「一鄉皆稱原人焉,無所往而不爲原人,孔子以爲德之賊,何哉?」萬子即萬章也,孟子錄之,以其不解於聖人之意,故謂之萬子。子,男子之通稱也。曰:「非之無舉也,刺之無刺也。同乎流俗,合乎汙世。居之似忠信,行之似廉絜,衆皆悅之,自以爲是,而不可與入堯舜之道,故曰德之賊也。孟子言:鄉原之人能匿蔽其惡,非之無可舉者,刺之無可刺者,志同於流俗之人,行合於污亂之世。爲人謀,居其身若似忠信,行其身若似廉絜,爲行矣,衆皆悅美之,其人自以所行爲是,而無仁義之實,故不可與入堯舜之道也。無德而人以爲有德,故曰德之賊也。孔子曰:『惡似而非者。惡莠,恐其亂苗

---

❶ 「其」下,閩、監、毛、阮本有「鄉原」二字。

也;惡佞,恐其亂義也;惡利口,恐其亂信也;惡鄭聲,恐其亂樂也;惡紫,恐其亂朱也;惡鄉原,恐其亂德也。』似真而非真者,孔子之所惡也。莠之莖葉似苗;佞人詐飾,似有義者,利口辯辭,似若有信;鄭聲淫人之聽,似若美樂;紫色似朱,朱,赤也;鄉原惑衆,似有德者。此六似者,孔子之所惡也。君子反經而已矣。經正則庶民興,庶民興,斯無邪慝矣。』經,常也。反,歸也。君子治國家歸於常經,謂以仁、義、禮、智化之,則衆民興起而家給人足矣。倉廩實而知禮節,安有爲邪惡之行也?」

疏 「萬章曰」至「斯無邪慝矣」。正義曰:此章言士行有科,人有等級,中道爲上,狂狷不合。反經身行,民化於己,子率以正,孰敢不正之謂也。「萬章問曰:孔子在陳」至「何思魯之狂士」者,萬章問曰:孔子在陳國有疢,不遇賢人,上下無有交者,乃歎曰:盍歸乎來!言我黨之爲士,進取於大道而不得其中道者也,亦以不忘其初而思故舊也。故問之孟子,謂孔子在陳國何爲而思魯國之狂士者也。「孟子曰:孔子不得中道而與之」至「故思其次也」,孟子答之,曰:孔子豈不欲中道者而與之哉?狂者以其但進取於大道而不知退宿於中道,狷者有所不敢爲而應進退者也,必也思其狂、狷者乎。不可以必得中道之人,故思念其次於中正之道者而取與之,必也思其狂、狷者也。「敢問何如斯可謂狂矣」,萬章又問孟子曰:人行當何如,則斯可謂之狂矣。「曰:如琴張、曾皙、牧皮者,孔子之所謂狂矣」,孟子又答之,曰:如琴張、曾皙、牧皮三人者,孔子謂爲狂者也。蓋《論語》嘗謂「古之狂也肆,今之狂也蕩」。琴張、曾皙、牧皮三者,皆學於孔子,進取於道而躐等者也,是謂古之狂者也。「何爲利疢我,曾皙風乎舞雩、詠而歸,是皆有志於學,亦志於仕以爲進取者也。牧皮,經傳並無所見,大抵皆學

孔子，而行有同於曾皙、琴張二人耳。此孟子所以皆謂之狂士。「何以謂之狂也」，萬章又問：何以謂此三人為之狂士也。「曰：其志嘐嘐然，曰古之人，古之人」，孟子又答之，曰：其志嘐嘐然，大言，乃曰古之人，古之人。及考驗其所行之行，而未始掩覆其言焉，是言過於行，爲之狂者也。孔子思與狂者，又不可而必得之，欲得有介之人，能恥賤污行不絜者而與之，是爲狷者也，是又次於狂者也。孔子有曰過我門而不入我室，我不以恨之者，其唯獨於鄉原之徒，以其爲賊害於德者也。然則孔子如以自非鄉原而過其門而不入室者，是則恨之矣。此亦見孔子自非鄉原之徒者，無不謂之也，所以思於中道而不可得，則思其狂狷。「曰：何如斯可謂之鄉原矣」，萬章又問：何如則謂之鄉原者矣。「曰：何以是嘐嘐也」至「是鄉原也」，孟子又答之，曰：鄉原之人其言何以是嘐嘐然若有大志也？以其言不顧於行，行又不顧於言，則亦稱之曰古之人，古之人，所行之行何爲踽踽涼涼，有威儀如無所施之貌也。是言鄉原之人外欲慕古之人，而其心乃曰：古之人何爲空自踽踽涼涼，而生於今之世無所用之乎？以爲生斯世也，但當取爲人所善則可矣。故闇然大見媚愛之於世也者，是則謂之鄉原者矣。「萬子曰：一鄉皆稱原人焉」至「何哉」者，萬章不解孟子之意，故問之曰：如一鄉皆稱爲原善之人，是無所往而不爲善人矣，孔子乃以爲有賊害於德，是爲德之賊者，何爲者哉？「曰：非之無舉也」至「斯無邪慝」者，孟子又答之，曰：言鄉原之人能掩蔽其惡，使人欲非謗之，則無可爲非者；使人欲譏刺之，則無可爲譏刺者；其志則有同乎流俗之人，所行又合於污亂之世；居其身，則若有忠信，而實非忠信也；行其身，若有廉絜，而實非廉絜也；衆人皆悅美之，而自以爲是，而無其實，故不與入堯舜之正道者也，是無得而爲有得，故謂之爲德之賊者也。孔子有曰：惡有似眞

而非真者,惡莠之莖葉秀茂者,以其似苗,恐有亂其苗種者也;惡佞詐飾者,以其似義,恐有亂其義者也;惡利口辯辭,以其似信,恐其有亂於信者也;惡鄭聲之淫哇,以其似美樂,恐其有亂於雅樂也;惡紫之間色,以其似朱,恐其有亂於朱者也;惡鄉原之惑眾,以其似有德,恐其有亂於德者也。凡此六者,孔子所以惡之,以其似是而非者也。君子者,乃歸其常經而已矣。云經者,則義、信、德是也。如佞口鄉原者,是不經也。唯君子則反經而已矣,君子去其不經以反復乎經,則其經斯適於正而不他,故義以立而不爲佞亂,信以立而不爲利口亂,德以立而不爲鄉原亂,此庶民所以興行,斯無邪慝之行也。 注「《周禮》五黨爲州,五州爲鄉,故曰吾黨之士也」。

正義曰:案《論語》云:「子在陳,曰:『歸與歸與,吾黨之小子狂簡,斐然成章,不知所以裁之。』」今云《周禮》五黨而解其文,蓋亦不案此《論語》而有誤也。

誠如《周禮》五黨言之,則《論語》何以云吾黨,蓋不當引此爲證。所謂黨者,蓋五百家爲之黨,是其旨也。 注「孟子言」至「學者也」。

正義曰:子張之爲人,蹠踔譎詐,《論語》曰「師也辟」,故不能純善者。案《家語》有衛人琴牢,字張,則此與《左傳》所謂琴張者,琴牢而已,非所謂子張善鼓琴也。趙注引爲顓孫師,亦未審何據。而琴張曰師張。 曰「曾皙,曾參之父」,蓋言於前矣。牧皮者,未詳。 注「似真而非」至「孔子所惡」。

正義曰:案《論語》云:「惡紫之奪朱,惡鄭聲之亂雅樂,❶惡利口之覆邦家。」其序與此不同者,蓋孟

❶ 「雅」,原作「稚」,據阮本改。

子以亂義不及亂信，亂信不及亂德，其所主三者而已，苗莠、朱紫、聲樂，所託以爲喻者也，是所以爲異者也。

注「色厲內荏」至「孰敢不正」者。

正義曰：此蓋本《論語》之文而云。

孟子曰：「由堯舜至於湯，五百有餘歲。若禹、皋陶則見而知之，若湯則聞而知之。言五百歲聖人一出，天道之常也。亦有遲速，不能正五百歲，故言有餘歲也。見而知之，謂輔佐也。通於大賢次聖者，亦得與在其間。親見聖人之道而佐行之，言易也。聞而知之者，聖人相去卓遠，數百歲之間變故衆多，踰聞前聖所行，追而遵之，以致其道言難也。由湯至於文王，五百有餘歲。若伊尹、萊朱則見而知之，若文王則聞而知之。伊尹，摯也。萊朱，亦湯賢臣也，一曰仲虺是也。《春秋傳》曰：「仲虺居薛，爲湯左相。」是則伊尹爲右相，故二人等德也。由文王至於孔子，五百有餘歲。若太公望、散宜生，則見而知之，若孔子則聞而知之。太公望，呂尚也，號曰師尚父。散宜生，文王四臣之一也。呂尚有勇謀而爲將，散宜生有文德而爲相，故以相配而言之也。由孔子而來至於今，百有餘歲，去聖人之世，若此其未遠也，近聖人之居若此其甚也。然而無有乎爾，則亦無有乎爾。」至今者，至今之世，當孟子時也。聖人之間，必有大賢名世者，百有餘年，適可以出，未爲遠而無有也。鄒、魯相近，《傳》

❶「信」，原爲墨丁，據阮本補。

卷第十四下　盡心章句下

曰：「魯欲使樂正子爲政。」近之甚也。言己足以識孔子之道，能奉而行之，既不遭值聖人，若伊尹、吕望之爲輔佐，猶可應備名世，如傅説之中出於殷高宗也。然而世謂之無有，此乃天不欲使我行道也。故重言之，知天意之審也。言「則亦」者，非實無有也，則亦當使爲無有也。「乎爾」者，歎而不怨之辭也。「孟子曰」至「無有乎爾」。正義曰：此章言天地剖判，開元更始，三皇以來，人倫攸敘，弘析道德，莫貴聖人。聖人不出，名世承間，雖有斯限，蓋有遇不遇焉。是以仲尼至「獲麟」而止筆，孟子亦「有乎爾」終於篇章者也。「孟子曰：由堯舜至於湯」至「由湯至於文王」，又至「由文王至於孔子」，又至「由孔子而至于今」，止「無有乎爾」者，此孟子欲歸道於己，故歷言其世代也。言自堯舜至於商湯，其年數有五百餘歲矣，如禹、皋陶爲堯、舜之臣，則親見而知堯舜聖人之大道而佐行之也。又自商湯逮至文王周時，又有五百餘載矣，如湯王之去堯舜之世，則相去有數百歲之遠，如伊尹、萊朱，二者俱爲湯之賢臣，則親見而知湯所行之道，遵而行之者也。又自文王之世至於孔子之時，又有五百餘載，如太公望、散宜生，二者爲文王之臣，則親見而知文王帝所行之道，遵而行之者也。以自文王之世至於孔子之時，則相去亦有數百歲之遠，則但聞其文王之道而遵之者也。如孔子之去文王世，則相去亦有數百歲之遠，則但聞其湯所行之道而遵之者也。自孔子以來逮至于今，但百有餘歲，以其地相去如此之未遠，自鄒國至于魯國，其地相去如此之甚近，然而猶可應備名世，如傅説之中出於高宗也。然而世之以謂無有此名世而出於間者，乃天不欲使我行道也，故曰「然而無有乎爾，則亦無有乎爾」矣，此所以欲歸於己而歷舉世代而言之也。注「伊尹」至于「等德也」。正義曰：《史記》云「伊尹名摯，號爲阿衡也，爲湯之相。萊朱，亦湯賢臣，一曰仲虺」是也。《春秋

傳》曰：仲虺居薛，為湯左相，蓋魯定公元年左丘明之文也。杜預云：「仲虺，奚仲之後也。」注「太公望」「散宜生」。正義曰：太公望，於前詳言之矣。散宜生，案《論語》云：「武王曰：『予有亂臣十人。』」馬融云：「十人而散宜生在焉。散，姓，宜生，名也。」注「至今者」至「而無有也」。正義曰：云「魯擊柝聞於邾」者，案魯哀公七年公伐邾之文也，亦於敘言之詳矣。云「傳說出殷高宗」者，亦言於前篇矣。然而仲尼作《春秋》，必至獲麟而止筆，而孟子亦必止於「無有乎爾」而終其篇者，蓋亦見孟子擬孔子而作者也。故哀公十四年春「西狩獲麟」，杜氏云：「麟，仁獸也，聖王之嘉瑞。時無明王出，而遇獲仲尼，傷周道之不興，感嘉瑞之無應，故《春秋》脩中興之教，絕筆於『獲麟』之一句，所感而作，固所以為終也。」《孟子》之書終於是言者，蓋亦憫聖道不明于世，歷三皇已來，推以世代，雖有歲限，然亦有遇不遇焉，故述仲尼之意而作此七篇，遂以「無有乎爾」終於篇章之末，蓋亦深歎而不怨之云爾。

《儒藏》精華編選刊即出書目（二〇二三）

白虎通德論
誠齋集
春秋本義
春秋集傳大全
春秋左氏傳賈服注輯述
春秋左氏傳舊注疏證
春秋左傳讀
道南源委
桴亭先生文集
復初齋文集
廣雅疏證

龜山先生語錄
郭店楚墓竹簡十二種校釋
國語正義
涇野先生文集
康齋先生文集
孔子家語　曾子注釋
禮書通故
論語全解
毛詩後箋
毛詩稽古編
孟子正義
孟子注疏
閩中理學淵源考
木鐘集
群經平議

三魚堂文集　外集

上海博物館藏楚竹書十九種校釋

尚書集注音疏

詩本義

詩經世本古義

詩毛氏傳疏

詩三家義集疏

書疑　東坡書傳　尚書表注

書傳大全

四書集編

四書蒙引

四書纂疏

宋名臣言行錄

孫明復先生小集　春秋尊王發微

文定集

五峰集　胡子知言

小學集註

孝經注解　溫公易說　司馬氏書儀　家範

挈經室集

伊川擊壤集

儀禮圖

儀禮章句

易漢學

游定夫先生集

御選明臣奏議

周易口義　洪範口義

周易姚氏學